# MÉMOIRES

DU PRÉSIDENT

# BIGOT DE MONVILLE

ROUEN. — IMP. DE H. BOISSEL

RUE DE LA VICOMTÉ, 55

# MÉMOIRES

DU PRÉSIDENT

# BIGOT DE MONVILLE

SUR LA SÉDITION DES NU-PIEDS

ET

L'INTERDICTION DU PARLEMENT DE NORMANDIE

En 1639

PUBLIÉS AVEC UNE INTRODUCTION ET DES NOTES

PAR LE V<sup>te</sup> D'ESTAINTOT.

## ROUEN

CHEZ CH. MÉTÉRIE, SUCC<sup>r</sup> DE A. LE BRUMENT

LIBRAIRE DE LA SOCIÉTÉ DE L'HISTOIRE DE NORMANDIE

RUE JEANNE-DARC, N° 11

—

M DCCC LXXVI

EXTRAIT DU RÉGLEMENT.

Art. 16. — Aucun volume ou fascicule ne peut être livré à l'impression qu'en vertu d'une délibération du Conseil, prise au vu de la déclaration du Commissaire délégué et, lorsqu'il y a lieu, de l'avis du Comité intéressé portant que le travail *est digne d'être publié*. Cette délibération est imprimée au verso de la feuille de titre du premier volume de chaque ouvrage.

---

*Le Conseil, vu la déclaration de* M. C. de Beaurepaire, *commissaire délégué, portant que l'édition des* Mémoires de Bigot de Monville, *recueillis et publiés par* M. le V<sup>te</sup> D'Estaintot, *lui a paru digne d'être publiée par la* Société de l'Histoire de Normandie, *après en avoir délibéré, décide que cet ouvrage sera livré à l'impression.*

*Fait à Rouen, le Lundi 13 Janvier 1873.*

*Certifié :*

Le Secrétaire de la Société,

C. LORMIER.

# INTRODUCTION.

Nous avons eu déjà l'occasion de raconter[1] comment les loisirs forcés que nous créa l'occupation prussienne, nous jetèrent dans le dépouillement des manuscrits non encore classés, légués à la ville de Rouen par M. le marquis de Martainville, et comment, dans une liasse plus poudreuse et moins lisible que les autres, portant sur son enveloppe cette mention : « Rien n'est classé dans ce ma-« nuscrit; on ne sait de quoi il traite, » nous découvrimes le manuscrit d'Alexandre Bigot, Président à mortier, dont la première partie fait l'objet de la publication, qui paraît aujourd'hui sous le patronage de la Société de l'Histoire de Normandie.

Nous avions pensé, et la Société a partagé notre appréciation, que le sujet, à l'occasion duquel notre auteur avait cru devoir noter, presque jour par jour, ses impressions, offrait par lui-même un véritable intérêt. On connaît assez mal les causes des soulèvements populaires qui, en 1639, ensanglantèrent la Normandie et Rouen tout

---

[1] Voir le procès-verbal de la séance générale du 28 juin 1873. *Bulletin*, p. 126.

spécialement, et l'on s'explique difficilement la responsabilité que l'autorité royale ne craignit pas de faire rejaillir jusque sur le grand corps judiciaire qui illustrait la province, en frappant d'interdiction le Parlement, comme coupable de félonie. Cette interdiction fut, en outre, accompagnée de mesures qui lui donnèrent un éclat inaccoutumé. Le chancelier de France, revêtu de pouvoirs à peu près inconnus jusque là, vint à Rouen pour surveiller lui-même l'exécution de la sentence. En même temps que le Parlement, d'ailleurs, étaient frappés la Cour des Aides et les Trésoriers de France; la ville elle-même, atteinte dans son existence communale, fut englobée dans la répression. La Chambre des Comptes trouva seule grâce devant la sévérité du tout-puissant premier ministre.

Le chancelier Seguier ne s'est point fait faute de conserver à la postérité les renseignements qui pouvaient l'éclairer sur l'importance de sa mission. Un maître des Requêtes fut chargé par lui de consigner avec soin les événements qui devaient la rendre mémorable; de là ce *Diaire* que notre éminent collègue, M. Floquet, a publié comme annexe à son histoire du Parlement de Normandie. A côté de ce récit, et à titre de renseignements justificatifs, Pierre Seguier recueillit, dans un volume spécial, tous les documents à l'appui du récit de son historiographe.

Ces documents, fort intéressants d'ailleurs, ont passé de la bibliothèque du Chancelier dans celle de Saint-Germain-des-Prés, et de là dans la Bibliothèque nationale, où ils portent le numéro 18,937 (fonds français). C'est là également que les puisa le savant annotateur du *Diaire*.

Ce fut évidemment, sous l'impression de ces renseignements si précieux, qu'il écrivit toute la partie de son histoire du Parlement de Normandie, où il raconte la sédition des Nu-Pieds et fait le récit de l'interdiction du Parlement.

Toutefois, ces documents donnent aux événements une importance un peu surfaite. Il est douteux, lorsqu'on examine les faits et qu'on les pèse à leur juste valeur, que la mesure rigoureuse dont le Parlement fut l'objet, nous allions presque dire la victime, soit justifiée par une appréciation impartiale des circonstances qui l'avaient précédée. Il eut fallu, pour motiver ces gros mots, de « négligence, connivence et lascheté, » qui se trouvent dans les lettres-patentes d'interdiction, et que Renaudot, dans sa Gazette, n'osa pas reproduire [1], que le Parlement se trouvât bien directement mêlé aux faits de l'émeute et s'y associât pour ainsi dire, et cependant il est impossible de voir, dans les circonstances imputables au Parlement, autre chose que de l'inexpérience et de la faiblesse. Et quand on sait, par les mémoires du temps, que cette interdiction ne parut même pas suffisante au chancelier Séguier ; qu'il ne craignit pas de proposer au redoutable premier ministre, de raser l'Hôtel-de-Ville et d'élever sur ses ruines une pyramide où serait gravé en lettres d'or le texte de l'arrêt du conseil [2], et que cet excès de zèle dut être modéré par le cardinal lui-même, on regrette de voir, dans le caractère du chef de la justice, quelque chose qui ressemble singulièrement à l'adulation du courtisan.

Du reste, le Chancelier signala sa présence à Rouen par une double exécution, que ses contemporains lui reprochèrent plus tard, et qui nous paraît devoir singulièrement être à charge à sa mémoire. A deux reprises diffé-

---

[1] Voir plus loin, page 236.
[2] Floquet, *Histoire du Parlement*, tome V, p. 5.

rentes, sept accusés furent envoyés par lui à l'échafaud, sur son ordre verbal, après simple lecture des pièces, et sans qu'il entendît leur défense. Il sentit lui-même le besoin de justifier sa façon d'agir auprès des conseillers d'Etat qui le suivaient [1]; mais nous doutons que la nécessité « de faire des exemples » puisse légitimer un pareil mépris des formes tutélaires de la défense des accusés, et cette appréciation se trouve corroborée, lorsque l'on voit les commissions spéciales en pleine activité, quand il recourut pour la seconde fois à ces exécutions sommaires et qu'il les motive, cette fois, parce qu'il ne comptait pas trop, écrit-il au cardinal de Richelieu, « à la justice des commissaires qui sont de deçà. [2] »

Bigot ne cite que l'une de ces exécutions, mais nous croyons que la réserve, avec laquelle il en parle [3], prouve une fois de plus que le silence a aussi son éloquence. Pour nous, nous n'avons pu trouver ce fait sous notre plume, sans faire entendre une protestation contre ce mode arbitraire et hautain de décider de la vie des accusés [4].

Ajoutons d'ailleurs que la manière pleine d'ostentation, avec laquelle on procéda contre notre malheureuse cité, ne nous paraît guère justifiée par la part que ceux

---

[1] Floquet, *Ibid.*, p. 16.
[2] *Id, Ibid.*, p. 23.
[3] Voir plus loin, p. 247.
[4] M. N. Beaurain, l'obligeant conservateur-adjoint de la bibliothèque de Rouen, nous communiquait, relativement à Séguier, un fragment bien dur, mais qui n'est peut-être que juste, de la correspondance de M. Arnauld, datée du 29 janvier 1640: « M. de Bullion lui promet tant qu'il peut ces beaux employs indignes d'un chancelier de France. » Il nous signalait encore, dans les *Lettres, Instructions diplomatiques, Papiers d'Etat de Richelieu*, par M. Avenel (Documents inédits), plusieurs lettres du cardinal, datées des 27, 28 août, septembre 1639 et janv. 1640. t. VI, p. 494-495-500-501, 515. Je saisis cette occasion pour le remercier

que l'on frappa prirent aux violences populaires qui troublèrent son calme habituel.

Les souvenirs conservés par Bigot fournissent des renseignements précis sur la situation de la ville, au moment où les lettres-patentes du roi y furent publiées. La sédition était depuis longtemps éteinte, l'ordre ne courait plus aucun danger, la justice régulière allait suivre son cours, et l'on a tout lieu de penser que le déploiement de forces militaires, qui occupa Rouen pendant plusieurs semaines, était surtout, et il est douloureux de le constater, un moyen financier de décharger le budget ordinaire de l'entretien de ces troupes et de l'obtenir de la ville à titre de subsistance.

De même la peine qui frappa le Parlement, et qui devait être rapportée en partie lors de la création du Parlement semestre, c'est-à-dire lors du doublement des offices qui le composaient, était-elle autre chose qu'un moyen de tirer, sous forme d'emprunt forcé, deux millions de livres de la bourse des particuliers qui se présenteraient pour acquérir les charges nouvelles? Ou bien encore le surintendant des finances n'avait-il pas encore la pensée que cette mesure, qui déconsidérait le Parlement en réduisant ses membres à l'inaction pendant la moitié de l'année, qui lui faisait perdre son esprit de corps, par l'intrusion de magistrats, animés d'idées différentes et systématiquement hostiles à celles des anciens, l'amènerait forcément lui-même à proposer de nouvelles combinaisons financières; et n'espérait-il pas y trouver pour les coffres du roi la source des mêmes avantages, en dégageant sa propre responsabilité des inconvénients qui en résulteraient pour le public, et en les faisant endosser par le Parlement lui-même?

A ce point de vue, les mémoires de Bigot offrent un récit qui méritait d'être publié, et fait toucher du doigt les difficultés financières auxquelles l'absence de contrôle et d'une représentation nationale régulière exposait à chaque instant l'ancienne monarchie. Malheureusement elle devait, après cent cinquante ans, chercher le remède là où il était véritablement, mais trop tard pour la paix et le bonheur de la France.

Nos mémoires ont un autre mérite au point de vue de l'histoire locale. Ils édifient sur la valeur de certaines individualités et en laissent apercevoir tous les petits côtés.

Et d'abord le premier Président, Faucon de Frainville. On peut dire que c'est à sa pusillanimité et à son défaut d'énergie que le Parlement dut la répression sévère qui l'atteignit plus tard. Bigot fait saisir sa conduite, jour par jour, et permet d'affirmer que le soin excessif qu'on le voit prendre de sa personne, cette faiblesse dont il fit preuve lors de la démarche à laquelle il poussa le Parlement en corps dans la rue de la Vicomté, sa frayeur de faire incarcérer Gorin, dans les prisons de la Conciergerie, l'indécision qui l'empêcha d'ordonner une prompte et immédiate répression de l'outrage porté à la dignité de la justice, lorsque la populace traîna dans les rues la potence élevée place du Vieux-Marché, furent les vraies causes qui permirent au ministère de colorer plus tard, d'une manière si douloureuse pour le Parlement de Normandie, la déclaration d'interdiction. Ajoutons qu'une fois ce Parlement déclaré semestre, le Premier Président fit ce qui dépendait de lui pour le maintenir en cet état, voyant une diminution de l'honneur attaché à sa charge, dans celle du nombre des magistrats faisant partie de la cour ; ces préoccupations personnelles n'ont certes rien qui grandissent sa situation.

L'archevêque, François de Harlay, occupe aussi quelques pages dans ces mémoires, mais elles ne présentent pas les grandes lignes de son caractère. Il est vrai qu'il avait eu des démêlés avec le Parlement et que Bigot le juge en parlementaire. On trouvera dans notre récit bien des traits précieux qui peignent l'homme avec une grande finesse, et qui laissent apercevoir en lui plus de vanité peut-être que de grandeur réelle.

Au reste nous n'avons pas la prétention de faire connaître ici tout ce que le lecteur relèvera dans ces mémoires.

Nous croyons qu'on les parcourra sans fatigue ; le style en est coulant, et l'on y rencontre une infinité de détails sur la vie de nos pères, détails de deux cents ans de date, que l'on sera tout heureux de glaner en passant; nous voulons laisser à ceux qui, sur la foi de notre affirmation, se laisseront tenter, le plaisir de faire eux-mêmes ces petites découvertes. Elle leur paraîtront avoir d'autant plus de saveur.

Aussi, sans plus nous attarder aux considérations générales, que pourraient motiver ces mémoires envisagés dans leurs rapports avec l'histoire, nous allons consigner ici tout ce que nous avons pu recueillir sur l'auteur, et sur ses œuvres; nous terminerons par quelques détails précis sur le manuscrit que nous plaçons sous les yeux du public, et sur la manière dont nous avons compris sa publication.

## I.

La généalogie d'Alexandre Bigot est facile à établir ; il se rattachait à cette grande famille parlementaire des Bigot, dont les branches les plus connues furent celles de la Turgère, de Sommesnil, de Monville, à laquelle il appartenait, et de Sassetot, dont descendait le marquis de Martainville, ce qui explique la provenance du manuscrit de la biliothèque de Rouen.

Cette famille paraît avoir eu pour auteur Emery Bigot, vicomte de Verneuil, à la fin du XIV° siècle, dont le fils Guillaume vint s'établir à Rouen, où il fut avocat au bailliage, en 1451 ; il aurait acheté une charge de secrétaire du roi, en 1459.

Son fils Antoine eût plusieurs enfants, Laurent entr'autres, qui exerça avec talent la charge d'avocat général au Parlement de Rouen et eût un fils plus célèbre que lui, le fameux Emery Bigot de Thibermesnil, avocat général, puis président à mortier au même parlement. Cette branche, qui avait commencé à marquer au XVI° siècle, s'éteignit, en 1585, en la personne du président, qui ne laissa que des filles.

Mais Laurent avait eu un frère, Etienne, qualifié dans la généalogie sieur de la Turgère, qui s'allia à Marie Puchot, issue de l'une des familles bourgeoises de Rouen les plus notoires au XVI° siècle, et qui, prenant rang bientôt dans les rangs de la noblesse, se divisa en différentes branches, dont les plus célèbres furent celles de Gerponville et de Malaunay ou des Alleurs. C'est de cet Etienne Bigot que descendent toutes les branches depuis connues de la famille.

Laurent, leur fils aîné, fonda la branche des sieurs de la Turgère et de Graveron.

Jean, lieutenant-particulier du bailly de Rouen, fut père de Jean Bigot, sieur de Sommesnil, conseiller à la Cour des Aides, qui, de son mariage avec Barbe Groulard, fille du premier président, eut Jean Bigot, sieur de Sommesnil, conseiller au Parlement, mort sans enfants ; Nicolas, sieur de Cleuville, puis de Sommesnil, conseiller à la Cour des Aides, dont la postérité masculine ne s'éteignit qu'au commencement de ce siècle, et enfin le savant Emery Bigot de Sommesnil, qui porta à son apogée la bibliothèque fondée par son père et ses frères.

Un autre fils d'Etienne Bigot, Charles, fut conseiller au Parlement. C'est de son alliance avec Jeanne du Pont que sortit Alexandre Bigot, notre auteur, baron de Monville. Nous reviendrons tout à l'heure sur la généalogie de leur branche.

Enfin, un dernier fils, André, fut la tige des sieurs du Heaume ; leur notoriété ne date guère que de l'époque où ils recueillirent, en 1757, leur part de la succession des Bigot de Monville. Ils furent, dès lors, connus sous le nom de Sassetot et produisirent un président à mortier, aïeul du marquis de Martainville, maire de Rouen sous la Restauration.

Ce président Bigot de Sassetot soutint, conjointement avec un Bigot de Bolleville, chevalier de Saint-Louis, un procès généalogique assez curieux contre un autre membre du Parlement, portant le même nom, M. Bigot de Sainte-Croix. Il prétendit lui faire défenses de porter les armes de Bigot qui sont *d'argent au chevron de sable accompagné de trois roses de gueules.*

M. de Sainte-Croix les brisait d'une croisette en la cime du chevron [1].

[1] M. de Beaurepaire nous a communiqué, avec son obligeance habituelle, une lettre adressée par le Président Bigot de Monville, notre auteur, à M. Le Cornier de Sainte-Hélène, conseiller au Parlement. A la lettre est encore attaché le cachet de cire rouge où se trouvent les armes de la famille, sommées du casque à cinq grilles vu de face et du mortier de président. L'écu est brisé d'une croisette en la cime du chevron.

Les Bigot de Sommesnil, ainsi que l'établit leur *ex-libris*, brisaient d'un croissant.

Il voulait de plus lui interdire le droit de se prétendre de sa famille à lui, président Bigot.

L'affaire vint directement à la Chambre des requêtes qui, par arrêt du 17 janvier 1771, donna raison au président Bigot, mais sur appel interjeté en la grande Chambre intervint, à la date du 14 août 1771, arrêt qui, faisant droit à l'appel, déclara le président Bigot autant non-recevable que mal fondé dans ses demandes principales et incidentes et le condamna à tous les dépens.

Ce procès n'offre d'intérêt que parce que M. Bigot de Sainte-Croix, qui se prétendait de la famille du président, avouait en même temps pour aieul un Etienne Bigot, reçu en 1530, sur chef d'œuvre, maître dans la communauté des orfèvres de Rouen, et soutenait que Marie Puchot, sa veuve, avait été reçue dans la même communauté, comme femme de maître, en 1582; que ses fils, André, Jean et Charles, furent baptisés à Saint-Herbland comme fils d'orfèvre. Il produisait d'ailleurs l'estampe gravée d'un sien ascendant, Ellye Bigot, avec les roses et le chevron des Bigot, et pour brisure une étoile de gueules en la cime.

Quoiqu'il en soit de ce débat, sur lequel nous ne nous prononcerons pas, puisque nous n'en avons pas les pièces sous les yeux, nous avons cru intéressant d'en noter l'existence, parce que, sans ôter rien à la vraie illustration des Bigot, il prouverait dans tous les cas la facilité avec laquelle nos grandes familles commerçantes du xvie siècle parvenaient, grâce aux charges judiciaires, jusqu'aux premiers rangs de la noblesse de province.

## II

Nous voulons maintenant étudier de plus près ce qui touche à notre président.

Son père, Charles Bigot, reçu avocat au Parlement le 27 juin 1585, fut pourvu, par lettres du 1ᵉʳ janvier 1589, de l'office de conseiller, vacant par la mort de Claude Hédiart[1].

Un petit incident marqua sa réception : Jean Thomas, procureur syndic des Etats de Normandie, bailla requête au Parlement séant à Caen, « par laquelle il remonstra que le Roy avoit promis aux Estats de Blois de ne point pourvoir aux offices qui vacqueroient pendant la séance desdits Etats, pendant lequel temps, l'office dudit Hédiart ayant vacqué, il avoit esté chargé par MM. desdits Etats d'opposer au sceau à ce qu'il n'en fut expédié aucunes provisions, au préjudice de laquelle opposition les lettres dudict Ch. Bigot avoient esté délivrées. » Un arrêt du 21 juillet 1589 ordonna au procureur syndic de faire apparoir dans le mois des ordres du Roy, et, à défaut de justification, on procéda, le 25 août 1589, à l'examen de Charles Bigot, qui fut définitivement reçu le 26.

Il exerça jusqu'au 14 juin 1627, époque où Alexandre, son fils, fut reçu à son office, et lui-même obtint l'enregistrement de lettres de conseiller honoraire datées du 26 mars précédent.

Il avait épousé Jeanne Dupont, fille unique de Jérosme Dupont, advocat au Parlement de Rouen.

Ils eurent six enfants ; deux seulement atteignirent l'âge d'homme : un fils, Alexandre, né le 19 novembre 1607, et une fille Fleurimonde, née le 27 janvier 1606, qui épousa, le 19 octobre 1625, Robert de Bonshoms, sieur de Couronne, conseiller, puis président au Parlement de Rouen.

Nous rapporterons plus loin ce qui concerne les travaux et les services d'Alexandre Bigot ; disons ici

---

[1] Bigot observe qu'il dut verser 3,000 escus sol aux parties casuelles, 72 escus sol pour le marc d'or et 900 escus aux héritiers du défunt, qui lui baillèrent la procuration *ad resignandum*.

qu'il épousa à vingt-six ans, le 26 février 1632, après contrat passé devant les notaires de Rouen le 7 de février précédent, Geneviève Le Roux, fille de Robert Le Roux, seigneur de Tilly, conseiller au Parlement de Rouen, et de Marie de Bellièvre, et en secondes noces, après 1657, Jeanne-Charlotte de Nouveau.

Il fut inhumé à S.-Laurent, dans la chapelle de sa famille, le 30 mars 1675, alors âgé de 67 ans. Sa veuve, Charlotte de Nouveau, mourut le 18 juillet 1677.

Le premier mariage fut fécond ; outre trois enfants morts en bas âge, on compte :

1. Robert, baron de Monville, dont nous dirons tout à l'heure la descendance ;

2. Pomposne, sieur de Blasqueville, né le 2 novembre 1636, capitaine au régiment de Champagne, mort le 23 octobre 1699 et enterré à Saint-Laurent, lieu de sépulture de la famille ;

3. Alexandre, né le 4 septembre 163..., prieur de Saint-Gilles et de Saint-Martin-de-Brucdalle et de Ribeuf, chanoine en l'église cathédrale, prieur de Saint-Gilles du Pont-Audemer, mort le 27 août 1721 et enterré à Saint-Laurent ;

4. Raoul, né le 1er septembre 1639, sieur de Sasseville, prêtre doyen d'Yvoy, mort avant 1700, enterré à Saint-Eustache, à Paris ;

5. Marie, née le 21 mars 1642, qui épousa, le 5 juin 1669, Claude Fournier, sieur de Joigny, suivant contrat de mariage passé le jour précédent devant les tabellions de Rouen ;

6. Madeleine, née le 16 juin 1647 ; morte le 16 décembre 1736.

Le fils aîné Robert, né le 13 février 1633, reçu avocat au Parlement le 22 septembre 1652, et conseiller aux

Requêtes le 6 juillet 1654 [1], épousa le 21 février 1655 Marie du Moucel, dame de Sassetot. Leur contrat de mariage fut passé devant les notaires au Chatelet de Paris, à la date du 20 février 1655 [2].

Nous extrayons ce qui suit, relatif aux qualifications prises par les parties ; on y trouve un renseignement exact sur les possessions féodales de cette branche de la famille.

« Pour parvenir au mariage qui au plaisir de Dieu sera faict entre Monsieur Robert Bigot, baron de Monville, conseiller du Roy en son Parlement et commissaire aux requestes à Rouen, fils aisné de Messire Alexandre Bigot, chevalier seigneur et baron de Monville, Gruchy, vicomte de Blaqueville, conseiller du Roy en ses conseils et président en son Parlement de Normandie et de dame Geneviève Le Roux, d'une part ;

« Et Damoiselle Marie du Moucel, fille unique et seule héritière de Louis du Moucel, escuier, sieur de Sassetot et de Varengeville et de dame Marguerite Le Seigneur, d'autre part, ont esté faits les dons et promesses cy aprez employés.

« ....En faveur duquel mariage, le dit sieur président Bigot a promis paier audit sieur son fils la somme de dix mil livres pour chacun an et le faire pourvoir de la charge de président, lorsqu'il aura les qualités requises, au prix qu'elle lui a cousté, ou qu'elle vaudra lors desdites provisions, au choix dudict sieur son fils, et néantmoins se pourra réserver d'exercer la dite charge tel nombre d'années qu'il jugera à propos, comme aussi il a promis pléger ledit sieur son fils de la somme qui sera nécessaire pour le faire pourvoir d'une charge de la valeur de 60,000 escus, y compris ce qui proviendra de la vente

---

[1] Il traita par 52,000 livres de la charge de René Guerard, sieur de Belmesnil, et la revendit plus tard 42,500 livres à Estienne Maignart de Bernières, que sa parenté avec Philippe Maignart de Bernières, procureur général au Parlement, empêcha d'être reçu, et qui fut dans l'obligation de la rétrocéder par 30,000 livres à Henry-François Le Seigneur d'Atmesnil, reçu en mai 1671.

[2] Nous possédons une copie collationnée de ce contrat, au droit des Rydel de Pleinesevette, alliés eux-mêmes aux du Moucel.

de celle qu'il exerce, de laquelle il payera le prix et ce qu'il a cousté pour l'y faire parvenir et réussir, au moyen des avancements à luy faits. »

Le futur avait 60,000 livres de don mobil sur les meubles de la demoiselle de Sassetot et au besoin sur les immeubles.

Ce contrat, sous seings-privés entre les parties, fut le même jour déposé devant les notaires au Châtelet de Paris.

Robert Bigot devait perdre sa femme quelques années plus tard; le 9 décembre 1668, elle mourait en couches à l'âge de vingt-sept ans, et était inhumée à Saint-Laurent, dans le caveau de famille. Ce fut sans doute la douleur qu'il en ressentit qui lui fit vendre sa charge au Parlement de Rouen, pour en acheter une au Parlement de Paris, et c'est sans doute à cette circonstance qu'il faut attribuer la dispersion de la célèbre bibliothèque des Bigot de Sommesnil. Formée par Jean Bigot, seigneur de Sommesnil et de Cleuville, qui reunit plus de 6,000 volumes, augmentée par Jean et Nicolas Bigot, sieurs de Sommesnil et de Cleuville, et portée à son apogée [1] par Emery Bigot, elle fut, à la mort de ce dernier [2], léguée par lui à son cousin Robert Bigot de Monville, qu'une conformité de goûts [3] et une grande fortune semblaient désigner naturellement comme plus apte à la conservation de ce dépôt précieux.

[1] Voir les détails précieux que donne sur cette bibliothèque M. Léopold Delisle, dans son premier volume du *Cabinet des manuscrits à la bibliothèque impériale*. Imp. imp., Paris, 1868, page 322 et suivantes.

[2] Il fut enterré dans le chœur de Saint-Laurent, le 19 décembre 1689. Il avait seulement soixante ans.

[3] Nous avons trouvé dans les papiers de Bigot une lettre assez intéressante de Le Laboureur, qui prouve que la branche de Monville, pas plus que celle de Sommesnil, ne se désintéressait des études his-

# INTRODUCTION.

Malheureusement il mourut le 8 août 1692, et son corps fut rapporté à S. Laurent de Rouen, dans le caveau

toriques. Elle est adressée par ce savant « A Monsieur, Monsieur de
« Monville, conseiller du Roy au Parlement de Rouen, à Rouen. »
Nous la donnons ici en entier :

Monsieur,

Il y a moins de paresse que de respect dans le loisir que j'ay pris de vous remercier de votre dernière, outre que je prétendois y satisfaire par une table généalogique de la maison de Chaumont. Il ne m'a pas encore été possible d'y vacquer à cause de mon impression qui employe tout le temps qui me reste après la composition de mon ouvrage. Ce sera au premier moment que je pourray ménager. J'ay employé grande partie des mémoires que vous m'avez fait l'honneur de m'envoyer, et je croy, monsieur, que la mémoire de Laurens Bigot n'en sera que plus honorable des blessures qu'on luy a voulu faire. Cela m'a obligé de deffendre pareillement ses prétendus complices, et je scay tout ce qu'il en faloit dire sinon que j'ay été un peu plus succint à l'égard de Jean Pericard et de sa maison. Je me passeroy de cela si vous n'en avez une généalogie bien complette que je vous demanderois en ce cas là. Je crois monsieur que les autres prétendus facheux de notre huguenot sont ceux qui sont compris dans ces deux pièces de l'an 1561 que j'insère, mais sans autre comentaire pour ne scavoir leurs noms ny leurs qualitez autrement. Je vous les envoye pour vous consulter si je les dois faire imprimer parce que cela ne sera de cinq ou six jours sous la presse.

| DES PRESCHEURS DE ROUEN | DES GENS DE JUSTICE |
|---|---|
| Le quart, doublement herétique, | De Petremol la feinte rage |
| Talbot, dangereux schismatique, | Le larrecin d'un Pericard |
| Colombel resveur et mutin, | D'un Brevedent le badinage |
| Faucillon, beste fantastique | La fierté d'un Tellier paillard |
| Et le Cordelier frénétique | Et de Mustel le meschant fard |
| Gastent Rouen de leur venin. | C'est ce qui Rouen endommage. |

Je suis fasché de n'avoir pas le nom propre de Monsieur le Roux de Tilly père, de madame votre mère, pour l'insérer dans votre généalogie que j'ay donné dans l'éloge de Laurens Bigot pour me servir de la première occasion qui se présente de vous témoigner ma reconnaissance. Si votre temps vous le permet, vous me ferez la grasce, monsieur, de me le mander. La qualité de baron de Monville, que vous donnez à Nicolas de Salcède, me fait douter que vous pourriez de famille, et après lui, la bibliothèque fut vendue à la date du 1er juillet 1706.

Il eut plusieurs enfans, la plupart morts en bas âge, à l'exception d'Alexandre, seigneur et patron de Sasseville, qui mourut le 27 août 1724, syndic général du clergé de Normandie, et de Robert Bigot, seigneur de Sassetot, qui mourut le 24 mars 1757, âgé de 91 ans.

L'aîné fut Henry, né le 2 mai 1659, baptisé le 6 juillet suivant, et qui eut l'honneur d'avoir pour parrain Henry d'Orléans, duc de Longueville, gouverneur de Normandie (S. Laurent, *id.*, *ibid.*). Il fut reçu Conseiller au Parlement de Rouen, le 11 août 1684, et épousa, le 5 février 1686, Caterine Le Couteulx, veuve de Louis Le Roux, seigneur de Tilly.

Elle ne mourut que le 22 avril 1742, à l'âge de 87 ans. Quant à lui, il fut, comme ses ancêtres, enterré à S. Laurent, le 2 décembre 1725, et son acte de décès lui donne les titres de baron de Monville et de Gruchy, vi-

---

avoir quelque chose de ce Salcède qui me pourroit servir. Je vous le demande dans votre loisir avec excuse de la liberté que je prends de vous estre importun. Je suis,

   Monsieur,
    Votre très humble et très obéissant serviteur,
      LE LABOUREUR.

Elle se rapporte évidemment à l'édition que préparait alors Le Laboureur des mémoires de Castelnau. Ils parurent en 1659.

Nous attribuons également à Robert Bigot de Monville un cahier manuscrit qui fournit des détails sur les événemens dont il prit note « depuis la Saint Martin 1657 jusqu'à la Saint Martin 1658. » Il y a en plus six pages depuis la Saint Martin 1658 ; c'est un total de 26 à 28 pages ; j'y ai relevé ce passage :

« Le vendredi 1 mars 1658, je me trouvai en tour, pour présider le
« bureau des Valides ; j'assistay le mesme jour à l'assemblée qui se
« faisoit à la Maresquerie des commissaires audit bureau... »

Il pourrait, nous le croyons, fournir la matière d'une petite publication.

comte de Blaqueville, seigneur de Sassetot, Sasseville et Sallenelle, Conseiller en la Grand Chambre du Parlement de Normandie.

De leurs cinq enfants, un seul paraît avoir vécu : Alexandre, né le 26 août 1691, reçu conseiller au Parlement de Rouen en mars 1714, président à mortier, le 13 juillet 1722, qui mourut à Marseille, le 19 octobre 1747, âgé de 55 ans. L'acte de décès dressé parmi les actes de la paroisse S. Laurent, le 20 octobre suivant, porte qu'il fut inhumé à N. D. du Cloître, à Marseille. Sa fortune retournait à son oncle Robert Bigot de Sassetot, qui mourut en 1757 sans postérité, de sorte qu'à sa mort, la grande fortune des Bigot de Monville se divisa, comme nous l'avons dit, entre les trois branches de la Turgère, de Sommesnil et du Heaume.

### III.

Laissons maintenant ces préliminaires généalogiques, pour entrer plus intimement dans la vie du président Bigot

Né le 19 novembre 1607, il succéda en 1627 à la charge de son père. Plus tard, en avril 1637, un édit royal, vérifié le 2 juillet, ayant créé une septième charge de président à mortier, Bigot s'en porta acquéreur, et présenta le 11 août suivant ses lettres de provision ; il fut reçu le même jour au serment de son office, « sans faire infor« mation de sa vie et mœurs, attendu qu'il estoit du « corps du Parlement. »

Il devait exercer cette charge jusqu'à son décès, et après la mort du Président de Franquetot, en 1666, elle lui valut, en qualité de second Président au Parlement, l'honneur d'exercer, en vertu d'une commission du roi, la charge de Premier Président alors vacante. Il en fut

revêtu jusqu'à la réception du Premier Président Claude Pellot, le 14 avril 1670. Ce fut dans cet intervalle que Farin publia la première édition de son *Histoire de la ville de Rouen*; il y insérait ces lignes : « Cette charge émi-
« nente (de P. P.) est maintenant exercée avec honneur
« par messire Alexandre Bigot, chevalier, baron de
« Monville, Conseiller du Roy en tous ses Conseils et
« second Président en ce Parlement, sur lequel S. M. se
« repose, ayant reconnu en plusieurs occasions les ta-
« lens admirables qui rendent son nom illustre par toute
« la France [1]. »

Notre collègue, M. Gueroult, possède un curieux manuscrit du xvii<sup>e</sup> siècle où sont inscrites des notices biographiques et généalogiques sur un bon nombre de membres du Parlement. Les quelques lignes que l'auteur anonyme a consacrées à notre président ne sont pas moins emphatiques que celles que nous venons de relever : « La vie de cet homme nous fait bien voir que les
« têtes les plus glorieuses n'ont pas toutes les couronnes,
« et comme les premiers maîtres de l'univers n'ont pas
« toujours porté le titre de monarque, quoiqu'ils com-
« mandassent à tous ces hommes; aussy ce magistrat,
« quoiqu'il n'aye pas porté la qualité de premier président,
« toutefois il en faisoit les fonctions, et s'il n'en porta
« le titre, il l'exerça en effet..... »

M. Floquet, dans son *Histoire du Parlement*, parle de lui comme de l'un des députés que le Parlement chargea de poursuivre la révocation du semestre, et dit qu'il était « fort aimé dans le Parlement. C'était le digne descen-
« dant [2] des Laurent et des Emery Bigot, les grands
« magistrats qu'on a vu si souvent en scène dans les pre-

---

[1] T. I, p. 202.

[2] Cette expression ne doit pas être prise à la lettre. Voir ce que nous avons dit plus haut, p. viii.

« miers temps de cette histoire. Sa personne non moins
« que son nom était chère au Parlement de Norman-
« die[1]. »

La Cour de Rouen possède encore le portrait de cet
éminent magistrat. Il est encastré dans le lambris placé
au-dessus de la cheminée de la Bibliothèque.

Tel est l'ensemble des renseignements biographiques
que nous avons pu recueillir sur celui dont nous livrons
aujourd'hui les mémoires à la publicité. Il était, à coup
sûr, admirablement placé pour connaître les choses du
Parlement, et c'est cette situation qui donne une valeur
toute particulière aux renseignements qu'il fournit.

Nous consacrerons tout à l'heure notre dernier paragraphe au manuscrit même que nous publions. Mais il
n'est pas isolé, et avant de nous en occuper, nous tenons
à signaler ceux que la Bibliothèque de Rouen possède
encore ; ils prouveront avec quel patient labeur notre
président recueillit tous les renseignements qu'il pouvait rencontrer sur la mission, les droits ou les membres
du corps auquel il avait l'honneur d'appartenir.

## IV

La Bibliothèque de Rouen, fonds Martainville, possède
trois manuscrits différents qui émanent de lui et sont
écrits de sa main.

Le plus important, comme étendue, contient cinq volumes in-folio. Il a pour titre : « Recueil des présidents,
« conseillers et autres officiers de l'Eschiquier et Parle-
« lement de Rouen, depuis l'establissement de l'Eschi-
« quier fait en l'an 1499 jusques à présent[2]. »

---

[1] T. V. p. 88.
[2] Ces volumes sont conservés au fonds Martainville sous les numéros $\frac{Y}{4}$ à $\frac{Y}{25}$.

Il figure sous les numéros 34 et 35 du catalogue des manuscrits récemment publié par notre regretté confrère, M. Edouard Frère, et il est indiqué comme continué jusqu'en 1702 ; il eût été plus exact de dire jusqu'en 1707 [1], car les dernières réceptions mentionnées vont jusqu'à cette époque ; nous relèverons seulement l'erreur évidente qui le fait attribuer au xvi° siècle, puisqu'il est incontestablement du xviii°. Nous verrons tout à l'heure que la même erreur chronologique d'attribution a été commise pour les autres manuscrits du président Bigot.

Chaque officier du Parlement trouve dans ce manuscrit une page spéciale, sur laquelle sont consignés d'abord les renseignements relatifs à l'exercice de sa charge, puis ses armes, sa généalogie, le tout appuyé de citations d'actes, et notamment d'arrêts du Parlement, relevés par Alexandre Bigot. Il y a là une source précieuse et authentique pour l'histoire des familles, et toutes celles qui comptent dans leurs ancêtres, antérieurement au xviii° siècle, un membre du Parlement, y trouveraient certainement des renseignements d'une haute valeur. Nous y avons largement et presque exclusivement puisé les notes biographiques placées dans le corps de notre publication.

Ce vaste recueil est du reste précédé d'une introduction où Bigot fait connaître sa pensée. Elle nous a paru mériter d'être ici reproduite in-extenso.

« Ayant faict diverses remarques par escript des choses qui m'ont semblé plus notables touchant ma profession, il m'a semblé à propos, afin qu'il me soit plus facile de m'en servir, de les mettre en ordre et les diviser en plusieurs volumes selon la diversité des matières.

---

[1] Les mentions les plus récentes doivent être de la main de Robert et de Henri Bigot.

« J'ay traité au premier volume de l'establissement de l'eschiquier et Parlement de Normandie, des privilèges et prérogatives du dit Parlement et officiers d'iceluy, des changements qui y sont arrivez par les diverses créations et suppressions des officiers, de la division et compétence des Chambres, des réglements entre divers officiers, de la forme observée par le Parlement aux actions publiques et autres choses concernant l'honneur, dignité et intérieur de la compagnie. Au second, j'ay mis en ordre plusieurs arrests notables, tant pour l'application de la coustume de Normandie, que sur plusieurs autres questions difficiles ; j'y ay aussi inséré plusieurs réglements de police et autres qui ne concernaient pas les matières traitées au précédent livre. En ce troisième, j'espère avec l'aide de Dieu expliquer la suite des officiers qui ont composé le Parlement, selon l'ordre de leurs réceptions, ensemble me remarquer ce qui me semblera notable concernant leurs personnes et familles. Au quatrième, seront traitées les généalogies de plusieurs autres familles de la province, hors laquelle je ne prétends point étendre mon dessein.

Au reste ce volume sera divisé en trois livres : au premier sera parlé des présidents du Parlement ; au second des conseillers ; au troisième des gens du Roy et autres officiers.

Ce que j'ay recueilly en ce traité est tiré en partie des registres du Parlement, en partie de plusieurs autres registres, titres et contrats qui sont tombés en mes mains et aussy de la conférence de ceux que j'ay cru plus intelligents en ceste matière.

M. Baptiste Chandelier, conseiller au Parlement, ayant esté reçu en l'an 1519, composa en 1543 un traité de tous les officiers de ladite compagnie, depuis l'an 1499 jusque audict an 1543. Il a fait 24 vers sur chaque président, et douze sur chaque conseiller. Le traité divisé en IV livres, lesquels j'ay fait transcrire sur une copie qui m'en a esté baillée par M. de Tilly mon beau père, laquelle copie il avait eue de M. Le Brun, conseiller au dict Parlement, duquelle l'ayeulle estoit fille du dict Chandelier et dont l'original est entre les mains de M. Loys, sieur de Gruchy, conseiller audit Parlement, héritier à cause de sa mère dudict sieur Chandelier.

Cet ouvrage quoique grossier est néanmoins estimable pour son antiquité. Les vers sont rudes et peu polis, et un autheur moderne a pris subject, par le rapport des noms, de conférer les pièces de Baptiste Mautmuz (?) et Baptiste Le Chandelier.

Ledict sieur Chandelier s'est souvent mespris, tant en l'ordre des réceptions qu'en faisant mention du pays natal des officiers dudit Parlement, principalement de ceux qui ne sont de Normandie. Ce quy sera remarqué cy aprez en particulier.

Mais son travail, tel qu'il est, m'a donné le premier dessein de compiler ce recueil; ensuite j'ay tiré beaucoup d'aide des livres et lieux communs de Monsieur M° Jean Le Febvre, lequel fut receu conseiller en ce Parlement en juin 1544, et a recueilli en plusieurs volumes, confusément et sans ordre, plusieurs choses notables advenues de son temps, mais principalement depuis le jour de sa réception et a continué son recueil jusqu'à la réception d'Adrian Toustain, conseiller receu en 1571, et mis en teste de chaque volume, les noms des officiers qui lors estoient au Parlement.

Monsieur de Galentine, conseiller au Parlement, décédé en mars 1640, me presta trois des volumes dudict sieur Lefebvre, escripts de la main de l'auteur, lesquels ayant leus à mon loisir, j'en ay faict diverses remarques, dont je feray mention cy aprez en ce volume et en ay parlé aux deux précédents.

Au reste, le livre rouge de la Tournelle faict mention que la..... de..... la court, les chambres assemblées, estant en difficulté de de ce qui auroit esté jugé sur la question, si il passoit non seulement *in mitiorem pœnam* mais aussy *in mitiorem sententiam* en faveur des accusez, décida la question, aprez que Monsieur M° Charles Lefebvre, sieur de la Gaillarde, conseiller au dict Parlement, eut représenté l'un des dits registres de son dict père, contenant un arrest donné dans un cas semblable [1].

Depuis l'an 1571 jusques en l'an 1627, je me suis servy des mémoires du feu sieur de Galentine, lesquels néant moins estoient fort sommaires et auxquels il avoit peu travaillé, à cause du peu de loisir qu'il avoit; et a esté besoin que je les aye corrigés et augmentez pour la plus part par la lecture des registres du Parlement.

Quant à l'ordre de réception des officiers du Parlement, depuis l'an 1627, j'en avois faict mémoire, lors de la réception de chacun d'iceux depuis que j'estois entré au Parlement.

---

[1] Ce passage a été reproduit par une main plus moderne (fin du XVII° siècle) sur la feuille de garde du manuscrit $\frac{Y}{55}$, qui est tout entier de la main d'Alexandre Bigot.

Pour ce qui est des généalogies, j'ay tiré beaucoup de secours des mémoires lesquels m'ont esté fournis par Monsieur Mᵉ Jean Bigot, seigneur de Sommesnil, doyen de la court des aides de Normendie, lequel m'a presté plusieurs volumes de son travail et dossiers manuscripts qu'il a curieusement recherchez.

Ce que j'ay cité des anciens eschiquiers est tiré du recueil que mon père en a faict, lequel je garde escript de sa main et en ay aussy tiré diverses choses de la lecture que j'ay faicte de plusieurs des registres desdits eschiquiers.

Au reste, j'ay employé les officiers depuis l'an 1499 jusques en 1543, selon l'ordre de Monsieur Chandelier, sinon lorsque j'ay congnu par nos registres qu'il s'estoit mespris. Depuis l'an 1543 jusques en 1571, j'ay suivy l'ordre de M. Lefebvre que je n'ay point trouvé s'y estre mespris; mais ay suppléé souvent la date des réceptions et autres choses par luy obmises. Ils sont aucunes fois cités à scavoir le dict sieur Chandelier par un C, et le dict sieur Lefebvre par une F. Comme aussy j'ay cité souvent le manuscrit A, qui est un ancien recueil de plusieurs choses touchant la Normendie, lequel est ainsy cité entre les livres de la bibliothèque de M. de Sommesnil.

J'ay creu debvoir faire mention des officiers qui ont esté possesseurs des charges de ladite compaignie, quoy qu'ils n'y ayent pas esté reçeus, afin de rendre mon recueil plus complet.

(D'une autre encre). A la fin de ce recueil sont insérées plusieurs lettres tirées des registres du Parlement, pour preuve de l'ordre et temps des réceptions des officiers et y ay subjoinct une liste tirée des œuvres de M. Chandelier, une générale suivant l'ordre de ce recueil et une alphabétique.

J'ay cité pour plus grande brièveté les parties, livres et chapitres de ce recueil en cette manière.

La lettre A signifie la première partie.

La lettre B, la seconde partie.

La lettre C. la troisième. Les livres de chaque partie sont cités par un grand chiffre I, II, III, IV, V, VI, VI et VII et les chapitres de chaque officier par petits chiffres 1, 2, 3, 4, 5, etc. Ainsy, A, II, 15, signifient première partie, livre second, nombre ou chapitre 15.

On voit par là que cet ouvrage n'est pas le seul; nous avons eu à cœur de rechercher ceux auxquels le P. Bigot indiquait avoir consacré ses recherches.

Le premier relatif à l'établissement de l'Eschiquier et parlement de Normandie, est bien à la bibliothèque de Rouen, où le catalogue imprimé, page 153, l'indique sous le n° 28 [1]. Ici encore nous avons à rectifier l'erreur qui l'attribue au XVI° siècle. Bigot a pris soin de préciser, dans la préface qu'il a mise en tête de son recueil, le point de vue auquel il s'est placé, et les éléments à l'aide desquels il l'a rédigé. Nous aimons mieux lui laisser la parole à lui-même.

Le subjet que j'entreprends en ce volume n'a point encore, que je scache, esté expliqué par aucun autheur duquel les œuvres aient esté données au publicq. Bernard de la Rocheflavin a composé un livre intitulé *des Parlements de France*, mais n'ayant vescu que dans les Parlements de Paris et de Tholoze, il n'a rien dit des autres Parlements, ou fort peu de choses. M. Guillaume Terrien, dans son Traité du droit civil de Normandie, divisé en XVI livres, en a fait un livre de la Cour de Parlement, mais il n'a fait qu'esbaucher la matière, et n'a parlé que des choses qui peuvent estre notoires à un advocat et non de l'intérieur de la Compagnie, dont à peine auroit il vu les registres des arrests, mais non les registres secrets, ny assisté aux délibérations. Les commentateurs de la Coustume de Normandie en ont expliqué les articles, sans parler de ce qui concerne ceste matière.

2. Je traiterai donc en ce recueil de l'establissement de l'Eschiquier et Parlement de Normandie, de la création ou suppression des officiers du Parlement, de la division et compétence des Chambres, des priviléges et prérogatives de la Compagnie et officiers d'icelle, des réglements entre divers officiers dudit Parlement, des contentions survenues entre le Parlement et les autres Compagnies et officiers, de la forme observée aux actions et cérémonies publiques et autres choses semblables.

3. Nous citerons aucunes fois en ce recueil le stile de procéder du Parlement de Rouen, duquel Terrien a souvent cité quelques fragments, lequel stile de procéder je n'ay point veu imprimé entier, mais est incéré tout au long au livre noir du Parlement, avec la vérification

---

[1] Ce volume est porté au fonds Martainville sous le numéro $\frac{Y}{23}$.

qui en a esté faicte, les Chambres assemblées, et ainsy il doibt estre observé comme ayant force de loy.

4. Le livre noir est recueil de plusieurs ordonnances, arrests et règlements concernant l'establissement, privilèges et prérogatives du Parlement, des officiers d'iceluy, et le livre rouge contient l'establissement de la Tournelle et plusieurs ordonnances, arrests et règlements concernant les affaires criminelles.

5. Les mercuriales sont réglées en deux tomes, dont j'ay l'extrait sommaire des points principaux faict par feu mon père; en outre j'ay faict l'extraict fort ample du contenu au premier tome que j'ay veu en la Chambre des Requestes; le second tome estant pour lors égaré et lequel j'ay depuis appris avoir esté remis aux registres du Parlement.

6. Au reste, ce recueil sera divisé en plusieurs livres. Au I, nous parlerons des jurisdictions qui ont précédé l'établissement de l'Eschiquier ou Parlement de Rouen. En suite nous traicterons de son establissement et ressort, et des officiers qui depuis y ont este créez ou supprimez. — Le livre II sera de la provision et réception, gages et émoluments des officiers du Parlement. — Le III traitera de la division des Chambres et de leur compétence. — Le IV des contestations générales survenues pour la compétence des prérogatives du Parlement. — Le V sera des séances honoraires du Parlement, des inhumations et autres cérémonies auxquelles le Parlement assiste.

Il y a là un ensemble de vingt-six chapitres, qui fournirait, nous le croyons, aux chercheurs bien des renseignements qu'il serait impossible de trouver ailleurs, si tant est qu'un examen plus complet ne le fasse pas juger digne d'une publicité intégrale. Quoi qu'il en soit, nous donnons ici l'indication des sujets traités dans chaque chapitre, ce qui permettra déjà d'en apprécier la valeur et l'intérêt.

1. Des antiens Eschiquiers.
2. Des autres juridictions establies à Rouen avant 1499.
3. De l'érection de l'Eschiquier en Parlement.
4. Du ressort de l'Eschiquier et Parlement de Rouen.
5. Du lieu où se tenoit l'Eschiquier. Construction du Palais.
6. De la création et suppression des présidents.

7. De la création et suppression des conseillers.
8. Création et suppression des gens du roy, gardes des sceaux et autres ministres et officiers.
9. De l'élection et nomination des présidens et conseillers.
10. De la vénalité des offices du Parlement [de Rouen].
11. De la division et compétence des Chambres [du Parlement].
11 bis. De la distribution des présidens et conseillers [en diverses chambres du Parlement].
12. Des gaiges, attributions et priviléges [des officiers du Parlement].
13. Des provisions.
14. De l'information des vie et mœurs, aage et autres qualités requises [aux pourveus des offices du Parlement].
15. De la religion des pourveus [des offices du Parlement].
16. Des autres qualités requises [aux pourveus des offices du Parlement].
17. En quel cas sont exempts ou dispensés de l'examen [les pourveus aux offices du Parlement].
18. Forme de l'examen [des officiers du Parlement].
19. De l'ordre et préséance des pourveus [aux offices du Parlement].
20. De la réception et serment [des officiers du Parlement de Rouen].
21. De ceux qui ont séance honoraire [au Parlement].
22. De la séance honoraire [des officiers des Parlements et autres cours souveraines hors leurs Compagnies ou après qu'ils ont disposé de leurs charges].
23. Des inhumations [auxquelles assiste le Parlement].
24. Des processions générales, *Te Deum* et autres actions solennelles auxquelles assiste le Parlement.
25. De l'érection de la Cour des Aides et Chambres des Comptes et création d'officiers auxdites Compagnies et contestations entre elles.
26. Contestations du Parlement avec la Cour des Aides et autres Compagnies.

Du reste, en même temps que le manuscrit original, d'une écriture difficile, non paginé, à moitié dérelié, la bibliothèque de Rouen possède une copie faite vers la fin du xvii<sup>e</sup> siècle ou au commencement du xviii<sup>e</sup>. Le catalogue de M. Frère, le place sous le n° 29 [1]. Il pourrait être utilement consulté pour une réimpression qui ne dépasserait pas les dimensions d'un volume in-octavo ordinaire.

Enfin, la Bibliothèque contient encore un dernier manuscrit autographe d'Alexandre Bigot. Le catalogue le reporte comme les précédents au xvi<sup>e</sup> siècle (p. 153 n° 32), c'est celui où il a mis en ordre « plusieurs arrests notables « tant pour l'explication de la coustume de Normandie « que sur plusieurs autres questions difficiles... » (Voir précédemment, p. xxi).

Voici l'indication des matières qui y sont traitées. Nous la prenons à la table de la page 118, table que nous croyons de la main de Robert Bigot, fils aîné du Président, et qui contient renvoi aux chapitres suivants :

| | |
|---|---|
| Aliénations et administrations des biens des mineurs, et des personnes en curatelle, des ecclésiastiques et communautés. . . . . . . . . . . . Pages | 1 à 2 |
| Arbitres. . . . . . . . . . . . . . . . . . | 5 |
| Bénéfices. . . . . . . . . . . . . . . . . | 7 à 12 |
| Clergé, avec ses franchises et juridictions. . | 15 à 20 |
| Crimes. . . . . . . . . . . . . . . . . . . | 23 à 26 |
| Décrets. . . . . . . . . . . . . . . . . . | 31 à 32 |
| Dixmes. . . . . . . . . . . . . . . . . . . | 35 |
| Donations. . . . . . . . . . . . . . . . . | 37 à 38 |
| Douaire et droits de gens mariés. . . . . . | 41 |
| Enquestes et reproches. . . . . . . . . . . | 49 |
| Fiefs et droits féodaux. . . . . . . . . . . | 51 à 54 |
| Garde noble. . . . . . . . . . . . . . . . | 59 |
| Juges inférieurs. . . . . . . . . . . . . . | 62 à 68 |
| Biens meubles et immeubles. . . . . . . . | 69 |

[1] Ce manuscrit a 173 pages ; il est conservé sous le numéro $\frac{\mathrm{Y}}{17}$.

Obligations, contrats, actions, exécutions,
   relèvemens. . . . . . . . . . . . . Pages 71 à 77
Partages. . . . . . . . . . . . . . . . . . . . 79 à 83
Police. . . . . . . . . . . . . . . . . . . . . 87 à 91
Réguliers. . . . . . . . . . . . . . . . . . . 95 à 96
Retraits . . . . . . . . . . . . . . . . . . . 99 à 104
Servitudes. . . . . . . . . . . . . . . . . . 107
Meslanges . . . . . . . . . . . . . . . . . 109

   Chaque article se trouve divisé en paragraphes; chaque paragraphe renvoie à un arrêt du Parlement et l'on compte souvent jusqu'à 200 citations, pour chaque article. On apprécie sans peine l'intérêt qu'elles peuvent offrir en permettant de trouver, sur chacune de ces matières, des renseignements aujourd'hui perdus dans les volumes du Parlement.

   Il y a en outre à la fin du manuscrit un cahier de cinq feuilles doubles contenant 234 paragraphes, sous le titre de la *Court de Parlement* et autres Cours souveraines. Les citations s'arrêtent au 13 décembre 1578; un second cahier de quatre feuilles doubles renferme la citation d'arrêts du Parlement, classés sous différents articles de la Coutume de Normandie.

   On y voit aussi une feuille détachée assez curieuse, en ce qu'elle donne la clef du labeur persévérant auquel Bigot s'était livré, et qui lui a fourni les éléments des nombreuses annotations placées en marge des généalogies qu'il a dressées; en même temps elle garantit l'exactitude de ses citations. On voit, grâce à elle, qu'il avait personnellement dépouillé les registres d'audience, jour par jour, et y avait relevé les mentions qui l'intéressaient. Peut-être même avait-il fait le même dépouillement pour les actes du tabellionnage. La feuille que nous indiquons contient un relevé du registre des arrêts d'audience du 22 mai au 13 juillet 1643.

La bibliothèque posséderait donc l'œuvre entière d'Alexandre Bigot, si elle pouvait réunir aux manuscrits que nous venons d'indiquer ce quatrième volume, où devaient être traitées « les généalogies de plusieurs autres familles de la province. »

Nous indiquions à la séance générale du 28 juin 1873 que nous étions porté à voir ce quatrième volume dans celui qui figure sous le n° 51 (p. 158) dans le catalogue de la bibliothèque Martainville[1]. Il répond bien au cadre indiqué par l'auteur. Seulement il porte un *ex-libris* qui paraît être celui de Jean Bigot de Sommesnil, conseiller à la Cour des Aides, et sa reliure en vélin est semblable à celle de divers autres volumes qui semblent provenir de cette bibliothèque. Certaines mentions des pages 20, 24, 32 confirment cette supposition; les généalogies qui y sont inscrites sont dites « extraites des registres de la Cour des Aides; » ailleurs, des registres de *notre Cour* ; or, ni Alexandre Bigot, ni son père, Charles, n'y exercèrent d'offices. Toutefois il ne nous paraît pas moins incontestable que ce volume a été possédé et annoté par Alexandre Bigot. On lira des annotations de sa main, et de celles de ses enfants aux pages 25, 26, 56, 61, 84, 86, de telle sorte que nous nous bornons à consigner ici ces observations, sans prétendre que ce volume est bien celui auquel Bigot faisait allusion dans la citation que nous reproduisions plus haut[2].

Ajoutons encore qu'un paquet de généalogies normandes détachées, placées dans le portefeuille où se

---

[1] Il y est spécialement noté sous le n° $\frac{Y}{22}$.

[2] On trouve aussi dans le volume, à la page 102, une feuille détachée, ancienne lettre missive adressée « à Monsieur, Monsieur Bigot, Président en la Court du Parlement, demeurant à la rue de Lé Cureux, près de Saint-Laurent, à Rouen. »

trouve un manuscrit sur les Etats de Normandie, en contient un grand nombre de la main d'Alexandre Bigot, ce qui fournit au moins la preuve qu'il avait cherché à tenir la promesse contenue dans son introduction au catalogue des officiers du Parlement[1].

Ces préliminaires déjà trop longs, et dont nous demandons pardon à ceux de nos lecteurs qui auront eu le courage de ne pas s'être encore arrêtés en route, auront pour conclusion la description exacte du manuscrit que nous publions.

## V.

Le catalogue des manuscrits dressé par M. Frère le décrivait ainsi (p. 147, n° 63), sur notre indication et fournissait les renseignements suivants sur son état matériel.

« Mémoires autographes d'Alexandre Bigot, baron de
« Monville, président à mortier au Parlement de Nor-
« mandie, écrits à l'occasion de la sédition dite des Nu-
« Pieds en Normandie, 1639-1640, in-f° papier xvii° siècle,
« 240 f°ˢ, conservé dans un portefeuille. »

« Il y a au commencement quelques feuilles paginées
« doubles et les feuillets 47-56, 153-160, 163-168, 217-232
« manquent. Malgré la lacune signalée la Societé de l'His-
« toire de Normandie, vu l'intérêt que présente le manus-
« crit, en a arrêté la publication. Il s'en trouve quelques
« fragments dans le Bulletin trimestriel de cette Société,
« p. 126-134. »

Cette désignation est sujette à quelques rectifications ; en effet, pour comprendre le manuscrit, il faut se rendre compte qu'il a été écrit à deux époques différentes ; la

[1] Voir page xxi.

première, presque au courant des faits, ainsi que l'indiquent de nombreux passages du récit.

A ce premier jet appartiennent les quatre cahiers paginés de 9 à 40, chaque feuille paginée seulement au recto et comptant double. On arrive à un cahier qui n'a que trois feuillets au lieu de huit : ces feuillets sont paginés 41, 42 et 48. Il en manque donc cinq. Le manuscrit se poursuit ensuite en dix-huit cahiers, paginés 57 à 216. Le catalogue de la bibliothèque vise une lacune de 153 à 160 et de 163 à 168; c'est une erreur; seulement, par une bizarrerie unique dans le manuscrit, le cahier de quatre feuilles doubles paginé en tête 145, compte, non pour huit pages, mais pour seize, de telle sorte que l'avant dernière, paginée au crayon 152, doit porter le n° 159, le verso 160, et l'on arrive ainsi, sans lacune, au cahier paginé en tête 161.

Ce cahier, qui n'a que 2 feuillets doubles dont trois pages écrites, compte pour huit, et conduit également ainsi sans lacune à la sixième partie, qui commence avec la page 169.

Enfin, le manuscrit actuel se termine, après une lacune de deux cahiers (217-232), par le dernier cahier paginé 233-240. Malheureusement ce n'est point la fin des mémoires qui ne se terminaient sans doute qu'à la suppression du parlement semestre.

Tel est le manuscrit originaire; le commencement fait défaut. Il faut y suppléer par un cahier de huit feuillets d'écriture plus récente et moins fine, paginé 1 à 8, auquel fait suite un feuillet double paginé 9, et écrit seulement jusqu'au tiers du recto du premier feuillet.

Nous disons ce cahier d'écriture plus récente, la vue seule en fait foi, mais une circonstance le démontre; à la dix-septième ligne de la première page, l'auteur ayant à parler du comte de Guiche, écrit d'abord sans y penser *le mareschal* puis il se reprend et écrit ; M. le comte de Guiche. Or, Antoine de Gramont n'obtint qu'en 1641 le bâton de maréchal. Cette preuve nous dispense d'insister davantage ; elle établit que, postérieurement à 1641, le P. Bigot songea à remettre au net ses notes, et l'on peut même affirmer que ce ne fut bien certainement qu'assez longtemps après [1].

Ce travail de rédaction nouvelle ne s'applique pas seulement au commencement, dont nous ne possédons pas le manuscrit primitif ; il s'applique encore aux cahiers paginés 25-48, que remplacent : 1° un cahier non paginé de huit feuilles commençant par ces mots : « Les habitants de Rouen et de Caen.... » 2° Un cahier de huit feuillets non paginé, qui commence par les mots : « En ce même temps fut tenu conseil d'Etat à Ruel.... [2], » et enfin, 3° un cahier de six feuillets, paginé par l'auteur, 41-46 et qui commence par les mots : « Le colonel Gas-

---

[1] Une autre circonstance permet, en effet, de reporter cette date. A la page 166 de notre volume, Bigot parle de la fille du marquis de Saint-Simon, mariée au marquis de Langey.

Nous n'avons pu retrouver la date exacte de son mariage ; mais la date des nouvelles lettres patentes qu'elle obtint pour l'érection du marquisat de Courtomer, en sa faveur et en celle de son premier mari, est de mars 1653. L'arrêt du parlement de Paris, qui annula son premier mariage, est du 8 février 1659, et la date de son second mariage avec Jacques Nompar de Caumont La Force est de 1661. Il est donc probable que la nouvelle rédaction de Bigot se place entre les dates de 1653 et de 1659.

[2] Dans le portefeuille de la bibliothèque, le premier de ces cahiers est paginé, au crayon, 137-144 et le second 10-17.

Dans notre volume, le premier cahier commence au dernier alinéa de la page 155 et finit avec la page 188.

Le second commence à la page 189 et finit avec le second alinéa de la page 228.

Le troisième commence avec le deuxième alinéa de la même page et finit avec le premier alinéa de la page 256.

sion.... » Nous avons fait allusion à cette circonstance dans nos notes des pages 155 et 156 auxquelles nous renvoyons.

Les lacunes qui existent dans le manuscrit, l'absence de la partie finale, et enfin les limites que la *Société de l'Histoire de Normandie* imposait à cette réimpression, nous ont obligé à borner notre publication à la partie qui traite des causes de l'interdiction du Parlement et de l'exil à Paris des officiers qui le composaient ; nous nous arrêtons au moment où permission leur est accordée de revenir en Normandie dans leurs maisons des champs ; mais, comme le surplus du manuscrit présentait encore des parties fort intéressantes, nous n'avons pas voulu qu'il fut entièrement perdu. Nous en avons dressé le sommaire exact, relevant comme point de repère la pagination du premier feuillet de chaque cahier, de manière à diminuer aux chercheurs les difficultés d'une écriture véritablement rebutante par sa finesse et la pâleur de l'encre.

Nous espérons que cette intention sera favorablement appréciée de nos lecteurs.

Quant à la partie que nous publions, nous avons cru utile de la diviser en chapitres ; et nous avons fait précéder chacun d'eux de sommaires détaillés ; nous avons également cherché à préciser la personnalité des individus désignés par l'auteur, à l'aide de notes succintes, empruntées la plupart à ses manuscrits ; enfin nous avons complété le tout par un index des noms d'homme et de lieu.

Nos lecteurs maintenant connaissent ce que nous savons nous-mêmes de Bigot et de son œuvre, puisse l'accueil, qu'ils voudront bien lui faire, justifier l'impression qui nous a portés à le livrer à la publicité.

Rouen, le 20 juin 1876.

# CHAPITRE PREMIER.

Mécontentement provoqué en 1639 par les nouveaux impôts. — Le Roi et le Cardinal de Richelieu s'éloignent de Paris pour se rapprocher de l'armée. — Etablissement de la Gabelle dans le Cotentin et du contrôle des teintures pour toute la Normandie. — Août : Jacob Hais se rend à Rouen pour l'exécution de ce dernier édit. — 4 août, il est mis à mort par la populace sur la place de la Cathédrale. — Difficultés de compétence criminelle soulevées par l'instruction. — L'enquête ne produit rien. — Mouvement en Cotentin. — La nouvelle Cour des Aides de Caen. — Le sieur de la Bénardière Poupinel est massacré à Avranches. — Apparition de Jean Nu-Pieds ; il soulève les paysans et s'empare des faubourgs d'Avranches. — Les paysans se rendent maîtres de Vire. — Violences commises sur le président de l'élection de Bayeux. — Soulèvement du menu peuple à Caen, sous la conduite de Bras-Nuds. — Contre-coup de ces événements sur les dispositions du peuple de Rouen. — Illusions du Premier Président. — Epouvante de l'intendant Paris. — Il abandonne Rouen. — 21 août : Le peuple s'attaque à la maison de Hugo, traitant de la fabrication du salpêtre et poudre à canon. — Efforts inutiles d'Osmont, capitaine des harquebusiers. — Il est obligé de se réfugier dans Saint-Ouen. — La maison est pillée. — Pillage et démolition de la maison de Malon, receveur des droits sur les cuirs. — Le Premier Président convoque au Palais les membres du Parlement.

L'origine et les circonstances des mouvemens arrivés en Normandie, en aoust 1639, ayans esté publiez avec beaucoup de desguisement, j'ay cru debvoir mettre par escript ce que j'en ay veu et seu. On s'estonnera que des causes si légères ayent produict de si fascheuses molitions desquelles, après tant d'années, nous resentons encor les effects.

Avant que la guerre fut déclarée au roy d'Espagne, le peuple estoit surchargé de beaucoup d'impositions extraordinaires. Cette rupture fut la cause ou le prétexte de les augmenter, la pluspart en vertu d'arrests du Conseil ou d'édicts publiés en la grande Chancellerie, sans aucune vérification des cours souveraines qui n'estoient pas en estat d'y résister, veu le point auquel M. le cardinal de Richelieu avoit porté l'authorité absolue du Roy.

Le voisinage de Paris, séjour ordinaire du Roy, contenoit la Normandie en l'obéissance, mais, en cette année 1639, le Roy se trouvoit éloigné. M. le duc de Longueville [1] commandoit les armées de S. M. en Allemagne.

M. le conte de Guiche [2] estoit en celle de Flandres. Les mauvaises humeurs du peuple se resveillèrent, suscitées par des gens de peu de considération qui, cherchans leur gloire et leur avantage en ces remuemens, y trouvèrent leur ruine et la désola-

---

[1] Henry d'Orléans, duc de Longueville et d'Estouteville, gouverneur et lieutenant pour le roy en Normandie, par la démission de la reine-mère, en vertu de lettres du roy du 7 novembre 1619.

[2] Antoine de Gramont, comte de Guiche, mestre de camp du régiment des gardes en 1639, plus tard duc de Gramont et maréchal de France en 1641, était capitaine du château du Vieil-Palais depuis 1637. Farin, I. 127).

tion sur tout ce qui estoit plus considérable en la province.

M. de la Melleraye[1] commandoit l'armée qui assiégeoit Hesdin en may 1639. S. M. et M. le Cardinal, pour en effectuer la prise, s'avancèrent à Abbeville. Après la prise de cette place, ce général fut fait mareschal de France et fut laissé avec son armée pour la seureté de cette frontière. Le Roy et son Eminence visitèrent les places les plus importantes de la frontière de Picardie et Champagne, donnèrent les ordres nécessaires pour la seureté de Mouson. De là, passant par la Bourgogne, S. M. traita avec l'abbesse de Remiremont et quelques autres villes de la haute Lorraine et ensuite fut à Lyon avec M. le Cardinal; y ayans accommodé les difficultez du cadastre du Dauphiné au contentement de tous les intéressés, passèrent à Grenoble, où Madame la Duchesse de Savoye vint saluer S. M. et traicta du secours qu'elle donneroit pour ses Estats. De là toutte la cour revint à Lyon et y fut jusqu'à la fin d'octobre.

M. le Chancelier[2] présidoit à Paris au Conseil des parties et laissoit à M. de Bullion toutte l'authorité des finances, lequel recula cette année tous les gages des officiers, fit un nouveau bail de l'annuel, quoy qu'il restast plusieurs années du bail ancien, pour tirer des sommes notables, soubs le nom de prest, de ceux qui vouloient y estre. Il pressoit aussy l'establissement de plusieurs impositions extraordinaires, entr'autres de la

---

[1] Charles de la Porte, duc de la Meilleraye, fait maréchal de France le 30 juin 1639, sur la brèche de Hesdin.
[2] Pierre Séguier.

gabelle en Costentin et du controlle des teintures en toutte la Normandie.

Ces deux derniers édicts n'estant pas de la compétence du parlement, il fit surtout ses plaintes des autres. M. le P. de Lannoy, sieur de Criqueville[1], que ses affaires particulières retenoient à Paris, eut ordre d'en parler à MM. le Chancelier et de Bullion, ce qu'il fit avec probité et vigueur, mais sans effet, dont il rendit compte exact par ses lettres inscrites aux registres du parlement.

Les Intendans de la justice en Normandie obligèrent les nobles à représenter devant eux les titres de leur qualité et taxoient comme aisés les notables bourgeois et les plus riches du plat pays. M. Paris[2], maistre des Requestes de l'hostel du Roy, faisoit à Rouen cette recherche, assisté de M. Paschal[3], thrésorier de France à Clermont et de M. Aligre[4], conseiller d'Estat. Ils levoient aussy la subsistance, imposition commencée en l'an 1637.

Le mescontentement des cours souveraines, de la noblesse et des plus solvables des villes et de la campagne, n'auroit causé aucun mouvement. Ceux qui

[1] Tanneguy de Lannoy, sieur de Criqueville, né à Caen, conseiller au grand conseil, puis maître des Requêtes de l'hôtel du Roy, reçu président à mortier le 7 août 1632. Il décéda à Rouen le 16 février 1650, et fut inhumé aux Feuillans. Il avait payé sa charge 62,000 écus.

[2] Claude Paris, intendant de justice, police et finances en la généralité de Rouen, 1638-1643.

[3] Etienne Pascal, né en 1588. Président à la Cour des aides d'Auvergne, établi, en 1639, intendant de justice à Rouen, et père du célèbre Blaise Pascal.

[4] Etienne d'Aligre, né en 1592, conseiller d'Etat en 1635, intendant de justice en la généralité de Caen en 1638, garde-des-sceaux en 1672, chancelier en 1674.

ont de l'honneur et du bien à perdre ne s'engagent pas facilement à troubler le repos public, mais les nouveautés, introduites à la foule du menu peuple, excitèrent sa fureur.

L'establissement du controlle des teintures y donna commencement. Le nommé Jacob Hais l'avoit entrepris. Il avoit fait pendant plusieurs années le mestier de teinturier, et il y avoit plus de 14 ans qu'il taschoit de lever cet impost, et, n'y ayant pas réussi, il se fit, en 1636, mareschal des logis de la compagnie des chevaux-légers du sieur de Boisguerout, laquelle ayant été dissipée en 1637, Jacob Hais reprit son premier dessein, fut appuyé de ceux qui vouloient establir à Caen une Cour des Aides. Ils en offrirent au Roy 800 mil livres pour l'estendue du ressort et espéroient y trouver un profit notable, de sorte que la nouvelle compagnie installée par M. Aligre vérifia d'abord cet édict.

M. de Hermival[1], l'un des députez de la Cour des Aides pour empescher la distraction de leur ressort, avoit offert entr'autres choses de le vérifier pour toutte la Normandie, dont il ne fit nulle mention en fesant sa relation parceque ses offres avoient esté refusées; mais, environ le mois de may 1639, M. de Mercœur l'apporta et l'y fit registrer avec plusieurs autres, d'authorité absolue.

Pour l'exécution, Jacob Hais vint à Rouen au commencement du mois d'aoust. Il parla aux maistres du

---

[1] François du Bosc, sieur d'Hermival, conseiller à la Cour des aides de Rouen en 1619. Il mourut avec le titre de doyen et de conseiller du roi en ses conseils.

mestier et à MM. les P. P.[1] et Procureur général du parlement et au lieutenant général du bailly de Rouen et leur dit que les maistres du mestier ne s'y vouloient pas opposer, et, en cas d'opposition, il les pria de trouver bon qu'il fût ouy devant M. le P. P. ou lieutenant-général. Celui-cy m'a dict luy avoir respondu qu'il debvoit estre ouy devant un officier de la Cour des Aides, qui seule en prétendoit la compétence.

Le 4 aoust, voulant marquer une pièce de drap chez un drapier, en la rue des Crotes près les Augustins, un des compagnons feignant d'en aller advertir sortit en la rue, fit assembler le peuple qui suivoit Hais, lequel, s'estant réfugié en l'église Cathédrale, les séditieus l'attaquèrent d'injures et le poussèrent hors l'église par le grand portail et le frappèrent de plusieurs coups dans le parvis. Il suivit vers la rue du Pont, mais un portefaix luy jeta un pavé, dont il fut blessé à la tête, et tomba près la croix qui est devant la Cour des Aides.

Le peuple le porta en la rue, le frappa de coups de baston et de pierre, le percea de clous et autres ferremens et forcea ceux qui menoient des charettes de passer sur son corps.

Le sieur du Bécquet[2] y survint avec peu de per-

---

[1] Le premier président était alors Charles de Faucon, sieur de Frainville. Il avait été reçu à cette charge le 13 février 1623, au lieu d'Alexandre de Faucon, sieur de Ris, son frère. Il mourut le 4 août 1647.

[2] Artus Godart, sieur du Becquet, reçu conseiller aux requestes le 8 juillet 1608, puis procureur général à la Chambre des Comptes, office qu'il résigna en 1632, pour être reçu, en 1634, lieutenant général du bailly de Rouen et président au présidial dudit lieu. Il mourut sans enfants le 13 mars 1646 et fut inhumé aux Capucins.

sonnes et le fit porter chez M. Adrien de Gruchy, chirurgien logé près du lieu ou il avoit esté blessé; il expira incontinént et fut porté et inhumé en la Magdeleine et non sans peine, le peuple s'efforceant de l'oster à ceux qui le portoient.

Il ordonna à un enquesteur d'en informer, et le sieur Fermanel [1], lieutenant criminel, voulant faire cette information, représenta le lendemain au Parlement qu'il en estoit competent, si l'affaire estoit particulière, et si elle estoit générale, que le lieutenant-général civil en devroit informer et non pas commettre un enquesteur. On ordonna qu'ils informeroient concurremment pour, ce fait, estre reglez.

Le sieur du Becquet disoit qu'il n'estoit pas séant au premier officier du présidial d'aller de rue en rue chercher des témoins; qu'il faloit tesmoigner à MM. du conseil qu'on faisoit peu de cas de cette affaire et que, si on la traitoit comme publique, on en attiroit les conséquences sur les habitants en général.

On disoit au contraire qu'il n'estoit pas messéant aux principaux officiers de faire publiquement leur charge; qu'il ne debvoit pas tenir au dessoubs de luy ce qui regarde le repos public; que MM. du Conseil ne se payeroient pas de telles formalités; que la preuve d'une action de cette conséquence ne pourroit estre prouvée sans les soins des principaux officiers, et ce dernier motif donna lieu d'ordonner au lieutenant civil et criminel d'informer concurremment affin de faire

---

[1] Pierre Fermanel, échevin de Rouen en 1620, puis lieutenant particulier du bailly.

voir qu'on avait recherché des preuves par tous les moyens possibles [1].

Le lieutenant civil n'avoit commis un enquesteur que pour conserver sa compétence. Car, au surplus, il craignoit le peuple, qui le soupçonnoit de favoriser l'establissement des imposts nouveaux, ayant fait quelques establissemens en vertu d'arrests du conseil; et plusieurs personnes de condition, qui avaient eu prises avec luy, ou pour la compétence de leurs charges ou pour affaires particulières, l'avoient mis en la haine du peuple.

Aussi, lorsqu'il fit porter en la Magdeleine le corps de Jacob Hais, il entendit que plusieurs des mutinez vouloient exciter le peuple contre luy, ce qui fit qu'il ouit beaucoup moins de tesmoins que le sieur Fermanel, et, tant que la sédition dura, il se monstra rarement en public, et n'y parust que bien accompagné.

On voit, par le registre du Parlement du 13 aoust, qu'il ne résulta autre chose de ces deux informations que l'ordre de la sédition, sans qu'aucun des factieux fut nommé, ce qui donna lieu d'ordonner, suivant la réquisition de M. Le Guerchois [2], que l'information seroit continuée et censures ecclésiastiques publiées.

---

[1] M. Floquet, *Diaire du chancelier Séguier*, p. 365, a publié *in extenso* le resumé de ces informations, dressé pour le chancelier Séguier.

[2] Pierre Le Guerchois, sieur de la Garenne, reçu en 1623 à l'office de second avocat-général, vacant par le décès d'Hector Le Guerchois, son père. Il mourut à la Garenne le 9 octobre 1652, et son corps fut inhumé à Jumiéges avec celui de son père. Voir Floquet, *Diaire*, p. 44, note 1.

La nouvelle de cette esmotion augmenta celle qui estoit desjà commencée en Basse-Normandie au subject de la Cour des Aides de Caen, de laquelle ceux qui avoient obtenu la création avoient fait espérer qu'elle establiroit la gabelle en Costentin et autres lieux qui en estoient exempts. L'édict leur en fut présenté, sur lequel ils furent partis en opinions, les uns estans d'avis de le vérifier et les autres d'en faire remonstrances au Roy. Et quoyque le partage differast la vérification, néantmoins la crainte qu'elle ne fust bientost faicte excita cette sédition.

Cette mesme cour estoit fort aussy en la haine du peuple, tant pour avoir vérifié, avec des modifications fort légères, les édicts que M. de Mercœur avoit portez en la Cour des Aides de Rouen, que pour avoir, par un nouveau réglement, introduit une manière de lever les tailles et autres deniers du Roy, plus rigoureuse que celle qui jusqu'alors avoit esté en usage.

En juillet 1639, le sieur de la Benardière Poupinel[1], lieutenant-criminel à Coutances, estant allé à Avranches, on crut qu'il venoit pour establir la gabelle et abolir l'usage du sel blanc, parce qu'il était beau-frère de Nicole, engagé en ce party.

Ce faux bruit passa pour une vérité certaine en l'esprit de ceux qui travaillent à faire le sel blanc, quoiqu'en effect le sieur de la Benardière allast pour exécuter une commission dépendant de sa charge, qu'il fust

---

[1] Charles de Poupinel, escuyer, sieur de la Besnardière, lieutenant au présidial de Coutances. Voir M. Laisné, *Les Agitations de la Fronde en Normandie, et la Sédition des Nu-Pieds en* 1639.

fort homme de bien et n'estoit meslé aux partis de son beau-frère. Ce néantmoins, les paisans travaillans au sel blanc, capables de tout entreprendre par leur extresme misère, qui fit qu'ils ne craignoient rien pis que ce qu'ils souffroient, l'attaquèrent en son hostellerie et le tuèrent ainsy que deux de ses serviteurs.

Ce premier exemple fit souslever plusieurs paisans soubs un chef qui se faisait nommer Jean Nudspieds et ceux de son party, les Nu-pieds. Ils disoient vouloir empescher la levée de tous imposts establis depuis la mort du roy Henry IV. Ils se saisirent d'un des fauxbourgs d'Avranches et tinrent la campagne; et jusques à la fin de l'automne, faisans une exacte recherche de ceux qu'ils croioient faire des levées extraordinaires et ne faisans nul mal aux autres, ce qui faisoit que le peuple, bien loin de les attaquer, leur fournissoit secrètement des vivres. MM. de Matignon [1], lieutenant général en la Basse-Normandie, et de Canisy [2] ne purent ou ne voulurent réprimer ces mutinez qui portoient pour estendart l'image de St-Jean-Baptiste et pour devise : *Fuit homo missus a Deo cui nomen erat Joannes.*

On publia que ce Jean Nu-pieds estoit M. Jean Morel [3],

---

[1] François de Matignon, comte de Thorigny et de Gacé, baron de Saint-Lô, gouverneur de Cherbourg en 1638, de Saint-Lô en 1639. chevalier des Ordres en 1661. Il était fils de Jacques de Matignon et d'Eléonore d'Orléans-Longueville.

[2] René de Carbonnel, marquis de Canisy, gentilhomme ordinaire, capitaine et gouverneur d'Avranches, lieutenant du roi au bailliage de Cotentin. Il était fils d'Anne de Matignon.

[3] M. Laisné, *loco citato*, p. 59, dit que ce prêtre était secrétaire de M. de Ponthébert, et prenait le titre de *colonel des mondrins.*

vicaire de Saint-Saturnin, près Avranches; d'autres que c'estoit le sieur de Ponthebert[1] gentilhomme de ce païs-là, que l'on vouloit dire s'estre desguisé en paisant et avoir commission des princes et seigneurs mescontens qui s'estoient retirez hors de France, ce qui est peu probable, ce désordre n'ayant eu autre subject que la misère d'un peuple lassé de souffrir.

Peu après les paisans des environs de Vire entrèrent par force à Vire et traitèrent si rudement le sieur de la Montagne-Petouf, président en l'eslection de Bayeux, qu'ils le laissèrent pour mort sur la place. Il battirent aussi son fils, pillèrent sa maison et ensuite tinrent la campagne comme les mutinez des environs d'Avranches.

Le sieur de la Montagne, se croiant illustré par ses souffrances, a depuis eu grand accez près de M. le Chancelier et fut autheur de la recherche des palus et marais de la Basse-Normandie. Son fils a esté conseiller en la nouvelle Cour des Aides et a eu pour quelque temps de la vogue, mais Dieu n'a pas voulu que son crédit fut de longue durée.

Ces désordres excitèrent à Caen divers propos tendans à sédition; mais, lorsqu'on y apprit la mort de Jacob Hais, le menu peuple se souleva et pilla les maisons de ceux qu'il soupçonna estre autheurs des imposts nouveaux. Leur chef se faisoit nommer Bras-Nuds.

---

[1] M. Laisné, *ibid.*, p. 52, lui donne les noms de Jean Quétil, écuyer, sieur de Ponthébert.

A peine les receveurs des tailles et autres ordinaires osoient-ils paroistre à la campagne pour demander ce que le peuple debvoit, car pour les droits nouveaux on n'eut osé penser à les demander.

L'advis de ces désordres arrivez en la Basse-Normandie redoubla le courage du menu peuple de Rouen, et comme les autheurs du meurtre de Jacob Hais n'avoient pas esté descouverts, ils creurent que leur bassesse feroit qu'il seroient tousjours incongnus et impunis, et, n'ayant rien à perdre, ils se résolurent à pousser les choses aux dernières extrémitez.

Comme ces émotions estoient le subject ordinaire des discours du peuple qui les publioit comme des actions héroïques, la publication des monitoires faisoit qu'il en estoit plus souvent parlé sans que aucun pensast à retrouver les autheurs de la mort de Jacob Hais. Les commis à la perception des imposts, principalement ceux qui levoient des droits non vérifiés aux cours souveraines, en jugèrent la conséquence et prièrent MM. Paris et du Becquet d'en donner avis à M. le P. P. et l'exhorter à la seureté de la ville et des bureaux des droicts du Roy.

Ils luy en parlèrent environ le 16 ou 17 aoust, à quoy il respondit qu'il congnoissoit mieux qu'eux l'humeur du peuple de Rouen; qu'il avoit respect pour sa personne et que, dès qu'il sçauroit qu'il s'attrouperoit, il s'y transporteroit avec sa belle robe, et qu'au premier commandement qu'il leur feroit de se retirer, ils se mettroient tous à genoux devant luy et luy obéiroient.

Lesdits sieurs Paris et du Becquet, voyans que le

mal continuoit et augmentoit, en advertirent derechef M. le P.P., comme firent aussy plusieurs officiers du Parlement et autres, ausquels il dict qu'ils ne debvoient pas se mettre en peine; qu'il n'y avoit rien à craindre tant que le Parlement estoit séant et qu'avant qu'il cessast, (ce qui seroit au commencement de septembre), il feroit assembler les chambres et règler ce qui seroit à faire pendant le temps des vacations; mais la suite a fait voir combien il se mesprenoit.

Il haïssoit les partisans et l'injustice et ne profitoit point des mauvoises affaires dont on surchargeoit la province, mais la timidité naturelle à sa famille le faisoit résister faiblement aux ordres du Conseil, dont il avoit autant la haine du peuple que s'il y eut participé.

Cette conduite donna l'espouvante à M. Paris qui n'estoit pas fort hardy et qui, n'estant pas de la ville, craignoit d'autant plus un peuple où il n'avoit pas d'establissement. Il sçavoit que, quelques mois auparavant, les artisans travaillans à faire et vendre les cartes, aprez avoir tenté de piller le bureau du nommé Fleury, rue Cauchoise, qui levoit un impost mis sur icelles non vérifié, et, n'ayans pu forcer ce bureau, allèrent chez ledit sieur Paris qui estoit commis par le conseil à tenir la main à cette nouveauté, s'assemblans au nombre de 2 ou 300, le requirent avec paroles insolentes et menaçantes de faire cesser cest impost. Il les adoucit par belles paroles et en fit advertir le sieur du Becquet, qui tenoit les assises mercuriales, lesquelles il quita et vint avec sa robe rouge chez M. Paris et fit séparer ce peuple en leur promettant que tous s'employeroient pour obtenir du Roy la révocation de cette levée.

Ils en obtinrent la modération du consentement de la duchesse de Croy à laquelle ce droit avait esté donné pour 10 mil livres qu'elle avoit avancez, et quoique l'establissement en eust esté faict avec ce tempérament, du consentement des maistres de ces mestiers, néantmoins M. Paris congnut par ce qui s'estoit passé que le peuple lui vouloit mal et se retira de Rouen et n'y revint qu'aprez que M. le Chancelier y eust changé touttes choses.

Enfin la sédition commença au subject d'une maison située près Saint-Ouen, louée par le sieur de Heugueville du Fay [1] au nommé Hugo, qui percevait le droit des francs fiefs, lequel, ayant aussi traité avec le Roy pour faire du salpestre et poudre à canon, acheta, de la bourse de ses associés, du sieur de Cocherel [2] une maison près Sainte-Claire [3] (où depuis on a mis les filles du Refuge). Il fist sur la porte de ce logis représenter en plastre des canons, mousquets, piques et autre équipage de guerre et y fit inscrire : Arsenal pour le Roy.

Les ouvriers de la draperie, au quartier desquels estoit le logis, s'imaginèrent que c'estoit un magasin pour brider la liberté de le ville et le destinèrent comme

---

[1] Ozias du Fay, sieur de Heuqueville, Vireville, Mesnil-Pavyot, chevalier de l'Ordre, gentilhomme ordinaire de la Chambre.
[2] Robert ou François Le Prevost, sieur de Cocherel.
[3] Rue Saint-Hilaire.

l'une de celles qu'ils vouloient abattre, dont Hugo adverti en fit enlever ses meubles, ainsy que de celle près Saint-Ouen ; et, avant qu'il eut achevé de démeubler celle-cy, le sieur de Heugueville fit arrester, le vendredi 19 d'aoust, ce qui y restoit de meubles et y fit apposer un scellé [1].

Le peuple, dès le soir de ce jour, s'arresta à considérer ce scellé, et sur des imaginations ridicules tenoit des propos séditieux avec menaces contre M. Paris. On s'y assembla le samedy 20 en plus grand nombre, et M. Paris, qui en eut advis, sortit de Rouen de grand matin et n'y revint qu'à la fin du mois de janvier 1640.

Le dimanche 21, l'oisiveté fit assembler plus grand nombre de peuple devant ce logis, et, la multitude augmentant leur audace, ils s'efforcèrent à coups de pierre d'en enfoncer la porte, dont M. le P. P. ayant eu advis et de ce qui s'estoit passé les jours précédents, il vit qu'il s'estoit trompé de croire que tout se termineroit par des paroles.

Il commanda à Osmont, capitaine des harquebuziers, de s'y transporter et dissiper le peuple. Il y mena six de ses compagnons, mais comme il commanda au peuple de se retirer, on se moqua de luy. Il fit frapper sur les mutinez, lesquels, estans au nombre de mil, le forcèrent à coups de pierre de se retirer en l'église de Saint-Ouen, dans laquelle un de ses compagnons, nommé Mathieu le Fret, fut blessé en la teste.

[1] M. Floquet, *Diaire du Chancelier Seguier*, p. 267.

M. le P. P., en ayant été adverty sur les 10 à 11 heures du matin, et voyant qu'il ne pouvoit seul arrester ce désordre, il envoya chez MM. du Parlement les prier de se rendre chez luy. J'y fus à l'instant et y trouvay M. de Couronne [1] logé près de Saint-Ouen, M. Danviray [2] que la crainte du bureau de son père, receveur général des finances, rendoit inquiet, le sieur du Becquet, le sieur Dambry, voisin de la maison de Molan qui levoit les droits nouveaux sur les cuirs près la Crosse.

J'appris que, pendant qu'on estoit venu nous advertir, le peuple avoit enfoncé la porte de Hugo, jeté ses meubles en la rue, rompu les fenestres, croisées, planchers et toits du logis; que ceste multitude estoit composée de vendeurs d'eau de vie et de cerneaux et de portefaix; qu'après avoir tout rompu chez Hugo, une petite trouppe seroit venue devant le logis de Molan [3] vers lequel il jeta deux pierres desquelles, au lieu de toucher celuy de Molan, il frappa celuy du sieur Dambry, lieutenant général aux eaux et forests, lequel luy demanda quel subject il avoit de jeter des pierres contre sa maison. Ce jeune enfant, ayant sceu que ce n'estoit pas celle de Molan, se fit monstrer la séparation des deux maisons,

---

[1] Robert de Bonshoms, sieur de Couronne, reçu conseiller lay le 4 décembre 1623, et plus tard président à mortier le 10 mai 1651. Il avait épousé Fleurimonde Bigot, sœur du président. Il mourut le 2 mai 1661, après avoir résigné sa charge à M. Beuzelin de Bosmelet, et fut enterré aux Augustins.

[2] Henry Danviray, reçu conseiller lay le 23 juin 1631. Il paya sa charge 74,000 livres et mourut le 14 février 1679, doyen du Parlement.

[3] Le manuscrit présente ici un changement d'écriture et une lacune évidente que nous n'avons pu rétablir.

et dit au sieur Dambry qu'il ne craignit rien, qu'il ne luy seroit faict aucun tort, et qu'il fit mettre ses gens aux fenestres de sa maison ; et ensuite il jeta une autre pierre contre celle de Molan et commanda à ceux qui l'avaient suivy de travailler, lesquels en même temps rompirent la porte, jettèrent les meubles en la rue pour les y brusler, brisèrent les fenestres, planchers, cheminées et couvertures, rompirent le plastre et le plomb.

Le sieur Dambry, craignant que, bruslant les meubles de Molan, on ne mit le feu aux maisons du quartier, dict à ce petit garçon qu'il lui importoit peu si sa maison estoit pillée ou bruslée, et qu'il prist garde qu'il n'arrivast un si grand désordre, et à l'instant cet enfant commanda d'esteindre le feu et porter les hardes en la place de Saint-Ouen pour y estre bruslées, ce qui fut incontinent exécuté.

On faisoit en mesme temps les mesmes désordres au magazin du salpestre prez Sainte-Claire, dont on nous donna advis chez M. le P. P., lequel nous dict avoir envoyé ordre aux capitaines des bourgeois de se rendre chez luy, et aux capitaines de la Cinquantaine et harquebusiers d'y amener leurs compagnons au plus grand nombre qu'ils pourroient.

Nous luy fismes trouver bon de faire l'assemblée au palais vu que le lieu donneroit plus d'authorité aux arrests qu'il faloit donner, que la haine des séditieux en seroit moindre contre la personne de M. le P. P. que si les délibérations estoient faites chez luy.

## CHAPITRE SECOND.

21 Août. — La Cour donne l'ordre d'armer les bourgeois. Cet appel reste sans effet. — Commissaires délégués pour informer des désordres de la matinée. — Le Premier Président propose de se rendre en corps sur le lieu de la sédition. — Difficulté que soulève cet avis. — Arrêt portant défense de s'attrouper. — Comment il est publié. — Le Parlement délibère à nouveau. — Le Conseiller Baudry. — Les séditieux s'attaquent aux bureaux de la rue de la Vicomté. — Lé Parlement arrête d'y aller en corps. — Observations de Godard du Becquet, Lieutenant-Général. — Le Président Bretel de Grémonville reste au palais. — Itinéraire suivi par la Cour. — Attitude des bourgeois. — Retraite des mutins. — Émotion subite du Premier Président. — La Cour rentre au palais et le Premier Président chez lui. — Nouvel arrêt du Parlement. — On décide d'écrire à M. le Chancelier. — 22 Août : Bonnes dispositions des Échevins. — Nouvel arrêt pour commander aux bourgeois de s'armer. — La sédition s'attaque au bureau des Doubles, près Saint-Nicaise. — Difficultés pour remplacer deux capitaines des bourgeois. — M. de Sahurs-Brévedent accepte l'une des charges. — Le peuple s'attaque aux magasins des faubourgs. — Gorin, chef des séditieux. — Pillages à Maromme. — La maison du Procureur-Général menacée. — Le conseiller Le Noble député vers le Chancelier. — Pillage des maisons de Colombel, savonnier, à la Maresquerie, et de M. de Moy, conseiller au Bailliage. — L'attitude des bourgeois comprime la sédition.

Comme nous allions au palais, MM. Auber [1] et de Courvaudon [2], conseillers clercs, se joignirent à nostre

[1] François Auber, sieur de la Haye, vicaire-général de Mgr l'archevêque de Rouen, reçu conseiller clerc en 1617, mort le 19 octobre 1681. Il fut enterré aux Carmes, et son cœur au Bureau des Valides, où il demeurait, et dont il avait aidé à procurer l'établissement.

[2] François Anzeray, sieur de Courvaudon, prieur d'Envermeu et

nombre. Le sieur du Becquet y vint aussy avec nous et cinq ou six gentilshommes avec leurs espées, à dessein de tenir la main à l'exécution des ordres de la Cour, lesquels se tinrent en la chambre de l'audience, et nous entrasmes en la chambre du Conseil sans y prendre séance, veu nostre petit nombre, ce qui fit que le sieur du Becquet y entra aussy. M. Danviray se retira chez son père, receveur général des finances, pour asseurer les deniers du Roy, et le sieur Dambry, en sa maison, pour empescher qu'elle ne fut comprise au désordre de celle de Molan.

Incontinent vinrent en la chambre du Conseil les capitaines Boutren [1], conseiller en la Cour des Aides, Baudoin [2], secrétaire du Roi, et Brice [3], sieur de Mesenguemare, avec quelques lieutenans et enseignes de plusieurs autres compagnies des bourgeois, lesquels il leur fut enjoinct de faire armer, et les amener en la cour du palais. Pareil commandement fut faict aux capitaines de la Cinquantaine et harquebusiers.

Peu aprez, revinrent lesdits sieur Baudouin, Brice et autres, qui nous dirent s'estre transportés en leur quartier et commandé aux bourgeois de s'armer, lesquels n'en avoient tenu compte, les uns disans qu'ils n'avoient

chanoine de Notre-Dame, reçu conseiller lay le 14 août 1634, office qu'il résigna pour acquérir un office de conseiller clerc, auquel il fut reçu le 11 août 1636. Il mourut à Courvaudon et y fut inhumé le 6 septembre 1664. Son cœur fut transporté aux Carmes de Rouen et déposé en la sépulture de ses père et ayeux.

[1] Charles Boutren, sieur d'Hastingues.
[2] Pierre Baudouin; il était beau-père de Pierre Fermanel, lieutenant particulier criminel, cité p. 7.
[3] Jean Brice, sieur de Mesanguemare. Il fut échevin en 1653.

point d'armes, les ayans vendues pour payer la subsistance, les autres, qu'ils serviroient le Roy contre ses ennemis, mais qu'ils ne prendroient point la querelle des monopoliers, d'autres, qu'ils garderoient chacun leur quartier. On ne mit sur le registre que cette dernière excuse, et que la pluspart des bourgeois n'estoient pas en leurs maisons à cause de la feste. On craignoit de mettre tous les habitants en tort en chargeant le registre des responses qui marquoient qu'ils favorisoient la sédition. On craignoit aussy d'attirer leur haine contre le Parlement, si on avoit chargé le registre des choses qui alloient à attirer sur eux la colère du Roy.

On réitéra aux capitaines des bourgeois le premier commandement à eux faict, mesme on leur ordonna de faire battre la caisse, ce qu'ils firent ; on ordonna à celui qui commandoit au Vieil Palais d'envoyer en la cour du palais partie de sa garnison, mais il fit dire qu'il ne pouvoit fournir que cinq ou six hommes ; les eschevins, ausquels on envoya, dirent n'avoir autres forces ny trouppes que la Cinquantaine et harquebusiers.

Entretemps vinrent au palais M. le P. de Grémonville [1], MM. de la Champagne [2], Le Cornier [3],

[1] Raoul Bretel, seigneur de Grémonville, reçu conseiller au Parlement le 1ᵉʳ juillet 1602, président à mortier le 5 avril 1622, mort le 1ᵉʳ juillet 1647, et inhumé à Grémonville.

[2] Charles de la Champagne, seigneur de Bretteville, puis d'Auberville, reçu conseiller lay le 1ᵉʳ août 1622, par la résignation de son père. Il mourut en septembre 1642 et fut inhumé à Saint-Godard.

[3] Jacques Le Cornier, sieur du Val et de Sainte-Hélène, reçu le 4 septembre 1628. Il avait payé sa charge 68,000 livres. Il résigna en 1666, pour prendre séance comme conseiller d'État en 1667. Il mourut à Paris le 23 août de cette année et fut inhumé à Saint-Lô. Il avait été commissaire de la Chambre de Justice en 1661, et fut l'un des rapporteurs du procès du surintendant Fouquet.

Brice[1], de Vigneral[2], Boivin[3], sieur de Vaurouy, et peu d'autres. MM. Auber et de la Champagne furent commis pour ouir celuy qui avoit esté blessé le matin en l'église de Saint-Ouen, lequel dist n'avoir recongneu aucun des séditieux. M. le P. Bretel alla disner chez luy. M. de Vaurouy mena aussy quelques conseillers disner en sa maison. Le reste de MM. demeura au palais et prit seulement du pain et du vin en la beuvette.

Ceux qui estoient allez disner hors le palais y revinrent incontinent, et y vinrent aussy MM. les Présidens Poerier[4] et de Franquetot[5], MM. Le Doux[6], Hallé[7],

[1] Barthelemy Brice, chanoine de Notre-Dame, reçu conseiller clerc le 27 javier 1631, mort le 28 mai 1693, âgé de quatre-vingt-quatre ans, et inhumé dans l'église cathédrale.

[2] François de Vigneral, sieur du lieu, né le 1er septembre 1609, reçu conseiller lay le 10 février 1631. Il paya sa charge 70,000 livres. Il mourut le 24 février 1683.

[3] Guillaume de Boyvin, sieur du Vaurouy, abbé de Montmorel et doyen d'Avranches, reçu le 17 janvier 1633 à l'office de conseiller clerc, qu'avaient possédé ses grands-oncles les Péricard, évêques d'Avranches. Député du clergé à l'assemblée de Paris en 1635, il fut, à cette occasion, pourvu par le roi de l'abbaye de Fontenay, près Caen. Il mourut le 25 janvier 1665, et fut inhumé au Vaurouy.

[4] Jacques Poerier, sieur d'Amfreville, reçu en 1618 lieutenant-général en l'Amirauté, au siége de la Table-de-Marbre, à Rouen, succéda, le 15 novembre 1629, à la charge de président que possédait son père. Il mourut en sa terre de Cisay le 22 octobre 1655, et fut inhumé à Rouen en l'église des PP. Jésuites. Sa charge avait été estimée 120,000 livres.

[5] Antoine de Franquetot, sieur du lieu et de Congny, vicomte de Carentan en 1588, puis lieutenant-général du bailli de Cotentin, et président au présidial de Coutances, reçu président à mortier le 2 juillet 1639. Il résigna en 1657.

[6] Christophe le Doux, sieur de Nogent, reçu conseiller lay le 7 décembre 1606, au lieu d'Adrien, son père. Il mourut le 26 septembre 1639 et fut inhumé aux Feuillans.

[7] Jacques Hallé, sieur du Val et de Cantelou, reçu conseiller lay le 5 juillet 1610. Il résigna en 1650 à Jacques Hallé son fils. Il mourut en août 1651.

Duval¹, sieur de Manneville, Roussel² et peu d'autres. La compagnie estoit seulement de 15 ou 16, qui envoyèrent leurs serviteurs aux maisons des absens les advertir de venir au Parlement.

Les officiers de la Cinquantaine et harquebusiers y amenèrent 20 ou 30 de leurs compagnons, et les officiers des compagnies des bourgeois dirent avoir faict battre la caisse, sans avoir pu faire armer les habitans, et comme le mal croissoit d'heure en heure, il fut proposé deux advis : le premier, d'aller en corps au lieu où estoit le fort de la sédition ; le second, de donner seulement arrest qui enjoignit aux séditieux de se retirer et aux bourgeois de s'armer.

MM. les P. P. et procureur général, qui appuyoient le premier advis, disoient que, pour ne rien omettre en chose si importante et estre pleinement justifié vers le Roy, il faloit, où les forces manquoient, employer le respect que le peuple avoit pour le Parlement ; que l'on feroit voir aux bourgeois que les séditieux avoient tort de dire que le Parlement approuvoit le traitement qu'ils faisoient aux partisans qui avoient choqué l'authorité des Cours souveraines ; que l'exemple du Parlement exciteroit les bourgeois à prendre les armes pour restablir l'authorité du Roy.

M. le P. Bretel et autres disoient qu'il faloit servir le

---

¹ Raoul du Val, sieur de Manneville, reçu conseiller lay le 29 janvier 1614, décédé le 31 octobre 1639, et inhumé à Saint-Martin-sur-Renelle.

² Pierre Roussel, sieur de Saint-Gilles, abbé de Bellétoile, reçu conseiller clerc le 22 novembre 1621, décédé en septembre 1647.

Roy en estat et non en apparence; que ce n'estoit pas le servir que d'exposer la compagnie en si petit nombre et si mal accompagnée à 2 ou 3 mil mutins; qu'ils n'auroient pas plus de respect pour le Parlement que pour le Roy, duquel l'authorité donne crédit et pouvoir au Parlement; qu'en 1624, lorsque la maison de Plasnes fut pillée, le Parlement y allant en corps, les séditieux crièrent vive le Roy! et, par leurs paroles, tesmoignèrent honorer le Parlement, mais ne cessèrent pas de piller, quoy que la compagnie fut fort nombreuse et beaucoup mieux assistée des bourgeois qu'elle ne se trouvoit à présent; que les chefs de la sédition, voyans le peu d'officiers du Parlement, diroient que ce seroient les fauteurs des partisans qui viendroient s'opposer à eux contre l'advis du reste du corps; qu'ils pourroient faire violence à MM. les P. P. et procureur général, contre lesquels on sçavoit qu'ils estoient animez, quoique injustement, et que, si ils sévissoient contre des personnes de ceste qualité, le mal seroit extrême; qu'en tout cas, il faloit garder ce dernier effort aprez que tous les autres manqueroient.

Quoy que MM. les P. P. et procureur général dissent qu'ils ne craignoient rien, qu'ils iroient volontiers seuls au fort de la sédition; qu'ils estoient gens de bien, et que le peuple ny les gens de bien ne les soupçonnoient point d'estre fauteurs de partisans : néantmoins, il passa de plusieurs voix à donner seulement arrest par lequel deffenses furent faites à touttes personnes de s'attrouper, commandé à tous ceux qui estoient assemblez de se retirer chez eux à peine de la vie, et enjoinct à tous bourgeois de se mettre en armes et se rendre soubs la conduite de leurs capitaines, en la court du palais [1].

Cet arrest fut donné environ à deux heures et demie, et pour l'absence des greffiers et commis du greffe, il fut escript, ainsy que le registre de ce jour, par M. de Sainte-Hélène, et M. le P. P. l'ayant signé, on le bailla à Dumesnil et Lefebvre, huissiers, qui seuls se trouvèrent au palais, y estans lors de cette délibération. On envoya derechef les serviteurs de MM. aux maisons des absens les convier de venir au Parlement. Peu après, nos deux huissiers revinrent et nous dirent avoir faict lecture de cet arrest devant la maison de Molan, qu'ils avoient esté en grand péril, le peuple ne tenant aucun compte de l'arrest; qu'ils avoient néantmoins appris qu'il s'estoit depuis retiré, pour aller faire semblables désordres au bureau du papier, en la rue de la Vicomté.

J'ai appris qu'avant que de lire l'arrest, ils dirent aux séditieux qu'ils ne leur vouloient aucun mal, et avoient ensuite leu l'arrest d'une voix fort basse et avoient faict crier au peuple : vive le Roy! et s'estoient retirez sans qu'aucun se fut mis en estat de les offenser.

Il leur fut ordonné d'aller faire la mesme lecture devant le logis de Fleury, en la rue Cauchoise, et d'arrester et mettre prisonnier quelqu'un des séditieux; à ceste fin, on leur bailla pour escorte quelques uns de la Cinquantaine et harquebusiers. Ils rapportèrent avoir faict cette lecture, lors de laquelle les séditieux avoient

[1] *Diaire*, p. 366.

crié : vive le Roy! sans discontinuer de piller le logis, et qu'ils n'avoient pu se rendre maistres d'aucun d'eux. On rapporta aussy que les bourgeois ne tenoient aucun compte de se mettre en armes.

Entre temps arrivèrent M. le P. Turgot [1] et MM. de Benneville [2], Baudry [3], La Mote Labé [4], de Montenay [5] et quelques autres. Ainsy, il n'y avoit que M. le P. de Lannoy absent, estant lors à Paris, les conseillers estoient au nombre de 20 ou 25. On délibéra derechef ce qu'il falloit faire.

M. le P. Bretel et quelques autres persistoient à dire qu'il faloit donner un arrest conforme, le faire publier par les quartiers de la ville par les sergents; que MM. du Parlement exhortassent, chacun en leur quartier, les

---

[1] Nicolas Turgot, sieur de Lanteuil, conseiller, puis président à mortier le 20 juillet 1633. Il mourut le 5 octobre 1660 au prieuré des Deux-Amants. Sa charge lui avait coûté 64,000 écus.

[2] Jacques de Benneville, sieur du lieu, reçu avocat au Parlement le 14 juin 1605 et conseiller lay le 8 août 1606. Il mourut le 10 décembre 1659.

[3] Charles Baudry, sieur de Biville, reçu avocat au Parlement le 9 décembre 1601, et conseiller lay le 4 décembre 1607. Son fils Nicolas ayant été reçu en survivance en novembre 1644, et lui-même autorisé, par lettres-patentes, à exercer pendant cinq ans, il se démit, le 28 février 1647, en faveur de son fils et fut à l'instant reçu au serment d'un office de nouvelle création; mais néanmoins, par arrêt du 8 mai 1647, il ne dut prendre rang que du jour de sa nouvelle réception.
Il mourut à Imbleville le 1ᵉʳ décembre 1651, et fut inhumé à Saint-Étienne-la-Grande-Église.

[4] Charles Labbé, sieur de la Motte, reçu conseiller lay en juin 1625, par suite du décès de son père; il mourut le 16 juin 1676, doyen du Parlement.

[5] Antoine de Montenay, sieur de Monceaux, reçu le 24 janvier 1638. Il paya sa charge 84,000 livres. Il décéda le 3 mars 1667 et fut inhumé à Rouen, aux Cordeliers, en la chapelle de Saint-Antoine-de-Padoue.

bourgeois de se mettre en armes et marcher soubs leurs capitaines; que lorsque l'on auroit des forces, il faloit les employer contre les séditieux, tirer sur eux et les estonner par la mort de leurs compagnons; que ce seul moyen avoit, en 1624, arresté la sédition de Planes; qu'il ne faloit pas que le Parlement agist hors le palais, si il n'estoit le plus fort, pour ne pas accoustumer le peuple à mespriser les magistrats, en faisant voir leur faiblesse.

M. le P. P. et la plus grande partie de la compagnie fut d'advis que le premier arrest n'ayant eu nul effect, le second seroit inutile; que la publication que feroient les sergents n'auroit pas plus d'effect que celle faicte par les huissiers du Parlement; que MM. ne trouvoient pas plus d'obéissance chacun en leur quartier; qu'il faloit, en quelque manière que ce fut, faire cesser ce mal qui croissoit en différant les remèdes; qu'un petit nombre d'hommes armez, appuyez de la présence du Parlement, dissiperoient cette multitude sans armes, sans chefs et sans conduite; que, s'ils commençoient à piller, cette curée feroit grossir leur trouppe.

On avoit donné advis de cette sédition à M. Baudry, en sa maison de Quevilly, où il faisoit chère à son ordinaire à ses familiers amis; il vint incontinent à Rouen, et dès qu'il entra en la chambre du Conseil où ceste délibération estoit commencée, sans s'informer où on en estoit, il cria qu'il faloit aller dissiper cette canaille; que si le Parlement n'y alloit pas, il iroit luy et ceux qu'il pourroit assembler de ses amis. Ces paroles, dites avec chaleur, attirèrent plusieurs de MM. à son advis, ce que quelques uns firent, quoy qu'ils n'en espérassent aucun effect, mais ils ne vouloient pas estre notez pour s'y estre opposez et croyoient que cette tentative iroit à la justification du Parlement.

Les maisons de Hugo près Saint-Ouen et Sainte-Claire et celles de Molan et Fleury avoient desjà esté rompues et pillées, où il estoit resté peu de séditieux qui estoient au nombre de 2 ou 3 mil en la rue de la Vicomté, tant au bureau des quatriesmes de Pierredun qu'au bureau du papier. On trouva à propos d'y aller comme au fort du mal, estant inutile d'aller où il n'y avoit rien à conserver.

Le sieur du Becquet, qui s'estoit retiré à l'entrée de la chambre du Conseil, lorsqu'on avoit commencé de délibérer, apprenant cet arresté, dict à ceux qui sortoient de l'assemblée, qu'il estoit inutile d'aller en corps au lieu de la sédition, si on n'estoit résolu de prendre un ou plusieurs des séditieux et en faire une prompte et exemplaire justice, mais il ne fut pas escouté, et on sortit sans résoudre ce que l'on feroit, ce qui causa grande confusion. M. le P. de Grémonville ne se contenta pas d'avoir opiné longtemps et avec véhémence pour dissuader d'aller en corps pour dissiper les séditieux, mais aussy, lorsque l'on sortit en ordre pour exécuter l'arrest, il fit tous ses efforts pour détourner ceux de MM. qu'il croyoit déférer à ses sentiments de suivre M. le P. P., et, après avoir suivy jusques à la chambre de l'audience, il se retira, parlant avec aigreur et mespris contre l'arrest et ceux par l'advis desquels il avoit esté donné. Il estoit homme de bon sens et de grande expérience, mais fort attaché à ses opinions, et comme il estoit en froideur avec M. le P. P., par la faute duquel il prétendoit que ce désordre estoit arrivé, il ne vouloit pas se mettre en péril pour le tirer de cet embarras.

M. de Benneville se retira aussy, mais tous les autres présidents et conseillers allèrent en ordre avec leurs robes et bonnets par la salle du palais, rue des Merciers[1] et du Bec, puis par le Gros Horloge et rue du Merrien[2] en la rue de la Vicomté. Il s'y rencontra environ 30 hommes, tant de la Cinquantaine, harquebusiers que autres bourgeois, armez de mousquets, halebardes, pertuisanes et espées, 12 gentilshommes avec espées et pistolets et 20 valets des officiers du Parlement avec leurs espées, tous sans correspondance entre eux, sans conduite et sans chef.

Les bourgeois sortoient en leurs portes pour voir passer le Parlement comme une cérémonie sans effect, et quoy que plusieurs de la compagnie exhortassent ceux près desquels ils se trouvoient à prendre leurs armes, nul ne se mit en estat de nous assister, tant estoit grande la haine contre les partisans excitée par leur insolence, veu qu'ils ne se contentoient pas d'exécuter leurs commissions, ils demandoient beaucoup plus que les ordres du Roy et y joignoient les paroles de mespris et les profusions en leurs festins et habits,

---

[1] Nous n'avons pas retrouvé cette rue sur les anciens plans de Rouen, elle n'est pas citée par M. Periaux.

[2] Rue réunie à celle de la Vicomté. Voir N. Periaux. *Dictionnaire des Rues et Places de Rouen.*

de sorte qu'encor que ceux qui pilloient fussent de la lie du peuple, néantmoins, les artisans et autres bourgeois n'en estoient pas faschés, et s'imaginoient, contre vérité, que le Parlement ne les exhortoit à s'y opposer que par acquit et pour sa descharge.

Plusieurs aussy refuyoient les occasions de se mettre en armes, à quoy ils estoient mal experimentez. D'autres craignoient d'attirer sur eux la fureur des séditieux, et, de fait, le sieur Petit, capitaine d'une compagnie des bourgeois, fut menacé, par le menu peuple, pour avoir assisté le Parlement en cette occasion; il est vray qu'il estoit noté pour avoir loué sa maison de Maromme pour servir à fabriquer des doubles.

Nous trouvasmes la rue de la Vicomté, depuis Saint-Vincent jusques à la rue Saint-André, remplie de portes, poutres, tuiles et autres matériaux et des meubles des deux maisons que l'on avoit brisées, et de papiers que l'on avoit jetez du bureau du controlle du papier, lesquels le vent avoit dispersez par toutte la rue, et les séditieux continuoient de briser les maisons et jeter les meubles lorsque nous entrasmes dans cette rue.

Le bruit de la venue du Parlement leur fit quitter ces maisons, quoy qu'ils fussent près de 3 mil. Ceux qui nous accompagnoient, et quelques uns mesmes de nostre corps, frappèrent plusieurs de ces mutins de coups de plat d'espée, halebarde et baston. On creut n'en debvoir point tuer pour leur ouvrir le chemin à la fuite, plustost que de les réduire à se deffendre par désespoir et tourner leur fureur contre le Parlement.

Ils se retirèrent vers le Marché aux Veaux, porte de

la Vicomté, et aux rues de Saint-Vincent et Ancrière, et en celle qui va du Vieil Palais aux Cordeliers. Mais, si tost qu'ils estoient un peu éloignez, ils s'arrestoient par trouppes et, sur le commandement à eux faict de par le Roy de se séparer et retirer, ils empeschoient, par leurs cris de vive le Roy qu'on n'entendit ce commandement.

Le Parlement s'avancea dans la rue de la Vicomté, jusques aux maisons que l'on pilloit, dans lesquelles il estoit resté un petit nombre de séditieux, qui, pour en empescher l'entrée, jettoient quantité de pierres, soliveaux, barres de fer et meubles.

Les harquebusiers, par ordre du Parlement, tirèrent sur ceux qui s'arrestoient au bas de la rue, qui en fit retirer quelques uns; mais les autres jetoient des pierres pour repousser ces harquebusiers, dont quelques unes vinrent jusques aux présidens qui estoient à la teste du Parlement, de l'une desquelles je fus légèrement frappé.

J'entray avec quelques autres du Parlement en la cour du bureau des quatriesmes, et MM. Baudry, Labé, Le Noble et de Montenay montèrent aux chambres; un des séditieux s'efforcea de percer M. de Montenay de son espée, mais il en fut empesché et arresté prisonnier. Un autre jeta une barre de fer vers M. Baudry, qui n'en fut pas attainct.

M. le P. P. alloit de lieu en autre voir comme tout se passoit, pour y donner les ordres, et fut quelque temps hors de la veue de ceux qui estoient entre ces deux maisons à la teste du Parlement; il vint les rejoindre, mais fort pasle et esmeu, et dict qu'il estoit à propos de retourner au palais, de crainte que les séditieux, qui occupoient touttes les avenues où estoient les officiers du Parlement, ne les enfermassent et exerceassent sur eux leur fureur et sur ceux qui les assistoient.

On lui avoit dict qu'ils estoient animez contre luy et qu'il n'estoit pas en seureté, et cest advis, vray ou faux, luy fit prendre cette résolution, de laquelle il fit advertir ceux qui estoient dans les maisons que l'on pilloit qui rejoignirent le corps, lesquels ni plusieurs autres du Parlement n'approuvoient point que l'on se retirast de ce lieu, mais estoient d'advis que l'on demeurast là et que l'on envoyast advertir les bourgeois de s'armer et venir assister le Parlement, pour lequel en général, et pour plusieurs des officiers en particulier, les bourgeois ont tousjours eu vénération ; qu'il n'estoit pas probable que les séditieux, qui avoient liberté de fuir et lesquels on avoit espargnez, n'en ayant faict tuer aucun, tournassent leur fureur contre le Parlement, aussy n'avoient-ils jeté des pierres que pour faire que les harquebusiers cessassent de tirer sur eux.

D'autres disoient que le peu d'effect que les exhortations et commandemens du Parlement avoient produict ; que ce petit nombre auquel on estoit ne pouvoit pas rester là en seureté ; qu'il ne restoit rien à conserver en ces deux maisons.

Tant y a que M. le P. P., sans concerter ny prendre les advis, reprit le chemin du palais et fut suivy des autres en mesme ordre que l'on estoit venu, sans laisser aucun ordre pour la garde de ces maisons ; mesmes on laissa aller celuy qui avait voulu tuer M. de Montenay et on ne retint aucun prisonnier; M. le P. Turgot nous joignit à l'entrée du palais. Ceux qui accompagnoient le Parlement tuèrent 2 ou 3 hommes; entr'autres un bourgeois demeurant à la Coste de Baleine, s'arrestant à regarder ce qui se passoit, fut tué d'un coup de pistolet; on dict qu'il n'avait nulle part à la sédition. Ceux qui avoient cessé de piller ces deux maisons, voyans le Parlement se retirer, y revinrent croyans que dez meshuy on ne s'opposeroit plus à eux.

Il estoit six heures et demie du soir lorsque nous retournasmes au palais, et le tracas qu'avoit eu M. le P. P., et l'inquiétude que luy donnoit l'advis qu'il avoit receu des mauvais desseins du peuple contre luy, l'avoient tellement mis en désordre qu'il fut réduict à marcher appuyé sur un de ses gens, et s'excusant sur sa débilité et migraine de rentrer avec nous au palais, se retira chez luy et se mit au lict.

Nous rentrasmes au palais au nombre de 15 ou 20, et par arrest, auquel présida M. le P. d'Amfreville, on fit deffenses à toutes personnes de s'attrouper, commandement à ceux qui estoient en trouppe de se séparer, le tout à peine de la vie, et enjoinct aux bourgeois de se mettre en armes soubs leurs capitaines, qui seroient tenus d'apporter à la Cour les noms de ceux qui se refuseroient de les suivre; que, pendant la nuict, il seroit mis des lanternes aux fenestres et posé des corps de garde près l'Hostel de Ville et autres lieux principaux. On feist à l'instant entrer les eschevins et capitaines des bourgeois, ausquels on prononcea cet arrest.

On envoya quelques hommes de la Cinquantaine chez Molan. Ils se saisirent sans peine du logis, parce qu'il n'y avoit plus rien à piller, et ils y demeurèrent toutte la nuict en corps de garde.

Je fus, au sortir du Palais, ainsy que plusieurs autres, chez M. le P. P., auquel on dict qu'il seroit bon d'escrire à M. le Chancelier, par un courrier envoyé exprez. MM. Auber et Le Cornier en firent les lettres qu'il approuva, et néantmoins dict qu'il faloit attendre à les envoyer le lendemain matin, mais il en fit d'autres qu'il envoya dez le soir.

Chacun de MM. du Parlement exhorta ses voisins à s'armer, mesmes y envoyèrent leurs domestiques, mais peu de bourgeois suivirent cet exemple. Toutesfois, la nuict fut assez tranquille, les mutins estans la pluspart yvres et endormis.

Le lundy 22 aoust, plusieurs de Messieurs furent au Palais dez six heures, tous y estoient à 7 heures, mesmes M. le P. P., après avoir faict ses depesches. Mes mémoires portent qu'on s'assembla en la grand chambre sans aller aux autres chambres; mais le registre dict qu'avant l'assemblée, les sieurs de Brévedent [1] et Voisin [2], eschevins, et de Gueutteville, syndic, ouis en la grand chambre, firent excuse de ce que, le jour précédent, ils s'estoient trouvez si mal assemblez et, qu'au nombre auquel ils estoient, ils avoient visité leurs

---

[1] François de Brévedent, sieur de Sahurs, l'un des deux anciens échevins de l'année 1638.

[2] Charles Voisin, sieur de Guenouville, l'un des quatre nouveaux échevins élus en 1638.

poudres et magasins; qu'ils avoient faict publier l'arrest dernier du Parlement, et voyoient les bourgeois assez disposez à leur debvoir;

Que le Procureur général avoit demandé que le procès fut faict au cadavre d'un séditieux mort des blesseures qu'il avoit receues en la rue de la Vicomté, et, sans dire pourquoy on n'en délibéra pas, le registre porte, en suite de cette réquisition, que les chambres furent assemblées.

En cette assemblée, le Procureur général demanda que l'on tirast de l'Hostel de Ville une pièce de campagne pour s'en servir à escarter les séditieux, ce qui fut receu avec dérision, de laquelle réquisition le registre ne parle point.

On donna arrest, *communi voto*, sur la proposition de M. le P. P., portant injonction aux bourgeois de s'armer soubs leurs capitaines, à quoy MM. les exhorteroient, chacun en leur quartier, qui estoit l'advis ouvert le jour précédent par M. le P. de Grémonville.

MM. de Quevilly[1], Boutren et Pesant[2], capitaines, s'estans présentés en habit court, on leur souffrit par inadvertance séance au bureau, de quoy on fit plaincte et on arresta de n'en pas faire registre et ne le plus souffrir à l'advenir.

On eut advis que les séditieux avoient attaqué le

[1] Pierre de Becdelièvre, seigneur, puis marquis de Quevilly, qui fut, en 1644, premier président de la Cour des Aides. Il avait épousé, en 1637, Madeleine de Moy.
[2] Charles Le Pesant, seigneur de Valmesnil et de Boisguilbert, maître ordinaire en la Chambre des Comptes, chevalier de l'Ordre du Roi et gentilhomme ordinaire de sa chambre.

bureau des doubles vers Saint Nicaise; les commis du bureau de l'annuel et plusieurs autres demandèrent des trouppes pour la seureté de leurs maisons; mais on ne put leur en donner, n'y ayant qu'environ 100 hommes en armes.

Il fut aussi représenté que la mort des capitaines Le Vasseur et Dumontier faisoit cesser la qualité de leurs lieutenans; que le sieur Petit, lieutenant du sieur Le Vasseur, n'auroit pas assez d'authorité pour se faire obéir au quartier du Vieil Marché, où il y avoit plusieurs bureaux des droicts du Roy; que les bourgeois n'obéiroient pas volontiers au sieur Le Cloustier, lieutenant du sieur Dumontier, parce qu'il estoit suspect de s'estre meslé d'establir des imposts nouveaux, et comme il faloit, en touttes manières, ranger les bourgeois à l'obéissance deue à leurs capitaines, il leur en faloit donner qui leur fussent agréables.

M. le P. P. s'excusoit de souffrir que l'on nommast deux nouveaux capitaines, et disoit que ce seroit une entreprise sur l'authorité de M. de Longueville. On luy dict que M. de Longueville ne pourroit trouver mauvais qu'en son absence on eut pourveu à un cas si provisoire, et plusieurs de Messieurs luy en parlèrent avec tant de véhémence qu'il fit entrer les eschevins et leur dict que la Cour leur ordonnoit d'élire présentement deux nouveaux capitaines. Ils alléguèrent les mesmes excuses de l'authorité de M. de Longueville, et adjoustèrent qu'ils ne pouvoient pas si promptement faire une assemblée suffisante pour cette nomination. Mais pressez par la compagnie, ils firent une liste où ils proposoient le sieur d'Autigny[1], ledict sieur Petit et quelques autres.

M. de Manneville, conseiller, pria la Cour de n'y pas engager le sieur d'Autigny, son frère, et pour le sieur Petit, comme il avoit bien servy, on l'exhorta à faire la charge de capitaine. On exhorta le sieur de Sahut Brévedent, qui estoit logé assez prez de Saint Laurens et Saint Martin, desquelles paroisses le feu sieur Dumontier estoit capitaine, d'en faire la fonction, dont il s'excusa pour n'estre pas nommé par la ville. On lui répliqua qu'on le feroit nommer, sur quoy il représenta qu'il estoit premier eschevin, et qu'en ceste qualité, il serviroit partout où on luy ordonneroit, ce qu'il a depuis faict. Il estoit sans exemple qu'un eschevin eut esté esleu capitaine des bourgeois. On exhorta M. Baudry, conseiller, logé en la paroisse de Saint Laurens, d'accepter cette charge. Il dict que le nombre des officiers du Parlement qui debvoient estre capitaines estoit remply. M. le P. P. hésitoit tousjours à faire cette nomination, mais, aprez qu'on fut sorty du Palais, on luy représenta qu'il luy seroit reproché d'avoir, par des formalitez, omis une chose essentielle à la seureté de la ville, ainsy il nomma M. Baudry, qui l'accepta, à condition de s'en démettre après la sédition appaisée. Cependant que deux ou trois cens coquins, conduits par un nommé Gorin, s'efforceoient de piller plusieurs maisons des fauxbourgs, entr'autres celle de Dumesnil, marchand de bleds et de vin, hay du peuple pour estre

[1] André du Val, sieur d'Autigny.

suspect d'enarremens et autheur de nouveaux partis; de Périer, huissier en la Cour des Aides, qui avoit faict divers exploits pour des traitans; de Lestoille, greffier au Bailliage; de Sanson, aussy greffier, logé près les Récollets.

Gorin estoit fils d'un coustelier[1], et le père et le fils avoient esté long temps prisonniers pour leurs debtes. Ce coquin feignoit d'avoir ordre d'une personne d'authorité de la cour du Roy, et portoit en main une barre de fer, au bout de laquelle estoit gravée une fleur de lis dont il frappoit trois fois contre la porte de la maison qu'il vouloit exposer au pillage, et faisoit commandement à ceux qui le suivoient d'enfoncer la porte, piller et saccager le logis, à quoy ils obéissoient et brusloient tous les meubles, sans en tirer aucun profit.

En mesme temps, on receut plusieurs faux advis; que l'on avoit pillé à Maromme la maison du sieur Petit, en laquelle estoit la fabrique des doubles, et que l'on attaquoit celle de M. Salet[2], procureur général, lequel sortit pour y pourvoir, et ainsy on se sépara sur les dix heures.

---

[1] Floquet, *Diaire*, p. 112, note 1, lui donne les noms de Noel du Castel, dit Gorin, horloger, fils d'un coutelier.

[2] Georges Salet, sieur de Quilly, après avoir plaidé pour les parties plus de quarante ans au parlement de Rouen, fut reçu, le 17 novembre 1632, à l'office de procureur-général, vacant par le décès de M. de Bretignières. Il était auparavant avocat ordinaire du cardinal de Richelieu aux causes de l'Amirauté, ce qui lui fit obtenir cet office, à la charge de payer 50,000 livres de récompense à la veuve et aux héritiers de son prédécesseur. Il mourut le 21 septembre 1639, et fut inhumé dans l'abbaye d'Ardenne, dont son fils était abbé. M. Floquet, *Diaire*, cite un fragment relatif à sa mort, p. 49.

Le registre porte que ce jour M. Le Noble[1] fut député vers M. le Chancelier avec lettres de créance, et partit incontinent en poste.

Avant que de sortir, je fis, avec quelques autres de Messieurs, dresser l'arrest pour faire mettre les bourgeois en armes soubs leurs capitaines; on le publia à l'instant et par le soin que Messieurs prirent, chacun en leur quartier, il se trouva, à 2 heures après midy, plus de mil bourgeois en armes.

Quoy qu'on n'eut pas réglé quel rang tiendroient MM. les Présidens et Conseillers, qui se trouveroient comme volontaires aux lieux où seroit la sédition, afin de ne pas choquer les capitaines, néantmoins les capitaines, qui n'estoient pas du corps du Parlement, leur cédèrent volontairement l'honneur et l'authorité du commandement.

Les bourgeois se rangèrent ainsy à leur debvoir, tant par l'exemple de MM. du Parlement que parce qu'ils virent que les séditieux se tournoient au butin, sans espargner ceux qui n'estoient suspects d'aucun party et imposition nouvelle.

Entr'autres, le sieur de Moy[2], conseiller au Présidial de Rouen, ayant eu advis que l'on pilloit la maison du sieur Colombel, savonnier, son parent, au quartier de la Maresquerie, il s'y transporta et offrit une somme

---

[1] François Le Noble, reçu conseiller clerc le 5 juin 1630, par le décès de Jacques, son frère; il fut curé du Boisguillaume, près Rouen, cure qu'il échangea contre le personat de Manerbe-en-Auge. Il fut tué près Pontoise le 5 octobre 1653. Son corps fut rapporté à Rouen et inhumé à Saint-Godard.

[2] Pierre de Moy; il avait épousé Marie Hébert.

comme de dix ou douze pistoles à ceux qu'il creut estre chefs de la mutinerie, pensant les appaiser; il leur en bailla partie, dont les autres, n'ayant pas eu part, agirent contre luy comme contre leur débiteur; et luy, pour les esloigner de la maison de son parent, offrit de les payer chez son frère, auditeur en la Chambre des Comptes, près Saint Vivien, sur l'Eau de Robec; mais, les ayans menez, et croyant que luy et le sieur Colombel estoient en seureté, il mesprisa les séditieux et ne leur donna point d'argent; dont indignez ils pillèrent ce logis et continuèrent le pillage de celuy du sieur Colombel. Chez le sieur de Moy estoient des meubles de bonne valeur, à luy et à son nepveu, fils de son frère aisné, dont les mutins firent leur profit.

Ils voulurent aussy une maison appartenant au sieur Colombel, conseiller au Bailliage, disant qu'il l'avoit louée à un partisan. Le sieur Colombel racheta ce désordre par quelque argent qu'il promit; mais, aprez l'avoir payé, comme il survenoit tousjours de nouveaux demandeurs, il n'eut pas esté exempt de cette violence sans le secours que les officiers du Parlement et bourgeois donnèrent l'aprez midy de ce jour.

Il se trouva environ mil hommes en armes soubs la conduite des capitaines, dont environ cent hommes furent retenus par M. le P. P. pour la garde de sa maison, où il s'enferma, assisté des sieurs de Ronceroles[1], Saint-Just Limoges[2], la Viarderie et autres. M. le

---

[1] Probablement Pierre de Roncherolles, baron du Pont-Saint-Pierre, conseiller né au Parlement de Normandie.

[2] Jacques de Limoges, sieur de Saint-Just et du Fayel, capitaine de

Procureur général avoit chez luy environ pareil nombre de soldats et paysans des environs de sa maison de Bihorel. M. du Becquet en avoit chez luy environ cinquante, y compris plusieurs huissiers et sergeans du Bailliage. Plusieurs autres, qui craignoient que leurs maisons ne fussent attaquées, y assemblèrent ce qu'ils peurent d'hommes armez qui y demeurèrent jusques à ce que la sédition fut appaisée.

cent hommes de pied en 1620, gentilhomme servant chez Sa Majesté. Il avait épousé Elisabeth Le Diacre.

## CHAPITRE TROISIÈME.

Nouveaux détails sur la mission du conseiller Le Noble. — Corps-de-garde et barricades pour la défense du Premier Président. — Les séditieux attaquent la maison de Heuft, près des Augustins. — Energie de MM. d'Amfreville et de Biville. — Barricades défensives dans les différents quartiers. — Le Président Bigot et le quartier Beauvoisine. — Précautions prises par le Receveur général Le Tellier. — M. de Moy à la recherche de ses meubles. — Le Premier Président craint d'ordonner des poursuites. — Causes qui raniment la sédition. — Haine du peuple contre Le Tellier. — — Accidents causés par ses gens. — Mécontentement des bourgeois. — 23 août, Le Tellier se décide à demander du secours. — M. du Becquet propose au Premier Président de s'y rendre. — Le Parlement refuse d'y aller en corps. — Le Premier Président délègue les conseillers Baudry et Blondel. — Les échevins demandent un secours immédiat. — La Cour rend un arrêt contre Le Tellier. — Le Premier Président hésite à le signer. — Comment le peuple interprète l'arrêt. — Retour de MM. Baudry et Blondel. — Emotion que cause leur récit. — Le Premier Président abandonne le Palais. — Évasion de Le Tellier. — Curieux détails. — Comment il est sauvé par MM. d'Amfreville, Baudry et de Courvaudon. — On le conduit au Vieux-Palais. — Périls courus par ses serviteurs. — Pillage de sa maison. — Le peuple s'y croit autorisé par le Parlement. — La maison du sieur Arondel, menacée. — Hésitations du Premier Président. — MM. d'Amfreville, de Biville et de Courvaudon mettent en fuite les pillards. — Motifs qui empêchent de faire des prisonniers.

J'ay obmis de faire mention que le mesme jour 22 d'aoust, lorsque la Cour estoit assemblée au palais, il fut trouvé à propos de donner advis à M. le chancelier, de la part de la compagnie, de l'estat auquel estoit la ville. Aucuns voulurent qu'on luy escrivit seulement une lettre, en laquelle fut énoncé ce qui s'estoit passé, et cet advis estoit appuyé par M. le P. P. qui croyoit que c'estoit l'offenser d'envoyer d'autres advis que ceux qu'il avoit desjà envoyez, et désiroit se réserver l'authorité de l'informer du détail de ce qui s'estoit passé.

Mais il fut jugé que, outre que M. le P. P. avoit faict son debvoir, il faloit aussy que le Parlement s'acquitast du sien en une occasion si importante, et que les circonstances du faict ne pouvoient estre assez expliquées par une lettre qui n'a point de réplique : d'ailleurs que ce seroit rendre un plus grand respect à M. le chancelier, de la protection duquel la compagnie auroit besoin en cette occasion pour résister aux calomnies qui seroient publiées contre elle; qu'un commissaire verroit de quel air la chose estoit receue en court et y pourvoieroit en ce qu'il pourroit, et du reste en donneroit advis au Parlement, où par lettres s'il voyoit qu'il fut besoin de rester en court, ou par sa relation s'il n'y séjournoit point.

On jugea qu'ayant desjà tardé à envoyer cet advis, il faloit envoyer quelque jeune conseiller qui allast avec plus grande diligence, et fut nommé M. le Noble auquel fut dict qu'il représentast neument ce qui s'estoit passé, sans dire si il estoit besoin que le Roy envoyast des forces pour restablir son authorité, ni aussy tesmoigner qu'il n'estoit besoin, parce que l'issue de cette sédition estoit encore incertaine.

On délibéra si en la lettre, laquelle on luy bailleroit pour présenter à M. le chancelier, on déduiroit le faict ainsy que le tout s'estoit passé, mais il fut jugé que, quand on envoye un conseiller, il suffist d'une lettre de créance, et, quand on n'envoye qu'un greffier ou notaire, on le charge d'une lettre plus ample parce qu'il ne peut avoir créance.

Aussi tost qu'on fut hors du palais, M. le P. P. alarmé par le bruit qu'on avoit publié que les séditieux parloient d'attaquer le logis de M. Salet, procureur général, et sçachant qu'ils n'estoient pas moins animez contre luy, fit faire un corps de garde prez de sa maison, auquel estoit la plus grande partie des compagnies de la Cinquantaine et harquebusiers.

Il fit aussy faire des baricades aux avenues de sa maison, l'une prez la maison cy devant louée à M. Le Brun, près la rue de l'Aumosne, une autre à l'entrée de la rue de la Chaisne, une autre entre les maisons de MM. du Neufbosc[1] et d'Argences[2]. A son exemple, chacun en son quartier fit des baricades, ce qui arresta le cours de la sédition, nulle de ces baricades n'ayant esté forcée par les séditieux.

Mais avant qu'elles fussent faictes, le peuple mutiné avoit commencé d'attaquer la maison du sieur Heuft, située près les Augustins, rue Marpallu. Ils prenoient

---

[1] Nicolas Voisin, sieur du Neufbosc, reçu avocat au Parlement le 28 avril 1606, conseiller en l'Hotel-de-Ville de Rouen, puis conseiller lay le 1ᵉʳ décembre 1629, par la résignation de Jacques, sieur du Campheroult, son père. Il résigna en 1647 à Jacques Voisin, sieur de Neufbosc, son fils, et eut lettres de conseiller honoraire.

[2] Marc Aurèle de Giverville, sieur d'Argences, trésorier de France.

prétexte de ce qu'il avoit vendu du cuivre à ceux qui faisoient fabriquer des doubles, mais en effect le désir du pillage, duquel ils avoient commencé à profiter chez le sieur de Moy, les y portoit.

En ce logis estoient plusieurs marchands, amis du sieur Heuft, avec plusieurs hommes bien armez. Ils avoient baricadé la porte, laquelle les séditieux avoient en vain tasché d'enfoncer. Mesmes ceux qui deffendoient le logis en avoient tué quelcun des mutins. Ce qui les porta à mettre le feu à la première porte et, aprez l'avoir bruslée, ils prirent quantité de corselets et autres ferailles, lesquelles on avait mises derrière cette première porte pour la renforcer.

Comme les séditieux estoient prests à brusler la seconde porte, ils en furent empeschez par le secours qui fut donné à ceux du logis; car sur ce point survindrent M. le P. d'Amfreville et M. de Biville avec quelques bourgeois de leur quartier, le sieur de Sahut Brévedent, premier eschevin, avec quelques cinquanteniers et harquebusiers, et quelques autres capitaines avec ce qu'ils avaient ramassé des bourgeois de leurs compagnies, lesquels chargèrent les mutins, en tuèrent quatre ou cinq, lesquels s'enfuirent et se dissipèrent. Quelques uns s'enfuirent dans des maisons de quelques petites rues vers le Mont Saint Denis, où il estoit difficile de les suivre, sans y hazarder des personnes de condition, veu la petitesse des rues et que quelques uns de ces coquins estoient armez d'armes à feu prises aux maisons qu'ils avoient pillées ce jour là. Ce qui fit que ceux qui commandoient les bourgeois se contentèrent de faire une ronde par la ville et, n'ayant plus trouvé de peuple attroupé pour faire sédition, ils licencièrent une partie des bourgeois jusques à la nuit et, le reste, en firent des corps de garde aux principales baricades.

Ces baricades estoient par tous les quartiers de la ville et estoient fort prez les unes des autres. M. le P. de Grémonville prit soin de celles qui estoient en son quartier, lesquelles furent faictes très fortes, comme ayant les bourgeois de ce quartier du bien à perdre. Le peuple mutiné s'adressant non plus aux partisans, mais aux plus riches marchands, ils menacèrent le logis du sieur Rayé et d'autres, mais l'ordre estoit donné que si tost que quelcun des séditieux se présenteroit pour forcer une baricade, les bourgeois et autres hommes en armes sortiroient et tireroient sur les mutinez.

M. le P. d'Amfreville alla, ainsi que nous avons dict, vers le logis du sieur Heuft et ailleurs et cependant M. le P. de Franquetot[1] et M. du Becquet, duquel la maison estoit menacée, firent faire deux baricades, l'une au dessus de la maison dudict sieur du Becquet, laquelle fut depuis portée jusques au dessus de celles de MM. de Bonissent[2] et la Champagne au dessoubs

---

[1] Robert de Franquetot, sieur de Congny, né en novembre 1600, lieutenant général du bailli de Cotentin, et président au présidial de Coutances en 1629, président à mortier, par la résignation d'Antoine son père, en avril 1637; Il mourut le 25 novembre 1666, en son jardin du faubourg Martainville, ayant tenu la première place du Parlement depuis la mort de M. de Ris, trois ans deux mois vingt-cinq jours. Cette note rectifie celle de la p. 21, où les dates 1639 et 1657 doivent se lire 1629 et 1637.

[2] Pierre de Bonissent, sieur de Buchy, d'abord maître des comptes,

de la rue de la Seille, l'autre baricade fut posée audessous du logis de M. Bigot[1], doyen de la Cour des Aides, prez le carrefour de la Crosse.

Je fus avec MM. Damiens[2], Duval Manneville et Bonnemare Jubert[3], par les maisons des rues de l'Escureux, Saint Laurens, Ganterie et Renelle exhorter les bourgeois à se mettre en armes et travailler aux baricades pour la seureté du quartier, dans lequel on menaceoit quelques hostelleries ausquelles on disoit que les préposez en la perception des nouveaux droicts avaient logé et estably leurs bureaux. Je trouvay quelques tenneurs un peu pesans à obéir, comme aigris des imposts nouvellement establis sur leurs denrées, néantmoins ils se mirent enfin à leur debvoir et fut faicte une baricade au haut de la rue de la Renelle, au dessous du lieu ou la rue se divise pour aller au Bailliage et porte Bouvereul, et là fut mis quelques hommes en armes,

puis conseiller lay en 1627, au lieu d'André de Bonissent, son oncle. Il mourut le 24 septembre 1658 et fut inhumé à Buchy.

[1] Jean Bigot, sieur de Sommesnil, fondateur de la belle bibliothèque que son fils Emery porta à sa perfection. Il demeurait au n° 15 de la rue Beauvoisine.

[2] Pierre Damiens, reçu conseiller lay en avril 1614, puis conseillerclerc le 24 mai 1637. Il mourut le 12 février 1656 au Bureau des Validés dont il avait procuré le rétablissement, et dont il avait conservé l'administration, bien qu'il ne fût plus que conseiller honoraire. Il fut inhumé à Saint-Laurent, en la chapelle Saint-Pierre, qu'il avait fait bâtir, et en laquelle il avait fondé une messe par semaine et deux obits.

[3] Ce doit être Georges Jubert, sieur de Bonnemare, à moins que Bigot ne veuille ici parler de Louis Jubert, sieur de Canteleu, son fils, reçu, le 13 décembre 1637, à un office de conseiller lay de nouvelle création, qu'il paya 84,000 livres. Il mourut à Canteleu 1 4 octobre 1698, après avoir été dix-neuf ans doyen du parlement.

duquel le sieur du Grandhamel advocat, et Bourreche tenneur, prirent soin; une autre moindre dans la rue des Maillots au delà du logis de M. Busquet¹ ; M. Baudry avoit desjà donné ordre d'en faire une près l'église de Saint Martin sur Renelle où estoit Le Baron, lieutenant de la compagnie des bourgeois, avec un corps de garde de 50 hommes; fut aussy faicte une autre baricade entre le coing du portail de l'église de Saint Laurens et le logis de Bretoc procureur, pour boucher l'advenue du cimetière, dont les sieurs Colombel père et fils et Le Jongleur, commis au greffe, et Bretoc procureur [eurent la garde]; une autre en la rue de l'Escole derrière le cœur de l'église Saint Laurens. Il fut depuis jugé que ces deux corps de garde eussent été mieux placés près l'église de Saint Godart, devant et audelà du portail et derrière le cœur, afin de garder dans soy, pour place de s'assembler, le cimetière d'entre les églises de Saint Laurens et Saint Godart, et enclorre et asseurer davantage des maisons de bourgeois de quartier non suspect, et avoir par ce moyen plus grand nombre d'hommes à deffendre ces baricades.

Ces deux dernières baricades furent cause de faire porter plus haut, prez la rue de la Seille, celle qui estoit devant le logis de M. du Becquet comme nous avons dict, parce qu'on n'avoit plus rien à craindre de la petite rue venant de la rue de l'Escole en la Grand Rue et elle servoit à plus grand nombre d'habitants de ce

---

¹ Isambart Busquet, sieur de la Neufville, reçu conseiller lay le 2 juillet 1610, après avoir plaidé plusieurs causes au Parlement de Rouen. Son fils, Nicolas, lui succéda en 1644.

quartier, non composé de peuple séditieux, et engageoit davantage de personnes à la deffendre et fortifier.

Comme aussy il n'y avoit rien à craindre de la rue Couppe Gorge, à l'autre bout de laquelle on avoit faict une barricade en la rue des Arsins, au bout de devers la rue de la Cicongne, dont M. de Couronne prenoit le soin. M. Thomas[1], maistre des comptes, avoit aussy une baricade entre sa maison et l'autre bout de la rue des Arsins. M. du Plessis[2], thrésorier de France, menacé non pas tant pour avoir esté des francs fiefs que pour avoir travaillé à la commission des subsistances avec M. de Paris, prit soin de faire des baricades à touttes les avenues de sa maison, située près les murs de Saint Ouen et aux avenues de la place de Saint Ouen en laquelle estoit aussy la maison de M. le P. des Hameaux[3], beaucoup plus menacé des séditieux que le dict sieur du Plessis. En cette place le sieur des Essars le Diacre[4], capitaine des bourgeois, posa un très fort corps de garde; il estoit allié de M. de Bernières[5],

---

[1] Gentien Thomas, conseiller maître en la chambre des Comptes allié à Madeleine Beuselin, enterré à Sainte-Croix-Saint-Ouen.

[2] Pierre Puchot, sieur du Plessis, mort le 4 avril 1673, enterré à Sainte-Croix-Saint-Ouen.

[3] Jean Dyel, sieur des Hameaux, baron d'Auffay, conseiller aux requestes en 1617, maître des requestes en 1623, premier président à la Cour des Aides en mars 1624, après le décès de son père, ambassadeur à Venise en 1642, puis conseiller d'État, mort à Paris en 1668. On a son portrait gravé par Moncornet.

[4] Jacques Le Diacre, sieur du Mesnil et des Essarts.

[5] Charles Maignart, sieur de Bernières, conseiller au parlement de Paris, fils du président de Bernières, et allié aux Le Diacre par les Voisin.

logé en ce quartier, quoyque cette maison ne pouvoit estre object de la sédition qu'à cause de ses richesses. Osmont estoit avec quelques hommes en garde près le logis de Molan. Il y eut quelque temps un corps de garde entre les rues de l'Escole et l'Escureux, mais peu aprez on l'osta comme n'estant nécessaire.

Voilà quel estoit l'estat de nostre quartier, auquel on avoit aussy advisé de conserver la communication pour se visiter et assister en cas de besoin, sans rompre les baricades, en passant par les maisons qui ont advenue en deux rues. De la mienne, on passoit de la rue de l'Escureux en celle de l'Escole. Celle de M. Germain Coutelier donnoit de la rue de l'Escole en la Grand Rue. Celle de M. le P. de Franquetot située en la Grand Rue entroit en celle de M. de Couronne rue des Arsins et celle de M. du Plessis avoit issue tant dans la rue des Arsins que en la place de Saint Ouen.

M. le P. Turgot prit aussi fort grand soin de pourvoir à la seureté de son quartier et y fut assisté par MM. de Fresquiennes[1], de la Vallée[2], de la Bucaille[3], de Malaunay[4] et autres officiers du parlement. Ce quar-

---

[1] Nicolas Romé, sieur de Fresquiennes, reçu conseiller lay le 26 mars 1612. Il mourut le 28 août 1658, et fut inhumé à Fresquiennes.

[2] Pierre de Galentine, sieur de la Vallée, reçu avocat au Parlement le 9 août 1607, où il plaida plusieurs années, et, le 29 novembre 1616, conseiller lay, sans examen, non comme docteur en droit de l'Université de Toulouse, mais comme ayant fait plusieurs années les fonctions d'avocat, ainsi que lui-même l'a remarqué dans ses Mémoires. Il mourut à Paris le 11 mars 1640.

[3] Louis Paulmier, sieur de la Bucaille, reçu conseiller aux requestes en décembre 1618, mort le 19 avril 1674.

[4] Charles Puchot, sieur de Malaunay, reçu conseiller lay en 1622.

tier estoit difficile à garder parce que c'estoit celuy sur lequel les séditieux avoient le plus de dessein à cause qu'il y avoit plus grand nombre de bureaux establis pour la perception des droits du Roy. Mais la pluspart estoient desjà pillez comme ceux des cuirs, des cartes, du papier et des quatriesmes.

Il restoit principalement à pourvoir à la seureté du logis de M. Nicolas Le Telier[1], receveur général des gabelles, lequel estoit fort en la haine du peuple pour avoir eu, depuis plusieurs années, la conduite des affaires du party du sel en Normandie, et parce qu'il s'estoit fort enrichi et avoit assemblé tous ses biens en cet employ qu'il avoit exercé avec sévérité et rigueur contre le peuple, et que d'ailleurs les mutins s'imaginoient que le pillage de sa maison leur seroit fort profitable; ils y avoient beaucoup de dessein.

Aussy dict on que, prévoyant cet orage, il avoit retiré de sa maison plusieurs papiers d'importance et beaucoup d'argent. Néantmoins la suite fit voir qu'il en restoit beaucoup. Il avoit aussy assemblé chez luy 50 hommes bien armez, la pluspart archers, et n'avoit voulu quicter sa maison, affin d'y donner meilleur ordre.

---

Il résigna en 1653 à Nicolas, sieur des Alleurs, son fils, et mourut le 25 septembre 1659.

[1] Nicolas Le Tellier, sieur de Tourneville; il avait épousé Caterine Marc de la Ferté, sœur du maître des requêtes. Il eut de ce mariage une fille unique, Caterine, alliée le 1er août 1648 à François d'Harcourt, M‍is d'Ectot, fils du M‍is de Beuvron, lieutenant-général au gouvernement de Normandie et gouverneur du Vieux-Palais. Le premier président en avait désiré l'alliance pour son fils.

Cette maison estoit située en la rue de la Prison, et, parce qu'on avoit advis que les bardeurs, brouetiers et gruyaux qui s'estoient nouvellement meslez en la sédition avoient grand dessein sur ce logis, on fit une forte baricade au bas de cette rue comme estant l'advenue par laquelle plus facilement ils y eussent abordé. On mit aussy un corps de garde prez cette baricade en la place du Vieil Marché, place d'armes ordinaire des paroisses de Saint Michel, Saint Sauveur et de quelques autres.

On proposa à ceux qui gardoient le logis du sieur Le Telier de prendre soin de faire une baricade au haut de la rue de la Prison, pendant qu'on travailloit à celle du bas de la mesme rue, mais ils ne voulurent sortir de ce logis et dirent que c'estoit aux bourgeois de prendre soin de faire touttes les baricades nécessaires, ce qui fut cause qu'elle ne fut point faicte, ce qui causa depuis le pillage du logis, par un accident qui sera cy aprez mentionné.

Pendant qu'on travailloit en ce quartier à asseurer la ville, MM. les autres officiers du parlement avoient aussy pourveu à la seureté chacun de leur quartier, et les bourgeois estoient si bien persuadez à se deffendre de cette canaille que dez meshuy on croyoit ne debvoir plus rien craindre, et que la sédition fut extrêmement appaisée.

Le sieur de Moy, conseiller au présidial de Rouen, fit si bonne recherche des meubles qu'on avoit pris en sa maison qu'il en retrouva beaucoup, et en cela fut grandement aidé par M. de Bimorel[1], thrésorier de France, capitaine des bourgeois du quartier de Saint Vivien, et par plusieurs autres, mesme ledict sieur de Moy fit arrester un homme qu'il prétendoit avoir pris quelques uns de ses meubles, lequel il fit conduire devant M. le P. P. lequel, sçachant bien la haine du menu peuple contre sa personne, s'imagina que, si il envoyoit cet homme prisonnier, il augmenteroit cette haine et rebuta ceux qui lui en parlèrent, et dict que ce n'estoit à luy qu'il se faloit addresser en première instance; quelcun luy demanda si on mettroit cet homme prisonnier aux prisons du bailliage, il dict qu'on l'y conduisit, croyant par là se délivrer de congnoistre de l'instruction et jugement de ce procez. Le criminel fut donc conduict aux prisons du bailliage avec peu d'escorte, mais sans aucun tumulte ny péril de rescousse, et est un de ceux qui depuis a esté puny de mort.

On avoit proposé, dez le matin, à M. le P. P. de faire le procez à un corps mort des séditieux, duquel on disoit que le crime estoit aisé à justifier, et que cet exemple non sanglant pourroit estre facilement donné au public et tiendroit en crainte ceux du mesme party, mais M. le P. P., qui en touttes façons craignoit d'irriter le peuple, rejeta cette proposition et n'en fit délibérer, disant qu'il faloit, avant touttes choses, penser à asseurer la ville.

Mais il faut reprendre les causes qui ont resveillé la sédition qu'on croyait assoupie et l'ont faict passer à un

---

[1] Adrien Le Cornu, sieur de Bimorel.

point plus violent que tout ce qui s'estoit passé jusques à ce temps là.

Il est certain que le dessein de continuer la sédition n'estoit point passé hors de l'esprit des factieux. Ils publioient hautement qu'ils s'attaqueroient à cinquante maisons et, outre 15 ou 20 qui furent pillées, on en nommoit beaucoup d'autres. Il est à croire que le désir de faire du désordre leur eut augmenté en le commettant, et les prétextes de fauteur, de partisan, ou autres semblables n'eussent jamais manqué.

Mais le bon ordre qu'on avoit mis par la ville les forceoit de s'arrester. Toutes fois ils estoient grandement animez contre le sieur Le Telier et voicy ce qui leur augmenta le désir de s'attaquer à luy et leur en donna la commodité.

Quelques femmes et enfans ayant approché de son logis le mardy au soir, les archers qui estoient en iceluy, soit qu'ils fussent yvres ou qu'ils eussent été provoquez de paroles et injures, ou qu'ils craignissent et estimassent pour ennemy tout ce qui n'estoit pas pour eux, tirèrent sur tout ce qui approchoit de ce logis, de sorte qu'ils tuèrent un enfant et en blessèrent un autre.

M. Pierre Baillart, sieur de Caumont, advocat au Parlement, cousin du sieur Le Telier, et amy intime du sieur Arondel, propriétaire du logis où logeoit ledit sieur Le Telier, voyant le désordre que cet accident pouvoit apporter, promit quelque argent à ceux qui pouvoient se plaindre de cette mort ou blesseure, ce qui en eust empesché la suite. Mais ces archers, continuans de tirer sur tous ceux qui passoient prez de ce logis, en tuèrent et blessèrent encore d'autres. M. le P. Turgot et M. Blondel[1] m'ont dict, qu'ayant esté vers ce logis pour y donner quelque ordre, furent contraincts de s'en retirer à cause du péril des mousquetades que ces archers tiroient.

Les bourgeois qui estoient au corps de garde, ayans advis de ce qui s'estoit passé près du logis du sieur Le Telier, commencèrent à murmurer contre luy et, sur ce qu'il fut rapporté que le parent d'un d'entr'eux y avoit esté tué, quelques uns d'entr'eux s'imaginèrent à en tirer raison et aller vers son logis. On dit que l'un des bourgeois tira un coup de mousquet dans l'une des fenestres de son logis.

Le bruit de cette révolte estant publié par la ville fit que les mutins, qui estoient dissipez, commencèrent à se rallier et vinrent fondre vers ce logis, mais non encore en si grand nombre quils avoient esté le matin et au logis du sieur Heuft.

Cela donna subject aux eschevins d'offrir au sieur Le Telier de faire entrer des bourgeois armez chez luy pour son asseurance, ce qu'il refusa, soit qu'il creut y avoir desjà assez d'hommes de main, soit qu'il jugeast périlleux d'y laisser entrer des bourgeois, veu qu'il sçavoit qu'il y en avoit d'animez contre luy, à cause de ceux qui avoient esté nouvellement tuez ou blessez par ses gens. On proposa aussy qu'il fit, au haut de la rue

---

[1] Pierre Blondel, reçu avocat au parlement le 6 juin 1607, puis conseiller-clerc. Il mourut en septembre ou octobre 1649, chanoine et archidiacre de l'église cathédrale, en laquelle il fut inhumé, et où il avait fondé un salut solennel le jour de l'Annonciation.

de la Prison, une baricade pour sa seureté, mais il aima mieux retenir ses gens serrez en sa maison que de les faire sortir et dict que c'estoit aux bourgeois à s'y employer.

Néantmoins les sieurs Baillet et Beinières, lieutenant et enseigne de la compagnie des bourgeois, qui estoit en garde en la place du Vieux-Marché, commandèrent qu'on portast au haut de la rue de la Prison la baricade qui estoit au bas, afin que la baricade gardast l'avenue d'en haut et le corps de garde celle de bas. Mais les bourgeois irritez ne voulurent leur obéir. MM. les Présidents et Conseillers et autres personnes de condition habituez en ce quartier firent aussy ce qu'ils peurent pour les porter à leur debvoir, mais sans aucun effect.

Le désordre eut esté grand dez ce soir, mais la nuict survenant fut cause que le peuple séditieux n'eut pas le loisir de s'attrouper en si grand nombre qu'il peut forcer la maison.

La nuict, on fit garde par touttes les baricades et les capitaines et beaucoup d'autres firent des rondes par toutte la ville; mais il ne parust aucun qui voulust renouveller la sédition. Ce qui fut cause que, sur le matin, plusieurs des bourgeois qui avoient faict garde la nuit se retirèrent chez eux pour se reposer.

On a remarqué entr'autres trois fautes qui furent faites : l'une que M. le P. P. donna par mégarde deux mots différens, mais il n'y en eut inconvénient, parce que ceux ausquels il n'avoit par erreur donné le véritable mot, estans personne de condition, furent congnues au premier corps de garde où ils se présentèrent, où ils apprirent le mot qui avoit esté donné aux autres.

Secondement, on fit des rondes trop fréquentes et en donna la charge à trop grand nombre de personnes et souvent à personnes peu considérables et de nulle expérience, qui ne faisoient que fatiguer ceux qui estoient en garde et n'estoient pas capables d'y remarquer, moins encore d'y corriger aucun défaut.

En troisiesme lieu, on mit en garde tous ceux qui s'offrirent à y aller, qui estoit beaucoup plus qu'il n'en estoit besoin, de sorte que, sur le matin, plusieurs corps de garde estoient sans soldats, les autres en estoient peu fournis, au lieu que, si on eut divisé les bourgeois pour servir chacun à leur tour, il en eut eu tousjours assez bon nombre pour arrester la sédition dès sa naissance.

Dez le matin du mardy 23 d'aoust, la sédition recommencea; le peuple séditieux retourna vers ce logis et il s'y mesla quelques habitans animez de ce que ceux de ce logis avoient tué et blessé plusieurs personnes. On m'a asseuré que, pendant la nuict, ils avoient tiré indifféremment sur tous ceux qui approchoient de cette maison, mesmes qu'ils avoient blessé quelques bourgeois faisans la ronde.

Le Telier, voyant que le peuple mutiné croissait en nombre, envoya chez M. le P. P. luy en donner advis et le prier de l'assister; le lieutenant général et eschevins se rendirent aussy chez M. le P. P. avec environ 50 tant harquebusiers que cinquanteniers.

On envoya aux corps de garde à ce que les capitaines eussent à fournir des hommes pour réprimer cette sédition. Les capitaines tesmoignèreut un grand désir d'obéir, mais qu'ils estoient mal obéis de leurs bourgeois, lesquels, [outre] la haine invétérée qu'ils portoient au sieur Le Telier pour les raisons sus alléguées, estoient encore irritez de ce qui s'estoit passé le soir et la nuict précédente. Les plus factieux des bourgeois disoient que il leur estoit fascheux d'exposer leur vie pour l'interest de ceux qui ne vivoient que pour ruiner leur pays par les advis qu'ils donnoient au Conseil et ordres qu'ils exécutoient dans la province.

D'autres, qui vouloient paroistre plus discrets, disoient qu'ils avoient volontiers servy le roy quand il en avoit esté question; qu'ils avoient travaillé le jour précédent contre les séditieux, qu'ils avoient estouffé la sédition; et qu'à présent il s'agissoit d'une querelle particulière de ceux desquels les proches parens avoient esté tuez ou blessez par Le Telier ou ses préposez, dont il n'estoit pas estrange que le peuple eut du ressentiment et eut recours à la vengeance particulière, puisque telles gens, par les évocations de leurs causes, empeschent qu'on n'en puisse espérer justice. Qu'ils avoient tiré sur ceux qui alloient pour les secourir et faisoient la ronde pour la seureté publique; qu'il falloit forcer Le Telier à livrer les coupables pour en estre faicte prompte justice; qu'il feroit tirer sur eux lorsqu'ils iroient pour sa deffense.

Les esprits foibles de quelques uns du peuple estoient préoccupés de ces persuasions et les plus sages et les plus judicieux, qui eussent voulu obéir au commandement des magistrats, craignoient la haine du peuple, s'ils se portoient à assister celuy qui estoit l'object d'une sédition ainsi prétexée.

Ceux qui ne vouloient pas ouvertement refuser d'obéir, disoient estre obligés à la garde de leur quartier, lequel demeureroit exposé au pillage pendant qu'ils iroient pour assister celuy qui, le jour précédent, avoit refusé la garde qu'on luy avoit offert.

Tant y a qu'on ne put tirer aucun secours des habitants, et néantmoins le sieur du Becquet proposa à M. le P. P. qu'avec ce peu de monde ils allassent en personne vers le logis du sieur Le Telier et qu'en chemin ils assembleroient ce qu'ils pourroient d'habitans, sur lesquels leur présence auroit plus de pouvoir qu'un commandement envoyé, et qu'en tout cas, quoy qu'ils eussent peu de monde, ils demeureroient maistres d'une populace sans chef ny conduite, pourveu qu'ils ne différassent à l'attaquer, lorsqu'elle seroit assemblée en plus grand nombre, et qu'ils y joignissent ce que chacun avoit d'hommes chez soy.

M. le P. P. tesmoigna avoir agréable cette proposition et se fit donner sa robe, mais, estant desçendu de sa chambre, il dict qu'il trouvoit plus propre d'aller auparavant au Parlement, ce qu'il fit et fut suyvi de ce qui estoit là de cinquanteniers et harquebusiers. Car pour ceux qu'il avoit assemblez pour garder sa maison, il ne trouva point à propos qu'ils en sortissent et ne voulut point les employer à autre usage. Le lieutenant se retira en sa maison ou en l'hostel de ville et ne vint point au Parlement le matin.

Il estoit environ sept heures et demie du matin lorsque le P. P. vint au Palais où la compagnie estoit desjà assemblée. Les compagnies qui l'accompagnoient marchoient le tambour batant, et, aprez qu'il fut entré, demeurèrent en la court du Palais.

M. le P. P. avoit sa robe rouge, attendu qu'il estoit jour d'audience, encore qu'il sceut bien que les affaires publiques l'empescheroient de tenir audience. Les chambres furent assemblées dans la grand chambre de l'audience.

M. le P. P. proposa l'advis qu'il avoit receu du sieur Le Telier du nombre de peuple qui vouloit forcer sa maison; qu'il y estoit en péril de sa personne. (Il estoit beau-frère de M. de la Ferté[1], gendre de M. le P. P.) Il luy avoit envoyé un mémoire dans lequel il disoit avoir en icelle 2 ou 3 cens mil livres de l'argent du roy, outre ses meubles et des papiers de grande importance; que la conservation de cette maison devoit estre recherchée par tous moyens, et que le peuple, amorcé de ce pillage, attaqueroit ensuite toutes les maisons des personnes de condition où il croirroit qu'il y eut de l'argent. Qu'il ne faloit point perdre de temps à délibérer, mais estoit d'advis que le Parlement y allast présentement en corps, duquel l'exemple feroit marcher les bourgeois.

[1] Scipion Marc, sieur de la Ferté, lieutenant-général du bailly de Rouen, puis maitre des requêtes, avait épousé Anne Faucon ; Nicolas Le Tellier de Tourneville avait épousé Caterine Marc de la Ferté.

Aucuns applaudirent à cet advis, mais, les autres en grand nombre y contredisans, il en fut délibéré et fut arresté que le Parlement ne debvoit y aller en corps. La raison principale fut le peu d'effect qui avoit réussi le dimanche précédent, lorsqu'on avoit esté en la rue de la Vicomté; qu'il ne faloit ainsi exposer, et chaque fois à la risée, l'autorité d'un grand corps. Qu'il faloit faire obéir les bourgeois qui estoient en garde en divers quartiers et les envoyer secourir ce logis. Aucuns disoient que le sieur Le Telier estoit cause du péril où il se trouvoit pour avoir refusé la garde des bourgeois, et n'avoir voulu baricader le haut de sa rue, et tiré et blessé des enfans et des femmes et ceux qui alloient pour la seureté publique et la sienne; que c'estoit son argent ou des partisans du sel qui estoit chez luy et non celui du roy. Aucuns adjoustoient les progrez de sa fortune et les considérations, soit véritables ou inventées par envie de ses richesses, pour le rendre odieux. Mais touttes ces dernières raisons eussent esté foibles sans les premières. On n'oublia pas aussy d'alléguer l'ingratitude de ceux ausquels, en janvier 1628 et octobre 1635, le Parlement avait sauvé la vie, lesquels, après la sédition passée, avoient esté les premiers à déclamer contre le Parlement.

M. le P. P., voyant ne pouvoir obtenir que le Parlement allast en corps pour appaiser la sédition, dict à MM. Baudry et Blondel qu'ils y allassent pour commander aux bourgeois de les accompagner et faire agir avec plus d'effect ceux qu'on envoyoit secourir cette maison. Tous deux acceptèrent volontiers cette commission. M. Baudry estoit de tout temps amy de M. de la Ferté, gendre de M. le P. P., avec lequel il avoit quelque liaison, et d'ailleurs, estant agissant et cupide d'honneur, le succez de ce qu'il avoit faict les jours précédents, fit qu'il ne fit difficulté d'accepter cet employ. M. Blondel n'avoit pas été d'advis que le Parlement y allast en corps, et avoit représenté fort au long en opinant le péril où il avoit esté le jour precédent par les mousquetades qu'on avoit tirées sur luy de ce logis du sieur Le Telier; néantmoins, par une inclination qui luy estoit ordinaire de s'accommoder par complaisance aux volontés de M. le P. P., il accepta franchement d'aller avec M. Baudry.

Sur quoy M. Brinon[1], se levant, dict que c'estoit prostituer l'honneur du Parlement que d'envoyer ainsy MM. Baudry et Blondel, après qu'il avoit esté arresté que le Parlement n'iroit point à ce logis. M. le P. P. respondit qu'il avoit esté arresté que le Parlement n'iroit point, mais non pas de n'y point envoyer de commissaires. M. Brinon répliqua qu'il faloit donc en délibérer avant que de les envoyer. M. le P. P., soit qu'il craignoit que la longueur de la délibération n'ostast le temps d'agir, ou qu'il ne passast au contraire de son advis, comme il avoit passé au contraire de sa première proposition, dict qu'il envoyoit ces deux MM., non de la part du Parlement, mais comme lieutenant de roy.

[1] Pierre de Brinon, sieur de Vaudichon et de Meullers, né le 11 février 1574, reçu en survivance de Nicolas, son père, le 19 mai 1597, et en titre le 2 octobre 1603. Il mourut le 8 juin 1658.

Ensuite il se leva de sa place, et, s'avanceant vers le parquet des huissiers, dict qu'il vouloit luy mesmes aller secourir cette maison et qu'il ne croyoit pas qu'on l'en voulut empescher. Quelques uns de MM. le suivirent pour adoucir sa colère, et incontinent il revint vers le lieu de la séance, disant qu'il vouloit aller secourir ce logis, mais que MM. l'en avoient empesché, et continua à se plaindre de ce qu'on l'offenceoit de dire qu'il prostituast l'honneur de la Compagnie et qu'il s'en plaindroit au Roy. M. Brinon persista à dire que c'estoit prostituer l'honneur du Parlement que de faire en face du Parlement le contraire de ce qu'on venoit d'arrester ou d'ordonner, sans le mettre en délibération.

Enfin, le succez de cette contestation fut que, M. le P. P. et M. Brinon persistans chacun en leur opinion, néantmoins nul autre que M. Brinon ne s'opposant à ce que MM. Baudry et Blondel exécutassent leur commission, eux l'acceptèrent volontiers, tant pour les raisons susdites que parcequ'ils creurent que, si ils la refusoient et que la maison de Le Telier fut pillée, on leur en donneroit le blasme au Conseil.

Sur ce différent, on faisoit divers jugemens; les uns blasmoient M. le P. P. et les autres M. Brinon, lequel on scavoit avoir eu de grandes affaires, tant avec M. le P. P. et son deffunct frère que avec M. de la Ferté, beau père du sieur Le Telier. Ce qu'on pensoit le faire agir avec plus de chaleur pour empescher qu'on assistast le sieur Le Telier en ce péril. D'ailleurs on craignoit que cette aigreur esclatant, M. Brinon ne tombast en peine de s'estre opposé à cet ordre donné par M. le P. P., comme MM. de Benneville et Mathan[1] avoient esté de ce qu'ils avoient dict en janvier 1637 (estant fort fascheux ou d'abandonner ses confrères à l'indignation du Roy ou de les racheter par des vérifications d'édicts et autres semblables remèdes, comme on avait faict en 1637).

Comme on en estoit en ces termes, vindrent les sieurs de Sahut Brévedent, Auber Heudebouville et Voisin Guenouville eschevins, et Gueutteville, procureur syndic (envoyez par l'hostel de ville ou de leur chef), lesquels représentèrent que le désordre augmentoit vers le logis du sieur Le Telier, que le mal pressoit et estoit besoin d'y pourvoir promptement et offrirent d'y servir en personne.

On apprit par le récit de ces eschevins et de MM., qui demeuroient vers ce quartier là, et y estoient restez quelque temps pour tascher d'y mettre quelque ordre, et qui, pour ce subject, vindrent au Palais aprez l'assemblée commencée, que depuis l'advis donné à M. le P. P., le peuple mutiné y abordoit de toutes parts, de sorte que le nombre en estoit beaucoup plus grand qu'il n'avoit esté les jours précédens; que les séditieux, voyans ne pouvoir dégrader la devanture du logis pour estre de pierre solide, et mesmes n'osans s'y présenter à cause que ceux qui deffendoient le logis tiroient sur

---

[1] Henri de Mathan, sieur de Saint-Ouen, prieur de Bourgachard, chanoine et archidiacre de Notre-Dame de Rouen, reçu conseiller-clerc le 11 mai 1617, par la résignation de Joachim de Mathan, son oncle. Il mourut en may 1645.

eux, ils avoient monté en la tour de l'église Sainte Marie, vulgairement nommée Sainte Marie la Petite, de laquelle tour ils voyoient à descouvert en la cour de ce logis, et jetoient des pierres et autres choses semblables sur ceux qui paraissoient dans le logis, mesmes qu'ils avoient percé les maisons voisines malgré ceux qui y demeuroient, et avoient par icelles gaigné le derrière de celle du sieur Le Telier, comme n'estant que de charpenterie, et commençoient à la dégrader pour par là entrer en icelle et empescher l'évasion de ceux qui y estoient, et que, dans leur désordre, ils agissoient avec beaucoup d'ordre, ayans mesmes des armes à feu.

Cela fut cause qu'on arresta que MM. Baudry et Blondel, avec les eschevins et le peu qui estoit là d'hommes en armes, iroient le plus promptement que faire se pourroit pour tascher d'y porter remède.

Et parce qu'on creut que le peuple estoit tellement attroupé qu'il seroit périlleux au sieur Le Telier de rester en ce logis, on proposa que, pour le mettre en seureté, il seroit bon de contenter le peuple de paroles et dire que la Court avoit ordonné qu'il seroit pris au corps, luy et les siens, et constituez prisonniers en la conciergerie pour les violences par eux commises le jour et la nuict précédents, desquelles il seroit informé. Mesmes on mit en mains de MM. Baudry et Blondel un arrest signé de M. le P. P. qui contenoit ce décret de prise de corps et enjoignoit au peuple attroupé de se retirer à peine de la vie [1].

---

[1] Bigot a ajouté plus tard : « L'arrest employé au registre porte qu'il sera informé des violences commises aux bourgeois par ceux

M. le P. P. fit longtemps difficulté de signer tel arrest qu'il croyoit porter infamie au sieur Le Telier, mais enfin, on luy représenta que cet arrest ne seroit mis au registre, et qu'aprez la sédition passée on le pourroit rompre, et que par tous moyens il faloit chercher la seureté de la personne du sieur Le Telier. Enfin, il s'arresta au consentement unanime de MM., qui n'en opinèrent point *per vota*, et, néantmoins, la difficulté qu'il fit d'abord de signer cet arrest apporta quelque retardement au secours de ce logis. Le mesme arrest contenoit injonction aux capitaines et bourgeois de donner main forte pour l'exécution d'iceluy.

Aussy tost que cet arrest eut esté signé, MM. Baudry et Blondel s'en saisirent et (avec quelques huissiers), ensemble avec les eschevins et ce peu d'hommes qui estoient en armes en la court du palais, ils furent vers le logis du sieur Le Tellier. Ils ne peurent faire que, pendant qu'ils y alloient, les bourgeois se joignissent à eux.

Le peuple mutiné, aprez qu'ils eurent faict lecture de l'arrest, ne changea point sa résolution; nul ne se retira, selon le commandement porté par cet arrest et réitéré par MM. les commissaires, lesquels en vain feignirent que la court eut dessein de faire le procez au

---

qui s'estoient baricadez chez le sieur Le Telier. Il est enjoinct de les faire sortir présentement et mettre sa maison en la garde des eschevins, pour avec luy la conserver. Enjoinct à tous bourgeois de poser les armes et se retirer en leurs maisons pour prendre ensuite l'ordre de leurs capitaines et marcher soubs leur conduite, à peine de rebellion et crime de lèse majesté et de respondre de tous despens, dommages et interests.

Telier et ses complices, et qu'on les pendroit l'aprez midy, les séditieux dirent qu'ils sçavoient bien que la court estoit interdite de congnoistre des causes du Telier et ses gens, que aussy ils ne se soucioient point qu'on fit leur procez, qu'ils le pendroient bien eux mesmes sans arrest.

Il fut aisé aux commissaires d'aborder le logis par la porte de devant, mesmes ils conférèrent avec Le Telier des moyens de son évasion, de laquelle nous parlerons en suite. Aussy la baricade du bas de la rue de la Prison ne fut point forcée, mais fut gardée par ceux du corps de garde du Vieil Marché. Mais le peuple venoit en foule par le haut de la rue et continuoit, par derrière le logis, à dégrader pour y trouver entrée, usant d'injures et menaces atroces contre le sieur Le Telier.

On vint au parlement donner advis que MM. les commissaires n'avoient pas assez d'hommes pour se rendre maistres des mutinez. On envoya des huissiers, aux places d'armes les plus proches du palais, faire commandement aux bourgeois de s'y transporter, soubs la conduite de leurs capitaines. Les capitaines dirent qu'ils ne pouvoient tirer obéissance des bourgeois, lesquels disoient qu'ils n'abandonneroient point la garde de leur quartier. On y envoya six ou sept conseillers porter le mesme commandement, lesquels eurent mesme response. Le registre porte que MM. Anzeray (conseiller clerc) et Duval Lescaude [1] rapportèrent avoir amené au palais une compagnie de 60 ou 70 hommes et avoir comandé

---

[1] Guy du Val, sieur de Lescaude, conseiller aux requêtes, reçu le 17 mai 1638. Il fut plus tard conseiller lay en 1644.

aux bourgeois ou ils passoient de prendre les armes et marcher soubs leurs capitaines [1].

MM. Baudry et Blondel voyant qu'il ne venoit aucuns bourgeois pour les assister et que le peuple ne tenoit compte des commandemens qu'ils faisoient, qu'ils n'estoient assez assistez pour se faire obéir, revindrent au parlement, où M. Baudry reféra ce qu'ils avoient faict, réservé qu'il ne parla point des résolutions qu'ils avoient prises avec le sieur Le Telier pour son évasion, affin de les tenir plus secrètes, joint qu'ils ne scavoient pas assez ce qu'il en réussiroit.

M. Baudry estoit tout esmeu et hors d'haleine et ses habits souillez de la boue de la foule du peuple, lors qu'il fit son rapport [2], lors duquel il luy eschappa de

---

[1] Ces derniers mots, depuis « le registre porte, » sont d'une écriture plus récente.

[2] Bigot a depuis intercalé ici le récit suivant :
« Il dict qu'ayant faict retirer le peuple qui, du vieil marché vouloit s'avancer en la rue de la Prison, ils avaient ordonné de faire au bas d'icelle une baricade, ce qui avait été fait promptement, mais après qu'ils y avoient laissé en garde environ 25 de ceux qu'ils avoient avec eux, et s'avanceans vers le logis dudict Le Telier, luy auroient faict entendre, s'estant avancez entre deux portes, qu'ils venoient par ordre de la Cour pour lui donner main forte et l'assister au péril de leurs vies; lequel leur dict qu'il estoit prest de se mettre entre leurs mains et en la protection de la Cour. Il leur fit voir le feu que les séditieux avoient mis au derrière de sa maison, où, s'estans avancés, ils auroient, à l'aide de ceux qui estoient avec eux, faict esteindre ce feu assez promptement, ayant passé pour cet effet par une longue allée ; que cependant ils furent advertis que 5 à 600 personnes, saisies d'armes, pierres et bastons, s'estoient saisis du cimetière et tour de Sainte Marie la Petite. Qu'eux commissaires les en ont chassé et y ont posé un corps de garde et ont donné conseil et moyen audict Le Tellier de se retirer desguisé de la casaque et trompette d'un de la Cinquantaine, ce qui a réussy à la faveur de ceux

dire que pour mieux feindre qu'on vouloit faire tout à bon le procez au Telier, il avoit dit au peuple qu'il leur abandonnoit la maison au pillage et qu'ils souffrissent qu'on se saisisse du Telier et des siens pour leur faire leur procez. Cette parole, dite à bon dessein, fut publiée par le peuple, qui creut que la Court avoit permis le pillage de cette maison, ce qui fut la cause que plusieurs, qui n'avoient point participé au pillage des autres maisons, vindrent à celuy s'imaginans, avec une stupide simplicité, que ce qu'ils faisoient estoit authorisé de la permission du Parlement, lequel mesmes n'avoit jamais authorisé M. Baudry de dire de telles paroles.

Aussy, ce qu'il fit l'aprez midy monstra bien à quel dessein il les avoit dites. Et, néantmoins, ce fut depuis un prétexte de le calumnier au Conseil comme si il eust esté autheur de ces désordres, lesquels, au contraire, il fit tout ce qu'il put pour empescher par les moyens qu'il estima les plus convenables, dont aussy les plus proches parens du sieur Le Telier furent chez luy pour le remercier. Toutesfois, craignant que tels propos ne le missent en peine, il desadvoua depuis de les avoir dits, quoy qu'en effet il les eut recitez en sa relation faite les chambres assemblées.

Après cette relation, par laquelle finit le registre de ce

qui gardoient cette tour et cimetière, mais estant descouvert par le peuple a augmenté sa fureur, et les baricades estans enfoncées et rompues, et le nombre des séditieux augmenté jusqu'à 5 ou 6 mil, après avoir opposé une heure et demie le respect et authorité de la cour, à ceste heure, ayant su par le sieur Mariage et Lefebvre, huissier, qu'on ne pouvait leur envoyer de secours, ils s'estoient avec peine retirez pour informer le Parlement de l'estat des choses. »

jour, la consternation des esprits fut grande; on ne parla plus qu'en confusion. M. le P. P. sortit du palais, sans autrement résoudre ce qu'on avoit à faire; il estoit lors 9 heures et demie ou dix heures. Il fut chez luy pour penser à sa propre seureté.

MM. les présidens et conseillers se retirerent aussy à dessein de pourvoir chacun à la seureté de son quartier et d'y persuader aux bourgeois ce qui estoit de leur debvoir. Plusieurs se plaignoient de ce que M. le P. P. ne donnoit ordre qu'il restast au Palais quelque nombre de MM. pour donner des arrests sur touttes les occurrences de la sédition, pendant que les autres, chacun en leur quartier, les feroient exécuter. Les autres excusoient ses ressentimens qui empeschoient qu'il ne peut, avec tranquillité d'esprit, pourvoir aux choses nécessaires.

MM. estoient desjà hors de leurs places et plusieurs s'estoient retirez chez eux, lorsque le sieur Gomon, advocat, amy du sieur Le Telier, vint dire à M. le P. de Grémonville et à plusieurs de MM. qui se promenoient encor en la chambre de l'audience, que le sieur Le Telier s'estoit évadé de sa maison et estoit en l'église de Saint Laurens, où il avait besoin d'être assisté.

Aucuns estoient d'advis que ceux de MM. qui estoient restez dans le palais reprissent leurs places pour délibérer ce qu'on pouvoit faire pour mettre le sieur Le Telier en lieu de seureté, et arrester le pillage de sa maison. Mais les autres estimèrent que M. le P. P. trouveroit mauvais qu'on eut faict, en son absence, cette délibération sans l'en advertir, et qu'il suffiroit de luy donner advis de l'estat des choses, et que chacun en son quartier, taschast d'assembler du monde pour servir où besoin seroit, et en cette résolution un chacun se retira chez soy.

On a sceu depuis que MM. Baudry et Blondel avoient faict entrer chez le sieur Le Telier un trompette de l'une des compagnies de la ville, avec une casaque de velours vert et sa trompette, laquelle casaque et trompette il bailla au sieur Le Telier, lequel, ainsi desguisé et s'estant noircy et gasté le visage, passa incongneu au milieu du peuple, un peu aprez que les commissaires du parlement furent partis de son logis.

Mais parce qu'il n'avoit point de lieu de retraite certain, il alla par les rues qui conduisent vers Saint Patrice comme moins baricadées, pour n'estre point arresté et recongneu en quelcune des baricades. Il entra au logis de Madame du Rombosc [1], laquelle, soit qu'elle ne le cognut point, ou qu'elle craignit que le peuple ne vint pour ce subject piller sa maison, ne voulant estre en peine pour celuy qui ne luy estoit ny parent ny allié et auquel elle n'avait nulle obligation, elle le fit sortir de sa maison et chercher retraicte ailleurs. Elle avoit chez elle madame de Lescaude [2], sa niepce, nouvellement accouchée, à laquelle elle craignoit que le tracas et bruit, que ce rencontre apporteroit, ne préjudiciast.

---

[1] Le seigneur du Rombosc était alors François de Civille.

[2] Françoise Jubert, qui avait épousé, par contrat du 27 janvier 1639, Guy du Val, sieur de Lescaude, était fille d'Alphonse Jubert, sieur de Bouville, et de Françoise de Civille.

De là le sieur Le Telier alla au bailliage, où ayant poussé sur luy la première porte, il tascha d'obtenir du geollier qu'il le receut avec les prisonniers, ce que le geollier refusa de faire, encore que le sieur Le Telier lui offrit à cette fin une somme notable d'argent.

Il alla donc vers l'église de Saint Laurens, laquelle ayant trouvée ouverte (il estoit environ dix heures et demie), il y entra et se mit dans la sacristie; le soubs clerc ferma à l'instant les portes de l'église et luy donna entrée aux orgues, puis en la tour, au lieu qu'on estima estre plus secret, à quoy le curé et clerc survenus aidèrent autant qu'ils peurent.

Aucuns disent qu'en cette fuite il fut recongneu et suivy de quelques séditieux, ce qui est peu probable, car ils l'auroient attainct, veu mesme le temps qu'il tarda chez Madame du Rombosc et au bailliage. Il est plus probable que le refus que l'on fit de l'admettre en ces deux lieux fut incontinent publié, et la cloture des portes de l'église de Saint Laurens fut un indice suffisant pour faire croire aux mutinez qu'il s'y estoit retiré.

Tant y a que lors que je revins en ma maison[1], entre dix heures et demie et onze heures, il y avoit desjà deux ou trois cens personnes attrouppées autour de l'église de Saint Laurens, lesquels demandoient qu'on leur ouvrist, autrement menacoient de la rompre. Il y en fut venu plus grand nombre, mais les uns ignoroient où il estoit, les autres s'arestoient à chercher ceux qui

---

[1] Le président Bigot logeait rue de l'Ecureuil. Son hôtel était sur l'emplacement du n° 14 actuel, appartenant à M. Dieusy.

estoient restez en sa maison et au pillage d'icelle dont nous parlerons cy aprez.

J'envoyay un des miens advertir M. le P. P. de ce qui se passoit à ce qu'il y pourveut, et incontinent j'y renvoyai Le Jongleur qui venoit de Saint Laurens ; il sembloit que on l'offensast de l'exciter à agir en ce rencontre, auquel il ne voyoit point de remèdes. M. Damiens, puis les sieurs curé et clerc de Saint Laurens vindrent aussy me dire l'estat des choses, et délibéroient si on debvoit ouvrir l'église de crainte que les séditieux ne la saccageassent, mais d'ailleurs on croyoit que le temps, qu'ils emploieroient à rompre les portes, serviroit de délay à chercher du secours, pour lequel avancer, M. Damiens alla chez monsieur de Biville et, à mesme temps, on vint dire que M. le P. d'Amfreville avoit faict ouvrir les portes de l'eglise.

Il estoit lors de ceste paroisse et logeoit en la rue de l'Escole.

Le peuple, y estant entré, chercha en tous les recoings d'icelle et en la sacristie, puis demanda à aller aux orgues et en la tour. On dict que les clefs en estoient chez le sieur curé, lequel vint peu aprez en l'église vestu de son surplis et, aprez une sommaire exhortation au peuple, ayant faist tout ce qui estoit en luy pour gaigner temps, fit enfin ouvrir les portes des orgues où il n'estoit pas, puis de la tour où peu des factieux entrèrent. Les autres restèrent dans l'église. Quelques uns coururent vers la rue Coupe Gorge sur ce qu'on publioit que le sieur Le Telier s'estoit sauvé par ce chemin, vestu de la soutane et surplis d'un prestre.

Desjà trois ou quatre des plus mutins montez en la tour y avoient trouvé en un recoing ledict sieur Le Telier et l'avoient blessé à la teste et vouloient achever de le tuer, lorsque M. le P. d'Amfreville et M. Baudry et MM. de Courvaudon, les trois frères [1], assistez de 60 ou 80 personnes arrivèrent dans l'église. Le sieur de Laube (amy et allié de M. de la Ferté et dudit sieur Le Telier) monta en la tour, et le tira des mains de ceux qui estoient prez de le tuer, ayant feinct d'abord d'estre de leur party et les obligea de souffrir qu'il le menassent en l'église.

A mesme temps survint M. de Mathan, conseiller clerc avec 100 ou 120 hommes qu'il avoit ramassez en divers corps de garde. Ce renfort fit croire qu'on pouvoit en assurance conduire le sieur Le Telier au Vieil Palais, au milieu des bourgeois armez. Ce qui fut faict, et fut mené entre M. le P. d'Amfreville et M. Baudry, par la rue de l'Escureux et delà par la Crosse, devant le logis de M. le P. P., lequel sortit en sa porte et commanda qu'on le menast prisonnier au Vieil Palais, voulant continuer la feinte du décret de prise de corps. Il pria M. le P. d'Amfreville de rester avec luy pour adviser à la seureté de sa maison, qu'il croyoit estre menacée. Le reste continua le chemin par le gros hor-

---

[1] C'était d'abord le prieur d'Envermeu, chanoine de Notre-Dame, cité p. 11, puis Charles Anzeray, sieur de Courvaudon, reçu conseiller aux requêtes le 11 août 1636. Il avait payé sa charge 56,000 livres, et décéda le 7 janvier 1659; il fut inhumé aux Carmes; c'était le lieu de sépulture de son père et de son aïeul. Le troisième, le chevalier de Courvaudon, était page de la chambre.

loge et mit le sieur Le Telier dans le Vieil Palais, sans que les séditieux se présentassent pour l'offenser.

Aprez qu'il eut esté mis en ce lieu de seureté, ceux qui l'y avoient conduict se retirèrent chez eux, et les bourgeois furent renvoyez en leurs maisons ou en leurs corps de garde. Aucuns ont creu qu'il eut esté plus à propos de les employer contre les séditieux attrouppez au pillage de la maison du sieur Le Telier, lesquelz on eut chassé facilement et terminé des lors toutte la sédition, veu que un moindre nombre de bourgeois l'avoit entièrement assoupie l'aprez midy et que le Vieil Palais n'est pas fort esloigné de la rue de la Prison.

Il faut croire, ou que le tumulte et désordre universel de la ville osta cette pensée, ou que la joye du sieur Le Telier et de ceux qui l'avoient assisté fut telle, lorsqu'il fut en seureté, qu'elle fit qu'ils creurent avoir achevé leur ouvrage, sans qu'il les requist de pourvoir à garantir sa maison, ny aussy qu'ils s'en advisassent. Ou plus tost ils creurent que, depuis deux heures que le peuple estoit acharné à ce pillage, il n'y restoit plus rien à conserver et que ceste tempeste s'appaiseroit de soy mesme, sans qu'il fut besoin de faire un carnage de séditieux, tel qu'enfin on fut contrainct de faire; tant y a que le zèle et courage que monstrèrent ceux qui assistèrent le sieur Le Telier faict penser qu'ils ont faict touttes choses en la manière qu'ils ont estimé la plus advantageuse au service du roy et repos public.

Pour ce qui est de la maison du sieur Le Telier, dez

qu'il en fut sorty, il fut aisé de la forcer. Car, dez auparavant qu'il en sortit, le peuple s'estoit presque rendu maistre du derrière d'icelle, non tant par le dégradement de la massonnerie que par le feu qu'il y avait mis. Mesmes les séditieux s'estoient rendus maistres de la maison de la demoiselle de Burville Arondel, et par icelle s'estoient faict entrée en la maison du sieur Le Telier, lequel se voyant ainsi gaigné de touttes parts, mais surtout estonné de l'embrasement du derrière de son logis, se sauva ainsy que nous avons dict.

Aussy tost sa maison fut sans deffense, veu mesmes que ceux qui jusques alors l'avoient gardée, ne croyant plus la pouvoir conserver et n'ayant plus pour object d'y deffendre le maistre du logis, pensèrent chacun à s'évader.

Plusieurs se meslèrent dans la presse et s'eschapèrent sans estre recongnus, comme aussy firent d'autres en quelques maisons voisines. Les domestiques, qui estoient congnus des séditieux, eurent peine à s'évader. Quelques uns furent tuez, d'autres fort blessez et portez en l'hospital de la Magdeleine, où ils furent fort soigneusement assistez. On dict que le trompette qui avoit changé d'habit avec le sieur Le Telier fut tué par les mutinez. Le sieur Guinet, jeune homme d'honneste condition, amy du sieur Le Telier, fut grièvement blessé et porté en la Magdeleine, où depuis, par le soin qu'on a eu de lui, il a recouvré sa santé.

Le cocher du sieur Le Telier, taschant de s'eschaper, fut suyvi de quelques mutins, et en ayant tué un, comme le peuple estoit prest de fondre sur le cocher,

M. de Soquence[1] et quelques autres personnes de condition, le firent mettre prisonnier au bailliage, en apparence pour luy faire son procez, mais en effect pour luy sauver la vie. Il transigea depuis avec les parens du mort, par 150 liv. par l'entremise des mesmes personnes, laquelle somme le sieur Le Telier paya, aprez en avoir faict refus plusieurs fois, mais enfin il ne voulut désavouer ceux qui avoient faict l'accord.

Au surplus, le peuple fit les mesmes dégasts tant au logis que meubles (tant de ce logis que de celuy de la demoiselle de Beurville) qu'il avoit faict aux maisons pillées les jours précédents. Touttes fois le logis de la demoiselle de Burville fut moins brisé que celuy du sieur Le Telier, et tous les appartemens n'en furent pas desrobez, d'autant que le sieur de Richebourg[2], son gendre, survenu fortuitement de la campagne, fit cognoistre au peuple que il n'avoit rien de meslé avec l'interest du sieur Le Telier.

Mais, pour le logis du sieur Le Telier, tous les meubles en furent pillez et emportez. Le peuple y abordoit de touttes parts, et plusieurs qui n'avoient point encore participé à la sédition y survindrent, sur un faux bruit que le Parlement eut donné la maison au pillage, fondé peut être sur les paroles de M. Baudry ci dessus

---

[1] Claude de Grouchet, sieur de Soquence et du Mesnil-Esnard, reçu conseiller lay le 11 novembre 1614, au lieu de Charles de Grouchet, son père. Il décéda le 12 avril 1644 et fut inhumé à Sahurs, dans une chapelle de la nef.

[2] Charles de Moy ou de Mouy, seigneur de Richebourg, avait épousé Renée Arondel.

remarquées. Plusieurs en emportoient des bras de chaires, un baton de fagot et autres choses de nulle ou très petite valeur, seulement par une sotte vanité, tenans à honneur d'avoir part à ce butin. Il y aborda plus de trois mil personnes de tous aages et sexes qui ravagèrent ainsy cette maison jusqu'à une heure aprez midy. Nul des meubles ne fut bruslé, mais les séditieux taschèrent de les mettre à profit.

Cette maison estant pillée, l'insatiable avarice des mutinez les porta à vouloir celle de M⁰ Robert Arondel, advocat, propriétaire de celle du sieur Le Telier. Le prétexte estoit, non la haine que le peuple eut contre luy, mais de ce que le sieur le Telier avoit faict des ouvertures pour passer de sa maison en celle cy et y porter ses meubles, de sorte qu'il sembloit que les séditieux poursuivissent leur gibier et reclamassent ce qui y avoit esté porté, mais, en effet, ils pilloient indifféremment tous les meubles qu'ils y trouvoient.

Le sieur Arondel fut chez M. le P. P. le prier de pourvoir à ce rencontre. Le sieur du Becquet, qui s'y rencontra, l'excitoit de rechef, comme il avoit faict le matin, à y aller en personne avec ce qu'il avoit d'hommes chez luy et ce qu'ils en assembleroient d'ailleurs, mais il le rebuta avec paroles aigres et offensives. Il receut aussy assez rudement les conseils que quelques autres personnes de condition lui donnèrent. Il craignoit de laisser sa maison sans deffense s'il eut suivy ce conseil, mais en effect il eut, dans la seureté publique, trouvé la sienne particulière et eut évité les reproches que depuis on lui a faicts. Le sieur de Ronceroles et autres qui l'assistoient luy donnoient ces conseils, ou par une flaterie hors de saison n'osoient contredire ses sentimens peu convenables à l'occasion.

Néantmoins, je ne sçay par quel ordre, M. le P. d'Amfreville, M. Baudry et MM. de Courvaudon, les deux conseillers et le page de la chambre, et quelques autres personnes d'honneur assemblèrent environ quatre vingts hommes avec lesquels ils allèrent vers ce logis.

Dès qu'ils y furent, les pillars prirent la fuite, quoyqu'ils fussent plusieurs milliers, mais on ne se contenta pas de leur fuite, car il fut faict sur eux plusieurs descharges, dont il y en eut plus de trente tant hommes que femmes tuez sur la place, et plus grand nombre de blessez, dont il y en mourut depuis une grande partie en l'hospital de la Magdeleine. Néantmoins ces coquins en fuyant ne laissèrent de jeter des pierres et mesmes tirèrent plusieurs coups d'armes à feu dont entr'autres un des domestiques de MM. de Courvaudon fut griefvement blessé au bras de plusieurs bales.

Cette rude saignée esgorgea la sédition; elle fut faicte sur les trois heures, heure des vespres de la veille de Sainct Barthelemy. On n'arresta aucun corps mort pour en faire exemple et on laissa les blessez en l'Hostel Dieu, sans leur faire leur procez. On creut que cet exemple estoit assez sanglant pour arrester la fureur du peuple, et d'ailleurs, en ce pillage, plusieurs s'estoient rencontrez non par humeur séditieuse, mais sur la sote persuasion que le Parlement l'eut authorisé, et la pluspart des bourgeois préposez à la garde des baricades laissoient passer et ceux qui abordoient ces maisons pour y piller, ou qui en venoient chargez de butin, soit qu'ils ne peussent en arrester un si grand nombre, ou que la haine publique fut telle contre çeluy qu'on pilloit que peu de personnes eussent inclination à le deffendre.

Touttesfois, depuis cette tuerie, le peuple vit bien que le Parlement n'avoit jamais authorisé cette violence et on osta quelques nippes de peu de valeur à ceux qui passoient par quelques corps de garde, dont ceux qui faisoient la garde firent la vente et en beurent comme si ils eussent eu plus de droict de s'en approprier que ceux ausquels ils les ostoient. On n'arresta aucun prisonnier de ceux qui fuyoient ou emportoient des meubles, ce qui se faisoit principalement par l'advis de M. Baudry, soit qu'en cela il vouloit paroistre populaire ou qu'il creut le crime assez expié par ceux qu'il avoit faict tuer et blesser, ou que d'ailleurs il jugeast qu'il n'y avoit ny assez d'hommes pour arrester les coupables, ni assez de prisons pour les mettre.

Les corps des morts furent portez au quartier dont ils estoient. On croignoit que cela ne renouvellast la sédition par le ressentiment et compassion de leurs parens et amis, mais en effet cela servit d'exemple, et ceux qui, en leur esprit, approuvoient ce désordre, commencèrent à en approuver la punition et dirent qu'il avoit esté juste de punir ainsi ceux qui s'estoient emportez à une si grande fureur.

# CHAPITRE QUATRIÈME.

Part prise à la sédition par les différents corps de métiers. — Pillage à Saint-Sever. — Pillage nocturne de la maison de Le Tellier. — Valeurs remises par le sieur de Richebourg. — 24 août : la journée se passe sans bruit. — Belle sortie des cavaliers qui gardaient le logis du Premier Président. — Effroi qu'ils causent à leur rentrée par la porte Cauchoise. — Guérison merveilleuse de MM. de la Rosière et de Bonnemare-Jubert. — Remarques curieuses sur certaines rumeurs populaires. — Le peuple croit à l'arrivée du capitaine Nu-pieds. — Réponse du Chancelier aux lettres de la Cour. — Réunion au logis du Premier Président. — Le P. de Grémonville réclame des informations immédiates sur la sédition. — Irrésolution du Premier Président. — Ordre de la séance tenue chez lui. — 25 août : Réunion au Palais. — Rapport de M. Le Noble sur sa mission près du Chancelier. — Commissaires délégués pour l'instruction de la sédition. — Les barricades sont levées. — Réquisitions du Procureur général contre le sieur Le Tellier. — Arrestation de Gorin. — Le Premier Président le fait envoyer aux prisons du Bailliage. — M. Le Noble est renvoyé près du Chancelier. — Gorin est transporté au Vieil-Palais. — Comment on y décide le Premier Président. — Opinion de M. Baudry. — Mise en liberté d'un compagnon cordonnier. — 26 août : Rapport à l'audience sur les requêtes relatives à la sédition. — Nouvelles conclusions du Procureur général contre le sieur Le Tellier. — Instruction relative aux affaires de la rue de la Prison. — MM. Auber et Lebrun, commissaires délégués. — Résultat des autres informations. — Le sieur Le Tellier part pour Paris. — Ses plaintes contre la ville et le Parlement.

Quelques uns ont pensé que ceux de la draperie n'ont point eu part à cette sédition. Il est vray qu'ils ne l'ont point commencée, mais entre les morts et les blessez de ce jour, il s'en trouva plusieurs, et mesmes j'ay appris qu'il en fut tué quelques uns dez le lundy, mais en moindre nombre que de plusieurs autres professions, tellement que, au lieu qu'ils ont accoustumé d'estre seuls ou les plus considérables aux autres séditions, ils ont eu la moindre part en celle cy. Les gruyaux et brouetiers furent ceux qui se portèrent plus chaudement en ce qui se passa au logis du sieur Le Telier, et, avant qu'ils se fussent meslez au pillage des maisons, on brusloit les meubles comme par ostentation de vengeance, mais ils persuadèrent d'en faire butin. On dict qu'ils estoient animez de ce que le sieur Le Telier faisoit faire les voitures de sel aux estrangers et non à eux, pour les faire avec moins de despense, et que, quand il se servoit d'eux, il modéroit leurs salaires.

Toutes les personnes de condition et gens de bien voyoient avec satisfaction cet orage réprimé et jugeoient que cet exemple remettroit l'authorité du Roy, feroit obéir les magistrats, asseureroit un chacun en ses biens, et que le Roy le recevroit pour satisfaction de l'offense que les séditieux avoient commise.

Mais pendant que les séditieux dans la ville faisoient ces désordres, aux fauxbourgs ceux de mesme humeur n'en faisoient pas moins. Le logis du sieur Heuft, situé près Saint Sever, fut dégradé, et tous les meubles d'un gentilhomme anglois qui y demeuroit furent desrobez. C'est merveille qu'ils espargnèrent la maison du sieur Le Telier à Sotteville, mais il n'y avoit rien à piller et butiner, qui estoit leur dessein principal le dernier jour.

Le soir, un chacun estima la sédition appaisée. On ne laissa pas de faire la nuict bonne garde et de faire des rondes ; mais il ne parust aucun qui voulust faire violence.

On n'avoit mis aucun corps de garde prez la maison du sieur Le Telier, car on croyoit que le peuple en eut tout emporté, et le sieur Le Telier ny ses alliez ne requiéroient point qu'on y pourveust, et pour la maison de la demoiselle de Burville, il y estoit resté plusieurs meubles et celle du sieur Arondel avoit esté peu endommagée et peu de ses meubles desrobez. Mais on jugea que le sieur Arondel et le sieur de Richebourg, gendre de son frère et leur présomptif héritier, veilleroient à la seureté de leurs maisons, ce qu'ils firent ; mais, pour celle du sieur Le Telier, il y estoit resté grande quantité d'argent tant dans le puis que dans les cloaques dont MM. du Parlement n'estoient pas advertis.

Quelques uns des séditieux vindrent la nuict, d'entre le 23 et 24 d'aoust, au logis du sieur Le Telier et, estans descendus dans le puis, ils en retirèrent quelque argent, la somme en est incertaine. Mais le sieur Le Telier a prétendu depuis qu'elle montait à plus de 40 mil livres.

Le sieur de Richebourg y survint, soit à dessein d'y butiner comme depuis on l'en a accusé, ou pour chasser ceux qui desroboient, comme ses amis l'ont publié. Tant y a que, quelques jours aprez, il porta deux mil huit cens tant de livres aux commissaires qui faisoient recherche de l'argent et meubles desrobez ou restez en ce logis, et dict avoir chassé ceux qui vouloient voler au puis et leur avoit osté cet argent pour le conserver au sieur Le Telier, sur lequel néantmoins il se déclara arrestant pour le dommage que luy et le sieur Arondel, oncle de sa femme, avoient receu en leurs maisons et meubles.

Et par ce qu'il sembloit estrange qu'il eut gardé cet argent plusieurs jours, ses amis disoient qu'il avoit différé à le représenter jusques à ce qu'on luy eut faict raison du dommage que le sieur Arondel et luy avoient receu, pour le retenir par compensation si on ne leur restablissoit leur maison et meubles, et qu'aprez que le sieur Le Telier s'en fut obligé vers eux, en la somme convenue entre eux, il l'avoit représenté et s'estoit rendu arrestant pour le payement de cette somme; mais on a prétendu que les témoins et complices l'ont chargé en plus outre que ces recongnoissances, dont nous parlerons cy aprez.

Le mercredy 24 jour d'aoust, jour et feste de Saint Barthélemy, la ville fut tranquille et exempte de sédition. Au fauxbourg de Saint Sever, quelques bateliers et autres gens de main feignirent de vouloir enfoncer et piller le grenier à sel, mais celuy, qui estoit préposé à le garder, les fit boire et ainsi se passa leur colère. On disoit qu'ils avoient pillé beaucoup de maisons en ce fauxbourg, mais, aprez la chose examinée, on trouva qu'il n'y avoit eu que des injures et menaces de quelques mutins attroupez en si petit nombre qu'ils n'avoient rien osé tenter.

Néantmoins, cette apparence de sédition restante donna prétexte aux cavaliers, qui jusques alors estoient demeurez, dans le logis de M. le P. P., à proposer ou approuver de mauvais conseils, de tenter quelque action qui leur acquit réputation. Ils se disposèrent de monter à cheval pour charger et dissiper ce reste de séditieux.

Il estoit environ deux heures aprez midy, lorsque je fus chez M. le P. P., où il avoit mandé MM. les présidens du Parlement, le sieur du Becquet, lieutenant général, les capitaines ou leurs lieutenants et eschevins de la ville et le procureur du roy au bailliage. J'apperceus, en entrant en cette maison, un appareil de personnes qui se disposoient à monter à cheval et dont aucuns venoient souvent dire le mot à l'oreille à M. le P. P., lequel ne nous en dict rien, mais seulement nous fit voir des lettres de M. le Chancelier sur lesquelles il nous faisoit assembler. Et, peu aprez, ces cavaliers montèrent à cheval pour achever leur entreprise.

Nous prismes nos places pour délibérer du subject pour lequel nous estions appellez et, peu aprez, un de ces cavaliers vint parler à l'oreille à M. le P. P., lequel, aprez avoir un peu pensé, nous dict quel estoit ce dessein, et que ces MM. ayant passé la rivière avoient advisé que ceux qu'ils pourroient dissiper pourroient se retirer dans quelque maison où, pour les mieux charger, il seroit à propos qu'ils eussent de l'infanterie; ils prioient à cette fin qu'on leur envoyast un nombre comme de vingt bourgeois armez de mousquets et que c'estoit ce que ce cavalier venoit luy dire.

On trouva estrange que ceux, qui se rendoient chefs de cette entreprise, eussent eu moins de prévoyance que de secret et n'eussent pas advisé, avant que de monter à cheval, ce qui leur estoit nécessaire. Mais on s'estonna que, pour dissiper une poignée de coquins qui n'estoit pas la dixiesme partie de ce que quatre vingts bourgeois avoient dissipée le jour précédent, cent hommes à cheval, les uns gentilshommes de bonne naissance et ayant eu commandement dans les armées, les autres ne croyant pas céder beaucoup aux premiers en valeur et adresse, demandassent un renfort de vingt mousquetaires. Les uns dirent qu'ils donnassent des mousquets à leurs valets, les autres qu'il estoit aisé à cent hommes à cheval d'en mettre vingt à pied, sans les chercher hors de leur nombre. Néantmoins, M. le P. P., qui ne goustoit rien à l'esgal des conseils et advis de ces cavaliers, mit en délibération cette proposition. Peut être qu'il n'estimoit pas qu'il fut juste que des gentilshommes se missent en danger pour charger la lie du peuple. Mais il y en avoit entr'eux de bas lieu, comme chirurgiens, valets de chambre et autres telles gens, et d'ailleurs, aprez les dangers véritables ausquels quelques officiers du Parlement s'estoient engagez les jours précédens, quel prétexte à ceux qui faisoient profession des armes de refuir ces dangers imaginaires.

M. le P. P. pressa fort les capitaines, particulièrement ceux qui avoient leur compagnie en garde prez du quay et vers les portes qui vont au pont, de fournir quelques uns de leurs bourgeois pour rendre ce corps d'armée complet. Ils respondirent que les bourgeois ne sortoient point leurs murailles, sinon, quand la ville estoit assiégée, pour des sorties et ce fort rarement et au défaut de garnison, et qu'en vain ils leur feroient un commandement contraire à cette maxime, parce qu'ils seroient mal obéis.

Aprez que M. le P. P. les eut long temps exhortez, il gousta leurs excuses et, sans dire son sentiment et sa résolution à la compagnie de laquelle il avoit pris les advis, il parla à l'oreille de ce cavalier; l'effect et la suite ont faict juger quel pouvoit estre l'ordre qu'il luy donna.

Car ces MM., après avoir eu la response de M. le P. P., ne virent aucuns séditieux, sinon qu'ils apperceurent de loing quelques misérables qui s'enfuirent devant eux et se dissipèrent. Ainsi, ils finirent promptement et heureusement leur campagne, et pour chercher un nouveau trophée, au lieu de revenir par le pont et par la porte par laquelle ils estoient sortis, ils passèrent au fauxbourg Cauchoise, où ils ne trouvèrent non plus sur qui faire paroistre leur valeur et, sans avoir donné ordre que la porte Bouvereul par laquelle ils vouloient rentrer fut ouverte, ils s'y présentèrent et la trouvèrent fermée.

Cet abord inopiné de cavaliers, dont le bruit augmenta le nombre, alarma le peuple de ce quartier de la ville. Aucuns se figurèrent que c'estoit un renfort qui venoit du dehors aux séditieux, tant y a que M. de la Rosière [1], maître des comptes, lequel dormoit sur son lict, sans chapeau ny pourpoint, à cause de la chaleur de la saison, courut en ce mesme estat vers cette porte avec

[1] Jean Mauduit, sieur de la Rosière.

l'arme qu'il rencontra, et M. de Bonnemare Jubert, thrésorier de France, qui, pour l'infirmité de sa jambe, n'avoit pas depuis plusieurs années marché sans appuy, quita son baston et, avec un pistolet, courut à cette porte avec telle diligence que sa femme, qui se mit hors d'haleine pour le suivre, ne le put atteindre.

Mais, entre temps, MM. les cavaliers se firent congnoistre, et on leur ouvrit la porte, ce qui fit changer les terreurs paniques en risée.

Les digressions ne sont pas fort à mon goust, mais il m'eschappera pour ceste fois, avant que de parler du subject pour lequel M. le P. P. nous avoit mandez, de dire quelque chose des opinions du vulgaire sur ce rencontre de sédition, des causes qui y donnoient lieu, dont on avoit, dez le commencement de la sédition, à former d'estranges chimères; mais le calme, auquel on commençoit ce jour là à rentrer, donnoit moyen d'exercer ces méditations grotesques.

On n'avoit point veu de long temps en Normandie une sédition de si longue durée ny espandue en tant de lieux que celle cy. Nous en avons cy devant représenté les véritables causes, mais le peuple s'en figuroit des autheurs et motifs bien différents.

Nous avons desjà dict les imaginations du vulgaire pour conjecturer qui estoit celuy dont on parloit soubs le nom de Jean Nu Pieds, que les moins judicieux vouloient estre quelque homme de haute condition. D'autres au moins s'imaginoient qu'il fut envoyé par quelque personne d'authorité esloignée de la court, ou par les princes et seigneurs de France estans hors le royaume, lesquels luy donnassent argent et luy eussent promis de soustenir et seconder ses efforts. Les mesmes esprits vouloient que touttes les séditions arrivées en divers lieux de Normandie eussent esté excitées par ses émissaires, et mesmes celle de Rouen. On supposoit qu'il eut acheté un grand nombre de chevaux que des marchans amenoient de Bretagne et qu'il les eut distribuez à ceux qui le suivoient. Mais tout cela estoit inventé à plaisir.

De fortune, il escheut que le samedy 20 d'aoust 1639, le sieur du Fay, thrésorier de France en Bourgongne, ayant les partis des francs fiefs et du salpestre, vint à Rouen et, parce qu'il avoit appris que ceux, qui avoient loué leurs maisons à Hugo, se plaignoient qu'il voulust enlever ses meubles sans les payer, il fut chez eux et leur offrit toutte asseurance. Il fut aussy, le dimanche matin, assisté de 2 ou 3 personnes, à la messe aux Pénitens, et de là visiter le logis auquel on travailloit au salpestre, prez Sainte Claire et, parce que les inscriptions et canons représentés sur le [canon] luy semblèrent appliquez hors propos et qu'il sceut que le peuple en murmuroit, il dict assez haut, en monstrant ceste maison : cela n'est pas bien, qu'on abbate cela, et le plus tost qu'on pourra. Il estoit venu à cheval, luy et les siens, et n'ayant plus affaire à Rouen, il se retira après cet ordre donné, par la porte Saint Hilaire, et, une ou deux heures aprez, la sédition commencea, et cette maison et plusieurs autres furent abbatues.

Les paroles que le sieur du Fay avait dites, devant

ce magasin de salpestre, furent entendues de quelques personnes qui passoient et publiées par la ville, et on s'imagina que cet homme, quy estoit (luy ou les siens) vestu de casaque rouge, estoit un gentilhomme envoyé par le capitaine Nu Pieds, ou plus tost par ses protecteurs, et qu'il eut donné ce signal pour commencer la sédition. Mais, par l'ordre du sieur du Becquet, Ferey enquesteur s'en informa en ce quartier, tant aux Pénitens que en plusieurs autres maisons ausquelles le sieur du Fay avoit passé et avoit esté très bien recongnu, et j'ay sceu de Ferey la vérité de cette histoire mal appliquée.

Il advint aussy que, peu aprez la sédition commencée, un des fils de M. de Vendosme vint à Dernétal, dont il est seigneur[1], et y donna ordre à ses affaires particulières. A mesme temps, on publia que quelques autres personnes de haute naissance estoient à Dernétal pour favoriser la sédition de Rouen. On disoit aussy que M. d'Ellebeuf[2] estoit descendu avec une armée d'Anglois près de Dieppe et, aprez l'escarmouche que nos cavaliers firent hors le pont, lorsqu'ils se monstrèrent hors Bouvereul, on vouloit que ce fut des trouppes de cette armée imaginaire qui vinsent se saisir de Rouen. Il est vray que Madame la princesse Marie[3]

---

[1] Le duc de Vendosme était alors César, fils d'Henri IV et de Gabrielle d'Estrées. Il avait épousé Françoise de Lorraine, duchesse de Mercœur.

[2] Charles de Lorraine, duc d'Elbeuf, comte d'Harcourt et de Lillebonne, allié à Catherine Henriette, légitimée de France, sœur du duc de Vendosme.

[3] Sans doute, Marie, princesse de Gonzague, née en 1609, mariée

avoit, en ce mesme temps, esté à Dieppe et au Havre avec un train convenable à sa condition, mais quel rapport de ces chimères à cette vérité. Touttesfois ces resveries se publioient et d'autres encore plus impertinentes, et par le peuple et par des esprits mal faits qui cherchent du mistère où il n'y en a point.

Pendant que nostre pauvre ville et province estoit ainsi agitée des foibles fureurs et subtilitez grossières de ses habitans, le premier advis de l'estat de nos affaires fut porté à Paris à MM. les ministres par les préposez à la perception des droits du Roy ou leurs associez ; le second par le courrier dépesché par M. le P. P. à M. le Chancelier, auquel aussy M. Salet, procureur général, et le sieur du Becquet, lieutenant général en escrivit. M. le Chancelier fit response à ces MM. M. le P. P. receut cette response le mercredy 24 d'aoust. Ce fut le subject pour lequel il envoya en nos maisons nous inviter à nous rendre chez luy l'aprez midy.

Il y eut difficulté à résoudre M. le P. de Grémonville à se trouver à cette assemblée, il disoit qu'il ne faloit délibérer de cette affaire que dans le palais ; qu'il faloit ordonner qu'on informeroit de ce qui s'estoit passé, ce qui ne se pouvoit faire si à propos en maison privée, et adjoustoit encor d'autres raisons. Quelques uns approuvoient ce qu'il disoit, d'autres l'imputoient à la jalousie continuelle que luy et M. le P. P. avoient

en décembre 1627, à Charles de Gonzague, duc de Réthelois, morte en 1660.

l'un de l'autre et l'inclination à contredire et rebuter ce que l'un des deux proposoit, ce qui produisit de mauvais effects en ce rencontre.

Néantmoins, on persuada à M. de Grémonville de venir chez M. le P. P. au moins pour demander qu'on assemblast au palais, ce qu'il fit, mais il y vint un peu tard et s'y fit attendre quelque temps. Pour le lieutenant général, encore que les paroles, que luy avoit dites M. le P. P. le jour précédent, l'eussent touché vivement, il ne laissa de se rendre chez luy, s'y croyant obligé par le deub de sa charge et dissimula son ressentiment pour l'interest public, mais il parla peu et fit proposer par autruy ce qui, sur les rencontres, luy venoit en l'esprit.

Cette assemblée n'eut pas grand effect. M. le P. P. nous fit voir les lettres que M. le Chancelier luy avoit escrites, par lesquelles il tesmoignoit s'estonner que le peuple se fust esmeu avec tant de fureur pour des imposts jà establis, que l'impunité des premières esmotions avoit excité cette dernière sédition, dont il faloit soigneusement informer. Qu'il estoit fort aise d'apprendre le bon debvoir du Parlement et de M. le P. P. à y pourvoir. Je vis la lettre de M. le Chancelier au lieutenant général, qui estoit presque de mesme substance.

Les paroles contenues en cette lettre, qu'il faloit soigneusement informer de cette sédition, donnèrent lieu à M. le P. de Grémonville de dire qu'on debvoit assembler au palais pour ordonner cette information; qu'il estoit honteux que, depuis trois jours que la sédition avoit duré, on n'avoit pris aucun prisonnier, ni examiné aucun tesmoin. M. le P. P., qui craignoit les propositions et résolutions du Parlement assemblé, aimoit mieux assembler chez luy de fois à autres peu de personnes, où il n'y avoit ny greffier pour recueillir les voix, ny forme certaine.

Il acquiesca néantmoins au sentiment commun et commanda à un huissier qui se rencontra chez luy d'advertir MM. du Parlement de se rendre le lendemain au palais, à sept heures, encor qu'il fust le jour et feste de Saint Louis.

On proposa ensuite de lever les baricades et ouvrir les portes de la ville, affin de faciliter le commerce et apport de vivres, ce qui fut remis à délibérer à l'assemblée du lendemain. Le reste se passa, tant à délibérer la proposition ci dessus mentionnée d'envoyer des mousquetaires aux fauxbourgs, qu'à appointer les différens que quelques capitaines des bourgeois avoient entr'eux ou avec quelques personnes de condition.

Le soir de ce mesme jour arriva de Paris M. Le Noble et fit le lendemain, les chambres assemblées, le rapport de son voyage. La nuit on fit gardes et rondes comme les nuits précédentes.

Est à noter qu'en ceste assemblée faicte chez M. le P. P., la séance fut à l'ordinaire autour de la table en tant qu'elle peut contenir de monde et le reste en suite. MM. les présidens estoient en haut selon l'ordre de dignité et reception, de costé et d'autre de la table; prez d'eux, le lieutenant général et les capitaines des bourgeois meslez avec les lieutenans des capitaines absens. M. de Quevilly, capitaine et conseiller au Parlement, estoit du costé droict et opposé à M. le lieutenant général. M. de Biville, séant au dessoubs de tous les autres, disoit n'estre capitaine, mais avoir jusques alors faict ce qu'on luy avoit commandé, et supplia d'estre à l'advenir dispensé de cette fonction, veu ce qu'aucuns avoient dict de luy, dont il se plaignoit. Le procureur du roy et eschevins estoient au bout de bas et fermoient la séance. MM. Pesant, maître des Comptes, et Boutren, conseiller des aides, n'eurent différent pour estre placez en divers costés. On commençoit à opiner par M. de Quevilly, puis par les capitaines ou lieutenans assis de son costé au dessoubs de luy, en suite par les officiers de la ville et en remontant par les capitaines et lieutenans assis à gauche, à commencer par le bout de bas, puis opina le lieutenant général, et ensuite MM. les présidents, à commencer par les derniers.

Le lendemain, 25 d'aoust, jour de Saint Louis, sur les sept heures et demie, les chambres furent assemblées, compris les Requestes qui ont assisté à tout ce qui se fist en ce rencontre. L'assemblée fut dans la chambre de l'audience. Là fut leue la lettre escrite par M. le Chancelier à M. le P. P., dont la teneur est cy-dessus.

Ce faict, M. le P. P. dict à M. Le Noble qu'il se mit au bureau du parquet de MM. de la Grand chambre pour faire son rapport, ce qu'il fit.

Il dict que, estant party de Rouen le lundy après midy, il estoit arrivé à Paris à six ou sept heures du soir, qu'il alla à l'instant chez M. le Chancelier et ne put le voir, et le mercredy matin il avoit esté chez M. de

Braquetuit[1], (conseiller clerc au parlement de Rouen, ayant habitude particulière chez M. le Chancelier) avec lequel il estoit allé, sur les sept heures, saluer M. le Chancelier.

Qu'il avoit faict entendre à M. le Chancelier l'estat auquel estoit la ville de Rouen et ce qui s'y estoit passé jusques à l'heure qu'il en estoit party, lui avoit dict le soin que M. le P. P. et toute la compagnie avoient pris et continoient de prendre pour réprimer la sédition, le péril que tout le corps et particulièrement quelques uns de MM. avoient encouru pour ce subject, qu'il estoit envoyé pour luy en rendre compte et recevoir ses ordres.

M. le Chancelier, qui avoit esté desja informé de diverses parts de ce qui s'estoit passé, loua le zèle du Parlement, dict qu'il le feroit entendre au Roy, que le Parlement debvoit s'employer vertueusement à réprimer la sédition et punir les coupables; qu'encor qu'il eut desjà escript à M. le P. P. il escriproit encore au Parlement, et qu'il fit recueillir ses lettres.

Ensuite, M. le Chancelier et ceux qui estoient prez de luy (gens d'affaires et traitans) objectèrent que MM. de Grémonville et Benneville s'estoient retirez, lorsque le parlement fut au lieu de la sédition le Dimanche, à quoy et à quelques autres objections, M. Le

---

[1] Jean Baptiste Godart, sieur de Bracquetuit, reçu chanoine en l'église Cathédrale, à l'âge de dix ans, reçu conseiller clerc le 23 novembre 1609. Il résigna en 1612, pour se faire capucin, mais, n'ayant fait profession, il fut reçu à un nouvel office de conseiller vers le 24 janvier 1614. Il mourut en juillet, chanoine et trésorier de l'église cathédrale et prieur de Saint-Lubin.

Noble tascha de satisfaire; qu'il n'avoit peu partir que le mercredi matin pour faire son retour à Rouen parceque les lettres de M. le Chancelier ne luy avoient pas esté plustost délivrées.

Ce faict, furent leues les lettres escriptes par M. le Chancelier au Parlement, qui, estoient presque de mesme substance que celles escrites à M. le P. P. cy dessus mentionnez. Elles sont transcrites au registre sur lequel j'en ay pris coppie.

On délibéra ce qu'il falloit faire. Il fut arresté qu'il seroit informé de ce qui s'estoit passé par les conseillers commissaires, lesquels furent authorisez de procéder à l'instruction et perfection du procez jusques à jugement définitif exclusivement. Furent commis MM. Lebrun et Auber, pour ce qui concernoit la rue de la Prison, MM. Hallé et le Doux pour le quartier Saint Ouen, MM. Duval Manneville et Damiens pour instruire contre ceux qui estoient desjà prisonniers desquels sera parlé incontinent.

Aucuns vouloient qu'on informast seulement de ceux qui avoient volé des meubles, et non de tous ceux qui avoient participé à la sédition. Ils disoient qu'il ne faloit engager en l'accusation tant de personnes qui avaient failly par simplicité. Mais on trouva que la sédition (quoique sans larcin) est crime de lèse majesté.

On doubta si, pour avoir révélation des complices, il faloit publier censures ecclésiastiques. On craignoit que les intéressez aux Bureaux et maisons pillez ne fissent opposer aux censures des tesmoins à leur poste pour accabler des innocens, et que cette suite n'obligeast à punir trop grand nombre de personnes, qu'il valoit mieux tascher de convaincre et punir les auteurs, et que si, en instruisant, on manquoit de preuves, les commissaires permettroient d'obtenir censures dont on leur donna le pouvoir.

Et parceque le sieur Le Telier envoya dire qu'il avoit grande somme d'argent dans les puis et cloaques de sa maison, on ordonna qu'il y seroit estably des gardes et que, par les conseillers commissaires, procès verbal seroit dressé de l'estat de la maison du sieur Le Telier et de ce qui estoit en icelle, luy ou ceux qu'il voudroit y préposer présens et appellez.

Après cet arrest ainsi arresté, le procureur général en requist autant que ce qu'on venoit d'arrester. On luy dict que, puisqu'il n'avoit faict de réquisition qu'aprez l'arrest, il n'en seroit faict mention sur le registre [1].

Le procureur du roy au bailliage de Rouen fut faict entrer, lequel dict que quelques bourgeois et habitans du fauxbourg Cauchoise, avoient arresté un nommé Gorin qu'ils disoient avoir esté chef des mutins qui avoient pillé plusieurs maisons aux fauxbourgs Cauchoise et Bouvereul, qu'ils l'avoient, par son advis,

---

[1] Bigot a depuis ajouté en marge « M. le Guerchois requist qu'il fust informé de ce que le sieur Le Telier avoit esté cause du désordre arrivé en sa maison, ayant tiré sur les bourgeois qui vouloient le garder et refusé le service que M. le P. Turgot et M. de Fresquiennes luy offroient. M. le P. P. qui ne vouloit pas que la faute dudict sieur le Telier parust, empescha qu'il ne fut délibéré sur cette réquisition et le registre porte qu'il fut dict à M. le Guerchois de le bailler par escript. »

amené à la porte de la conciergerie; qu'il supplioit la cour d'ordonner ce quelle jugeoit à propos sur ce subject.

Nous avons cy dessus dict qui estoit ce Gorin, quels désordres il avoit commis aux fauxbourgs de Rouen. Quelques habitans entrautres M. Laurens Le Febvre, advocat au Parlement, voyant son insolence, pour la seureté de leur quartier, se résolurent à l'arrester.

Il estoit difficile de se saisir de luy, tant qu'il seroit avec les autres séditieux, mais ils firent en sorte qu'un homme, qui le hantoit, le mena boire en un cabaret où il fut arresté lorsqu'il s'en deffioit le moins et amené à Rouen, et le procureur du roy au bailliage de Rouen le fit amener en la court du palais et entra au Parlement pour en donner advis, ainsy que nous avons dict.

Il croyoit qu'on envoyeroit ce criminel à la conciergerie; c'estoit l'advis d'un grand nombre de MM., qui croyoient, puisque l'on instruisoit au Parlement le procez des séditieux, qu'il debvoit estre mis aux prisons du Parlement. Mais M. le P. P. fut d'advis de l'envoyer aux prisons du bailliage et pensa par ce moyen, veu que le procureur du roy au bailliage avoit eu advis de cette capture avant le Parlement, qu'on pourroit laisser l'instruction de cette affaire aux juges du bailliage et ainsy destourner la haine que le peuple luy pouvoit porter, comme chef du Parlement, d'avoir faict instruire ce procez. Cette maxime est tousjours demeurée en l'esprit de M. le P. P. de se remettre bien en l'esprit du menu peuple, par cette démonstration de ne vouloir le faire punir, et a causé de fascheux effects qui peut estre ont donné lieu aux tesmoignages de l'indignation du Roy que la ville et province ont ressenties.

Il s'escheut que le concierge du Parlement qui craignoit que le peuple ne luy voulut mal et ne l'attaquast, s'il estoit chargé de la garde de ce prisonnier, vint se plaindre que les prisons du Parlement pouvoient estre facilement forcées et que ce prisonnier n'y seroit pas en asseurance, et encore que le procureur du roy eut dict que celles du bailliage n'estoient pas meilleures, néantmoins M. le P. P. se leva et prit les advis en la forme des audiences (forme en laquelle on scait que celuy qui préside a plus de pouvoir) et, encor que plusieurs dissent que, s'il faloit mettre ce prisonnier en lieu de seureté, il le faloit mettre au Vieil Palais, mais que on pouvoit sans crainte le laisser en la conciergerie du Parlement, néantmoins il passa à dire qu'il seroit conduict aux prisons du bailliage, ce qui fut prononcé et exécuté.

On proposa ensuite qu'il estoit bon d'oster les baricades, puisque la sédition estoit appaisée et que les bourgeois estoient armez et monstroient bon désir de servir contre ceux qui voudroient la renouveller, et qu'il faloit ouvrir les portes de la ville, ou les plus nécessaires d'icelles, pour l'entrée des vivres et facilité du charroy et port des denrées de lieu en autre. Ce qui fut ainsy arresté [1] par un commun consentement, et de faict, si on n'eust osté les baricades, les portefaix, brouetiers et

---

[1] « Et néantmoins, ajoutait Bigot dans une annotation de la p. 16, verso, les faire garder par les bourgeois sous le commandement de leur capitaine. »

charetiers, qui en estoient empeschez de leur mestier, eussent peu se mutiner.

Enfin on jugea que, comme on avoit donné advis à M. le chancelier de la sédition naissante, il luy faloit aussy donner advis qu'elle estoit assoupie par le soin du Parlement, on chargea M. Le Noble de retourner en poste à Paris pour ce subject et luy fut seulement baillée une lettre de créance, sans y rien déduire de ce qui s'estoit passé. Il partit le mesme jour aprez midy.

Aucuns vouloient qu'on le chargeast de demander le droit annuel, le payement des gages escheus et quelques autres priviléges pour le Parlement en récompense du service rendu en ce rencontre, mais les autres n'en furent pas d'advis, et de faict il eut semblé qu'on n'eut pas servy à autre dessein que l'espoir de récompense comme mercenaires, ce qui eut corrompu le mérite des services rendus. Mais, de plus, on jugeoit bien que, dans la nécessité des affaires du Roy, on distribuoit chichement les récompenses et le traitement, que depuis on a fait au Parlement, a bien faict voir qu'inutilement il eut demandé récompense de ses services.

Comme cette assemblée estoit faicte à jour extraordinaire, aussy on n'y parla que des affaires générales et non des procez entre parties [1]. On se sépara entre dix et onze heures, et aussitost on commencea à deffaire les baricades, et les portes de la ville furent ouvertes aus-

---

[1] « Et sur ce prétexte on remit au lendemain la requeste rapportée par M. de Boisivon, par laquelle M. Robert Arondel, advocat, demandoit que procès-verbal fut dressé de l'estat de sa maison en laquelle le sieur le Telier demeuroit. » (Ecrit. plus récente.)

quelles on posa quelques corps de garde. On en laissa encore tout ce jour là et la nuit suivante aux lieux auxquels il y en avoit les jours précédens.

MM. les conseillers commissaires, députez pour instruire les procez des séditieux, s'y employèrent avec grand soin. Ils firent, sur les midy, arrester deux hommes accusez d'avoir participé à la sédition, lesquels furent envoyez en prison au Vieil Palais, pour éviter qu'ils fussent sauvez par l'effraction des prisons ordinaires, car on avoit advis que quelques séditieux vouloient faire effort pour briser les prisons du bailliage et en tirer le surnommé Gorin, qu'ils estimoient comme un de leurs chefs.

Ce mesme jour, m'estant rencontré chez M. le P. d'Amfreville sur les trois heures aprez mydy, s'y trouvant aussy M. le P. de Franquetot, M. Damiens, M. du Becquet et quelques autres, et sur ce qu'aucuns asseuroient que les séditieux avoient dessein de s'attrouper la nuit, briser les prisons du bailliage et en tirer Gorin, on jugea qu'il seroit à propos de le faire conduire dans le Vieil Palais et que le Parlement seroit blasmé, si cette occasion arrivoit, de ne l'avoir, pour crainte de cet accident, voulu mettre en la conciergerie du Palais et néantmoins l'avoir mis en une prison moins asseurée.

Mais, parce que nous ne pouvions de nous mesmes changer cet arrest, il fut advisé qu'il seroit bon de représenter cet inconvénient à M. le P. P. affin que, sur un advis receu depuis l'arrest du matin, il ordonnast cette commutation de prison; mais nul ne vouloit se charger de luy en aller parler, veu que lesdicts sieurs d'Amfreville, de Franquetot et du Becquet estoient méscontens du peu de cas qu'il avoit faict des advis qu'ils luy avoient donnés sur plusieurs rencontres. Toutesfois, parce que la chose nous sembla estre importante, M. Damiens et moy, qui n'avions jusques alors entrepris de luy donner aucun conseil, comme bien informez de son naturel, nous chargeasmes de luy aller parler de cette affaire, quoy qu'il en peut réussir.

Le lieutenant général envoya auparavant Ferey enquesteur au bailliage, lequel, non de la part dudict sieur du Becquet, car il eut esté rebuté, mais comme de soy mesme, lui donneroit cet advis. M. le P. P. estant jaloux des conseils que les personnes constituez en dignité luy donnoient, s'imaginant que c'estoit partager avec luy son authorité, et au contraire recevant comme un effect de bonne volonté, submission et bon zèle tout ce que des personnes de moindre condition proposoient, et cet expédient réussit.

Comme nous allions, M. Damiens et moy, chez M. le P. P., nous rencontrasmes M. Baudry, lequel y alloit pour quelques rencontres dépendans de sa charge de capitaine. Nous luy communiquasmes nostre dessein, lequel il n'approuva point et vouloit qu'on n'arrestat point de prisonniers et qu'on mit celui cy en liberté, croyant que le peuple, que l'exemple de ceux qu'on avoit tuez les jours précédens retenoit en debvoir, ne debvoit estre davantage intimidé par le chastiment des coulpables, à l'occasion duquel il pourroit s'eslever de nouvelles séditions, et au contraire que la liberté qu'on donneroit à ceulx là luy feroit aimer les magistrats

Il persista en cet advis nonobstant les raisons que nous luy alleguasmes pour l'en détourner.

Nous entrasmes chez M. le P. P. qui estoit en sa sale, fort empressé de divers messages qu'on luy venoit faire. Y estoient aussy les sieurs de Ronceroles, de Saint Just Limoges, la Viardière et plusieurs autres. Ferey y estoit aussy qui avoit desjà exécuté sa commission.

M. le P. P., avant que M. Damiens et moy luy eussions proposé le subject qui nous faisoit venir chez luy, nous dict d'abord ce que Ferey luy venoit de dire, à quoy il appuyoit comme sur une chose de grande importance. Nous le confirmasmes en ce sentiment et luy dismes qu'il seroit bon de faire conduire ce prisonnier au Vieil Palais. Il nous opposa quelques raisons de doubter, comme l'arrest du matin, l'incertitude si le sieur de la Vigerie préposé à la garde du Vieil Palais, se voudroit charger de ces prisonniers ; sur le premier, nous lui dismes que l'arrest ne le privoit point d'agir ensuite selon les diverses rencontres ; que le sieur de la Vigerie ne refuseroit point d'asseurer un prisonnier d'estat et que, s'il le refusoit, ce seroit à luy et non plus à nous de respondre du péril de l'évasion.

Il appela M. Baudry duquel il demanda l'advis. Il luy dit son sentiment qu'on debvoit mettre ce prisonnier et tous les autres en liberté et qu'il n'en auroit voulu retenir aucun. Nous repliquasmes qu'on diroit que nous aurions approuvé la sédition, si nous eslargissions les autheurs, et que celuy n'estant arresté par nous, on diroit au Conseil que nous aurions destruit ce que d'autres auroient faict.

M. le P. P., voyant que nous estions deux de cet advis, dict qu'il y passoit, et, sans peser davantage nos raisons, chargea un des siens scavoir du sieur de la Vigerie si il receveroit pas ce prisonnier. Aprez avoir longtemps attendu la responce, voyant que elle tardoit, nous retournasmes chez M. le P. d'Amfreville et de là envoyasmes un greffier, tant de notre part que de M. Baudry, et enfin, parce que la nuict survenoit, M. Baudry, selon nos advis, envoya chercher dix ou douze soldats en son corps de garde, rue Persière, et les envoya à la prison du bailliage où Gorin leur fut délivré et conduict au Vieil Palais, et afin qu'on ne fit difficulté de l'y admettre, M. Baudry y envoya un de ses jeûnes fils pour en parler au sieur de la Vigerie. On le mena par le milieu de la ville et non par les remparts.

Un peu avant que nous envoyassions cette escorte prendre Gorin au bailliage, on nous amena un compagnon cordonnier arresté par le corps de garde de la rue Persière, comme trouvé saisy de vingt quarts d'escu qu'on disoit provenir du pillage du logis du sieur Le Telier, ce qui estoit presque constant par ses variations, et néantmoins M. Baudry fut d'advis qu'on le laissast aller, à quoy nous nous relaschasmes sur quelques excuses que nous n'approfondismes pas, parce que ceux que nous eussions employez à la garde de ce coupable, nous estoient nécessaires à la conduite de Gorin.

[Je doubte que ce que j'ay employé de l'emprisonnement et commutation de prison de Gorin ne fut arrivé dez le mardy et non ce jourd'huy jeudy. Toutesfois j'ay employé ce qui m'a semblé plus véritable.]

La nuict d'entre le jeudy et vendredy se passa sans désordre ; on continua la garde.

Le vendredy 26 d'aoust, les baricades estant ostées et les portes ouvertes, les corps de garde ostez, réservez ceux des portes et un qui fut estably au cimetière de Notre Dame, la ville rentra dans son calme. Les artisans se remirent à leur travail, les juges à la fonction de leurs charges, les chambres du Parlement s'occupèrent chacune aux procez des parties.

Je fus à sept heures en la grand chambre, où furent rapportées plusieurs requestes concernant cette sédition, l'une par le sieur Arondel, advocat, pour estre receu à demander au sieur Le Telier le dommage par luy receu ; d'autres, par le sieur de Moy et autres, dont les maisons avoient été pillées, pour estre receus parties aux procez que MM. les conseillers commissaires instruisoient et qu'il leur fut permis, pour vérifier le contenu en leurs plaintes, d'obtenir censures ecclésiastiques. On trouva périlleux de les recevoir parties, et aussi de les en refuser, on joignit les requestes au procez, pour y estre pourveu par les conseillers commissaires.

Dez le jour précédent, les chambres assemblées, M. Le Guerchois, advocat général, avoit requis estre informé des désordres et fautes de ceux qui gardoient la maison du sieur Le Telier, qu'il prétendoit avoir renouvellé la sédition, qui estoit plus tost une querelle particulière arrivée par leur faute, dont ils ne debvoient prétendre aucune récompense ny sur le Roy, ni sur la ville. M. le P. P. rejeta cette proposition ; mais M. le Guerchois réitéra plusieurs fois sa proposition avec paroles aigres contre ledit sieur Le Telier, et voyant que M. le P. P. ne vouloit en faire délibérer, il demanda qu'il luy fut donné acte de sa réquisition et qu'elle fut employée sur le registre.

Plusieurs se plaignirent de ce qu'on n'avoit mis cette demande en délibération, mais plus encor, lorsqu'en divisant la fonction de MM. les commissaires, on donna charge à MM. Auber et Le Brun d'informer de ce qui concernoit le pillage du logis du sieur Le Telier. Tous les deux commissaires estoient fort entendus au faict de leur charge, mais tous deux fort unis avec M. le P. P., et M. Auber fort amy de M. de la Ferté, ce qui estoit notoire et avoit paru en divers rencontres.

Au reste, MM. Auber et Lebrun examinèrent grand nombre de tesmoins, concernant ce qui s'estoit passé en la maison du sieur Le Telier et, à divers temps, décretèrent contre 20 à 25 personnes qu'ils trouvèrent chargez, desquels nul ne fut pris. Aussy agirent ils toujours d'office, le sieur Le Telier ne les ayant requis de quoy que ce soit ny fourny tesmoins ni aucun pour luy.

Ils dressèrent aussy procez verbal de l'estat de la maison et trouvèrent que on avoit descendu dans le puis, dans lequel restoit quelques pièces d'argent ; mais il y avoit un autre puis commun à ce logis et à celuy du sieur Arondel, dans lequel et dans deux cloaques ils trouvèrent la somme de cent soixante et onze mil livres en monnoye blanche, et la firent compter et porter en l'hostel de ville. Ils ne trouvèrent aucun or, ce qui faisoit croire qu'on l'avoit emporté et n'estoit pas probable qu'on l'eut mis dans un puis qui estoit en vue, puisqu'il n'y en avoit pas aux caches les plus secrestes et que les tesmoins ne parloient pas avoir veu emporter de l'or, mais seulement avoir veu partager de la monnoye blanche.

Ils firent payer, des deniers trouvez en ce logis, ceux qui avoient esté préposez à y garder, pendant qu'ils en faisoient la recherche et ceux qu'il avoient porté ou compté, ensemble ceux qui à vil prix [avoient racheté] des meubles desrobez et engagez, à toutes lesquelles choses ils employèrent environ 150 liv. J'ay entendu que deux chevaux de prix furent desgagez pour deux pistoles, un registre de recepte et despense très important pour 6 livres, et ainsy d'autres meubles; touttes ces recherches durèrent longtemps, mais nous avons parlé conjointement de ce qui nous y a semblé plus considérable [1].

[1] L'auteur a ajouté en marge ce qui suit, l'écriture en est plus récente :
« Le registre de vendredy porte que M. le P. P. dict avoir été adverty par M. Saunier conseiller, qu'Elie, premier huissier du bailliage (auparavant secrétaire de M. de la Ferté, M⁰ des Requestes), luy avoit dict avoir appris dudict sieur Le Telier, qu'avant de sortir de sa maison, il avoit faict jeter dans les puis et cloaques quantité d'argent, que M. le Procureur général, interpellé de conclure, avoit dict que c'estoit un artifice du sieur Le Telier, qui avoit auparavant déclaré n'avoir point d'argent en sa maison, et à présent faisoit cette allégation pour en tirer avantage et ne vouloit conclure sinon avec M. le Guerchois. Néanmoins, on envoya MM. Lebrun et Auber au Vieil Palais pour avoir sur ce la déclaration du sieur Le Telier, enfin, les chambres furent assemblées et fut député M. Lenoble, avec une lettre de créance pour informer M. le chancelier comme la sédition avoit été estoufée.

M. le Querchois requit de rechef qu'il fut informé contre le sieur Le Telier comme ayant donné subject aux désordres arrivez en sa mai-

Le sieur Arondel accorda avec le sieur Le Telier, par l'entremise de leurs amis communs, des intérests qu'il prétendoit contre luy par le prix (ce me semble) de 6,000 liv. Il se plaignoit que la mauvaise conduite des gens du sieur Le Telier avoit attiré sur luy la sédition, et que il avoit rompu les parois qui estoient entre les deux maisons, lesquelles par ce moyen il avoit rendu communes, encore qu'il n'eut droit de le faire et par ce moyen donné occasion de piller les meubles de celle du sieur Arondel, comme s'ils eussent appartenu au sieur le Telier.

Au moyen de l'obligation de cette somme signée par le sieur Le Telier, saouf son recours, le sieur Arondel accepta la remise de sa maison pour le terme de Saint Michel, et l'ayant réparée et faict quelques augmentations, il la reloua 750 livres à M. de Blosseville [1], con-

---

son. Son réquisitoire fort ample est inséré au registre, sur quoy, après avoir oy les eschevins, fut donné arest inscrit au registre par lequel est dict que lesdicts sieurs Lebrun et Auber s'y transporteront à deux heures aprez midi et enjoint aux officiers de la cinquantaine et arquebusiers de garder les avenues de ladicte maison pendant que lesdicts sieurs commissaires y seront.

Il fut ensuite ordonné, sur la réquisition du Procureur général qu'il seroit informé du commencement, motif et progrès de la sédition, fait recherche des hardes volées et d'icelles fait inventaire et le tout mis en garde ; qu'il seroit informé des morts ou blessés pendant la sédition, que censures ecclésiastiques seroient publiées.

Le samedi 27, la Grand'chambre députa M. Blondel pour interroger en l'Hostel Dieu, un jeune homme nommé Cannu (?), malade des blessures qu'il avoit reçues en gardant la maison dudict sieur Le Telier. Le samedy après midy, on commencea à vaquer aux procez des parties comme on voit par le registre de la Grand chambre.

[1] Lanfranc Bouchart, vicomte de Blosseville, reçu conseiller lay le 17 janvier 1629 au lieu de Lanfran, son père. Il résigna en 1647.

seiller au Parlement qui s'y habitua à la Saint Michel 1639, mais nous dirons cy aprez comment tous ces traitez furent cassez et anéantis.

Les commissaires qui informèrent des désordres arrivez aux autres quartiers de la ville, eurent assez de tesmoins pour vérifier ce qui s'estoit passé, mais parce que les tesmoins ne nommoient point les coupables, ils ne purent décerner aucun décret de prise de corps.

Pour ce qui est de Gorin et autres prisonniers, MM. Duval Manneville et Damiens se transportèrent au Vieil Palais et ils travaillèrent à leur interrogatoire et confrontations et instruisirent le procez avec telle diligence que, l'ayant mis en estat d'estre jugé, on le distribua dès le samedi 27 ou dimanche 28 de ce mois à M. le Doux Nogent, pour en faire son rapport.

Le dimanche 28 d'aoust, le sieur Le Telier s'en alla à Paris. On dict qu'il visita auparavant M. Baudry, lequel aussy il avoit faict desjà visiter et remercier par le sieur Le Gendre, son beau frère, comme disant que c'estoit le seul auquel il estoit obligé de la conservation de sa personne. On dict que depuis il a faict à Paris de grandes plaintes contre la ville et le Parlement, et l'opinion de plusieurs a esté qu'il avoit donné occasion aux effects qui se sont ensuivis du courroux du Roy, comme le plus offensé et le plus considérable de ceux dont les maisons avoient esté saccagées. Aucuns s'estonnoient qu'on l'eust laissé sortir du Vieil Palais, où il estoit en vertu d'un arrest de prise de corps, sans qu'il y eut arrest d'eslargissement, mais il n'en estoit pas besoin, puisque cet arrest n'estoit qu'une feinte pour le tirer des mains des séditieux, aussy il ne fut pas arresté en vertu de cet arrest ny enregistré au Vieil Palais comme prisonnier.

## CHAPITRE CINQUIÈME.

La sédition se réveille à Caen. — Pillage de la maison du sr le Haguais. — Faiblesse de M. de Matignon. — Pillages à Bayeux et à Falaise. — Placard de Jean Nu-Pieds aux habitants de Saint-Lô. — Arrêt de la Cour. — 30 août : Rapport de M. Le Noble sur son second voyage à Paris. — Le Procureur général refuse de conclure au rétablissement des bureaux des droits anciens. — La majorité du Parlement refuse de rendre un arrêt dans ce sens. — Comment le Premier Président interprète sa décision. — 31 août : M. Le Doux apporte les pièces du procès Gorin. — Attitude des gens du Roi. — M. de Grémonville insiste pour la mise en jugement immédiate. — Le Premier Président ne met point l'affaire en délibération. — 3 septembre : Requête des commis du bureau des quatrièmes. — Le Premier Président veut renvoyer l'affaire au bureau des Finances. — Usage suivi pour la composition de la Chambre des Vacations. — Le Premier Président diffère de la composer. — Ses motifs. — 4 septembre : Lettres patentes pour la continuation du Parlement. — 5 septembre : Réunion de la Cour pour en délibérer. — Omission relative aux gages de la Cour. — Départ anticipé de plusieurs magistrats. — Mission de M. de Médavy, abbé de Cormeilles. — Difficulté sur les honneurs à lui accorder. — Les différentes séances accordées par la Cour aux envoyés royaux. — Ordre suivi pour M. de Médavy. — Lecture de ses lettres de créance. — Conversation du Président Bigot avec M. de Médavy. — Son voyage à Paris. — 18 septembre : Nouvelle séance accordée à l'abbé de Cormeilles. — 21 septembre : Décès de M. Sallet, Procureur général. — Décès de M. Le Doux, rapporteur du procès Gorin. — Protestation du père de cet accusé. — Le gouverneur du Vieux-Palais refuse d'élargir un prisonnier sur l'ordre du Premier Président. — Arrêt du Conseil à cet égard. — 2 octobre : Assemblée générale chez le Premier Président. — Ordre donné de diminuer les gardes des bourgeois. — On maintient le corps de garde de Notre-Dame. — Insultes adressées par le peuple aux bourgeois qui l'occupent.

Comme l'advis de la sédition de Rouen fut porté à Caen, le peuple recommencea à se souslever, de sorte que lorsque la mutinerie de Rouen fut appaisée, elle recommencea à Caen plus violente qu'elle n'y avoit esté auparavant.

Bras Nuds et ceux de son party, plusieurs desquels estoient armés d'armes à feu, desgradèrent et pillèrent la maison du Haguais, receveur des tailles, père de l'avocat général de la Court des Aides nouvelle et celle d'un greffier (à ce qu'il me semble), du grenier à sel et trois ou quatre autres [1].

Cet orage dura trois ou quatre jours, et les eschevins, Lieutenant général et autres personnes d'honneur s'employèrent à en empescher l'effect, mais ils ne purent esteindre ce feu. M. de Matignon, lieutenant de roy, y vint avec quelques gentilshommes, mais voyant ne pouvoir sans péril s'en rendre maistre par la force, il tascha de les gaigner par douceur et souffrit qu'en sa

---

[1] L'auteur a ajouté depuis : Cette maison fut pillée le vendredy après midy, 26 août, comme le rapporta en la Grand Chambre le sieur Lagnel, professeur en l'Université de Caen, le mardy ensuivant, qui porte que la sédition commencea sur ce que, les eschevins estans assemblez en l'hostel de ville, le peuble s'assembla demandant les taxes qu'ils avoient payées pour la subsistance; sur quoy sortit le sieur Le Cler, conseiller présidial, lequel les exhorta à se retirer, puis les repoussa par les armes, sur quoi il alla piller la maison dudict le Haguais, puis celles des nommez..... et Viel. Le registre dudict jour mardy (c'est le 30 août) parle que le procureur général entre en la dicte chambre et dict avoir eu advis qu'on arrestoit à Paris les bourgeois de Rouen pour raison de la dicte sédition, demande acte de ce que, pendant icelle, il avoit tousjours esté fort assidu au palais et avoit différé à donner ses conclusions au procèz dudict Gorin pour les donner collégialement. Il faisoit difficulté de les donner séparément, de crainte d'augmenter contre luy la haine qu'il savoit que le peuple luy portoit, et toute cette année fut inquiet, craignant le mescontentement du Roy et du peuple.

présence les séditieux achevassent de dégrader et piller une maison.

Il prit prisonnier ce Bras Nuds et trois autres, mais il en rendit deux au peuple, pour aucunement le satisfaire, et retint ce Bras nuds et encore un autre prisonnier au chasteau, et ensuite les séditieux, soit par la crainte des gens de bien qui se mettoient en estat de les arrester, ou qu'ils fussent en quelque sorte contens et satisfaits, cessèrent de piller, mais non encore de menacer, et, de temps en temps, il se formoit quelques commencemens de sédition qu'on dissipoit incontinent.

Peu aprez, à Bayeux, une semblable fureur à dégrader et piller les maisons d'un nommé Paris, commissaire examinateur, et de deux ou trois autres. A Falaise et plusieurs autres villes de basse Normandie, il y eut aussy des séditions aux unes plus grandes et aux autres moindres.

Environ ce temps on apporta au Procureur général du Parlement un placard envoyé aux juges de Sainct Lo, de la part de Jean Nu Pieds, donné de son camp, prez Avranches, par lequel il faisoit excuse aux habitans de Sainct Lo de ce qu'il ne les avoit encore visitez, qu'il iroit en bref pour les délivrer de l'oppression des imposts nouveaux des cuirs, qui les faisoient aller nuds pieds, du papier et autres.

M. Salet, procureur général, ayant apporté ce papier sur le bureau de la grand chambre, arrest fut donné, sur sa réquisition, par lequel il fut ordonné que Jean Nu Pieds et ceux de son party seroient pris au corps, deffenses de leur donner aide ni retraite, à peine de la vie, enjoinct à touttes personnes de leur courir sus, enjoinct aux prevosts des mareschaux, baillifs, leurs lieutenans et autres juges, huissiers et sergeans de mettre, en tant qu'en eux seroit, l'arrest à exécution, exhorté les lieutenants de roy de tenir la main à l'exécution, qu'il seroit envoyé par les bailliages pour y estre publié.

Néantmoins ces canailles continuèrent dans la viconté d'Avranches, le reste de l'automne, de tenir la campagne et empescher la perception des droictz du Roy, courir sus aux préposez. Ils tentèrent plusieurs fois de piller et destruire la maison du Mesnil Garnier¹, mais le seigneur d'icelle y avoit mis si bonne garnison que cela rendit leurs efforts inutiles.

Mais revenons à ce qui se passoit dans Rouen ; le mesme jour que le sieur Le Telier en partit, M. Le Noble y fit son retour de Paris, et le lendemain, jour de lundy 29 d'aoust, estoit la feste de la décollation de Saint Jean. Le mardy 30 d'aoust, les chambres furent assemblées dans la chambre de l'audience, compris les requestes, M. Le Noble y fit sa relation.

Il dict qu'estant arrivé à Paris le vendredy 26, à six heures du matin, il fut incontinent chez M. le Chancelier, lequel n'estoit esveillé, et que ses gens ne le vou-

---

¹ Le château et place forte du Mesnil-Garnier avait été érigé en baronnie par lettres patentes de 1606 en faveur de Thomas Morant, sieur d'Esterville, trésorier général de France et conseiller notaire et secrétaire du Roi, maison et couronne de France, « pour avoir, pendant les troubles passez, disent les lettres patentes, esté conservé en l'obéissance et service des rois nos prédécesseurs. »

lurent advertir que sur les huict heures, à laquelle heure mondict sieur le Chancelier luy donna audience. Qu'il luy représenta que le Parlement, par le peu d'authorité que MM. du Conseil luy avoient laissée, avoit réprimé la sédition, et luy dict en détail ce qui s'estoit passé dans Rouen sur ce subject. Que M. le Chancelier luy dict que le Parlement avoit pu plus promptement apaiser la sédition, à quoy il respondit qu'il y avoit employé tout le soin et diligence possible. Le registre porte un long discours de M. Le Noble à M. le Chancelier pour luy faire cognoistre les soins du Parlement, le subject que le sieur Le Telier avoit donné à la sédition; que par ses informations, on verroit qu'elle n'avoit procédé d'aucune faction ni intelligence, mais de la misère du peuple, causée par les imposts extraordinaires, sur quoy M. le Chancelier luy dict qu'il en parleroit à MM. des Finances et qu'à l'issue du conseil, il luy feroit response. Que, estant retourné à onze heures, il le remit au soir, à laquelle heure il luy dict qu'il n'escriroit point au Parlement, n'ayant rien à adjouster à sa première lettre; que le Parlement continuast à s'employer à restablir les choses dans l'obéissance qui estoit deue au Roy et à la recherche et punition des coupables, qu'il advertiroit le Roy des services rendus par le Parlement. Que, le lendemain matin, comme il se disposoit à retourner, il fut mandé par M. le Chancelier, chez lequel il alla. Qu'il y trouva à l'entrée le sieur Forconel (ayant eu cy devant le party des Quatriesmes) et plusieurs traitans; qu'il n'eut peine à y avoir entrée, veu qu'il estoit attendu. Que

M. le Chancelier le chargea de dire au Parlement qu'on eust à restablir les bureaux des Quatriesmes et autres droits anciens; qu'il ne luy en bailla aucun commandement ny ordre par escript; que luy asseura M. le Chancelier que la Compagnie feroit tout ce qu'elle pourroit pour le service du Roy, mais le supplia de considérer que les imposts n'estoient de la compétence du Parlement. M. le Chancelier répliqua qu'on scavoit bien que la Cour des Aides n'avoit pas assez d'authorité pour restablir ces bureaux et qu'il faloit que le Parlement s'y employast, auquel il tascheroit de faire donner contentement par le Roy; ces mots se peuvent référer au droit annuel refusé.

Il est à noter que M. Le Noble, en ces deux voyages, ne visita ny M. de Bullion, ny aucun autre de MM. les ministres que M. le Chancelier. Aussy n'en estoit il pas chargé par le Parlement. Ce dernier chef de sa relation donna subject à M. le P. P. de dire qu'il seroit bon d'ordonner par arrest que les bureaux des droicts anciens du Roy seroient restablis. Mais parce que plusieurs de MM. y firent difficulté, la question fut délibérée *per vota*.

Mais premièrement, M. le P. P. interpella les gens du roy de prendre leurs conclusions. M. Salet, procureur général, dict que, quand il luy apparoistra d'un commandement du Roy par escript, il satisfera à ce qui est de sa charge; cette glose est au registre.

Aucuns s'estonnèrent que le procureur général, qui, jusques alors, avoit tousjours esté fort exact à demander l'exécution des ordres du Conseil, changeast son procédé ; mais la crainte qu'il avoit de la haine du peuple le porta à en user ainsy, ce qu'il continua à tous autres rencontres semblables, sans néantmoins que cela le remit d'avantage dans l'affection du peuple, qui facilement cesse d'aimer, mais difficilement quicte la haine dont il est préoccupé et au contraire devient insolent et s'imagine pouvoir beaucoup quand ceux, qu'il ne peut croire lui vouloir du bien, font quelque action à son avantage, ce qu'il attribue à faiblesse et timidité et non à bienveillance.

Nonobstant cette conclusion, M. le P. P. dict qu'il estoit juste de suivre les ordres que M. le Chancelier avait donnés à un conseiller du Parlement qui portait autant et plus de créance qu'une lettre qui pourroit estre surprise, et commencea à prendre les advis par MM. Restaut[1], doyen du Parlement, et Blondel qui furent de son advis, mais peu d'autres furent du mesme sentiment.

D'autres prirent un advis moyen de mander les commis et voir, après les avoir entendus, ce qu'on pourroit faire en ce rencontre.

---

[1] Laurent Restaut, sieur de Fortmoville, né en 1561, fils d'Antoine Restaut, sieur dudit lieu, lieutenant du bailly de Rouen à Pontaudemer, puis Premier Président à la Cour des Aides en may 1568, office qu'il résigna quelques mois après, pour reprendre sa charge de lieutenant général, dont il prêta le serment le 21 décembre 1568, fut, par la résignation de son père, pourvu du même office ; il fut reçu conseiller au Parlement le 15 décembre 1586, au lieu de Romain Boyvin, sieur de Vaurouy ; il devint doyen du Parlement à partir de février 1631, et mourut en 1642. Il fut enterré à Fortmoville. Sa fille Marie, épousa Louis de Mouy, sieur de la Mailleraie, lieutenant général au gouvernement de Normandie. Elle mourut à la Mailleraie en 1634.

Mais le plus grand nombre fut d'advis qu'on ne pourroit donner d'arrest sur ce subject; qu'outre que le Parlement en estoit incompétent, il importoit de conserver ce qui restoit au peuple de bienveillance pour la compagnie pour l'employer au service du Roy; que l'arrest qu'on donneroit seroit illusoire et que le peuple n'y obéiroit pas et qu'on pourroit au contraire renouveller la sédition. Que le prétexte des séditieux étoit d'abolir les imposts nouveaux et ils publieroient que le Parlement fut de mesme sentiment, si on ordonnoit par arrest que les bureaux des droits anciens seroient restablis; que ce seroit authoriser des imposts non vérifiez sans les discerner; qu'il suffisoit que, par dissimulation de les savoir, on en souffrit la levée; que le Conseil pourroit trouver mauvais que le Parlement eut distingué entre les droicts anciens et nouveaux, puis qu'ils estoient tous émanez d'une mesme authorité, et que l'ordre sur lequel on fonderoit cette distinction n'estant que verbal et non par escript, on pourroit dire qu'un conseiller avoit mal entendu la response de M. le Chancelier; qu'il estoit difficile de dire quels droicts il falloit restablir comme anciens et quels il faloit négliger comme nouveaux, estant incertain combien il faut de temps à ce qu'un impost nouveau devienne impost ancien. Qu'il seroit nécessaire si le Parlement se chargeoit de restablir les imposts, qu'on disoit anciens, de trouver des commis pour les administrer, veu la fuite de ceux qui par le passé les avoient perceus; qu'il seroit difficile de trouver des personnes propres à cette fonction et que le

Parlement seroit responsable des actions de tels préposez. Qu'à l'advenir le Parlement receveroit à tout instant commandement d'installer toutte sorte de nouvelles impositions.

On arresta donc de ne donner aucun arrest ni mesme de ne mander les commis, qui seroit s'engager de prendre congnoissance et exécuter ces ordres. Mais on dict qu'il seroit bon que M. le P. P., comme lieutenant de Roy, les mandast chez luy et, qu'en tant que faire se pourroit, il leur donnast main forte ; et au surplus qu'il donnast advis de ces inconvénients à M. le Chancelier.

Mais M. le P. P., qui ne vouloit se charger de l'exécution de cet ordre, soit qu'il creut ne le pouvoir seul exécuter, ou qu'il ne voulut s'exposer seul à la haine du peuple, fit charger le registre comme on avoit trouvé qu'il n'y avoit lieu d'en délibérer, et je ne pense pas qu'il aye escript à M. le Chancelier les motifs du Parlement, dont M. le Chancelier a tesmoigné depuis estre mescontent contre le Parlement et contre le Procureur général.

Ce fut là presque la seule affaire qui fut traitée en cette assemblée qui dura tout le matin, en sorte qu'il ne fut point tenu d'audience.

M. Le Doux apporta le lendemain, mardy dernier jour d'aoust, sur le bureau de la Grand Chambre, le procez d'entre Gorin et autres, accusez comme séditieux, duquel il dict estre prest de faire son rapport, mais qu'il estoit besoin que les gens du roy y missent leurs conclusions.

Ce défaut de conclusions retarda le jugement du

procez. M. du Vicquet² depuis longtemps ne vouloit plus parler des affaires générales ( si non fort rarement et lorsque l'inégalité de son esprit le persuadoit d'y conclure), il ne vouloit donc point conclure en ce procez. MM. Salet et Le Guerchois n'estoient pas d'advis que l'on jugeast le procez jusques au retour du Roy, et disoient que la punition des coulpables renouvelleroit la sédition, et, en tous cas, ils ne vouloient subir ny la haine du peuple d'avoir conclud avec sévérité, ni le blasme de MM. du Conseil de s'estre relachez à une conclusion plus favorable aux accusez, de sorte que, pour éviter l'un et l'autre inconvénient, ils différoient à prendre leurs conclusions.

M. le P. P. ne les pressoit pas de conclure, veu que luy mesmes n'estoit pas d'advis qu'on jugeast le procez, soit de crainte de nouvelle sédition, ou pour, par ce délay, estre mieux aimé du peuple et vouloit bien que ce sien advis et procédé fut publié par la ville. Quelques uns de MM. de la grand chambre, soit qu'ils creussent ces raisons de différer pertinentes, ou qu'ils voulussent gratifier M. le P. P., appuyoient son advis. D'autres se taisoient et ne vouloient pas le choquer en le pressant de ce qu'ils savoient qu'il refuyoit, et aussy craignoient que le peuple ne les haïst comme instigateurs et parties des coulpables.

1 Robert du Vicquet, né en mai 1553, à Monay, près Caen, plaida longtemps au Grand Conseil avec beaucoup de réputation, et le Roi voulut qu'il succédât à l'office d'avocat général de Nicolas Thomas, sieur de Verdun; il fut reçu sans examen le 17 mars 1603. Il mourut le 6 décembre 1642, âgé de 88 ans ou environ, et fut enterré à Saint-Amand.

Mais au contraire M. le P. de Grémonville insistoit à ce qu'on eut à juger ces procez. Il disoit qu'il faloit que le Roy restablit son authorité ou que le Parlement la restablit. Que ce dernier point ne pouvoit estre que par la punition des coulpables. Qu'il seroit aisé de les punir, veu que les bourgeois estoient désabusez et ne favorisoient plus les séditieux, desquels ils avoient veu l'insolence; qu'ils en désiroient la punition, sachans bien que c'estoit le seul moyen de destourner les effects du courroux du Roy. Qu'il estoit aisé de faire mettre en armes touttes les compagnies des bourgeois, pendant qu'on conduiroit les prisonniers au Parlement pour estre ouis sur la sellette, et pendant qu'on les conduiroit au supplice; que, si on n'en usoit ainsi, les remèdes que le Roy y apporteroit ne pourroient estre que très fascheux à la province. Ce que l'effect a faict voir.

Plusieurs estoient de cet advis, et je ne doubte qu'il n'y eut passé, si il eust esté mis en délibération, soit en la grand chambre ou les chambres assemblées. Ce que M. le P. P. scachant bien, s'en retint l'authorité, n'en ayant point proposé la délibération, et luy et M. Salet feignoient d'avoir de bons advis par lesquels on les advertist qu'ils gardassent les prisonniers jusques au retour du Roy.

Néantmoins on obtint enfin de M. le P. P. qu'il dist aux gens du roy qu'ils baillassent leurs conclusions, ce qu'ils firent aprez avoir différé plusieurs jours, et requirent le procès fut mis en estat pour quelques autres criminels, et que tous les procez fussent différez, et mesmes celui de Gorin, jusques à ce qu'ils fussent instruicts contre tous les complices.

Aprez ces conclusions, M. le Doux continua d'apporter le procez jusques à la fin du temps ordinaire du Parlement, et il l'eut volontiers rapporté, mais, comme il n'estoit pas d'humeur fort pressante, il fut aisé à M. le P. P. de gaigner temps et luy oster les occasions de rapporter ce procez. Aucuns prenoient prétexte qu'il faloit, qu'avant qu'on le jugeast, les gens du roy prissent des conclusions définitives. Ce qui ne leur fut pas enjoinct, ny délibéré si on leur enjoindroit; aussy il suffit selon l'usage que le procez, instruict en touttes ses formes, leur aye esté communiqué, et encor qu'ils ne concluent qu'à un préparatif, cela n'empesche pas les juges de donner arrest au principal. Mesmes au procez du baron de Maré et de Viel, leur refus de conclure fut pris pour conclusion et on donna arrest au principal, au rapport de M. Romé, ce qui fut confirmé par arrest du Conseil.

Cette semaine (il me semble que ce fut le vendredy 2e jour de septembre) le commis du bureau des Quatriesmes bailla requeste au Parlement par laquelle, aprez avoir énoncé qu'il avoit appris de M. le P. P. que M. le Chancelier avait chargé M. Le Noble de dire à MM. du Parlement qu'ils eussent à restablir les bureaux des droits anciens, que son bureau estoit un des plus anciens, et partant demandoit que on luy assignast un lieu ou il peut percevoir les quatriesmes, soit en réparant la maison en laquelle il avoit cy devant tenu son bureau, soit en luy en assignant un autre.

Cette requeste fut rendue sans donner aucun arrest, tant pour n'estre signée d'aucun procureur que pour les termes y employez contre l'honneur du Parlement. On trouva estrange qu'il dict avoir appris de M. le P. P. ce qui s'estoit passé au secret de la Compagnie, mais plus encor de ce qu'en la mesme requeste, en laquelle il imploroit le secours du Parlement, il se réservoit l'évocation de ses causes au Conseil.

D'ailleurs on craignoit, en respondant cette requeste, de tomber dans les mesmes inconvéniens dont il fut parlé le mardy précédent en délibérant sur la relation de M. Le Noble. On creut que c'est au Parlement de réprimer les séditions, quoique excitées par des imposts qui ne sont de sa compétence, puisqu'il a l'authorité des armes, mais, lorsque la sédition est appaisée, que le restablissement des bureaux appartient aux juges ausquels il a appartenu de les establir, puisque, pour cet effect, il ne faut point de main forte ny agir à main armée.

Néantmoins, ce commis continuant à presser M. le P. P. de faire en sorte que sa requeste fut respondue, le dimanche 4 de septembre, M. le P. P. manda chez luy M. du Tuit Romé [1], doyen des thrésoriers de France, et l'excita à s'employer avec ses confrères à restablir les bureaux, et particulièrement celuy des Quatriesmes, veu qu'il appartient aux thrésoriers de France d'adjuger les fermes du Roi et d'en establir les commis et pré-

---

[1] Pierre Romé, sieur du Tuit, trésorier de France, fils de Nicolas, sieur de Fresquienne, secrétaire du Roi et de Marguerite Dufour. Il mourut en février 1656.

posez. M. du Tuit dict que volontiers ils feroient tout ce qu'ils pourroient pour le service du Roy, mais qu'encor qu'ordinairement cela fut de leur compétence, néantmoins ils en estoient interdits à la requeste des fermiers qui ne leur demandaient rien à présent et qui ne les avoient point rendus leurs juges, puisqu'ils ne leur avoient point fait renvoyer par le Conseil la congnoissance de leurs fermes; que d'ailleurs ils n'avoient aucun fonds pour employer à réparer ce bureau, veu que MM. du Conseil disposoient de tous les fonds particuliers.

M. le P. P. luy dict que, pour lever l'incompétence et donner subject à MM. les thrésoriers de France de pourvoir à ce rencontre, le Parlement ordonneroit, sur la requeste du commis, qu'il se pourvoirroit par devant eux, et pour le fonds qu'il ne doubtoit point qu'ils n'en trouvassent et qu'ils debvoient y faire tout leur possible.

J'estois présent à ce discours, lequel, parce qu'il se tira en longueur chacun persistant à son advis et raisons, je n'en entendis point la conclusion, mais, peu de jours aprez, le commis, ayant sur ce subject présenté requeste au Parlement rapportée par M. de Brinon, il fut renvoyé aux thrésoriers de France pour luy estre pourveu, et environ 15 jours aprez il y eut encore une autre semblable requeste et pareil arrest donné. Ces deux arrests sont référez et datés dans l'arrest qui fust donné pour le restablissemeut des Bureaux en décembre 1639, duquel sera parlé cy aprez[1].

---

[1] Bigot a ajouté plus tard en marge: « Le samedy 3 sept., sur la requeste de Gorin, prisonnier au Vieil Palais, pour estre commué de

Le lundy 5 de septembre [1640][1] les chambres furent assemblées en la chambre du Conseil, comprins les Requestes, tant pour délibérer les lettres de continuation que pour parler de la créance de l'abbé de Cormeilles. Il faut parler de l'un et de l'autre.

Il est usité d'assembler les chambres du Parlement le premier lundy du mois d'aoust, pour arrester la liste des juges qui doibvent servir en la chambre des vacations. Ce que font selon le tour, ou pour le refus de ceux qui sont en tour, ceux qui eussent servy l'année suivante et ainsi en suite, et, en cas que tous refusent, on y engage ceux qui ont esté le plus long temps sans y servir (réservé le doyen qui en est dispensé, si il le désire) et, entre ceux qui ont servy une mesme année, les derniers receus sont tenus par non choix d'y servir, si les anciens le refusent.

Cette année, on n'assembla point le premier jour d'aoust qui estoit le premier lundy, mais seulement le 8 dudit mois, auquel jour M. le P. P., qui estoit en tour accepta de servir, mais pour les conseillers, il y en eut peu qui acceptèrent, soit qu'ils craignissent de rester en la ville, à cause des séditions qui, pendant les vacations, y pourroient survenir, car Jacob Hais avoit desjà esté tué, soit aussi qu'ils ne désirassent y servir l'année que M. le P. P. y présideroit, pour certaines considérations.

prison, il en fut refusé, et néantmoins on ordonna que Haillon, concierge du Palais, luy fourniroit le pain du Roy. »

[1] Cette date erronée (il faut lire 1639) prouve que cette partie a été transcrite en 1640 sur des notes antérieurement prises, et qu'il appelle *ses mémoires* (voir p. 33, ligne 20).

Néantmoins, si M. le P. P. eust désiré faire juger les excuses que plusieurs proposoient, il est sans doute qu'on les eut réglées, de sorte qu'on eust arresté le nombre de ceux qui debvoient estre de cette chambre par non choix. Mais il creut qu'il luy seroit plus séant que la chose se réglast à l'amiable, veu mesmes que, de ceux qui eussent esté obligez, contre leur gré, d'estre de cette chambre, il n'eust pas peu espérer grande assiduité, et que peu fussent venus en supplément, tant à cause de la saison fascheuse, que parce qu'il avoit receu avec peu d'accueil ceux qui s'estoient présentez à suppléer, lorsqu'il avoit tenu une autre fois la chambre des vacations et mesmes avoit procuré le règlement, donné les chambres assemblées, de réduction de ceux qui pourroient venir en supplément au nombre de six.

Les jours suivants, quelques uns déclarèrent au greffe de la grand chambre qu'ils acceptoient de servir cette année, mais il y en avoit qui vouloient que cela ne leur tint lieu de tour et d'ailleurs il en manquoit encore environ trois, que le nombre de douze conseillers ne fut fourny.

On s'estonnoit de ce que M. le P. P. ne proposoit aux chambres assemblées de régler ces difficultez; quelques uns crurent qu'elles luy donnèrent subject de désirer que la séance du Parlement fut continuée pendant les vacations, affin que son tour de présider à la chambre des vacations escheut à une autre année plus commode, mais on estime que ce désir fut augmenté, lorsqu'il vit la sédition formée, et craignit de porter seul ce fardeau avec peu de conseillers, en un temps auquel par l'absence des personnes [de] condition, la populace seroit plus insolente.

Tant y a qu'on a estimé que ce qui le faisoit différer à régler les juges de la chambre des vacations estoit qu'il sollicitoit M. le Chancelier d'envoyer lettres pour continuer le Parlement, lesquelles lettres luy furent apportées le dimanche 4 de septembre, ainsy qu'il me le dict chez luy, et néantmoins m'asseura n'avoir point procuré cette continuation.

Je luy respondis que je ne doubtois point qu'il ne congnust l'humeur de MM. du Parlement, qui en feroient moins par contrainte que lorsqu'on les laisseroit libres, et que, pendant les chambres des vacations, j'avois tousjours veu rester à Rouen aussy grand nombre d'officiers que pendant les continuations, pendant lesquelles nul ne s'estimoit obligé de rester, au lieu que les juges destinez pour la chambre, s'engageoient à rester, ou mettoient quelqu'un en leur place, de sorte qu'on restait asseuré de rester tousjours au moins treize juges, qui estoit assez pour régler les affaires, et que peut estre, pendant la continuation, ils seroient parfois moins que dix. Au reste, que treize personnes sont plus capables de pourvoir aux désordres d'une sédition qu'un plus grand nombre, qui ne peut opiner sans longueur et confusion. De sorte que j'estimois qu'il eut esté à désirer que ces lettres n'eussent pas esté envoyées ; il me protesta qu'il ne les avoit sollicitées, mais néantmoins qu'on ne pouvoit en refuser le registrement, et me pria de rester avec luy dans Rouen pendant ce temps là : Je luy dis que j'y serois la plus grande partie de ce temps. Ce que j'ay depuis faict, mais il a recongneu que les inconvéniens que je luy avois remarquez arrivèrent.

En délibérant ces lettres de continuation, on remarqua que par icelles il n'estoit point mandé aux thrésoriers de France de faire fonds des gages pour le temps que l'on continueroit de servir, mais seulement on disoit qu'il en seroit faict fonds. Cette clause fit cognoistre qu'il y avoit peu d'espérance de recevoir des gages, puisque mesmes les gages de la continuation de 1639, dont le fonds avoit esté faict, en vertu des clauses ordinaires de la lettre de continuation, par MM. les thrésoriers de France, n'avoient pas esté payez, et que le fonds en avoit esté porté en l'Espargne par ordre de M. de Bullion, qui en escrivist une lettre à MM. les thrésoriers de France.

Toutesfois, encore que cy devant il fut usité de ne registrer les lettres de continuation qu'aprez que MM. les thrésoriers de France avoient asseuré avoir trouvé un fonds pour les gager [1], on jugea que, en ce rencontre d'affaires, il faloit passer par dessus ceste considération, et furent les lettres du roy registrées, et néantmoins adjousté à l'arrest, que le Roy seroit supplié de faire payer ces gages, ce qui depuis n'a pas esté faict; ains au contraire les gages ordinaires tant

---

[1] Bigot a ajouté en marge :
Le registre porte que les lettres furent registrées après que l'abbé de Médavy fut retiré et que le Procureur général requist que les lettres fussent registrées et le Roy supplié de faire les fonds des gages tant de leur continuation que des gages ordinaires qui estoient deubs depuis le mois de juillet 1638.

de MM. du Parlement que Chambre des Comptes et Court des Aydes n'ont esté employez, en l'estat du roy de ceste année 1639, que pour trois quartiers. Cet estat a esté délivré aux receveurs généraux en mars 1640; semblable retranchement a esté faict des gages de MM. des Compagnies souveraines de Paris, et pour les thrésoriers de France leurs gages entiers ont esté employez en l'estat du roy, mais on les a arrestez pour 3,000 livres que le Roy a demandez à chacun d'eux pour l'attribution de quelques droits, en quoy ils n'ont pas esté plus gratifiez que les autres.

Dez la fin de la semaine précédente, M. le P. de Franquetot et plusieurs autres de MM. du Parlement, qui craignoient que ces lettres de continuation ne continsent deffenses de désemparer, previndrent l'envoy d'icelles et se retirèrent de Rouen, ayant fait employer leur congé de désemparer sur le registre des chambres auxquelles ils servoient. Les autres estimèrent qu'il n'estoit besoin de ceste précaution, et que l'obligation de rester à Rouen pendant la continuation n'estoit pas plus grande que pendant les jours ordinaires du Parlement, pendant lesquels il est toujours libre de désemparer en prenant congé fondé sur excuse légitime.

L'autre subject de l'assemblée estoit pour entendre la créance de messire François Rouxel de Médavy, abbé de Cormeilles [1]. Le Roy et M. le Cardinal avoient esté

---

[1] Francois Rouxel de Médavy, né le 8 août 1604, fils de Pierre Rouxel, baron de Médavy et comte de Grancey et de Charlotte de Hautemer de Fervaques, abbé de Cormeilles en 1617, de S. André en

advertis par MM. les ministres qu'ils avoient laissez à Paris de ce qui s'estoit passé en Normandie, et avoient envoyé ledict sieur de Médavy à Rouen, pour, avec le Parlement, adviser ce qui seroit à faire pour le service du Roy et bien de la province, et reférer au Roy l'estat auquel il avoit trouvé et laissé la ville. Il fut chargé d'une lettre de cachet adressante au Parlement, une autre à l'Hostel de ville, une autre au Lieutenant général. Je pense qu'il y en avoit aussi à M. le P. P. et Procureur général du Parlement.

Il arriva à Rouen le samedi 3e iour de septembre. Le dimanche, il présenta de lettres de cachet aux officiers ausquels elles estoient adressées, et visita tous MM. les présidents du Parlement. Je vis la lettre escrite au Lieutenant général, par laquelle le Roy tesmoignoit le desplaisir qu'il avait receu des désordres arrivez en la province et en la ville de Rouen, l'estat qu'il faisoit du zèle que ledict sieur Lieutenant général avait monstré, s'exposant au péril pour le service de S. M., l'exhortoit à continuer.

Le lundi, 5 de septembre, touttes les chambres assemblées, sur ce qui fut représenté par M. le P.P., que ledict sieur abbé de Médavy estoit entre deux chambres, attendant qu'il pleust à la Cour le faire entrer pour exposer sa créance ; il fut délibéré quelle séance on lui donneroit, et arresté qu'il auroit séance dans le parquet de la Grand Chambre, au bureau, et que, en ce banc de bureau, ne demeureroit que le moindre nom-

Gouffern en 1630, évêque de Seez en 1651, désigné pour le siége de Langres en 1670, archevêque de Rouen en 1671, mort le 6 février 1691.

bre de MM. les Conseillers que faire se pourroit. C'est la dernière et moindre séance du parquet de la Grand Chambre. Il fut arresté, qu'après sa séance exposée, il se retireroit, et qu'en sa présence, il ne seroit faict aucune délibération.

Le registre porte qu'il fut arresté que cette séance ne tireroit point à conséquence, et que tous MM. les conseillers se retireroient du bureau.

Il y a trois sortes de séances de ceux qui viennent de la part du Roy au Parlement avec lettres de créance. Aux princes et grands officiers de la Couronne, on donne séance au dessus du doyen des conseillers; aux simples gentilshommes ou officiers, on donne séance hors le parquet de la Grand Chambre sur un tabouret ou escabeau posé entre le banc du bureau et le banc qui est appuyé aux fenestres. Telle séance fut donnée à un officier de la maison du Roy envoyé avec créance touchant l'édict du controlle des titres et autres édicts, desquels on disoit que la reine Marguerite avoit le don. Le registre est d'environ 1606 et fut veu lors de cette délibération. On vit aussy un registre, d'environ l'an 1620, de la séance qui fut donnée au sieur de la Grange Montigny [1], qui fut depuis mareschal de France et eut séance au bureau telle qu'on la donna en ce rencontre au sieur de Médavy, abbé de Cormeilles.

Cette séance estoit la plus avantageuse qu'il eut

---

[1] François de la Grange, seigneur de Montigny, gentilhomme ordinaire, capitaine des cent gentilshommes de la maison de Henri III et des gardes de la porte, premier maître d'hôtel, gouverneur de Berry, chevalier des ordres en 1595, mestre de camp général de la cavalerie légère, fait maréchal de France en 1615 et mort en 1617.

espérée et ses amis et alliez, qui estoient en bon nombre dans la délibération, ne demandoient pas autre chose. On se porta à la luy donner en considération de sa qualité d'abbé, et de ce qu'il avoit commandé pour le Roy avec le comte [de] Grancey, son frère, en la ville et comté de Montbéliard, qu'il estoit petit fils du mareschal de Fervacques, lieutenant de roy en cette province, qui avoit eu beaucoup de bonne intelligence avec le Parlement; qu'il venoit apporter à la Compagnie, non une créance pour vérifier des édicts, mais de bonnes paroles de la part du Roy; qu'il importoit qu'il fut content de l'honneur que la Cour luy rendroit, affin qu'il fit mieux valoir prez du Roy les services rendus par la Compagnie.

Il prit donc sa séance ayant sa soustane, long manteau et chappeau, fit une harengue, puis présenta sa lettre de créance qui fut leue. La lettre et harengue avoient du rapport. Il dict qu'il tenoit à grand honneur cette commission que le Roy lui avoit donnée; que le Roy estoit fort irrité de ce que pendant que, par la terreur de ses armes, par la fatigue de ses voyages et ses soings continuels, il taschoit d'acquérir la paix à son estat, ses subjects se fussent souslevez et portez à un tel excès de fureur. Qu'il avoit sceu les bons services du Parlement, qu'il estoit envoyé pour tesmoigner combien le Roy en estoit satisfait et adviser avec le Parlement ce qui se pouvoit faire pour la plus grande seureté et repos de la ville [1].

---

[1] Bigot a ajouté en marge :
Et le registre porte qu'il dict que les estrangers ne pouvans résister

Par la lettre, le Roy tesmoignoit un estonnement de cette sédition poursuivie avec tant de fureur contre ses meilleurs serviteurs, sous prétexte d'imposts desjà establis; que c'estoit choquer son authorité en troublant son estat pendant que, par ses voyages et soins, il taschoit d'acquérir une bonne paix; qu'il estoit fort satisfait du bon debvoir que le Parlement avoit fait d'arrester ces désordres et exhortoit qu'il y fut pourveu en sorte, par la punition des coupables et establissement d'un bon ordre, qu'à l'advenir il n'arrivast plus de pareilles séditions. Que cette fois il avoit envoyé le sieur de Médavy avec créance pour, avec le Parlement, adviser ce qui se pourroit faire et luy donner advis de ce qui se seroit passé.

M. le P. P. tesmoigna le contentement que recevoit la Compagnie que le Roy eut eu agréables ses fidèles services, qu'elle continueroit à l'advenir, dict aussy quelques termes à l'honneur et avantage dudict sieur abbé de Cormeilles, qu'on avoit desjà pourveu à la recherche des coupables et seureté de la ville, de l'estat de laquelle il dict quelque chose.

Sur quoy, ledict sieur abbé répliqua qu'il seroit bon de délibérer ce qui seroit à faire pour la seureté de la ville, ce qu'il disoit pour avoir occasion d'estre admis à opiner en cette délibération; mais M. le P. P. et quelques

---

aux armes de S. M. avoient envoyé en la province des gens estrangers et intrigans pour y fomenter ces séditions; que les habitans l'ayant appaisé, avoient prévenu ce que le Roy eut esté obligé de faire pour restablir son authorité. Qu'il désiroit que l'on continuast et que l'on exécutast les ordres qu'il envoyoit et qu'ils eussent mesme force que si ils partoient directement de sa bouche.

autres de MM. du Parlement luy ayant dict qu'on avoit desjà pourveu à tout et que M. le P. P. luy communiqueroit ce qui en avoit esté arresté, il n'insista point davantage à demander qu'on en délibérast et se retira.

Ce faict, quelques uns de MM. dirent qu'il seroit bon de charger ceux de la Compagnie qui, pour leurs affaires particulières, iroient à Paris, de solliciter le payement des gages du Parlement et le fonds des gages de la continuation du Parlement, et tascher d'obtenir le droit annuel aux conditions anciennes; mais, quoy que plusieurs eussent dessein d'aller à Paris, nul ne s'offrist à cette commission fascheuse à mettre à exécution et de peu ou nulle espérance de succez. Aucuns proposoient d'en faire parler au Roy et à M. le cardinal par ledict sieur abbé de Medavy, s'imaginant qu'on l'obtiendroit pour récompense des services de la Compagnie, ce qui fut rejeté comme ridicule.

Il fut aussy arresté que le lendemain, mardy 6 de septembre, seroit le jour des arrests, et le mercredy, jour intercalaire, ce qui avoit tousjours esté pratiqué aux autres continuations du Parlement.

Je vis, à l'issue du palais, ledit sieur abbé de Cormeilles, lequel me tesmoigna qu'il eut esté bon de juger les procez des prisonniers et en faire justice exemplaire; je luy tesmoignai que, encore que quelques uns du parlement, à bonne intention et de crainte de renouveller la sédition, n'en eussent esté d'advis, néantmoins qu'ils estoient en petit nombre et que s'il pouvoit persuader à M. le P. P. de le mettre en délibération, je ne doubtois point qu'il n'y passast par les mesmes raisons qu'il me représentoit. Il en parla depuis souvent à M. le P. P., qui ne voulut en faire délibérer, pour les considérations que nous avons desjà touchées.

Il conféra aussy avec M. le P. P. de l'ordre qui s'observoit pour la seureté de la ville et n'y trouva rien à changer, seulement il fut d'advis qu'on bastit un corps de garde au parvis de l'église de Nostre Dame, pour y retirer les bourgeois estans de garde qui, jusques alors, avoient esté dans le portail exposez au vent et à la pluye et autres incommoditez du temps. M. l'Archevesque de Rouen fit depuis parler à M. le Chancelier à ce qu'on ostast ce corps de garde, qu'il jugeoit contraire au respect deub à un lieu sainct, mais il ne peut rien obtenir, ce qui n'empescha pas que depuis il n'en fit ses plaintes en ses sermons avec beaucoup de liberté.

Le mardy 6e de septembre, MM. du Parlement se trouvèrent moins assemblez qu'à l'ordinaire, plusieurs estans partis de la ville, ayans employé leur congé sur le registre. Je fus de ce nombre et vins à Paris ou je restay jusqu'au jeudy 15 dudict mois. J'y vis quelques uns de MM. les ministres qui s'informèrent à moy de l'estat de la ville, mais ne me dirent point ce qu'ils jugeoient à propos que le Parlement fit [1].

---

[1] Addition marginale de l'auteur :

« Le registre du 12 septembre porte que M. le Guerchois fit plainte de ce que celuy qui, en l'absence du C. de Guiche, comandoit le Vieil Palais, faisoit ouvrir une porte qui y donnoit entrée du costé de la rivière et demandant que deffenses fussent faictes de faire la dicte ouverture.

Il demanda aussy que le supérieur des Jacobins réformez fut faict

Le mardi 13ᵉ jour de septembre, le sieur abbé de Cormeilles demanda de rechef d'estre ouy, les chambres assemblées. Il ne demandait rien qui n'eut desjà esté faict, à scavoir les deffenses au peuple de s'atrouper, défenses de s'attaquer aux préposez à la perception des droicts du Roy à peine de la vie, et que l'arrest fut publié, ce qui fut de rechef ordonné et en l'arrest fust employé «ouy le sieur abbé de Cormeilles en sa créance», mais il désiroit que ce qu'il avoit dict fut inséré dans l'arrest, ce que la Cour ne jugea pas à propos, comme inusité et non nécessaire. Il disoit que les raisons et énoncé de sa harangue rendroient notoires au peuple les intentions du Roy et serviroient à le contenir en son debvoir. On répliqua que le peuple estoit difficilement persuadé par le simple énoncé de ceux que le Roy envoye et que, s'il désiroit insinuer ses raisons en l'esprit du peuple, il pouvoit en faire une harangue en l'Hostel de Ville et y faire assembler les bourgeois, ce que le sieur de Médavy ne voulut pas faire. Aucuns disent qu'il pensoit qu'il lui eut esté plus honorable que cette harangue, par laquelle il avoit exposé sa créance, fut au long insérée en l'arrest, mais il n'avoit jamais esté faict, non pas mesmes pour les Gouverneurs, Mareschaux de France et Princes de sang, lorsque, dans le parlement, ils avoient exposé leurs créances.

venir pour recognoistre que, pendant la sédition, il avoit faict oster les armes de Mʳ le cardinal de Richelieu leur bienfaiteur à ce qu'on n'imputast pas au peuple de les avoir ostées, et pour répondre des choses qu'il faisoit contre les anciens religieux pour les chasser de la maison, sur quoi ne fut rien délibéré. »

D'autres creurent qu'il avoit demandé cette seconde assemblée des chambres, croyant qu'on y délibéreroit des choses qu'il proposoit et qu'on luy donneroit sur ce subject voix délibérative, mais elles furent arrestées, *communi voto*, comme desjà résolues par un arrest précédent. Peu de jours aprez, le dict sieur de Médavy, voyant qu'il n'y avoit plus de subject qui l'obligeast à rester à Rouen, se retira en court [1].

Aprez qu'il fut party, plusieurs du Parlement qui creurent la tranquilité de la ville pleinement asseurée, se retirèrent aux champs. Il ne resta avec M. le P. P. que MM. les présidens de Criqueville et Turgot et environ vingt conseillers. Il remarqua lors ce que je luy avait dict que le Parlement ne seroit pas mieux assem-

---

[1] Bigot ajoute depuis :

« Le registre porte que ledict sieur abbé fit plainte de ce qu'on publioit qu'il estoit venu pour obtenir une punition plus exacte sur la teste des mutins, et que le Roy entreroit par la porte que l'on faisoit ouvrir au Vieil Palais, quoiqu'il ne fut venu que pour tascher de faire tout apaiser et que mal à propos, on vouloit faire mettre le peuple de la ville en défiance de sa personne; qu'il a représenté plusieurs papiers contenant les ordres du Roy, desquels a été faict lecture, après quoy le sieur abbé a esté retiré et donné un arrest itératif des précédens.

Cet arrest inséré au registre contient trois articles.

Le premier portoit ordre aux bourgeois, au premier commandement, de se rendre en leur place d'armes, pour ensuite marcher soubs leurs capitaines.

Le deuxième, injonction aux forains et vagabonds de se retirer de la ville.

Le troisième, deffense à toutes personnes de s'attrouper ni porter armes, sinon quand ils seroient de garde ou commandez par leurs capitaines.

Cet arrest fust leu et placité les Chambres assemblées, le vendredy 16 septembre et inséré au registre tant dudict jour. »

blé pendant la continuation que s'il y avoit chambre des vacations. Craignant que d'autres se retirassent et de n'estre suffisamment assisté s'il survenoit quelque sédition, il escrivit à M. de Ris [1], M<sup>e</sup> des Requestes, son fils, qu'il eut à représenter à M. le Chancelier que presque tous MM. du Parlement s'estoient retirez de la ville, qu'à peine en restoit il nombre suffisant pour juger un procez, de quoy M. le Chancelier ne fit pas grand estat. Cette lettre fut monstrée par ledict sieur de Ris à un homme de condition, qui m'en advertit le mercredy 14<sup>e</sup> de septembre.

Le jeudy après midy 15 de septembre, je partis de Paris et arrivay à Rouen le samedy 17 dudict mois et fus le matin au Palais où je vis MM. assemblez en nombre suffisant de la Tournelle et Grand Chambre. Ils me dirent qu'ils estoient sur les termes de me charger de poursuivre au Conseil les affaires de la Compagnie, et voyant qu'ils estoient encor en assez grand nombre, je

[1] Jean-Louis Faucon, seigneur de Ris, marquis de Charleval, né le 8 novembre 1608, reçu en 1631 conseiller aux requêtes du Palais, charge qu'il résigna en 1636 au profit de Charles Anzeray de Courvaudon, par le prix de 56,000 livres. Il fut pourveu à cette date d'une charge de maitre des requestes de nouvelle création, et en février 1643, de celle de P. P. au Parlement de Rouen, sous la condition de rétention de 5 ans d'exercice en faveur de son père. Il y fut reçu le 24 dudit mois, et, ce qui est sans exemple, observe Bigot dans ses notes, il tint deux audiences par forme d'installation.

Il fut ensuite intendant de justice à Lyon, de 1643 à 1647, époque où la mort de son père le rendit titulaire effectif de l'office de Premier Président. Il entra en exercice le 23 octobre 1647. Il mourut le 1<sup>er</sup> mars 1663, et fut enterré aux Chartreux de Paris. Son cœur dut être rapporté aux Carmes de Rouen et placé auprès des restes de son père et de son oncle, auxquels il avait, de son vivant, fait ériger une épitaphe rapportée par Farin, t. III, p. 303.

pris congé pour quatre à cinq jours, et le lundy 19, je me retiray aux champs, dont je revins le jeudi 22 dudict mois, pendant lequel il ne se passa rien à Rouen de considérable concernant la sédition.

Le mercredy 21 de septembre, jour de Saint Mathieu, M. Salet, procureur général du Parlement, décéda de dysenterie. Plusieurs creurent que la tristesse conceue de la haine du peuple contre luy et les advis, qu'on luy donnoit de temps à autre que les séditieux eussent de mauvais desseins contre luy, ont beaucoup aidé à sa mort. Son deceds ne fut publié que quelques jours aprez sa mort. Pendant ce temps, ses filz envoyèrent au Roy et à M. le Cardinal et depuis le sieur de Colleville [1] y alla, ou pour obtenir don de la charge, ou pour en tirer récompense. Il est encore dans l'attente de l'issue de ses poursuites. Le corps dudit sieur Salet, aprez avoir posé à Bonne Nouvelles, prez Rouen, a esté inhumé en l'abbaye d'Ardennes, prez de Caën, de laquelle le sieur de Quilly, son fils aisné, est abbé.

Peu de jours aprez, décéda du flux de sang M. le Doux, sieur de Nogent, conseiller au Parlement, rapporteur du procez du surnommé Gorin. Sa mort a esté cachée prez d'un mois, d'autant qu'il n'avoit payé le droict annuel. On l'a inhumé en l'église de Sainte Marie la Petite, sa paroisse. Ce deceds, ainsi tenu

---

[1] Philippe Le Sueur, sieur de Petitville, fut reçu conseiller de la R. P. R. Il mourut le 1ᵉʳ octobre 1657. Son frère, Pierre Le Sueur, sieur de Colleville, fut reçu le 28 mars 1659, à son office. Nous supposons que c'est ce dernier auquel il est ici fait allusion.

secret, fut un prétexte à M. le P. P. de ne faire juger ce procez de Gorin, duquel le père le pressoit de faire juger le procez de son fils, dont il luy parloit, et dans son logis et par les rues et dans le Palais, avec des insolences insupportables, jusques à dire que son fils estoit innocent, que, si on continuoit de luy desnier justice, il ne pouvoit pas asseurer qu'il n'en arrivast de désordre. M. le P. P. se contenta de le menacer de prison et luy dire qu'il ne pouvoit distribuer son procez à un autre rapporteur, jusqu'à ce qu'il eut esté remis au greffe et que luy Gorin en fit ses diligences.

M. le P. P. eut tel esgard aux cris de cet importun, qui disoit que son fils estoit rigoureusement traité dans le Vieil Palais, qu'il permit qu'on le visitast et le fit tirer d'un cachot incommode et mettre en un autre lieu plus spatieux; mais on sceut que on luy porta quelques ferremens avec lesquels il avoit commencé à dégrader la muraille du bastiment, en sorte que, si ce dessein eust esté encor quelque temps çaché, il eut faict une ouverture suffisante pour son évasion, ce qui obligea de le reserrer davantage. Et depuis il bailla requeste pour estre mis en lieu plus commode, sur laquelle on authorisa M. Damiens, ayant instruict le procez, de se transporter au Vieil Palais et y pourvoir ainsi qu'il adviseroit bien estre.

Aussi en ce temps, M. le P. P. envoya dire au sieur de la Vigerie, commandant au Vieil Palais, qu'il eut à mettre en liberté un autre de ceux qui y avoit esté mis prisonnier. Mais ledict sieur de la Vigerie, ayant sceu qu'il n'y avoit eu aucun arrest d'eslargissement qui peut luy servir de descharge, dict à M. le P. P. qu'il ne pouvoit se dessaisir de ce prisonnier, et depuis on dict qu'il eut ordre de n'eslargir aucun prisonnier sans arrest du conseil. Ce qui servit encor de prétexte de ne juger les procez des prisonniers, veu qu'on n'avoit pouvoir de les tirer du lieu où ils estoient, et que nul ne peut condamner s'il n'a pouvoir de descharger. Aussy, aprez n'avoir jugé ces procez lorsque le Parlement estoit mieux assemblé, on trouva périlleux de tenter l'exécution au temps que les plus riches de la ville en estoient absens, et qu'il valoit [mieux] attendre la Saint Martin, le retour du Roy à Paris duquel on receveroit les ordres, veu mesmes que M. le P. P. agissoit comme s'il eust ordre exprez d'empescher le jugement de ces procez.

Le dimanche aprez midy, 2ᵉ jour d'octobre, M. le P. P. fit assembler chez luy MM. les présidents du Parlement, le lieutenant général et procureur du roy au bailliage, les capitaines ou leurs lieutenans et les eschevins de la ville. En cette assemblée, il fut arresté que la ville sembloit s'affermir en sa tranquillité et qu'il n'y eut plus d'apparence de sédition, qu'au lieu que les bourgeois avoient jusques alors faict la garde en la place de devant Nostre Dame et aux portes de la ville, à l'advenir ils feroient seulement garde en la place de Nostre Dame où entreroient deux compagnies de bourgeois, affin que le corps de garde fut plus fort et, qu'au premier advis de sédition, la pluspart des bourgeois qui y seroient en garde iroient au lieu de la sédition pour la dissiper dez son commencement.

Ce réglement fit, qu'au lieu que chaque jour il entroit en garde quatre compagnies de bourgeois, dont l'une alloit à Nostre Dame et les trois autres à Saint Hilaire, Martainville et Cauchoise, depuis ce jour il n'en entroit chaque jour que deux en garde; ainsi les bourgeois, qui [entroient] auparavant en garde de douse jours l'un, n'y entrèrent depuis que de vingt quatre jours l'un, et celles qui se divisoient en trois trouppes et n'entroient que de dix huit jours l'un en garde, n'y entrèrent à l'advenir que de trente six jours l'un, ainsi le bourgeois fut moins distraict de son travail.

Ce réglement faict à bon dessein fut blasmé de plusieurs. Aucuns du Parlement, qui n'ont rien d'agréable quand il est faict sans eux, disoient qu'il estoit périlleux d'avoir changé l'ordre que le sieur abbé de Cormeilles avoit veu estably dans la ville et que, s'il en mésarrivoit, on en donneroit le blasme à ceux qui avoient faict ce changement. Que le peuple n'estoit pas encore tellement réduit à son debvoir qu'il ne publiast encor plusieurs propos tendant à sédition. Qu'en tout cas ce changement n'avoit deub estre faict que dans le Parlement, les chambres assemblées, ausquelles ils prétendoient qu'appartenoit le pouvoir des armes, en l'absence du gouverneur, et non au premier président seul.

Mais la response estoit facile; que l'ordre estably pendant une sédition ne doibt pas estre perpétuel, que jusques à ce qu'on eut veu le peuple continuer son debvoir, on avoit deub faire une garde plus exacte et que peu à peu il le faloit accoustumer à obéir sans contraincte. Que comme la fatigue des gardes a faict voir aux bourgeois ce qu'ils ont souffert pour n'avoir promptement résisté en la sédition, aussy ce soulagement estant un fruict de l'obéissance du peuple, les fera résoudre à servir de mieux en mieux; qu'il ne faloit plus de garde aux portes, veu qu'on ne craignoit plus que le désordre vint de dehors et que ce corps de garde de Nostre Dame, estant double, seroit suffisant pour aller sur le champ dissiper ceux qui se voudroient attrouper pour faire sédition.

Que M. le P. P. faisoit seul la fonction du gouverneur absent et appelloit chez luy qui bon luy sembloit! Que M. de Longueville n'appelle jamais au conseil de guerre que ceux mesmes qui avoient assisté à cette assemblée. Que l'ordre des gardes n'avoit point [esté] concerté, les chambres assemblées, mais donné par M. le P. P. seul. Que difficilement telles choses qui consistent plus en exécution qu'en délibération se peuvent traiter les chambres assemblées. Que l'appoinctement des querelles concernant le poinct d'honneur se faict par celuy qui préside au Parlement et non par la compagnie assemblée, de laquelle, au faict des armes, on ne prend advis que par honneur et pour, par arrest, porter les peuples à obéir plus franchement.

Le peuple grossier ne laissa de s'imaginer que ce corps de garde de Nostre Dame n'estoit faict que pour la seureté de la personne et maison de M. le P. P. Qu'à ce dessein il en faisoit doubler le nombre; qu'il estoit seul cause qu'on continuoit les gardes. D'autres disoient qu'il vouloit supprimer peu à peu la garde des bourgeois, pour donner lieu d'introduire une garnison dans la ville, tous discours impertinens et ridicules qui se destruisent de soy mesmes et néantmoins nous avons voulu les remarquer pour exprimer à quel point d'aveuglement les esprits estoient tombez.

Quelques esprits séditieux passèrent les nuicts suivantes vers ce corps de garde, disant des paroles injurieuses contre M. le P. P. et contre ceux qui estoient en garde, qui ne tindrent pas beaucoup de compte de les réprimer; ces insolences se commirent de fois à autres pendant ce temps de la continuation du Parlement.

## CHAPITRE SIXIÈME.

5 octobre : Le peuple abat la potence élevée au Vieil-Marché. — Le Premier Président veut renvoyer l'affaire au bailliage. — Les mêmes désordres se renouvellent le soir. — Le peuple brûle la potence. — Inaction du Premier Président. — Le peuple se porte au Vieil-Palais. — Comment le s^r de la Vigerie s'en débarrasse. — 29 octobre : Incident à propos d'un navire chargé de blés. — Le Premier Président et l'avocat général du Vicquet. — Le Premier Président part pour Charleval. — 4 novembre : Nouvelle mutinerie contre un chandelier près la Croix-de-Pierre. — Assemblée chez le Président de Criqueville. — 7 novembre : Procès de Burin, m^e des postes. — Députation des villes de Rouen et de Caen au Roi. — 10 et 11 novembre : Départ des députés de Rouen. — Objections contre cette députation. — Pourquoi le Parlement n'est pas consulté. — Irritation du Chancelier et de M. de Bullion. — Le lieutenant général du Becquet est reçu par le Cardinal. — La question du rétablissement des bureaux démolis. — Faux bruits répandus par les partisans. — M. du Becquet et M. de Bullion. — Retour des députés. — Gassion envoyé contre les Nu-Pieds. — Il entre à Caen le 16 novembre. — Occupation militaire de la ville. — Le conseiller d'Etat de la Poterie. — Jugement et exécution des séditieux de Caen. — Décembre : Gassion sort de Caen. — Sommes imposées à titre de subsistances. — Gassion au Prêche. — Gassion marche sur Avranches. — 14 décembre : Attaque des faubourgs. — Mort du m^is de Courtomer. — Prise de la ville. — La sédition est anéantie.

Le lundy 3^e jour d'octobre, je partis de Rouen et m'en allay en Caux, et ayant passé au Havre de Grace, je revins à Rouen le samedy 8 d'octobre où j'appris que, pendant mon absence le peuple avoit faict une eschappée assez indiscrète dont il faut parler.

L'esté précédent, un artisan de la rue Persière avoit eu querelle contre un serviteur qui suivoit le sieur de Varengeville[1], et le sieur de Seneville Petit[2]. Des paroles on en vint aux mains et le serviteur tua l'artisan, dont le procez ayant esté faict au bailliage de Rouen, par sentence, ce valet fut condamné par contumace à estre pendu et estranglé, ce qui fut exécuté en effigie le 5 ou 6 de ce mois d'octobre.

A l'instant, le bruit se respandit que cette potence avoit esté préparée pour pendre Gorin. Les séditieux s'attroupèrent en la place du Vieil Marché, abbattirent la potence et la trainèrent par les rues avec discours et cris insolens, mesprisant ceux qui leur commandoient ou exhortoient de rentrer en leur debvoir, par ce qu'ils n'estoient en estat de s'opposer par force à cette fureur populaire.

Le Lieutenant général, voyant que la sédition continuoit, envoya en donner advis à M. le P. P. qui estoit couché et fit dire que, le lendemain, on y pourvoiroit; je pense qu'il creut que la nuict, qui avoit esté tousjours tranquille au fort de la sédition, feroit cesser cet orage, mais le peuple continua de trainer la nuict cette

---

[1] Sans doute Jacques Roque, sieur de Varengeville et de Galleville, reçu conseiller lay en août 1636, lieutenant général du bailly de Rouen en 1646 et depuis secrétaire des commandemens de Monsieur.

[2] Nicolas Petit, sieur de Senneville, correcteur en la Chambre des Comptes, père de Pierre, qui fut conseiller en 1646.

potence, mesmes par dérision devant le corps de garde de Nostre Dame, qui ne fit aucun debvoir de les réprimer, quoyque les injures des séditieux semblassent les exciter à ce debvoir.

Le lendemain matin, les officiers du bailliage envoyèrent au Parlement un d'entre eux donner advis de ce désordre arrivé la nuit précédente. M. le P. P. fit responce, (sans le mettre en délibération), qu'il s'agissait de l'exécution d'une sentence du bailliage et qu'il n'y avoit rien qui concernast le Parlement, qu'ils en informassent au bailliage et y pourveussent comme ils adviseroient bien estre; et sur ce qu'on répliqua que le peuple ne s'estoit attrouppé que sur l'opinion qu'on voulut punir les prisonniers que le Parlement avoit faict arrester comme séditieux, et que cette action jointe aux paroles de mespris et insolences qui avoient esté publiées offensoient le Parlement, M. le P. P. persista à dire qu'il n'y avoit rien qui concernast le Parlement, et que c'estoit un faux bruit publié par les parens du maistre de ce valet pour empescher que cette effigie ne demeurast plus long temps en place, et qu'il suffiroit de détromper le peuple et faire congnoistre que la potence n'estoit pas mise pour le subject qu'on leur avoit faict entendre.

Aussy, il manda le bourreau et le blasma d'avoir mis cette potence de nuict, et que cela avoit faict que le subject d'icelle avoit esté incongnu au peuple, qui auroit pu lire l'inscription de l'effigie si elle avoit esté mise de jour, et luy commanda de la mettre ce jour là de meilleure heure.

Mais, encore que le bourreau eut obéy à ce commandement, le peuple ne laissa le soir de s'attroupper en plus grand nombre que le jour précédent, abbattre la potence, la trainer par les rues de la ville avec les mesmes huées et insolences, mesmes ils forçoient ceux qu'ils rencontroient de leur donner de l'argent pour boire à la santé du Roy, ce qu'ils firent, et rapportèrent la potence au Vieil Marché où ils la bruslèrent. Cette folie dura une grande partie de la nuict, sans qu'aucun s'y opposast, et le peuple ensuite se dissipa sans attenter autre chose.

On s'est estonné du peu de soin que prit M. le P. P. de faire charger les séditieux, et depuis d'en faire informer et punir les coupables, car, si la première nuict il fut surpris, au moins debvoit il se mettre en estat de faire armer les bourgeois ou commander à ceux du corps de garde de Nostre Dame de faire leur debvoir, et le lendemain faire recherche des coulpables et faire armer des bourgeois, à ce que la potence fut remise, sans retomber en ce second désordre. Mais il avoit tel désir de s'acquérir le renom d'estre populaire, qu'il refuyoit toute occasion de renger le peuple à son debvoir par la sévérité.

Mais, de plus, il dict à quelques personnes que cette action feroit voir au Roy que l'on avoit eu raison de ne pas punir les coulpables, et que si, sur un faux bruit qu'on voulut les punir, le peuple s'estoit soulevé avec tant de violence, que, si on en fut venu à la punition, la sédition eut esté renouvellée si fascheuse qu'on n'eut pu y remédier; au lieu que les mieux censez jugeoient que le peuple se rend insolent lorsqu'il pense qu'on le craint et qu'un chastiement exemplaire des premiers désordres auroit empesché les derniers, et ce que M. le P. P. espéroit debvoir estre sa justification a esté le subject du reproche plus grand qu'on luy aye faict et au Parlement.

Environ ce temps (ou peut estre au temps du décès de M. Salet, cy dessus remarqué), le peuple se souleva sur une autre occasion. Le chasteau du Vieil Palais n'a qu'une entrée, laquelle est par dedans la ville. Il avoit autrefois une autre porte, vulgairement nommée la porte du Secours, laquelle donne issue par dehors la ville ; mais elle a esté (depuis la prise de la ville en 1562), tellement bouchée de massonnerie de pierre de taille, qu'il estoit aussy difficile de la rétablir que d'en faire tout de nouveau en un autre lieu.

Le bruit s'espandit par la ville que le sieur de la Vigerie faisoit travailler à ouvrir et restablir cette porte, ce qui esmeut fort les bourgeois, et le commun peuple s'attroupa vers le Vieil Palais. Les habitans ont toujours désiré d'estre seuls en armes dans leur ville et qu'il n'y entrast aucuns gens de guerre, pour y estre en garnison. Ils s'imaginoient estre maistres de leurs portes, et que cette nouvelle porte qu'on ouvroit estoit pour faire entrer des soldats, pour tenir la ville en bride.

Ce raisonnement estoit foible, car il est facile au Roy de faire entrer dans la ville telles trouppes qu'il luy plaira et de les mettre où bon luy semblera, ce que mesmes la suite a faict voir ; mais, parce que le peuple commencoit à se mutiner, le sieur de la Vigerie voulut leur en oster le prétexte et tesmoigna n'avoir jamais eu dessein d'ouvrir cette porte, et, pour leur en oster l'appréhension, il offrit de faire entrer dans le Vieil Palais ceux qui estoient là assemblez, pouveu qu'on n'y entrast que deux ensemble, ce que plusieurs acceptèrent.

Quelques uns voulurent y entrer ensemble en plus grand nombre ; mais le sieur de la Vigerie, qui avoit interest d'estre le plus fort dans ce chasteau où il y avoit peu de soldats en garnison, repoussa ceux qui vouloient y entrer par force, en plus outre que le nombre qu'il avoit prescript. En ce conflit, il y eut un homme blessé en la teste d'un coup de hallebarde, mais la blesseure ne fut pas périlleuse. Les autres, qui entrèrent dans la place, furent menez partout où ils désirèrent entrer et, ayans veu cette porte fermée et nulle apparence qu'on travaillast à l'ouvrir, ils en donnèrent advis à ceux qui estoient hors le chasteau, lesquels se retirèrent chez eux et ainsi cet orage fut entièrement dissipé.

Je fus dans Rouen tout le reste de ce mois, (réservé que sur la fin du mois je fus peu de jours en Caux), et ne remarquay rien de notable concernant cette sédition ; mais vers Avranches, et presque en toutte la Basse Normandie, les désordres des Nu pieds et autres factieux continuèrent, tels que nous les avons descrits cy dessus.

Le samedy 29 octobre, le Procureur du roy du bailliage vint au Parlement et dict qu'il avoit faict arrester un vaisseau qu'on chargeoit, moitié de bleds et moitié d'aveine, en vertu d'un passeport obtenu six mois auparavant de M. le Cardinal, soubs le nom d'un marchand hollandois, auquel estoit énoncé que c'estoit pour en assister aux Hollandois alliez de la France. Que ce passeport luy avoit semblé suspect, tant parce qu'il avoit sceu qu'il estoit obtenu pour un nommé Dumesnil, ordinaire à envoyer des grains soubs divers prétextes, et duquel le peuple avoit pillé la maison en la dernière sédition ; que c'estoit ce Dumesnil, et non le marchand hollandois, qui l'en avoit sollicité ; qu'il estoit notoire, que la Hollande n'avoit point besoin de grains et que, lorsque elle en avoit besoin, elle en tiroit de Hambourg et autres lieux septentrionaux. Que le long temps, dont on ne s'estoit aidé de ce passeport, faisoit croirre qu'il estoit remply, et que peut estre, par intelligence avec les officiers, on ne l'avoit dossé ; que nouvellement on avoit arresté un vaisseau chargé de grains à Caudebec, parce que l'attestation de la décharge d'iceux à Calais estoit plus ancienne que le jour du partement de Caudebec, ce qui fait voir combien peu on doit faire cas des attestations que ces grains eussent esté portez en Hollande ; que le passeport estoit foullé et pressé sur les mots qui exprimoient la quantité des grains dont on permettoit le transport ; qu'il estoit à craindre, qu'au lieu de porter ces grains en Hollande, on ne les portast à Dunkerque et que plusieurs, par intelligence, se faisoient prendre en mer par les Dunkerquois.

Mais la raison du temps, et qui concerne cette relation, est que le peuple, sur l'advis qu'on chargeoit ces grains, commençoit à se mutiner et s'assembler vers ce vaisseau et qu'il faloit y pourvoir. Cette raison mit en peine M. le P. P. qui d'un costé craignoit d'offenser MM. les Ministres en empeschant l'effet de ce passeport, et d'ailleurs il craignoit, si il donnoit main levée du du vaisseau arresté ou empeschoit qu'on n'en délibérast, que le peuple ne luy en voulut mal. Cela fut cause qu'il fit la sourde oreille, lorsque le greffier l'advertit que le Procureur du roy demandoit d'estre ouy sur ce subject, et néantmoins, voyant que plusieurs disoient qu'il faloit le faire entrer, il dict qu'on le fit entrer.

Aprez qu'il eut esté ouy, M. le P. P. dict que cela ne concernoit point le Parlement et que MM. du bailliage devoient continuer cette affaire. Que, s'ils avoient quelque affaire fascheuse, ils venoient tousjours nous en charger. Aucuns de MM. craignoient d'irriter M. le P. P., en le priant de mettre cette affaire en délibération, mais M. du Viquet advocat [général], avec des termes que je doibs taire, requit que ce vaisseau fut saisy à sa requeste et que le porteur du passeport fut ouy, de sorte qu'aprez que, par son audition, on eut veu clairement que ce passeport estoit pour Dumesnil, joinct les autres suspicions, on ordonna que Dumesnil seroit ouy au premier jour et cependant deffenses d'enlever lesdits grains, et furent deux huissiers envoyez à la garde de ce basteau.

Cette affaire occupa presque toutte la matinée, à cause des longueurs que M. le P. P. y apportoit, estant en peine comme il en useroit, mais depuis, M. le P. P. ayant mandé le sieur Robin au Parlement, sur ce qu'il dict que ce passeport estoit véritable, qu'il en avoit eu advis des officiers de M. le cardinal, qu'il seroit dossé si on s'en estoit aidé, M. le P. P., avec quatre ou cinq de MM. qui estoient restez dans le Palais, dirent qu'on souffrit l'enlevement des grains estant desjà chargez, le surplus différé et que l'enlèvement se feroit de nuict à ce que le peuple ne s'en esmeut. Ce qui fut faict, aprez que les huissiers eussent esté payez par Dumesnil au delà de leur salaire. [De cette permission plusieurs se plaignirent.

Jusques à ce temps, M. le P. P. estoit demeuré dans Rouen sans en désemparer, croyant que sa présence estoit nécessaire pour pourvoir aux désordres qui y pourroient survenir, et que MM. du Conseil avoient confiance particulière en luy. Mais, le vendredy 4 de novembre, il se retira à Charleval, et fit tacitement arrester en la Grand Chambre qu'on n'y viendroit plus jusques à la Saint Martin. Mais la Tournelle, où présidoit M. de Criqueville, continua de travailler.

Aucuns s'imaginèrent que M. le P. P., soubs prétexte d'aller à Charleval, estoit allé à Paris pour, pendant cet intervalle, y faire sa court et faire agréer ce qu'il avoit faict. Mais, en effet, il estoit demeuré à Charleval.

Incontinent aprez son partement, il survint quelque désordre prez la Croix de Pierre sur ce subject : de tout temps on règle à la police le prix de la chandelle. Les chandeliers, n'estant point contens du prix de 6$^s$8$^d$ auquel on l'avoit réglée à la police, le mois de décembre 1638, en refusoient en plusieurs boutiques ou en bailloient peu et disoient n'en avoir point davantage.

Il arriva qu'un chandelier, demeurant près la Croix de Pierre, n'en ayant voulu livrer qu'à un petit nombre de ceux qui en demandoient, le peuple de ce quartier, qui est plus mutin que le reste de la ville, s'assembla et voulut piller sa maison; mais comme le chandelier avoit des amis en ce quartier, ils l'assistèrent de telle sorte qu'il se garantit de cette violence.

Cela arriva (ce me semble) le vendredi soir 4 de novembre. Le lendemain, M. le P. de Criqueville estant adverty, et qu'on craignoit que ce désordre ne se renouvellast et augmentast, assembla chez luy, l'aprez-midy, MM. du Parlement qui estoient à Rouen, les capitaines de la ville, le Lieutenant général, Procureur du roy et eschevins. On arresta que, pour obvier à ce désordre, on tiendroit la police dans la chancellerie au premier jour d'aprez la Saint Martin; cependant, enjoinct aux chandeliers de tenir leurs boutiques fournies, les gardes furent mandez et leur fut ce commandement faict, et aux enquesteurs et sergeans d'informer des contraventions.

Aucuns de MM. les conseillers trouvèrent mauvais qu'en ceste assemblée on eut appellé d'autres que MM. du Parlement, mais ils estoient peu informez de ce qui se pratique en telles occasions, où il s'agit seulement de donner advis à celuy qui préside au Parlement, et non de donner arrest ni de délibérer et faire un arresté à la pluralité des voix. Or, en telles choses, les capitaines et eschevins sont souvent plus intelligens que les officiers du Parlement.

M. le P. P., qui avoit esté adverty de la part de M. le P. de Criqueville de ce désordre, luy fit dire par un de ses fils qu'il croyoit qu'il seroit bon d'informer diligemment des autheurs de cette mutinerie. M. le P. de Criqueville respondit que, veu que la Saint Martin estoit proche, il en réserveroit la recherche et la punition à MM. du Parlement pleinement assemblez, veu mesmes que M. le P. P., longtemps auparavant, n'avoit voulu approfondir le procez de la potence traisnée et bruslée par le peuple. Au reste, les chandeliers, ayans en quelque sorte obéy à ce commandement, il ne s'en ensuivit point d'autre désordre et, aprez la Sainct Martin, aprez plusieurs remises, enfin on mit la chandelle à 7 s. 4 d. la livre.

Le lundy 7 de novembre, se présenta à la Tournelle le procez d'entre Burin, maistre des postes, et un messager de Caën dict Rabelais. Ce dernier estoit accusé d'avoir excité ceux qui pilloient la maison de Molan d'aller à celle de Burin, lequel, en haine des procez qui estoient exercez, il disoit estre monopolier. Il y avoit quelque chose de prouvé, mesmes un tesmoin disoit avoir vu Rabelais boire chez Molan du vin que les séditieux mettaient au pillage. Le bailly de Rouen, sur la plainte de Burin, avoit décerné prise de corps contre Rabelais qui en avoit appellé. Sur lequel appel aucuns vouloient le condamner à une légère amende et à une petite somme pour intérests et despens, mais on creut plus à propos de mettre l'appellation au néant et, néantmoins, convertir le décret de prise de corps en comparence personnelle, despens réservez, affin que, si ce que rapportoit ce tesmoin singulier estoit encore attesté par quelqu'autre tesmoin, on peut punir cette insolence de punition corporelle. Si on eust jugé sommairement le procez que Burin demandoit estre instruit, on eut creu que le Parlement eut estouffé la congnoissance des autheurs de la sédition, mais il n'en a pas été faict plus grande recherche, les parties s'estans appointées.

Voilà les tragédies jouées en Normandie pendant l'esloignement du Roy; reste de parler de la catastrophe et de ce qui est arrivé depuis le retour de Sa Majesté [1].

Les habitans de Rouen et Caën, sitost qu'ils apprirent le retour du Roy à Paris, résolurent de députer vers S. M. pour se resjouir de son heureux retour et luy rendre compte du debvoir qu'ils avoient faict de

---

[1] Le manuscrit présente ici deux versions : l'une où l'on trouve le premier jet de l'auteur, est contenue aux cahiers paginés 25-32, 33-40. A cette première version, Bigot, modifiant légèrement sa rédaction primitive, en a substitué une autre, qui se continue dans trois cahiers reconnaissables à leur écriture un peu meilleure, dont le premier de 16 pages (recto et verso), non paginé par l'auteur, a été paginé à tort au crayon et intercalé entre les pages 137 à 144 du manuscrit, où il n'existe pas de lacunes.

Vient ensuite le cahier paginé au crayon 10 à 17, et enfin le troisième, qui porte en tête, de la main de Bigot, l'indication III, et est paginé par lui 41-46. C'est la dernière version que nous avons suivie. Toutefois, la première a plus de vigueur.

Ce trois cahiers vont faire la matière de la fin de ce chapitre, des septième, huitième, et de la plus grande partie du neuvième.

Notons seulement qu'à la page 25 du manuscrit ainsi remplacé, Bigot indique qu'à la fin d'octobre, « le Roy revint de Lyon à grandes journées a Fontainebleau où il estoit le jour de Tous les Saints et incontinent aprez vint à Paris. »

s'opposer aux mouvements populaires de leurs villes.

Le sieur du Becquet, lieutenant général du bailly de Rouen, les sieurs de Brévedent et Voisin, sieur de Guenouville, deux autres eschevins et de Gueutteville, procureur syndic de la ville de Rouen, furent choisis pour députez. Le premier avoit persuadé cette députation. Outre ses bonnes qualités, il se persuadoit qu'il avoit beaucoup de crédit en cour. Il estoit bien en l'esprit de M. le chancelier et [de] M. des Noyers [1]; le sieur de Gueutteville estoit son amy particulier et accoustumé en semblables députations. On croyoit aussy que le sieur de Brévedent seroit bien receu, veu la manière dont il avoit agi contre les séditieux. Ils partirent pour Paris le 10 ou 11 novembre et le 12 le sieur du Becquet fut excusé pour cela de comparoistre au Parlement.

Ceux qui blasmoient cette députation disoient que c'estoit aller, au nom de toute la ville, demander pardon au Roy, quoyqu'il n'y eut qu'un petit nombre de gens de néant coulpables; que les plus riches habitants avoient esté l'object de la fureur de ces coquins et non leurs complices. Que le sieur du Becquet, pour se rendre agréable à MM. du Conseil, avoit

---

[1] François Sublet, sieur des Noyers, baron de Dangu, d'abord trésorier de France à Rouen, puis appelé à Paris, comme contrôleur général des finances, par M. Bochart de Champigny son oncle, alors surintendant des finances, plus tard intendant des finances, puis secrétaire d'Etat en 1636, après le départ de M. Servien. Il fut successivement honoré des charges de capitaine du château de Fontainebleau en 1637, de surintendant des bâtimens de France en 1638. Congédié par le roi en 1643, il mourut à Dangu le 20 octobre 1645.

faict député pour faire accepter, pour expiation de ces désordres, des choses fascheuses à la ville et à toute la province.

On disoit, au contraire, qu'il ne faloit pas croire que ce qui s'estoit passé en la ville fust de si peu de consi-dération qu'il fust mis en oubly par MM. du Conseil ; qu'il faloit donc député pour en rendre compte et dis-tinguer ce que les principaux habitants avoient faict, d'avec la faute de quelques uns de la lie du peuple, qu'il valoit mieux se racheter comme l'on pourroit que d'attendre les effects de la colère du Roy.

Ceux qui estoient de cet advis croyoient que, pour les mesmes raisons, le Parlement et Cour des Aides debvoient député, ayans mesmes le Parlement à rendre raison de la manière dont il avoit usé de l'authorité des armes, en l'absence du gouverneur et lieutenant de roy ; que l'on pourroit en mesme temps mesnager le droict annuel et le payement des gages.

Ceux de l'advis contraire respondoient que l'Hostel de Ville avoit un fonds certain pour le voyage de ses députés et non le Parlement. Que la députation en petit nombre seroit ridicule ; et si elle estoit nombreuse, elle seroit à charge à une compagnie mal payée de ses gages. Que la difficulté des audiences et les mauvais traite-ments, que les députez des cours souveraines rece-voient, faisoient que chaque députation diminuoit quelque chose du crédit et authorité de la compagnie qui l'avoit faite. Que la mémoire estoit récente du mauvais succès de la députation faite en 1637 à Dangu et Saint Germain, et plus encore du peu d'égard [qu'on] avoit eu, en cette année 1639, aux remonstrances de M. le P. de Criqueville. Que la ville estoit composée du menu peuple qui avait failly aussy bien que des notables habitants, et avoit à craindre qu'on ne luy fit porter l'indemnité des préposez à la perception des droicts du Roy, ce que le Parlement ne debvoit pas craindre.

Que MM. du Conseil n'ignoroient pas le service rendu au Roy par le Parlement pendant cette sédition. Que, si ils l'ignoroient ou feignoient l'ignorer, la harangue des députez, sans offre de vérifier les édicts, ne les feroit pas changer d'advis.

Que, par les lettres de M. le Chancelier apportées par M. Le Noble, il avoit escript qu'il feroit sçavoir au Parlement les ordres du Roy, et que n'ayant pas escript que l'on députast, il faloit croire que la députation ne seroit pas bien receue.

M. le P. P. ne vouloit point que l'on députast et, dans cette diversité d'advis, il luy fut facile de ne pas assembler le Parlement pour en délibérer. Il croyoit qu'il estoit de son authorité que MM. les ministres ne receussent que de luy, et non des députez, les instructions de ce qui s'estoit passé, pour avoir seul la gloire de ce qui auroit esté bien faict, et rejeter sur qui il voudroit ce en quoy on auroit failly.

Il croyoit que l'on estoit si fort satisfait de ses services qu'il obtiendroit sans peine la survivance de sa charge pour M. de Ris, son fils, maistre des Requestes de l'hostel du roy, appuyé, comme il se l'imaginoit, du crédit de M. le Chancelier, madame de Ris estant parente de madame la Chancelière[1].

M. le P. P., pour parvenir à son dessein, dict, pendant les vacations, qu'il faloit attendre la Saint Martin pour, avec la compagnie mieux assemblée, délibérer s'il faloit députer; depuis, la chose passa en oubly ou comme chose de laquelle le temps propice estoit passé, et les autres cours souveraines, n'ayans pas d'exemple qu'elles aient député sans le Parlement, se conformèrent à ce que faisoit le premier corps, mais le temps a faict voir que la députation de la ville, sans celle des cours souveraines, estoit inutile.

Le sieur de Gueutteville, qui avoist esté député peu aprez la sédition, avoit donné advis des plainctes des préposez à la perception des droicts du roy, mais, comme M. le Chancelier et M. le Surintendant luy avoient parlé sans aigreur, il s'estoit persuadé que l'on pourroit, par les raisons que les députez de la ville allégueroient, estouffer ces plainctes.

Mais au contraire M. le Chancelier leur dict qu'ils ne debvoient pas croire que le Roy se contentast de la punition de quelques coquins, et M. de Bullion leur protesta avec paroles aigres que la ville payerait les pertes arrivées aux bureaux des droicts du Roy et que, contre son sentiment, on avoit dissimulées. MM. Bouti-

---

[1] M. de Ris avait épousé Charlotte Maignart de Bernières, fille de Charles Maignart de Bernières, successivement conseiller au Parlement de Paris, maître des requêtes et conseiller d'Etat, et d'Anne Amelot.

lier,[1] de Noyers et autres du Conseil leur dirent aussy qu'il estoit résolu de faire respondre la ville en général de ces désordres.

Ils firent instance pour estre admis à saluer le Roy et M. le Cardinal, mais on leur dict qu'ils n'y seroient receus qu'après que les bureaux des droictz du roy seroient restablis, et M. de Bullion leur avoit faict escrire par le sieur de Gueutteville qu'ils restablissent les bureaux avant que d'envoyer des députez; néantmoins M. le C. de Guiche obtint de S. E. audience pour le sieur du Becquet, à laquelle s'estant rendu à neuf heures du matin au Palais Cardinal, il sceut que M. le Cardinal ne verroit personne le matin, ayant faict ses dévotions. Il attendit jusques à midy et disna à la table des abbez.

Après le disner, M. le C. de Guiche le fit entrer au lieu où estoit M. le Cardinal avec M. le Chancelier, M. de la Melleraye et plusieurs autres seigneurs. Peu aprez qu'il fut entré, M. le Cardinal l'apperceut et l'appella et luy dict que, ce qu'il ne voyoit pas les députez de la ville de Rouen, n'estoit pas pour leurs défauts personnels, mais parce qu'ils estoient députez d'une ville de laquelle le Roy estoit mescontent.

Les autres ministres avoient demandé aux députez,

---

[1] Claude Le Bouthillier, conseiller au Parlement de Paris en 1613, secrétaire des commandements de la reine Marie de Médicis, par la faveur du cardinal de Richelieu, secrétaire d'Etat en 1628, surintendant des finances en 1632, conjointement avec Claude de Bullion. Il eut seul, après la mort de ce dernier, en 1640, l'administration des finances. Il mourut en 1652. Louis XIII l'avait nommé l'un des conseillers de la Régence, mais, après sa mort, il fut éloigné des affaires.

dez qu'ils les saluèrent, quels estoient leurs pouvoirs, si les bureaux du roy estoient restablis. Ils respondirent qu'ils venoient rendre compte au Roy de leurs actions et l'asseurer de l'obéissance et fidélité de la ville. On leur demanda si ils se chargeaient de restablir les bureaux, si ils respondaient de la seureté desdits bureaux et des préposez; ils dirent qu'ils feroient tout ce qu'il seroit en leur pouvoir, mais n'avoient pas charge de les garantir. Ils craignoient, si ils les garantissoient, que la ville ne les en blasmast et que MM. les ministres ne leur imputassent à faute de ne les avoir pas maintenus, puis qu'ils offroient de les garantir à l'advenir. On leur dict qu'ils avoient député en vain n'ayant pas pouvoir de garantir ces bureaux.

Les partisans, pour augmenter l'indignation du Roy, publioient qu'il y avoit à Rouen une nouvelle sédition; que le grenier à sel avoit esté pillé, ce qui estoit faux, que la maison d'un chandelier avoit esté bruslée; (Il y avoit eu quelque rumeur contre ce chandelier, peu avant la Saint Martin pour querelle particulière qui n'avoit point passé les menaces); que l'on avoit affiché des escriteaux séditieux au bureau du droit annuel.

Les députez de la ville soutinrent que ces bruits estoient faux et, quoy qu'il se fut passé, qu'il en seroit faict une exacte recherche et punition. Mais si tost qu'ils avaient destruit une fausse nouvelle, les partisans en inventoient une autre. M. de Bullion pressant le sieur du Becquet de déclarer ceux qui avoient failli, lors de cette sédition du mois d'aoust et, le rebutant avec mespris, il respondit avec liberté qu'il justifieroit et maintiendroit ses actions devant le Roy et M. le Cardinal, sans avoir besoin d'en blasmer d'autres pour sa descharge. Cette contestation donna peut estre subject à son interdiction, M. de Bullion ayant d'autant plus d'aversion de luy qu'il le cognoissoit appuyé de M. le Chancelier, pour lequel il avoit beaucoup de haine et de mespris.

Ainsy les députez revinrent à Rouen à la fin du mois de novembre et ceux de Caën n'eurent pas plus de satisfaction. Aussy les esprits de Caën n'estoient plus calmes que ceux de Rouen et, en Costentin, ceux qui qui se disoient du party des Nu pieds continuoient leurs désordres, mesmes depuis le retour du Roy. Pour y pourveoir, on envoya en Normandie les meilleures troupes de l'armée du mareschal de la Melleraye, commandées par le sieur de Gassion,[1] mareschal de camp, avec un ample pouvoir.

Il entra en Normandie environ la Saint Martin et fit son premier logis à Neufchastel et aux environs, puis à Charleval et aux environs, puis ensuite passèrent à Pont de l'Arche et y logèrent et aux environs, et de là allèrent au Grand Couronne, Moulineaux, Bourgtheroude et parroisses voisines, puis au Pontautou et lieux

---

[1] Jean de Gassion, né à Pau le 20 août 1609, soldat à seize ans, s'illustra sous les ordres de Gustave, roi de Suède. Rentré en France en 1632, après la mort de ce prince, il prit part à toutes les guerres du règne de Louis XIII, et partagea, avec le grand Condé, l'honneur de la victoire de Rocroi. Maréchal de France en 1643, il mourut le 2 octobre 1647, des suites d'un coup de mousquet reçu au siège de Lens.

adjacens et de là vers Lisieux où, après avoir séjourné peu de jours, elles entrèrent à Caën le jeudi au soir, 16 novembre. Le régiment de Champagne demeura à Vernon et Andely, lieu destiné pour son quartier.

Quoy que ces troupes fussent retenues en leur debvoir par un chef fort vigilant, et qu'elles ne prissent que ce qui estoit nécessaire pour subsister, elles ruinèrent fort les lieux où elles passèrent, excédant le nombre de quatre mil effectifs en huit régimens d'infanterie et plusieurs cornettes de cavalerie.

Le sieur de Gassion ne refusa aucune personne de condition qui luy demandast l'exemption de sa parroisse. M. le P. P. ne l'avoit pas prié d'exempter Charleval, et il croyoit que son nom portoit assez de recommandation, et, qu'aprez avoir esté l'object de la haine des séditieux, il ne debvoit pas estre mal traité par les trouppes qui venoient pour les chastier. Si tost qu'il sceut le logement faict à Charleval, il y envoya et les trouppes en délogèrent de grand matin.

Les habitants de Caën prierent le sieur de Gassion de différer de faire entrer ses trouppes en leur ville; qu'ils espéroient que leurs députez auroient satisfaict le Roy, ce qui fut cause du peu de séjour qu'il fit aux environs de Lisieux.

A demie lieue de Caën, il fit marcher ses trouppes en ordre, tambour battant, et, dez qu'il y entra, il se saisit des principales places de la ville et donna à chaque soldat un billet de la maison en laquelle il debvoit loger. Il excepta d'abord tous les officiers et gentilshommes de ces logements, mais depuis il révoqua partie de ces exemptions, plusieurs des autres habitants ne pouvans plus nourrir leurs hostes.

Peu de jours aprez, il commanda aux habitans de porter leurs armes en l'Hostel de Ville. Ils y obéirent, on laissa seulement l'espée aux gentilshommes. Ce commandement estonna fort les bourgeois qui creurent qu'aprez les avoir désarmez, on useroit sur eux de grande rigueur.

En suite, M. de la Poterie[1], conseiller d'Estat, qui l'avoit suivi comme intendant de la justice, présida au jugement des accusez. Branuds fut condamné à estre rompu vif comme aussy un autre (il me semble qu'il se nommoit Morel), proche parent du sieur du Haguais, receveur des tailles. Ils furent tous deux appliquez à la question et, aprez leur mort, leurs corps mis en quartiers, furent exposez aux principales portes. Ils moururent sans repentance de leur faute, parlant en termes exécrables contre ce qu'ils debvoient avoir en plus grand respect. Le gazetier Renaudot n'a rien dit de cette exécution non plus que de celles qui depuis ont esté faictes à Avranches et à Rouen.

Dès le lendemain du jour que le sieur Gassion arriva à Caën, il dit aux habitants que ses trouppes y resteroient jusqu'à ce qu'ils eussent payé la subsistance. Ils estoient taxés environ à 60 mil livres. Ils en réunirent 20 mil livres qu'ils payèrent, attendant la levée de

---

[1] Charles le Roy, sieur de la Poterie, conseiller du roy en ses conseils, intendant de justice, police et finances en Normandie, dans la généralité de Caen. *Diaire*, p. 32, note 1.

la somme totale et, au moyen de ce premier payement, le sieur de Gassion mena vers Falaise et Bayeux la moitié de ses trouppes et, environ le 3 décembre, aprez avoir receu encore 20 mil livres, il fit sortir le surplus des soldats, aprez environ 3 semaines de séjour et y laissa seulement 300 hommes.

Ces trouppes vescurent à Caën à discrétion, sans observer le règlement qui y fut publié, par lequel estoit limité ce que les hostes debvoient fournir. L'infanterie logeoit dans la ville, et la cavalerie aux fauxbourgs et s'espandoit aux villages voisins, où fut faict beaucoup de dégast.

Le sieur de Gassion fust au presche le dimanche 19 novembre; on luy bailla, à ce que j'ay appris, le carreau et tapis de pied de velours. Le ministre fit un discours à sa louange et luy représenta le service que la ville de Caën avoit rendu au feu roy Henry IV, auquel et au Parlement elle avoit servy de retraicte. Il l'exhorta d'user de sa commission, de telle sorte qu'il ne changeast point ses lauriers en cyprez.

Si tost qu'il eust tiré touttes ses trouppes de Caën, il marcha en grande diligence vers Avranches, où estoit le plus grand nombre des Nu pieds, lesquels ayans advis de sa marche, laissèrent partie de leurs trouppes dans leurs retranchemens du fauxbourg d'Avranches et marchèrent avec le surplus vers l'armée du Roy, qu'ils croyoient rencontrer au passage d'une rivière qui est au chemin ordinaire, mais le sieur Gassion fut mené par un autre chemin, au fauxbourg d'Avranches où, nonobstant le petit nombre de séditieux, ils se mirent en deffense et, sur ce qu'il commanda de forcer les retranchemens, les Nu pieds firent une descharge de leurs mousquets; les trouppes du Roy se mirent le ventre en terre; mais le marquis de Courtomer[1] qui y commandoit son régiment, voulant les animer par son exemple, fut blessé d'une mousquetade, dont il mourut sur la place, laissant sa femme grosse d'une fille qui a esté mariée au marquis de Langez.

Il y eut peu d'autres officiers et soldats tuez, et les trouppes du Roy pressèrent de telle sorte les séditieux qu'ils abandonnèrent le fauxbourg. Plusieurs furent tuez, tant dans leurs retranchemens qu'en la fuite; d'autres, pris et pendus au mesme lieu; quelques uns se noyèrent, pensans gagner le Mont Sainct Michel.

Le fauxbourg esprouva les effects de l'insolence des soldats victorieux et irritez de la mort du marquis de Courtomer. La ville se rendit sans résistance; cet exploict fut faict le 14 décembre.

Longtemps aprez, un nommé La Loué, que l'on disoit avoir tué le sieur de Courtomer, fut arresté prisonnier vers Fougères. Le régiment du deffunct fust donné au baron de Pontchasteau[2]. Les trouppes du

---

[1] Cyrus de S. Simon, marquis de Courtomer, fils de Jean-Antoine de S. Simon, en faveur de qui la terre de Courtomer fut érigée en marquisat par lettres de février 1620. Sa fille unique, Marie, fut mariée deux fois; la première à René de Cordouan, marquis de Langey; son mariage ayant été annulé, elle se remaria à Jacques Nompar de Caumont, duc de la Force.

[2] François du Cambout, baron de Pontchasteau, frère du marquis de Coislin, gendre du chancelier.

Roy furent en quartier d'hiver à Avranches et aux environs jusqu'à ce qu'elles vinrent à Rouen.

Ainsy cette canaille, qui avait tenu plusieurs mois la campagne, fut dissipée en un moment. Ils portoient pour estendart une ancre de sable en champ de sinople.

## CHAPITRE SEPTIÈME.

17 novembre : Le Roi ordonne d'envoyer au Conseil les procédures suivies contre les séditieux. — Mensonges des partisans. — MM. Talon et Le Tellier commis pour informer à Rouen. — La question du rétablissement des bureaux est posée au Parlement. — Conclusions de l'avocat général Le Guerchois. — Réunion des Chambres. — On mande les échevins. — 29 novembre : Rapport des députés de la ville. — On décide d'assembler les Cours souveraines. — 30 novembre : Réunion chez le Premier Président. — Questions de forme. — La Chambre des Comptes veut rester à l'écart. — 1er décembre : Assemblée générale du Parlement. — En quels termes l'arrêt de rétablissement est rendu. — Protestation des trésoriers de France. — Blâme exprimé contre ces arrêts. — Ce qu'en pense M. de Bullion. — Placards affichés contre les bureaux. — La Cour ordonne des informations. — La Congrégation de Sainte-Geneviève et le monastère de Saint-Lô. — Défense au Parlement de connaître de ce débat. — L'Archevêque de Rouen et le Parlement. — M. Péricart évêque d'Avranches. — Il meurt avant la sédition. — L'Archevêque obtient l'évocation de tous ses procès. — Ses sermons pendant l'Avent de 1639. — Sa manière d'intercéder près du Cardinal et du Chancelier. — Réponses qu'il reçoit. — Il prêche sur les lamentations de Jérémie. — Poursuites pour le recouvrement des taxes contre les procureurs et huissiers du Parlement. — Difficultés que soulève la transformation de leurs offices en charges héréditaires. — Les procureurs abandonnent le palais pendant trois semaines. — Ils couchent dans le palais. — Arrêt du 10 décembre. — Les partisans font vendre les meubles de Germont, procureur. — 14 décembre : La ville est taxée à 150,000 livres, à titre de subsistances.

Le jeudy 17 novembre fut apportée au Parlement la lettre de cachet du 16 par laquelle le Roy ordonnoit d'envoyer à M. le Chancelier les procez instruits contre les séditieux, pour estre veus au Conseil. On arresta d'y envoyer la coppie des coppies et garder l'original des procez. On auroit aussy envoyé l'extraict du registre secret, mais on trouva que le greffier l'avait mal rédigé, aussy la lettre de cachet ne parloit point d'envoyer cet extraict.

On creut qu'elle emportoit une tacite deffense de juger les procez des accusez et ceux, qui auparavant insistoient à les faire juger, creurent ne debvoir plus parler, estimans que si on les avoit jugez, les partisans auroient publié qu'on l'auroit faict pour descharger les coupables, les empescher de déclarer les complices et supprimer ce qu'ils auroient dict.

Ils publioient que plusieurs personnes de qualité estoient autheurs de la sédition et s'estoient meslez avec le peuple, desguisez en portefaix, que plusieurs officiers du Parlement s'estoient absentez et que quelques uns estoient sortis du royaume.

Ils firent nommer MM. Talon[1], conseiller d'Estat et Le Tellier[2], Me des Requestes (depuis secrétaire d'Estat), pour en informer. Ils veinrent à Rouen, sans que le

[1] Jacques Talon, d'abord avocat général au Parlement de Paris en 1621, charge dont il se démit en 1631 en faveur d'Omer Talon, son frère ; conseiller d'Etat en 1631. Il fut l'aïeul du chancelier de Pontchartrain et le bisaïeul du chancelier Daguesseau.

[2] Michel Letellier, né le 19 avril 1603, conseiller au grand Conseil, puis procureur du roi au Châtelet en 1631, maître des requêtes en 1638, intendant de Piémont en 1640, secrétaire d'Etat en 1643, trésorier des ordres du roi en 1658, chancelier et garde des sceaux en 1677, et mort en 1685.

Parlement traversast leur commission. Il est à croire qu'ils n'espargnèrent personne et le malheur de la province et du Parlement fut qu'ils ne trouvèrent nulle personne de qualité criminelle. On vouloit un grand exemple; il falut le faire sur le général, parçe que les particuliers estoient exempts de faute.

Au reste, comme on avoit reproché aux deputez de la ville que les Bureaux du Roy n'estoient pas restablis, on en parla aussy à M. de Ris, qui l'escrivit à M. le P. P., son père, auquel M. le chancelier en escrivoit aussy. Il en fit la proposition à la Grand Chambre, où des gens du Roy ne se trouva que M. Le Guerchois. M. Salet estoit mort en septembre, et M. du Vicquet s'abstenoit de parler de ces affaires en public et en particulier, blasmant tout ce que les autres faisoient.

M. Le Guerchois discourut amplement de l'avarice et insolence des partisans, de leur ingratitude envers le Parlement qui, par un zèle extraordinaire, les avoit garantis de la fureur du peuple; qu'ils rendoient les charges de la compaignie sans profit en destournant les gages, et sans honneur par leurs calomnies; qu'ils demandoient secours au Parlement en affaires dont ils l'avoient tousjours soustenu incompétent; qu'il leur doibt suffire qu'on tolère la levée des droicts non vérifiez, sans prétendre que le Parlement en face l'establisssement; qu'il persistera aux conclusions que feu M. Salet avoit prises, sur la seconde relation de M. Le Noble, et que, ne voyant nul ordre du Roy, il estimoit que *nihil ad curiam*, et que M. le P. P., commandant les armes en l'absence de M. le gouverneur et lieutenant de Roy, y pouvoit pourvoir. Ainsy, sans se départir de sa vigueur ordinaire, il renvoyoit la plote à M. le P. P.

Plusieurs de la Grand Chambre approuvoient ces conclusions et estimoient que, de donner pour lors arrest pour restablir les bureaux, supposeroit que l'on auroit failly de ne l'avoir pas donné plus tost; et M. le P. P., pour avoir temps de mesnager les esprits, fit advertir MM. les Présidents et Conseillers de la Grand Chambre que l'on en délibéreroit à l'issue de la grande audience, en laquelle assemblée M. Le Guerchois réitéra sa harangue, et M. le P. P., craignant l'issue de la délibération, fit arrester que les eschevins seroient mandés pour le jour suivant.

Le vendredy 24 novembre, vinrent en la Grande Chambre les sieurs Hébert[1] et Auber, sieur de Heudebouville, eschevins. M. le P. P. leur représenta les plaintes que faisoient les commis des bureaux pillez par le peuple; que pour les faire cesser, il faloit restablir ces bureaux, affin que le Roy n'envoyast pas pour les restablir des gens de guerre en la ville. Ils respondirent qu'ils en advertiroient les autres eschevins.

Cependant, le sieur de Brévedent, ancien eschevin, et les autres députez, estans revenus de Paris, ledit sieur de Brévedent et le sieur Auber vinrent en la Grand Chambre, le mardy 29 novembre; ledict sieur de Brévedent représenta qu'ils n'avoient peu voir le Roy ny M. le cardinal, et avoient esté mal receus par M. le Chancelier et MM. les surintendans des finances,

---

[1] Claude Hesbert ou Hébert; il fut anobli en 1650.

qui, entr'autres choses, leur avaient reproché que les bureaux de Rouen n'estoient pas restablis et qu'on leur avoit enjoinct d'en faire le restablissement; que l'Hostel de ville, n'ayant pas pour cela assez d'authorité, supplioit la cour d'y employer la sienne, et qu'à ceste fin il fist faire assemblée générale des compagnies souveraines, pour estre donné arrest de leur consentement. Leur réquisition fut dictée en leur présence au greffier par M. le P. P.

Eux retirez et l'affaire mise en délibération, il se trouva quatre advis. Le premier, de ne donner aucun arrest, suivant les conclusions de M. Le Guerchois; le second, de juger les prisonniers et faire restablir les bureaux aprez que leur exemple auroit réprimé l'insolence du menu peuple; qu'il n'y avoit que ce jugement de la compétence du Parlement. M. le P. P. appuya fort un troisième advis de restablir présentement les bureaux; le quatriesme advis prévalut d'assembler, avant touttes choses, chez M. le P. P., les députez des compagnies souveraines, le Lieutenant général et les eschevins pour en délibérer.

M. le P. P., craignant qu'il ne passast au second advis, dict que le Roy, ayant faict porter au Conseil les procez des accusez, avoit lié les mains au Parlement. Aussy, ceux de cest advis et du premier qui estoient en petit nombre se remirent au dernier advis, s'imaginant, ou que quelque incident empescheroit que ceste assemblée ne restablit les bureaux, ou qu'ils seroient restablis de l'advis des autres compagnies, qui soutiendroient avec le Parlement l'envie et la haine du peuple.

Il estoit si tard, quand on sortit de cette assemblée, que le notaire qui fut advertir les autres compagnies souveraines d'envoyer le lendemain leurs députez chez M. le P. P., y trouva peu d'officiers qui se chargèrent d'en advertir les autres, et quelques uns de la Cour des Aides furent, ce mesme jour après midy, chez M. le P. P., duquel ils sceurent le subject de la conférence.

Le mercredy 30 et dernier novembre, à deux heures après midy, se rendirent chez M. le P. P., M. le P. Bretel (et ce me semble M. le P. de Lannoy) et MM. de Bonneval et le Brun, conseillers, M. le P. de Mautheville [1], M. Cornier [2] et un autre maistre des comptes et M. de Grainville [3], advocat général de ladite chambre, MM. Romé et Puchot, thrésoriers de France, de Fry [4] et Hermival conseillers en la cour des aides, le sieur du Becquet, lieutenant général du bailly, les eschevins et le syndic de la ville.

Les officiers de la ville demandèrent que l'on pourveust au restablissement des bureaux, le Lieutenant général appuya leur demande, les députez de la Chambre des Comptes dirent n'avoir pas sceu le subject de

---

[1] Nicolas Langlois, seigneur de Mauteville l'Esneval, baron de la Croix-Saint-Leuffroy et autres lieux, conseiller du Roi en ses Conseils d'Estat et privé et premier président en la Chambre des Comptes de Normandie depuis 1585.

[2] Robert Le Cornier, conseiller maître en la Chambre des Comptes, frère de Jacques Le Cornier, seigneur de Sainte-Hélène, conseiller au Parlement.

[3] Jacques Le Pelletier, sieur de Grainville, conseiller du roi en ses conseils, avocat général en la Chambre des Comptes, puis, en 1647, président des Requêtes du Parlement.

[4] Jacques de Fry, conseiller en la Cour des Aides.

la conférence et qu'avant d'en opiner, ils le réfèreroient à la chambre. Ceux de la Cour des Aides et thrésoriers de France dirent l'avoir appris, depuis leur compagnie séparée; tous en général disoient estre incompétens, s'agissant de police et de l'authorité des armes, et ceux du Parlement dirent que, la sédition estant passée, ils avoient moins subject de s'en mesler que les autres compagnies.

On proposa d'assembler les corps et donner un arrest commun, mais n'y ayant point d'exemple de telles assemblées, on ne put pas convenir en quelle forme on la feroit. Enfin les députez du Parlement et Cour des Aides résolurent d'exhorter leurs compagnies de donner séparément arrest à mesme jour et à mesme substance. MM. les députez de la Chambre des Comptes dirent qu'ils ne s'en mesleroient point et que cela passoit la ligne de compte.

Le jeudi 1er décembre, aprez l'audience, M. le P. P. rapporta en l'assemblée des présidents et conseillers de la Grand Chambre le résultat de cette conférence. Ceux qui vouloient empescher ou retarder l'arrest pour le rétablissement des bureaux insistèrent à ce qu'il en fut délibéré, les chambres assemblées, disans qu'il auroit plus de considération et de force et que tous les officiers du Parlement seroient obligez de le faire exécuter. On fit donc entrer MM. des Enquestes et Requestes qui restoient au Palais, au nombre de sept ou huit seulement, qui murmuroient de se voir en si petit nombre. MM. les présidents et conseillers de la Grand Chambre estant vingt ou environ, M. le P. P., feignant de n'entendre pas ceux qui demandoient que l'on remit au lendemain la délibération, prit les advis.

Tous MM. de la Grand Chambre furent d'advis de donner arrest conforme au résultat de la conférence faicte chez M. le P. P., et fut dict qu'il y aurait péril à la remise ; que l'on ne pouvoit assez tost donner au roy cette satisfaction ; qu'il seroit honteux au Parlement que les autres compagnies l'eussent prévenu. Ceux, qui avoient insisté à l'assemblée des chambres, n'osèrent appuyer la remise de la délibération de crainte d'estre remarquez, comme portez avec trop de chaleur à empescher le restablissement des bureaux.

MM. de la Grand Chambre, qui avoient desjà opiné avant l'assemblée des chambres, ne répétèrent point les raisons de leur advis, duquel furent quelques uns de MM. des Enquestes et Requestes, et le nombre des contredisans fut si petit, que l'on arresta, dez ce jour là, de donner arrest et le publier au mesme jour que la Cour des Aides. Il fut placité le jour suivant. Opinant en mon ordre, je fis rejeter la clause que quelques uns y vouloient mettre, que les propriétaires des maisons pillées et dégradées les restabliroient, sauf leur recours sur qui il appartiendroit, me semblant fascheux et injuste de les engager à cette avance, sur une espérance d'un recours incertain, lequel recours les partisans se feroient plus facilement adjuger.

L'arrest fut donc conceu en ces termes, sans y faire mention de la réquisition des gens du Roy, car ils n'estoient pas en la chambre et ne vouloient pas le requérir : la Cour, les chambres assemblées, a ordonné que les bureaux des droicts du Roy seront restablis, enjoinct aux préposez et commis à la perception desdicts droits de venir faire leurs charges, lesquels et leurs préposez et domestiques ont esté mis en la protection et sauvegarde du Roy et de la Cour; deffenses a touttes personnes de s'attaquer à eux ny les troubler à la perception desdicts droicts, à peine de la vie. Ordonné que les thrésoriers de France, baillis, vicontes et autres juges et eschevins tiendront la main, autant qu'à eux appartiendra l'exécution du présent arrest; enjoinct à tous huissiers et sergents de faire à cette fin tous exploicts nécessaires et que l'arrest sera publié à son de trompe et affiché par les carrefours de cette ville, à ce qu'aucun n'en prétende cause d'ignorance.

Le mesme jour, la Cour des Aides donna son arrest semblable en substance à celuy du Parlement et en ordonna l'exécution aux éleus et autres officiers subjects à son ressort, et furent ces deux arrests publiez et affichez en mesme temps.

La Chambre des Comptes ne voulut donner aucun arrest par les mesmes considérations que leurs députez avoient représentées, le 30 novembre, chez M. le P. P. et les thrésoriers de France envoyèrent au Parlement, le mercredy 7 décembre, MM. Romé et Louvel se plaindre de ce que le Parlement, par cet arrest, leur en enjoignoit l'exécution, ce qu'ils protestèrent qu'il ne leur porteroit point préjudice, n'estans pas subalternes au Parlement, et le Conseil seul pouvant user de ces termes. Eux retirez et aprez en avoir délibéré, on les fit revenir et leur fut dict par M. le P. P. que l'on n'avoit pas usé de ces termes pour faire entreprise sur eux, mais pour, en touttes manières, faire obéir le Roy.

Les sentiments furent fort différents touchant ces arrests. Plusieurs mesmes du Parlement, et principalement quelques uns qui n'avoient pas assisté à la délibération du 1er décembre, les blasmoient en la forme et en la matière.

Pour la forme, ils se plaignoient que, sans avoir pris jour, on eut à onze heures et demie faict entrer, en l'assemblée des chambres, six ou sept des Enquestes et Requestes pour, avec vingt de la Grand Chambre, destruire ce que soixante dix avoient résolu; qu'il n'y avoit eu pour cela ni ordre du Roy, ni cause de changement; que la lettre, que M. le P. P. disoit avoir receue de M. le Chancelier, n'avoit point esté monstrée à la Compagnie, que les gens du Roy n'avoient point esté ouis.

Que par cet arrest on authorisoit tous les imposts, desquels on restablissoit les bureaux, de sorte que si, sur quelque contestation, l'affaire en est amenée au Parlement ou Cour des Aides, on ne pourra plus par arrest en deffendre la levée, quoy que la pluspart ne soient pas vérifiez et quelques uns contraires aux priviléges des cours souveraines; qu'il n'y auroit pas lieu, si les Edicts en estoient cy après envoyez, d'en refuser la vérification; que ces arrests pourroient resveiller la sédition.

On excusoit l'heure de l'assemblée sur l'urgence du faict, estant besoin d'appaiser le courroux du Roy, avant que l'on eut pris les résolutions contre la province et le Parlement; que la réquisition des eschevins enployez au registre confirmoit ce que M. le P. P. disoit luy en avoir esté escript par M. le Chancelier et suppléoit le défaut de conclusions des gens du Roy; qu'il n'estoit pas sans exemple de donner des arrests sans qu'ils y eussent conclu.

Que ces arrests pour le restablissement des bureaux ne supposoient pas qu'on en eut examiné la nature ni si ils estoient vérifiez on non, à quoy on seroit entier lorsqu'il seroit parlé séparément de ces levées; que le salut du peuple estoit le motif plus puissant qui faisoit passer sur beaucoup de ces formalitez pour destourner de la province des choses beaucoup plus faschéuses que ces imposts.

M. de Ris présenta à M. de Bullion cet arrest du Parlement, croyant que cela feroit fort considérer l'authorité et les bonnes intentions de M. son père, mais M. de Bullion n'en fit pas grand cas, ne voulant pas arrester l'avantage qu'il vouloit tirer de cette sédition pour les finances du Roy, et les commis, qui ne faisoient instance du restablissement des bureaux que pour avoir prétexte de mutiner contre le Parlement, qu'ils croyoient ne les vouloir pas restablir, ne tenant pas grand compte de revenir en ces bureaux, qui furent remis avec quelque murmure du peuple, mais sans aucune suite fascheuse, les esprits du peuple estans ralentis et les bourgeois dans l'appréhension des effects de la colère du Roy, laquelle les gens d'affaire continuèrent d'augmenter par leurs calomnies.

Ils prirent prétexte des placarts qui furent trouvez sur la porte du droict annuel et ailleurs en ces termes: monopolier tu y passeras et seras payé. M. Le Guerchois requist qu'il en fut informé et la Grand Chambre ordonna que par le premier des conseillers de la Cour, bailly de Rouen ou son lieutenant, il en serait informé et censures publiées. On publia les censures, néantmoins l'autheur de ces placarts demeura incongneu.

On trouva peu aprez, en la Rougemare, un libelle qui disoit que, si le Roy avoit besoin d'argent, on le trouverait en la bourse de tels et tels et y estoient nommez les premières personnes de l'Estat. Un sergent porta ce papier à M. le P. P., qui en fit dresser procez verbal et l'envoya au Conseil. M. Le Guerchois requist qu'il en fut informé et censures publiées, ce qui fut ordonné et effectué, sans que l'on descouvrit les coulpables.

En ce temps on voulut, soubs prétexte de réforme, changer quelque chose au monastère des Cordeliers, et les religieux de la Congrégation de Sainte Geneviève voulans s'establir au monastère de Saint Lô, le peuple et le Parlement estans favorables aux anciens, les réformez eurent recours à l'authorité du Conseil, où fut donné arrest sur la requeste du père Favre, abbé de Sainte Geneviève, le 18 novembre, portant décret de prise de corps contre le nommé Videbien, supérieur des anciens religieux de Saint Lô, et interdiction au Parlement d'en cognoistre. Cet arrest fut signifié à M. de Mathan conseiller, qui le présenta à la Grand Chambre le mercredy 7 décembre; on ordonna qu'il seroit communiqué au Procureur général, mais on n'osa mettre depuis l'affaire en délibération.

Le mesme jour, le sieur Brifaut[1], procureur du Roy au bailliage de Rouen, vint en la Grand Chambre et dit qu'il luy avoit esté signifié un compulsoire du Conseil, pour y faire porter le procez instrumenté pour la mort d'un homme, tué en la rue de la Prison par le cocher du sieur Le Telier. On luy ordonna d'en envoyer la coppie collationnée.

Il dict aussy que l'official de Rouen refusoit d'accorder des censures ecclésiastiques, pour avoir révélation des coulpables de la mort de Jacob Hais. On luy dict qu'il l'y obligeast par les voyes ordinaires de la justice. Il est à croire qu'il en faisoit refus, attendu que l'action s'estoit passée en public, et que les censures engageroient un trop grand nombre de personnes.

M. l'archevesque de Rouen[2] avoit faict son séjour ordinaire à Gaillon cette année et les précédentes. La magnificence de ce chasteau et avantages de sa situation l'y pouvoient attirer, mais son humeur assez particulière, et les contestations qu'il avoit eues avec le Parlement, luy faisoient désirer de n'estre pas au lieu où tous les jours il survint des contestations des puissances spirituelle et temporelle.

Environ l'an 1632, il avoit affecté de se remettre bien avec le Parlement et s'estoit persuadé qu'il luy se-

[1] François Briffault, sieur de Brécy, Bellestre et Bretheuil.
[2] François de Harlay de Chanvallon, docteur de Sorbonne, coadjuteur du cardinal de Joyeuse en 1614; il lui succéda en octobre 1615. Démissionnaire en 1651 en faveur de son neveu François de Harlay, il mourut à Gaillon en avril 1653.

roit avantageux d'y venir souvent prendre sa place. On estoit en difficulté si, avant que de pouvoir opiner, il estoit besoin qu'il y fist le serment, et il s'y soumit et le fit à genoux, la main sur l'Evangile, quoy que tous ses prédécesseurs y eussent opiné, sans faire aucun serment.

Il continua d'y venir si souvent, que cela donna lieu plustost à le mespriser qu'il ne produisist l'effect qu'il s'estoit imaginé. Il estoit pour lors prez de luy M. Péricart[1], évesque d'Avranches, prélat fort accort, qui avoit esté quelques années conseiller en ce Parlement. Il faisoit ce qu'il pouvoit pour maintenir la mutuelle correspondance des deux puissances, mais l'humeur altière et inégale du métropolitain ne respondoit pas aux bonnes intentions de son suffragant, lequel, voyant son dessein irréussible, se retira en son diocèse.

Il vint néantmoins en 1639 au Parlement et célébra la messe, le jour de l'Ascension, et disna avec les officiers du Parlement. Il estoit receu conseiller avant M. de Formauville, doyen. Il prévoyoit les malheurs qui menaçoient ceste province et me dict que le peuple, ennuyé des impositions extraordinaires, au lieu de dire : *Domine salvum fac regem*, disoit : *Domine salvum fac gregem*. Survinrent peu aprez les désordres des Nu

[1] François Péricart, doyen d'Avranches, conseiller au Parlement, et chanoine de Rouen, fut promu en 1588 au siège épiscopal d'Avranches, vacant par la mort de Georges, son frère. Il mourut subitement au château de Condé, résidence des évêques d'Evreux, le 25 novembre 1639, doyen des évêques de France. Il fut enterré dans la cathédrale d'Evreux, dans la même sépulture que Guillaume, évêque d'Evreux, son frère. Son cœur fut placé dans la chapelle Saint-Georges de la cathédrale d'Avranches, auprès des restes de ses frères, Georges, son prédécesseur et Odoard, gouverneur d'Avranches.

pieds aux environs de sa ville épiscopale, et Dieu le retira du monde, environ le mois de septembre, pour l'exempter du déplaisir de voir, à son âge de 80 ans et plus les malheurs de son pais et son diocèse.

Il avoit cessé, dez l'an 1637, de se mesler des affaires de son métropolitain, qui depuis s'estoit pourveu au Conseil privé du Roy, et fait casser plusieurs arrests du Parlement et obtenu évocation générale de ses causes. Estant aussy en mésintelligence avec M. le P. P., quoy qu'avant l'an 1636 il eut confié à un de ses fils puisnez la prébende vacante par la mort du sieur Marc, chanoine.

Il prescha cette année en l'église cathédrale tous les jours de l'Avent; et, à son premier sermon, il représenta au peuple combien la sédition était désagréable à Dieu et, qu'encore qu'il se comist de grands abus en la levée des imposts, on ne pouvoit néantmoins sans crime se soulever contre le prince et les magistrats. Il escrivit à M. le cardinal de Richelieu et à M. le Chancelier comme un pasteur en faveur de son troupeau. Il escrivit à M. le Cardinal que ses prédécesseurs luy avoient laissé, par leur exemple, le droit d'intercéder pour les peuples. Il parloit à S. E. comme s'il eust esté son pasteur (à cause des gouvernemens du Havre, Pont de l'Arche et Pontoise); il exagéroit les désordres que causeroient les trouppes, et notamment la profanation des lieux saints; que le peuple avoit plustost failly, pour n'estre point gouverné, que pour s'estre mal gouverné, et par ces mots taxoit ou le Parlement ou celuy qui en estoit le chef. La lettre estoit sans aucune soumission et comme escripte par un supérieur à un inférieur; et au bas, votre très humble et très affectionné serviteur.

Celle escripte à M. le Chancelier n'estoit pas plus civile. Il le traitoit de Monsieur, et au bas : votre très humble et affectionné serviteur et cousin. Elle estoit pleine de sentences latines. Il le conjuroit d'avoir compassion de la province et la protéger prez du Roy. Ces deux lettres estoient fort obscures et énigmatiques, selon le stile ordinaire de l'autheur; celle à M. le Cardinal beaucoup plus longue. Toutes deux datées, ce me semble, du 5 décembre.

M. le Chancelier fit response à la lettre de M. l'Archevesque, et M. de Noyers, secrétaire d'Estat, respondit à celle escrite à M. le Cardinal. Par ces lettres, on l'asseuroit que l'on feroit grand cas de sa recommandation, mais qu'aux affaires, desquelles il avoit escript, la résolution estoit prise qui ne seroit point changée.

Les coppies de touttes ces lettres furent distribuées et on creut qu'il n'en estoit marry. Il se persuada, qu'encor qu'il n'eut pas obtenu l'effet de son intercession, il luy estoit honorable de s'estre interposé pour son trouppeau; qu'il luy estoit avantageux que l'on vit, aux responses qu'on luy faisoit, quelques termes de civilité, comme si de là on eut deub juger qu'il eut grand crédit près de MM. les ministres.

Aprez qu'il eut receu ces responses, au lieu que jusques alors il avoit pris son texte du prophète Aggée : *Veniet desideratus cunctis gentibus*, il commença, le 9 décembre, de prendre pour texte les Lamentations de Jérémie.

On remarqua, ny en ses lettres, ny en ses sermons, ny en ses discours et conversation ordinaires, il parla tousjours de toutte la ville comme également coulpable, sans faire aucune mention honorable de ceux qui avoient faict tout bon debvoir de réprimer la sédition. Mais il marqua encor plus ouvertement son animosité contre le Parlement, par les sermons et discours qu'il tint depuis l'interdiction du Parlement et par le *Rothomagus pœnitens*, composé par son ordre par le curé de Vély, doyen rural du Vexin normand, homme audacieux, duquel en ceste occasion et en plusieurs autres il s'est servy.

Depuis le retour du Roy à Paris, on renouvella les poursuites contre les procureurs du Parlement et autres juridictions pour le payement de leurs taxes, et contre les huissiers du Parlement pour le payement d'une taxe pour rendre leurs charges héréditaires.

Les présidents et conseillers de la Grand Chambre du Parlement sont en possession immémoriale de nommer aux offices de procureurs. Terrien, L. XV. Ch. 9, rapporte deux ordonnances du Roy François Ier des 7 novembre 1544 et 9 aoust 1559 par lesquels, aprez que le nombre, qui lors estoit excessif, sera réduit, il veut qu'ils soient maintenus en ce droict de nomination.

Henri III fit vérifier en plusieurs Parlements son édict de création desdicts procureurs en titre d'office, du quel on a de temps en temps poursuivy l'éxécution sans aucun effet en ce ressort, soit par la ruse des procureurs ou par la protection qu'ils ont receue du

Parlement ou à cause de la révocation de ces édicts faicte par ce mesme Roy, à la requeste des Estats du royaume.

On a resveillé de temps en temps le dessein de les restablir en titre d'office et il a réussy aux jurisdictions inférieures plus esloignées du Parlement de Rouen, mais non en la ville de Rouen où leur secours estoit plus proche.

Au Parlement de Paris, le P. P. avait seul le droict d'y nommer et M. Le Jay[1] a consenty qu'ils fussent créez en titre d'office, au moyen de la somme de 150 mil livres qui luy fut payée pour indemnité.

On voulut faire semblable érection en Normandie, lorsque M. de Chasteauneuf[2] estoit garde des sceaux de France. Desjà Deodati en avoit le party. Les procureurs du Parlement de Rouen abandonnèrent leurs charges. Le Parlement leur enjoignit de faire leurs charges à quoy il n'obéirent pas, jusque à ce que le Parlement, sur leur requeste, eut faict deffense de les poursuivre pour les taxes qui leur estoient demandées.

On continuoit de les poursuivre, lorsque l'on bailla les sceaux à M. Séguier, vers lequel M. Godart, sieur de Braquetuit, et M. de Galentine, sieur de la Vallée,

---

[1] Nicolas le Jay, baron de Tilly, conseiller aux requestes du Parlement de Paris en 1600, procureur du Roi au Chatelet, puis lieutenant civil; président aux requestes en 1613, président à mortier en 1630, il fut, sept mois après, nommé premier président au lieu de Bochard de Champigny, et mourut en 1640.

[2] Charles de l'Aubespine, marquis de Chasteauneuf, garde des sceaux le 14 novembre 1639. Privé des sceaux en 1633, il les obtint à nouveau en 1650. Il dut les rendre en 1651 et mourut en 1653.

estans députez pour la conservation du droict de franc salé et autres affaires du Parlement, l'informèrent de cette vexation, laquelle il fit cesser et les procureurs baillèrent articles contre M. G. Aubourg, l'un de leurs collègues, qu'ils croyoient avoir donné les mémoires à Deodati, et le poursuivirent si chaudemnt qu'il résigna sa charge et quita le palais.

En 1639, Deodati obtint un arrest du Conseil, en vertu duquel il prétendit faire payer à chaque procureur du Parlement 15 à 1600 livres pour le prix de provision de leurs charges, et 700 livres pour droict d'hérédité, le tout solidairement et par corps, et ainsy à proportion aux procureurs des autres compagnies. Ils n'osèrent se pourvoir par requeste au Parlement, parce qu'il leur estoit deffendu par cest arrest du Conseil, et néantmoins sur leurs sollicitations le Parlement ordonna remonstrances, sans prononcer la surcéance des taxes. Les huissiers du Conseil n'y eussent pas déféré et cela eut irrité MM. du Conseil. Aussy les procureurs, ne se voyans pas en seureté, n'obéirent pas à l'injonction qui leur estoit faicte d'exercer leurs charges à peine d'interdiction. Cette peine n'estoit que comminatoire et pour disculper le Parlement d'avoir connivé à leur absence et donné lieu aux désordres qui pouvoient arriver.

M. le P. de Criqueville, qui estoit lors à Paris, fit plainte de ces taxes à M. le Chancelier. Il ne put rien obtenir et les procureurs quitèrent le palais environ trois semaines, en juillet 1639. M. le P. P., sur la parole que lui donna M. le chancelier d'une surcéance d'un mois, les obligea de faire leurs charges et envoyer à Paris traicter de cette affaire. Ceux qu'ils envoyèrent revinrent sans rien conclure. Les séditions survenues à Rouen et autres lieux de Normandie, avant cette surcéance expirée, furent cause du repos qu'ils eurent jusques au retour du Roy.

Après lequel, pour se mettre à couvert des taxes qu'on leur demandoit, les plus solvables s'absentèrent et les autres, en petit nombre, occupoient pour les absens, mesme ils disnoient au palais et le soir se retiroient en habits desguisés.

Et, sur ce qu'ils sceurent que Cécile, exempt des gardes, et ses archers les espioient, ils couchèrent dans le palais. Cécile en fit plainte à M. le P. P., comme si le Parlement, les souffrant à coucher dans le palais, favorisoit leur rebellion ; ainsi nommoit on toute répugnance à payer ce qui estoit demandé.

M. le P. P. avoit tel respect pour tous les ordres du Conseil, qu'il fit ce qu'il peut pour faire que l'on donnast arrest en la Grand Chambre, par lequel on fit défenses au buvetier de souffrir les procureurs à coucher au palais, et il n'y trouva pas de disposition. Enfin, le 10 décembre, M. Jean Le Meau fit plaincte qu'on avoit volé quelque argent en son greffe, et M. le P. P. prit de là occasion de reprocher au buvetier qu'il laissoit entrer la nuit dans le palais touttes sortes de personnes, et luy fit deffenses, sur la réquisition de M. Le Guerchois, d'y laisser coucher aucunes personnes et enjoinct d'en tenir les portes fermées, si tost que MM. seroient retirez.

De manière que les procureurs quitèrent de rechef le palais, jusques à ce que le Conseil leur donna surcéance d'un mois qui expira aprez l'interdiction du Parlement.

Ce fut en ce temps que les meubles de Germont, procureur au Parlement, furent vendus devant Nostre Dame à vil prix, sans que le Parlement, qui craignoit les malheurs que l'on a depuis veus, osast s'y opposer. Le collège des procureurs en a depuis indemnisé Germont.

Le mercredy 14 décembre, les eschevins vinrent en la Grand Chambre et dirent que M. Paris, maistre des requestes, leur avoit donné l'ordre qu'il avoit receu du Conseil d'imposer sur la ville 150 mil livres pour la subsistance, encore que cy devant on les eut quitez pour 100 mil livres; que, pour y adviser, ils feroient le vendredy assemblée générale et exhortoient le Parlement d'y envoyer quelques uns de son corps. On leur dict qu'ils en usassent en la manière accoustumée et que le Parlement n'y envoyeroit point. Il eurent semblable response des autres cours souveraines.

## CHAPITRE HUITIÈME.

17 décembre : L'interdiction du Parlement et des corps de ville et l'envoi du Chancelier en Normandie sont décidés au Conseil du Roi. — Le Parlement reçoit ordre de ne désemparer à Noël. — 19 décembre : Le Parlement décide d'écrire au comte de Guiche. — On reçoit avis du départ du Chancelier et des troupes qui l'accompagnent. — 21 décembre : Réponse du comte de Guiche à MM. de Brinon et de la Place, chargés de lui remettre les lettres du Parlement. — Cortége du Chancelier à son départ de Paris. — Ses étapes. — 22 décembre : Il arrive à Gaillon. — Le conseiller Godard de Braquetuit trésorier du Chapitre. — Ses relations avec le Chancelier. — Il est choisi par l'Archevêque pour faire les honneurs de Gaillon. — Procession expiatoire projetée par l'Archevêque. — Délibération de la Cour sur le cérémonial de la réception du Chancelier. — Recherche des précédents. — 22 décembre : Réunion générale à l'Hôtel-de-Ville pour députer vers M. le Chancelier. — Les Cours souveraines refusent d'y prendre part. — Députation du Parlement vers le Chancelier. — Pourquoi l'avocat général Le Guerchois s'en abstient. — Députation de la Chambre des Comptes, de la Cour des Aides et de l'Hôtel-de-Ville. — Allocution du lieutenant général du Becquet. — Réponse du Chancelier. — Impressions que suggère cette réception. — 23 décembre : Réception par le Chancelier du Parlement et de la Chambre des Comptes. — Discours du Premier Président. — La Cour vérifie l'édit sur les mariages clandestins. — 24 décembre : Tumulte au logis du président du Tronc. — Il est provoqué par Louise de Rassent, sa veuve. — Le Président de Grémonville la fait sommer d'abandonner l'hôtel. — Les Chambres sont assemblées. — Crainte d'émotion populaire. — Commissaires délégués pour en informer. — Arrêt de la Cour ordonnant de constituer la dame du Tronc prisonnière en la Conciergerie avec ceux de sa suite. — Exécution de l'arrêt. — Le conseiller Le Noble député vers le Chancelier pour l'en informer.

En ce mesme temps fust tenu conseil d'Estat à Ruel, où fut arresté d'affliger la Normandie et y envoyer M. le

Chancelier avec des trouppes. Les déclarations d'interdiction du Parlement et autres corps sont datées du 17, et il faloit que la résolution en eut esté prise quelques jours auparavant, puisque le registre secret du Parlement, du vendredy 16 de décembre, porte que M. le P. P. y présenta les lettres de cachet du Roy du 15, par lesquelles S. M. déclaroit que, pour bonnes et grandes considérations concernans ses affaires, il vouloit envoyer à Rouen son Chancelier et le faire partir au plus tost et, qu'encores que le Parlement eust accoustumé de cesser après Noël, il vouloit qu'il continuast de s'assembler et travailler, hors les jours de feste, aux affaires qui se présenteroient, avec deffenses aux officiers de désemparer du Parlement ny de la ville, pour quelque cause que ce fut.

Hardeley, notaire, porta ces lettres aux chambres, et, sur icelles, il ne fut fait aucune assemblée ni délibération, mais quelques uns, sur cela et sur le bruict des choses dont on estoit menacé, décidèrent qu'il seroit bon de député vers le Roy, pour apaiser son courroux, et que les choses que l'on accepteroit ne seroient pas si fascheuses que les effects de ce voyage.

D'autres disoient que les advis du voyage de M. le Chancelier estoient publiez pour estonner les plus timides; que jamais chancelier de France n'avoit esté chargé de semblable commission; qu'en tout cas on ne feroit pas changer la résolution de ce voyage, si on n'offroit chose plus profitable aux finances du Roy que ce que le voyage pourroit produire, et qu'il seroit honteux de destourner le mal par des offres si onéreuses à la province; qu'il faloit garder une conduite égale, et comme d'abord on avoit trouvé à propos de ne pas députer et attendre les événemens sur l'asseurance de l'innocence du Parlement, il ne faloit pas, par un procédé si contraire, advouer que l'on eut failly.

Plusieurs ne déclaroient point leur advis, soit qu'ils n'en eussent point de certain, ou qu'ils craignissent de le proposer et estre blamez si il réussissoit mal, et M. le P. P., qui ne vouloit point que l'on députast, comptoit ceux cy comme de son advis, et n'en fit point délibérer jusques au 19 de ce mois, ainsy qu'il sera dit cy aprez.

Au reste, on ne trouva pas qu'il fallut délibérer sur la lettre de cachet qui ordonnoit la continuation du Parlement. On n'estoit pas en estat d'y désobéir, et on ne vouloit pas authoriser cette forme de continuer le Parlement, ce que l'on n'avoit jamais fait que par lettres patentes.

Le samedy 17 décembre, M. le P. P. mit deux édicts sur le bureau, l'un concernant la réformation du luxe des habits, et l'autre contre les mariages clandestins. On ordonna qu'ils seroient communiquez au Procureur général du Roy.

Ce fut aussy ce mesme jour que M. Le Guerchois fit plainte, en la Grand Chambre, du placard affiché au bureau du droict annuel. On ordonna qu'il en seroit informé, tant par le premier des conseillers de la Cour que par le bailly de Rouen et ses lieutenants civil et criminel, et censures ecclésiastiques publiées.

Le lundy 19 decembre, M. le P. de Franquetot, M. de Buchy dirent qu'ils avoient advis de bonne part que, si on employoit M. le C. de Guiche, il appoincteroit nos affaires à nostre avantage ; qu'on ne pouvoit moins faire que de lui en escrire ; qu'il avoit tousjours rendu de bons offices à la Compagnie, et que M. le Cardinal de Richelieu seroit bien aise qu'on eut obligation, audict sieur Comte son allié, d'avoir appaisé le courroux du Roy.

MM. les PP. de Grémonville et d'Anfreville, apprenans cet advis, allèrent presser M. le P. P. en la Grand Chambre d'assembler les chambres, ce qu'il accorda. En laquelle assemblée il passa de beaucoup de voix à escrire à M. le C. de Guiche, quoique d'autres se persuadèrent que cette lettre engageroit le Parlement à députer vers le Roy. En effet ceux qui désiroient la députation, approuvoient cet advis. Ceux qui doubtoient, si il falloit députer, crurent que M. le C. de Guiche seroit propre à résoudre le doubte et plusieurs de ceux de l'advis contraire n'osèrent s'opposer à l'advis de luy escrire pour ne le pas irriter contre eux et contre le Parlement, et notamment M. le P. P. qui, l'année précédente, s'estoit servy de luy pour appaiser le mescontentement que M. le Cardinal avoit de son procédé.

J'avois eu, le jour précédent, des lettres de Paris par lesquelles on me donnoit advis que M. le Chancelier en estoit party pour Rouen ; que plusieurs conseillers d'Estat et maistres des requestes le suivoient, que les trouppes s'acheminoient vers Rouen. Plusieurs de MM. avoient receu lettres semblables, ce qui estonna les esprits les plus fermes et fit que l'on résolut plus facilement d'escrire à M. le C. de Guiche.

A l'instant M. le P. P. dicta cette lettre par laquelle on le remercioit d'avoir réfuté les calomnies de ceux qui, depuis le retour du roy, avoient sinistrement interprété les actions et intentions du Parlement et rendu tesmoignage du service que la Compagnie avoit rendu au Roy pour réprimer la sédition; qu'on apprenoit que quelques uns continuoient d'irriter le Roy contre le Parlement, qu'on le prioit de continuer ses bons offices. La lettre commencoit : Monsieur, et laissoit la ligne en blanc et en bas : Vos frères et bons amis les gens tenans le Parlement de Rouen, selon l'ancien stile, ayant esté escript en ce stile a deffunct M. de la Mailleraye.

On trouva qu'il estoit sans exemple d'envoyer exprez un conseiller pour estre seulement porteur d'une lettre. On creut aussy que celle cy auroit peu d'effect si elle estoit portée par un greffier. On jugea à propos que Jouenne et Girard portassent cette lettre à M. Boivin[1], abbé de Montmorel, et de la Place sieur de Ranfeugère[2], conseillers, estans lors à Paris, ausquels la cour escrivit de la présenter à M. le C. de Guiche, auquel aussy MM. les PP. d'Anfreville et de Franquetot escrivirent sur ce subject.

MM. de Boivin et de la Place receurent cette lettre

---

[1] C'est Guillaume de Boyvin de Vaurouy. (V. p. 21, note.) Il fut abbé de Montmorel de 1637 au 25 janvier 1665, date de sa mort.

[2] Pierre de la Place, sieur de Renfeugères, chanoine de Notre-Dame, reçu conseiller clerc le 14 août 1634. Il paya sa charge 50,000 liv. et mourut le 20 mai 1675.

13

le 21 et le lendemain allèrent à Ruel pour la porter M. le C. de Guiche ; ils le rencontrèrent revenant à Paris où ils la luy rendirent.

Il leur dict qu'il avoit grand désir de servir le Parlement, mais que cette affaire estoit trop pesante pour ses forces, et qu'il ne croyoit pas qu'une députation seiche (c'est à dire sans pouvoir d'accepter les édicts) peut faire retracter les choses desjà résolues. Il retourna néantmoins à l'instant à Ruel, vit M. le Cardinal et fit response au Parlement et à ceux qui luy avoient escript, lesquelles lettres furent apportées à Rouen, le vendredi 23 décembre, avec celles de MM. de Boivin et de la Place.

Cependant, M. le Chancelier partit de Paris accompagné du prince de Henrichemont [1], son gendre, du baron de Pontchasteaux, frère du marquis de Coeslin, son autre gendre [2], du sieur de Cerisy Habert [3], son nepveu,

[1] Maximilien-François de Béthune, petit-fils du grand Sully, duc de Sully, pair de France, prince d'Enrichemont et de Boisbelle, marquis de Rosny, lieutenant général au gouvernement du Dauphiné, gouverneur des villes et chasteaux de Mantes et Meullant, avait épousé, le 3 février 1639, Charlotte Seguier, fille du chancelier. (M. Floquet, *Diaire*, p. 8, note 2, le confond à tort avec Henri de Bourbon, duc de Verneuil, son second mari, qui n'était pas prince d'Henrichemont et qu'elle n'épousa qu'en 1668).

[2] Madeleine Seguier, fille aînée du chancelier, avait épousé, le 5 février 1634, Pierre-César du Cambout, marquis de Coislin, colonel des Suisses et Grisons, lieutenant général des armées du roi, qui mourut le 10 juillet 1641 des suites d'un coup de mousquet reçu au siège d'Aire.

[3] Il s'agit sans doute de Germain Habert, abbé de N.-D. des Roches et commendataire de Saint-Vigor de Cerisy, membre de l'Académie française en 1629, et considéré comme l'un des beaux esprits du temps. Il mourut en 1654 en la baronnie de Marcé, dépendant de l'abbaye de Cerisy.

et du sieur Galand. Il coucha le 19, en sa terre de La Barre, le 20, à Pontoise, où il vit la mère Jeane, sa sœur [1], supérieure des Carmélites; le 21 à Rosny et le 22 à Gaillon et logeoient tous au chasteau où le soir M. l'Archevesque les traita et, les jours suivans, M. le Chancelier fit sa despense.

M. de la Vrillière [2] vint à Alincourt et y séjourna, en sorte qu'il vint à Gaillon quelques jours aprez M. le Chancelier. Plusieurs conseillers d'Estat et maistres des requestes de ce quartier et des autres s'y rendirent, par diverses voyes, et furent logez par les fourriers du roy aux maisons du bourg et des lieux circonvoisins.

M. l'Archevesque, qui avoit esté en diverses occasions gratifié par M. le Chancelier, luy avoit faict offrir sa maison par M. de Braquetuit, conseiller au Parlement, trésorier en l'église cathédrale de Rouen.

Il [3] avoit faict ses estudes avec M. le Chancelier, avec lequel il avoit depuis conservé habitude manifeste, lorsqu'il fut député du clergé. Il fut, pour ce subject, député par le Parlement en 1633, avec M. de la Valée Galentine, et obtint de mondict sieur, nouvellement Garde des Sceaux, la conservation du franc salé contre les officiers de la Cour des Aides. Il n'eut pas le mesme succez aux autres députations, soit qu'elles fussent pour choses plus difficiles, ou que M. le Chancelier

---

[1] Jeanne Seguier, prieure des Carmélites de Saint-Denis en France, puis de Pontoise.

[2] Louis Phelyppeaux, seigneur de la Vrillière, conseiller d'Etat en 1620, secrétaire d'Etat en 1629, mort en 1681.

[3] M. de Braquetuit.

estimast qu'il suffisoit luï avoir ceste première fois tesmoigné sa bonne volonté. Il ne laissa pas de se rendre depuis fort zélé à porter tous les ordres de la Cour, croyant que luy et les siens, par cet appuy, parviendroient à quelque employ considérable. Ceux qui avoient à faire à M. le Chancelier se servoient de sa recommandation, et lorsque M. Le Noble fut député pour rendre compte de l'estat de la ville, lors de la sédition, il lui servit d'introducteur, comme nous avons dict.

Il avoit autrefois porté chaudement les intérests du Chapitre contre M. l'Archevesque et, s'estans réconciliez avant l'an 1638, il porta depuis avec la mesme chaleur les intérests de l'Archevesque, qui le fit son grand vicaire, et estoit d'ailleurs le premier du Chapitre qui put estre chef de party, le doyen et le chantre[1] qui le précédoient par l'ordre de leurs prébendes, n'estans pas de sa force. La mère Jeane l'avoit réconcilié avec M. l'Archevesque lorsqu'en 1638 il alloit à Paris contre luy pour le Chapitre, et depuis, M. l'Archevesque disoit qu'ils estoient comme Godart et Médard. Ce n'est donc pas merveilles si il le choisit pour faire les honneurs de son chasteau de Gaillon, ne voulant pas discontinuer à Rouen ses sermons de l'Advent.

Il présenta, à Gaillon, à M. le Chancelier la lettre de M. l'Archevesque, qui n'estoit pas de stile fort différent de celle qu'il luy avoit escrite un mois auparavant. Entr'autres il disoit qu'il lui avoit envoyé le vénérable thrésorier et chanoine de son église, le sieur

[1] Le doyen était alors Claude Bretel, fils du président de Grémonville.

Godart, ce sont les qualités qu'il lui donnoit et non celle de conseiller, et, à la fin, qu'il espéroit bientost le recevoir à Rouen pontificalement.

Ces derniers mots convenoient au dessein, qu'il publioit avoir, d'aller au devant de M. le Chancelier, la mitre en teste, et revestu pontificalement et, en cet habit, se mettre à genoux devant luy comme représentant le Roy et, comme pasteur, luy demander pardon pour tout son troupeau; mais, comme cette pompe ne pleut pas à M. le Cardinal, il lui fit dire de n'en rien faire [1].

Et de fait il eut été ridicule d'user de sévérité extraordinaire, après avoir souffert cette cérémonie; extraordinaire et ridicule de faire partir de Paris M. le Chancelier et venir à Rouen avec si grand équipage et escorte pour s'arrester devant cette soumission qui n'estoit pas ce que demandoit, ny le courage irrité de M. le Cardinal, ny les surintendants des finances.

Dès qu'on sceut la résolution du voyage de M. le Chancelier, on délibéra de quelle manière on le receveroit. On fit rapporter le registre de 1540 du logis de M. Du Val Manneville, conseiller nouvellement décédé, mais on n'y trouva rien qui put servir de règle, car, en 1540, le Roy estoit en personne à Rouen.

On y trouva qu'en septembre 1540, le Roy approchant de Rouen, M. le chancelier Poyet [2] estoit logé a

---

[1] Voir à cet égard M. Floquet, *Diaire*, p. 18.

[2] Guillaume Poyet, chancelier de France en 1538, arrêté en 1542, condamné, par arrêt du Parlement du 24 avril 1545, à être privé de sa charge et à 100,000 liv. d'amende. Il mourut en 1548.

Sainct Georges de Boscherville, où M. le P. P. de Marsillac[1] et 2 conseillers furent pour le gratifier. Ce sont les termes du registre. Qu'estant arrivé à Rouen, il fut visité par le second Président et deux conseillers; qu'on luy avoit mis en sa place, au dessus de M. le P. P., un tapis de velours, qu'on osta pour en mettre un de Turquie.

On vit aussy les registres de 1600, 1617 et 1620, et sur le tout on délibéra, les chambres assemblées, le lundi 19 décembre, et furent députez pour le saluer lorsqu'il seroit à Rouen, MM. le P. P., Restaut, doyen; de Brinon, Du Val Bonneval, et le Brun[2], de la Grand Chambre, et MM. de Galentine et Costé[3], doyen et soubsdoyen des Enquestes, et un des gens du Roy (M. Hue[4] s'en excusa). Ce fait, fut registrée la déclaration concernant la réformation du luxe des habits, et celle qui concernoit les mariages clandestins, qui méritoit une plus exacte discussion, fut remise à un autre jour.

Le registre de ce jour porte aussy que M. le P. P.

---

[1] François de Marsillac, président de la Cour des Aides de Paris, premier président du Parlement de Rouen en 1528. Il fut ambassadeur à Gênes et mourut le 13 septembre 1543. Il fut inhumé au prieuré de Saint-Lô de Rouen.

[2] Jean-Baptiste Le Brun, sieur du Boisguillaume, avocat au Parlement, puis reçu conseiller lay le 22 mars 1605, au lieu de Jean-Baptiste Le Brun, son père. Il mourut en décembre 1651 et fut inhumé à Saint-Lô de Rouen.

[3] Pierre Costé, sieur du Mesnil et de Saint-Supplix, baptisé à Saint-Laurent de Rouen le 7 mai 1595, reçu conseiller lay en mars 1618, mort le 1er mars 1614, doyen du Parlement.

[4] Michel Hue, sieur de la Roque, reçu conseiller en 1631, marié à Marthe Dyel, fille de Jean Dyel de Miromesnil, premier président à la Cour des Aides, trisaïeul du garde des sceaux Hue de Miromesnil.

advertit M. Le Guerchois qu'on luy imputoit d'avoir faict deffenses à Louvel, huissier, de publier l'arrest portant restablissement des droits du Roy, dont il se justifia par un long discours qui fait trois pages dudict registre, et ensuite est l'arrest, donné les chambres assemblées, sur sa réquisition, contre ceux qui sèment des libelles diffamatoires et tendant à sédition, desquels il est ordonné aux juges d'en informer et faire publier censures ecclésiastiques.

Le jeudy 22 décembre, les sieurs de Brévedent et Hébert eschevins dirent en la Grand Chambre que l'Hostel de Ville avoit résolu de faire ce jour là une assemblée générale, pour envoyer leur députez se jetter aux pieds du roy et tascher de destourner l'orage qui les menaceoit, et supplièrent le Parlement de députer aucuns de MM. pour assister à cette assemblée. On leur dit que la cour n'y envoyeroit pas et ils eurent pareille response des autres cours souveraines.

M. Godart, qui désiroit que l'on rendit tous les honneurs possibles à M. le Chancelier et que l'on allast le saluer à Gaillon, craignant que l'on ne se résolut pas à envoyer si loing des députez, dict qu'il estoit incertain si il coucheroit ce jour là à Gaillon ou au Pont de l'Arche, sur quoy on députa, les chambres assemblées, MM. le P. P., de Brinon, le Brun et Romé, de la Grand Chambre et M. de Galentine, des Enquestes, pour aller, ce jour là, coucher à Pont de l'Arche et, si M. le Chancelier séjournoit à Gaillon, qu'ils iroient l'y saluer.

M. le P. P. creut que M. le Guerchois seroit peu

agréable à M. le Chancelier, ayant parlé avec chaleur contre les gens d'affaires. Il souhaitoit aussi peu d'estre député, mais il craignoit que M. le Chancelier s'en offensast, s'il s'en estoit excusé ou qu'on creut que sa conscience luy reprochast quelque chose qui l'eut faict s'en dispenser. On employa au registre que, vu l'indisposition de M. du Viquet et deceds de M. Salet, il demeureroit à Rouen pour faire sa charge. Mais MM. du Conseil ne songeaient pas à si peu de chose. Aussi n'est il pas nécessaire qu'en chaque députation il y aye un des gens du roy, et il n'estoit pas nécessaire de tant raisonner ce registre, auquel on avoit arresté de n'en rien mettre, mais M. le Guerchois voulut, pour sa descharge, qu'on le fict aux termes auxquels il est, et de plus il alla, les fêtes de Noel, saluer M. le Chancelier comme particulier. On résolut ensuite que M. le Chancelier, lorsqu'il seroit à Rouen, seroit salué par M. de Grémonville, second président, quatre conseillers et un des gens du roy, ce que M. le P. P. ne fit pas mettre sur le registre.

Et, sur ce que l'on proposa de résoudre quel honneur on luy rendroit, s'il venoit au Parlement, M. le P. P. dict qu'il ne croyoit pas qu'il y vint, ce qui s'est trouvé véritable, et M. le Chancelier s'en estoit expliqué à quelques conseillers d'Estat et maistres des requestes.

Ce mesme matin, la Chambre des Comptes députa pour aller à Gaillon M. le P. de la Barre,[1] quelques

---

[1] Claude de la Barre, sieur de Bonneville, Plessis-Bouquelon, la Chapelle du Bois des Faulx, président à la Chambre des Comptes en 1632.

conseillers des comptes et M. Hébert[1] procureur général, et la Cour des Aides, MM. des Hameaux P. P., trois conseillers et de Pinterville[2] procureur général; et l'Hostel de Ville le sieur du Becquet lieutenant général, les eschevins en charge et le sieur de Gueutteville syndic, tous lesquels députez furent ce jour là coucher, à sçavoir : ceux du Parlement à Louviers chez le sieur Langlois, président en l'eslection et les autres à Gaillon, Pont de l'Arche et ailleurs. Ceux de l'Hostel de Ville saluèrent, dez le soir, M. le Chancelier et les autres le lendemain. Il estoit logé au grand appartement; ses gardes estoient en la salle et conduisoient les députez par la chambre au cabinet où il couchoit.

Le Lieutenant général dit que les habitants de Rouen, sçachant son entrée en Normandie, envoyoient luy rendre leur debvoirs et l'assurer de leur fidélité au service du Roy, aux volontez duquel ils obéiroient, sans qu'il fut besoin de les y forcer par des troupes qui ne serviroient qu'à ruiner la ville et les villages circonvoisins; que le roy ne pouvoit désirer que la recognoissance de leur faute, qu'ils en demandassent pardon et qu'ils satisfissent ceux qui avoient receu du dommage, ce qu'ils offroient.

[1] Richard Hébert, conseiller à la Cour des Aides, puis procureur général à la Chambre des Comptes. Il épousa Marguerite-Jeanne Hallé du Thuit, petite-fille du P.P. Groulart, et fut la tige des Hébert de Beauvoir.

[2] On compte dans cette famille trois générations successives de procureurs généraux à la Cour des Aides : Gabriel, Robert et Gabriel Le Page ou Le Paige, ces deux derniers seigneurs de Pinterville, le premier de 1578 à 1607, le second de 1607 à 1644, le troisième de 1644 à 1666.

M. le Chancelier dict qu'à Paris ils avoient déclaré n'avoir point charge de faire ces offres. Le lieutenant général respondit que pour lors ils n'en avoient point charge, qu'à présent ils l'avoient et demandoient temps d'aller faire au Roy leurs soumissions. M. le Chancelier dit qu'il les en empescheroit bien et le leur défendoit et, sur ce que le Lieutenant général insista d'en demander la permission, et représenta que le logement des troupes ne seroit à charge qu'aux gens de bien, qui avoient réprimé la sédition, et enrichiroit le menu peuple qui avoit faict le désordre et la sédition, que les portefaix gaigneroient à porter les hardes de ceux qui accompagneroient M. le Chancelier, il lui réitéra les deffenses d'aller au Roy [1], qu'il mettroit tel ordre dans Rouen que les gens de bien n'auroient rien à craindre; qu'il apprenoit que plusieurs retiroient leurs filles et leurs meubles en des monastères, comme s'il allait à Rouen pour mettre tout au pillage, ce qu'il trouvoit très mauvais et qu'il en advertit les habitants de Rouen.

Quelques uns disoient que le Lieutenant général avoit faict des soumissions trop grandes et recongneu que la ville en général avoit failly et debvoit le désintéressement des maisons pillées; qu'en pressant trop M. le Chancelier, il avoit tiré de luy une response fascheuse.

D'autres disoient qu'il avoit deub parler ainsy, puisqu'il en avoit charge expresse; que le péril évident y

---

[1] Voir M. Floquet, *Diaire*, p. 23, note 1.

obligeoit. Que la ville en avoit payé beaucoup plus qu'il n'en offroit ; que l'on avoit failly de n'avoir pas, dez la première députation, faict les mesmes offres.

Au reste, M. le Chancelier luy avoit ainsi parlé comme au chef des députez d'une ville qu'il avoit ordre de chastier, quoiqu'il eut estime pour sa personne congnoissant son mérite et le bon debvoir qu'il avoit rendu lors de la sédition, et l'affectionnant comme un frère de M. de Braquetuit.

Ceste response de M. le Chancelier fut faicte en public, ayant donné audience en présence de tous ceux qui se présentèrent, et il en usa de mesme envers les députez des autres corps.

Le vendredy 23, les députez de la Chambre des Comptes furent les premiers conduits par un petit degré à leur audience, peut estre pour éviter la contestation avec la Cour des Aides.

Ensuite M. le P. P. et députez du Parlement furent introduits par la sale et chambre. M. le P. P. fut adverty par M. de Roncerolles que le Lieutenant général avoit entré en matière et qu'il en falloit ainsy user; cessant quoy, il eut faict un simple compliment.

Il dict à M. le Chancelier que les députez du Parlement venoient recevoir les commandements du Roy et les siens. Qu'ils le supplioient de continuer sa protection au Parlement et de ne se point laisser prévenir aux calomnies de ceux qui taschoient de le rendre odieux au Roy. Que le Parlement avoit faict tout debvoir possible, pour réprimer les séditieux, avec lesquels il n'avoit pas peu conniver, puisque leur fureur alloit contre les officiers du Parlement. Que le Parlement abandonneroit ceux de son corps qui se trouveroient en faute et qu'il ne doubtoit pas que chacun ne rendit bon compte au Roy de ses actions. Il parloit ainsy, se croyant hors de blasme, pour avoir esté l'object de la haine du menu peuple, et que M. le P. Bretel avoit à rendre compte de n'avoir pas esté avec le Parlement au lieu de la sédition.

M. le Chancelier respondit que le Roy ne se laissoit point prévenir et estoit bien informé de tout ce qui s'estoit passé; qu'il estoit envoyé en la province avec les armes, pour y faire justice; que les bons seroient recompensez et ne debvoient rien craindre, et les meschants punis. M. le P. P. n'ayant rien répliqué, M. le Chancelier remit les députez du Parlement jusques au milieu de la sale des gardes et, retournant en l'antichambre, il y trouva ceux de la Cour des Aides. M. le P. des Hameaux parla si sommairement, qu'ayant esté accompagné par M. le Chancelier jusques au milieu de la sale des gardes, ils y trouvèrent encore les députez du Parlement.

M. le P. P. s'y estoit arresté à entretenir le sieur Galand, secrétaire du Conseil, son voisin à Paris, et y fut resté plus longtemps, si on ne l'eut adverty qu'il faisoit tarder MM. de la Cour des Aides.

Les députez du Parlement ne revinrent à Rouen que le samedy 24 à midy, et cependant, le vendredy 23, M. le P. Bretel fit délibérer l'édict contre les mariages clandestins et dict avoir esté adverty par lettres de M. de Braquetuit que M. le Chancelier vouloit qu'on le vérifiast sans délay, et de faict, comme il vouloit authoriser cette nouvelle jurisprudence, il désiroit que la vérification fut faite par le Parlement et non par les commissaires qu'il avoit ordre d'establir.

MM. Baudry, Damiens et quelques autres furent d'advis d'y apporter quelques modifications, partie desquelles estoient aux conclusions des gens du Roy; néantmoins il passa à la vérification pure et simple, à quoy quelques uns se portèrent en haine des crimes de rapt trop fréquens et trop impunis en Normandie, d'autres pour complaire à M. le Chancelier.

On tint à l'instant l'audience; cet édict y fut publié, M. le Guerchois fit un long discours contre les ravisseurs et à la louange des bons chanceliers en termes généraux, et quand il fut ensuite à Gaillon, il dict à M. le Chancelier qu'il estoit demeuré à Rouen pour requérir la vérification de cette ordonnance, dont il ne luy monstra beaucoup de gré ny au Parlement, non plus que des honneurs extraordinaires qu'on luy rendit, et tout cela ferma la bouche à ceux qui autrement eussent imputé ce qui est arrivé au mescontentement de M. le Chancelier.

Le samedy 24 décembre, jour destiné à visiter les prisonniers, M. le P. de Grémonville ne vint au Palais qu'à neuf heures, et dict avoir esté retardé, parce qu'il avoit esté obligé de donner auparavant ordre à la seureté du logis de M. le P. du Tronc[1], décédé il y avoit peu de jours.

---

[1] Nicolas Le Cordier, sieur du Tronc, pourvu d'un office de conseiller lay en 1610, qu'il fut forcé de résigner à Isambart Busquet,

Sur les cinq heures du matin, dame Louise de Rassent, sa veuve, s'estoit présentée à la porte de ce logis, assistée d'Alexandre de Rassent, sieur du Veneur[1], son cousin germain, du sieur de Claville Boivin[2], du baron de la Ferté Pont Saint Pierre, du sieur de Laleu, capitaine au régiment de Piemont, et le Testu, chevalier du guet de Paris, faisans avec leurs domestiques environ vingt personnes. Ayant osté les clefs au portier, ils barricadèrent la porte, tirèrent quelques coups de pistolet sur les domestiques de son deffunct mari, et ensuite allèrent aux chambres ou estoit le sieur de Sainct Denis Lermite, tuteur des enfants mineurs du deffunct et d'elle qui, à peine, eut loisir de serrer les principaux papiers, et par une porte de ce logis qui va chez M. le P. de Fumechon[3], proche parent du deffunct, l'envoya advertir de ce désordre et le pria d'y pourveoir, lequel en fit advertir M. le P. de Grémonville, voisin et amy du deffunct.

fils du résignataire, plus tard conseiller maître à la Chambre des Comptes, puis président, sur la résignation de Charles Le Cordier, sieur de la Pile, son oncle. Il mourut en novembre 1639 et fut inhumé aux Pénitens de Saint-François. Il avait épousé Louise de Rassent, fille de Jacques, sieur de Bapaulme, conseiller au Parlement, et de Louise de Moges.

[1] Alexandre de Rassent, sieur du Veneur, fils de Nicolas de Rassent, sieur d'Archelles, président à la Chambre des Comptes. Il était cousin germain de M<sup>me</sup> du Tronc, et il l'épousa en 1645.

[2] Cette famille de Boyvin était divisée en plusieurs branches : les Boyvin de Tourville, les Boyvin de Canouville et Claville et les Boyvin de Bonnetot, tige des marquis de Basqueville, tous issus de Noel Boyvin, et les Boyvin de Vaurouy, issus de Jacques Boyvin, frère de Noel.

[3] Daniel de la Place, sieur de Fumechon, conseiller aux requêtes du palais, puis président à la Chambre des Comptes.

Cette dame avoit esté en perpétuelle mésintelligence avec son deffunct mary, lequel, après l'avoir tenue quelque temps enfermée et faict congnoistre aux parens de sa femme les articles de séparation qu'il prétendoit donner contre elle, enfin, par l'entremise de M. de la Melleraye [1], lieutenant de Roy (duquel le frère avoit espousé la cousine germaine de cette dame), elle fut mise en liberté au moyen qu'elle se démist sur ses enfans de la propriété de ses biens, et se contenta d'une pension de 4 mil livres dont, un an après, elle prit lettres de rescision, sur lesquelles on les renvoya plaider au Parlement de Paris, où le procez estoit encore indécis lorsqu'il décéda.

Il ordonna par son testament que le sieur de Sainct Denis, qui avoit épousé sa cousine germaine, seroit tuteur, régla le lieu où ses filles seroient nourries, pria ses parens de continuer la suite de ce procez et son jugement fut suivi par l'acte de tutelle passé, en l'absence de la femme, au bailliage de Rouen, de sorte que le sieur de Sainct Denis estoit logé entre la maison du deffunct, lorsque sa veuve y entra ainsy accompagnée.

M. le P. de Grémonville ne la laissa pas longtemps paisible en ce logis, car, comme il avoit le commandement des armes, il fist mettre en armes les bourgeois du quartier et envoya ordre au corps de garde, qui estoit prez l'église cathédrale, de venir vers cette maison. Ils y furent conduits par M. Boutren, conseiller à la Cour des Aides, leur capitaine, où vinrent aussy

---

[1] Louis de Moy, seigneur de la Mailleraie.

les compagnies des harquebusiers et de la Cinquantaine.

Avant qu'ils fussent arrivez, M. le P. de Grémonville parla, tant audict sieur de Sainct Denis qu'à madame du Tronc et à ceux qui l'accompagnoient, lesquels s'avancèrent à la fenestre d'une chambre qui est sur la porte. Il apprit du sieur de Sainct Denis ce qui se passoit; il blasma madame du Tronc de son procédé, et elle respondit qu'elle venoit voir sa fille malade en ce logis, lequel luy appartenant, on ne pouvoit l'empescher d'y demeurer. Le sieur de Claville, auquel il commanda d'en sortir, luy dit, sans oster son chapeau, qu'il n'en feroit rien, et, sur ce que M. de Grémonville luy répliqua qu'il l'en feroit bien sortir, il respondit que c'estoit bien tout ce qu'il pouvoit faire. Les sieurs de la Ferté et de La Leu dirent n'avoir pas sceu le dessein de madame du Tronc, mais qu'estant engagez avec elle, ils ne pouvoient pas la quitter ny accepter l'offre qu'on leur faisoit de les laisser sortir de ce logis.

D'abord les cavaliers faisoient les braves et disoient qu'ils passeroient sur le ventre aux Cinquanteniers et harquebusiers qui vinrent les premiers en petit nombre aux environs de ce logis, mais, voyant grossir la trouppe et touttes les avenues fermées par l'ordre de M. de Grémonville, ils congnurent qu'ils s'estoient engagez. Il avoit néantmoins laissé à M. le P. de Fumechon la garde de la porte de ce logis qui sortoit en sa maison, prenant en luy toutte confiance et, croyant avoir mis tout en bon ordre, il vint au palais sur les neuf heures.

J'y estois, dez huit heures, avec M. le P. d'Anfreville

et MM. Restaut, Baudry, de Bonshoms, Le Noble, de Vigneral et quelques autres, desquels quelques uns vouloient que, sans différer, on délibérast de cette affaire. J'estimois qu'il faloit attendre l'arrivée de M. le P. de Grémonville ou un ordre de luy. J'envoyay vers luy un de mes hommes. Il nous envoya M. de Frenelles[1], mary de sa niepce et son voisin qui nous dit l'estat des choses et qu'il allait lui mesme venir.

Il reféra en la Grand Chambre ce qui s'estoit passé et, quoique l'affaire fut particulière, il fut néantmoins jugé à propos de la traiter, les chambres assemblées, la conséquence en estant générale, veu le péril où la ville avoit esté d'une nouvelle sédition, car le menu peuple, au nombre presque de trois mil, s'estoit assemblé aux environs de ce logis et, hors la ville et aux quartiers éloignez, on publioit, parmi le peuple ignorant, que quelques cavaliers destinez à commander les garnisons qui debvoient entrer à Rouen, pilloient le logis de M. du Tronc, ce qui se disoit au subject du sieur de Lalu, capitaine de Piémont.

On assembla donc incontinent les Chambres, où estoient cinq présidens et vingt trois conseillers et M. le P. de Bretel y réitéra sa relation. MM. de Bonetot[2] et de Pleimbosc[3], tuteurs consulaires, avoient

[1] Philippe Asselin, sieur de Frenelles, reçu conseiller aux requêtes en 1618, doyen des requêtes dès le mois de janvier 1631, qui résigna en 1646 à Nicolas Asselin, son fils. Il avait épousé Françoise Leseigneur de Reuville, fille de Marie Bretel.

[2] Jacques de Boyvin, sieur de Bonnetot, reçu conseiller lay le 10 avril 1628. Il avait payé sa charge 67,000 liv. Il mourut en février 1647, après avoir légué 12,000 liv. à l'Hôtel-Dieu de Rouen. Il fut inhumé à Saint-Laurent, avec son père et son aïeul.

[3] Georges Langlois, sieur de Plainbosc et d'Estouteville, conseiller

présenté leurs plainctes, mais, pour éviter l'évocation et récusations, on traita l'affaire comme générale, sur la réquisition de M. le Guerchois, advocat général.

On ordonna que MM. Baudry et Dumoucel [1] se transporteroient présentement en ce logis pour informer de ce qui s'y passoit et y pourveoir ; nonobstant etc., à ceste fin mandement d'ouverture, permis à eux de se faire assister et enjoinct à touttes personnes de leur obéir.

Le sieur de Lisle, qui avoit espousé la niepce du sieur de Clasville, vint à la porte de la Grand Chambre, pendant ceste délibération, et dict à quelques conseillers qu'il ne faloit porter les choses à l'aigreur, et que deux cents gentilshommes estoient résolus d'y périr pour madame du Tronc. On dict que M. de Pleinbosc en parla en mesmes termes, ce que toutesfois il a depuis desadvoué et loué ce que le Parlement avoit faict.

M. le P. de Fumechon offrit de faire sortir ces cavaliers par son logis. De quoy on s'estonna qu'il eut si tost rabatu le zèle, qu'il avoit d'abord montré, de faire punir ceste violence ; mais l'interest des sieurs de Clasville, son cousin au tiers degré [2], et de la Ferté,

---

au grand Conseil. Il fut premier président à la Cour des Comptes par lettres du 2 décembre 1641, sur la résignation de Nicolas Langlois, sieur de Collemoulins. Il avait épousé l'une des filles de Guillaume Aubert de Gouville et de Marthe Rassent.

[1] Richard du Moucel, sieur de Richemont, contrôleur de la recette générale de Rouen, reçu conseiller lay le 22 décembre 1634 au lieu de Pierre, sieur de Sassetot, son frère. Il mourut le 9 juin 1655 et fut inhumé à Saint-Eloy.

[2] Le P. de Fumechon avait épousé Madeleine Hallé, fille de Marie Boyvin, tante des sieurs de Claville.

son amy, le fit se résoudre, sans y estre authorisé, à les faire sortir par sa maison, car on trouva au Parlement qu'il seroit honteux de faire des capitulations de cette sorte. Ces MM. sortirent, pendant que les commissaires attendoient leur arrest, par la fenestre du logis de M. du Tronc et se tinrent cachez tout le jour chez M. de Fumechon, en un grenier plein de foin.

Le registre de ce jour (qui probablement a esté dressé par M. le P. de Grémonville), porte qu'il avoit esté adverty par le sieur de Gueutteville, syndic de la ville, logé en l'Hostel de Ville, qu'il y avoit quantité de peuple assemblé devant le logis de M. le P. de Fumechon (prez dudict Hostel de Ville)[1], et que l'on disoit que l'on pilloit la maison du sieur de Fumechon ; qu'estant sorty, il avoit su que la dicte dame du Tronc s'estoit saisie, avec quelques cavaliers, de la maison de son deffunt mary, duquel l'un des domestiques, sorty par le logis dudict sieur de Fumechon, avoit crié en la rue au meurtre, ce qui avoit donné lieu à ce faux bruit ; qu'il avoit comandé au peuple de se retirer, et n'estant pas obéy et le peuple abondant de touttes parts, que, pour la seureté de la ville, il avoit faict armer les bourgeois et parlé par la fenestre à la dame du Tronc et au sieur de Clasville et leur avoit commandé, de par le Roy, et notamment au dict sieur de Clasville, de sortir de ce logis, dont il avoit faict refus avec gestes et paroles de mespris ; qu'il avoit disposé des bourgeois en armes aux deux portes de la maison ; que M. le

[1] L'Hôtel de M. de Fumechon était situé rue de la Grosse-Horloge, dans la partie occupée aujourd'hui par la rue Jeanne-d'Arc.

Guerchois avoit requis qu'il en fut escript à M. le Chancelier, comme d'une affaire qui estoit plus générale que particulière, sur quoy les chambres avoient esté assemblées où M. le Guerchois persista à ses conclusions.

Pendant que MM. Baudry et Dumoucel allèrent au logis de M. du Tronc, MM. se divisèrent en deux pour la visite des prisonniers ; les uns furent au Bailliage, les autres en la Tournelle où, avant qu'on eut achevé, vint à M. le P. Bretel un greffier de la part de MM. les commissaires.

On assembla les chambres où il fut dit par Le Hardelé que MM. les commissaires l'avoient envoyé pour faire sçavoir à la Cour qu'ils n'avoient trouvé au logis dudict feu sieur du Tronc que la dame sa veuve, son petit fils, la demoiselle d'Ymare Marbeuf et la servante de la dicte dame du Tronc, les autres, qui estoient entrez avec elle en la dite maison, s'estans retirez avant que lesdits commissaires y vinsent.

Elle fit refus de leur obéir, disant que touttes ses causes estoient évoquées du Parlement de Rouen et renvoyées en celuy de Paris ; qu'elle ne pouvoit estre mise hors la maison de laquelle elle estoit propriétaire ; qu'elle venoit visiter sa jeune fille qui estoit malade et, quoy que les commissaires eussent plein pouvoir de passer outre, néantmoins le greffier vint de leur part sçavoir ce que l'on trouvoit à propos qu'ils fissent ; elle avoit aussi en particulier récusé lesdicts sieurs commissaires pour causes frivoles.

M. Le Guerchois requist un décret de prise de corps

contre elle et ses complices et adjournement personnel contre le tuteur qui sembloit, ne se plaignant pas d'elle, colluder avec elle, quoy qu'il ne le fit que par crainte d'estre mal traité.

La Cour, sans s'arrester à son appel, déclinatoire, récusations, et prise à partie, ordonna qu'elle et ceux de sa suite seroient représentez au Parlement et constituez prisonniers en la Conciergerie, nonobstant etc... lors duquel arrest M. le P. Bretel, ainsi qu'aux autres délibérations de ce jour, voulant oster le subject aux accusez de se plaindre de luy, prit les advis plus doux, mais, comme ceux qui l'avoient appuyé lui en firent reproche, il reprit, les jours suivants, sa première sévérité.

Madame du Tronc ne voulut point venir au palais dans le carrosse de M. de Grémonville, disant qu'il estoit sa partie. M. Baudry fit venir le sien, dans lequel elle se mist avec MM. les commissaires, son fils, la demoiselle d'Ymare et sa servante. M. le P. Turgot, qui jusques alors n'estoit pas venu au palais, l'exhorta d'obéir aux commandements, luy faisant espérer qu'elle ne seroit pas arrestée. Il y fit ce qu'il peut, mais il n'en fut pas creu. On estoit irrité de la mémoire de sa conduite, du vivant et depuis la mort de son mary, de ce qui la nuit dernière s'estoit passé entre elle et ceux qui l'accompagnoient, en l'hostellerie de l'Osmone où estoit la grande bande de violons, du péril de sédition et des violences exercées contre les domestiques de son mary, de sa contumace en ce qu'elle se refusoit de recongnoistre le Parlement, quoique ceste affaire, que l'on traitoit comme publique, ne souffrit ny évocation ny récusation, de sorte qu'après le rapport des commissaires, on arresta qu'elle seroit constituée prisonnière en la Conciergerie, que les commissaires continueroient d'instruire le procez, mesmes pendant les festes, nonobstant, etc[1].

M. le Noble eut ordre d'aller en poste en donner advis à M. le Chancelier et pour cet effet on luy donna une lettre de créance. On le choisit comme plus jeune et plus dispos, qui d'abord avoit esté proposé, et il arriva le mesme jour à Gaillon et receut de M. le Chancelier une response ambigue.

[1] Bigot a ajouté en marge :
« M. de Courvaudon, conseiller aux requestes, et quelques autres « du corps sollicitoient ouvertement pour elle, et ledit sieur de Cour- « vaudon descendit avec elle en la Conciergerie par le petit escalier. »

## CHAPITRE NEUVIÈME.

Retour de la députation. — Le Premier Président blâme ce qui a été fait. — Les Présidents à mortier vont saluer le Chancelier. — 26 décembre : Réception de MM. d'Amfreville, Turgot et de Franquetot. — 28 décembre : Réception de MM. de Grémonville, de Criqueville et Bigot. — Le Chancelier paraît favorable à M^me du Tronc. — Il se fait apporter la liste des quartiers et places d'armes de Rouen. — 29 décembre : Réunion du Parlement. — Il sollicite l'exemption du logement des gens de guerre. — Suite du procès de M^me du Tronc. — 31 décembre : Réponse du Chancelier aux délégués du Parlement. — Exception en faveur des Présidents de Cours souveraines. — Elle est étendue aux chanoines, aux élus et aux violons. — Députation nommée pour saluer le Chancelier à son arrivée. — Ordres de Gassion pour le désarmement des bourgeois et le logement des troupes. — Revue passée sur les bruyères Saint-Julien. — Entrée des troupes à Rouen. — Quartiers affectés à chaque régiment. — Maisons marquées pour le Chancelier et sa suite. — 1^er janvier : On ne reçoit les violons et trompettes. — Police des rues le soir. — 2 janvier : Le Parlement délibère sur l'affaire de M^me du Tronc. — Gassion va au-devant du Chancelier. — Surprise des soldats à l'aspect du calme de la ville. — Le Chancelier descend au logis abbatial de Saint-Ouen. — Députation du Parlement. — Discours du Premier Président. — Réponse du Chancelier. — Réponse des autres corps constitués et des Présidents à mortier. — Opinion du P. Bigot sur l'attitude à adopter. — Gassion obligé de quitter l'hôtel de M. d'Infreville. — 3 janvier : Réunion du Parlement. — Deux huissiers du conseil donnent lecture des lettres patentes de suspension. — Interdiction des officiers de la Cour des Aides et des trésoriers de France. — Les officiers du Parlement obligés de quitter Rouen dans les trois jours.

M. le P. P., qui revint ce jour là de Gaillon, blasma tout ce que l'on avoit faict ; il n'approuvoit pas volontiers ce que faisoit M. le P. de Grémonville et estoit en inimitié ouverte de M. de Bonnetot qui avoit sollicité contre Madame du Tronc.

On jugea assez que, si M. le P. de Grémonville avoit esté chef de la Compagnie lors de la sédition, on y auroit couppé pied, comme on avoit faict à ce mouvement où il avoit faict voir sa vigueur et bonne conduite.

Il désira saluer M. le Chancelier, duquel son fils voit espousé la cousine du second au quart degré¹. Il croyoit avoir besoin de se justifier de ce que M. le P. P. luy auroit imputé et lui attribuoit le blasme de ce qui avoit mal réussi pendant la sédition.

M. le P. d'Anfreville, qui désiroit imiter tout ce que faisoient ceux qui le précédoient, s'imaginant aussy qu'il seroit fort considéré pour avoir réprimé la sédition dont il s'attribuoit la gloire, souhaita faire ce mesme voyage. Il vouloit y aller avec le M. P. de Grémonville, lequel souhaitant aller seul, luy dict qu'il estoit incertain si il feroit ce voyage. Il engagea ensuite MM. les PP. Turgot et Franquetot à y aller avec luy. On dit que M. de Braquetuit les y exhorta, croyant que tant plus M. le Chancelier seroit visité, tant plus il seroit satisfaict; aussy il les y accompagna. Cela nous obligea M. le P. de Criqueville et moy d'y aller aussy, après toutesfois avoir faict tous nos efforts pour dissuader de ce voyage MM. d'Anfreville, Turgot et Franquetot; mais, ne les pouvant réduire à nostre advis,

---

¹ Nicolas Bretel de Grémonville, fils aîné du président, avait épousé Anne-Françoise de Loménie, remariée au chancelier Boucherat.

il falut faire comme eux pour n'estre pas notez de singularité, et MM. de Courvaudon, de Sainte Hélène et de Montenay, conseillers, furent de nostre partie. Les deux premiers estoient alliez de M. le P. de Criqueville, le troisième se disoit allié de M. le Chancelier.

MM. d'Anfreville, Turgot et de Franquetot arrivèrent à Gaillon le lundy soir 26 décembre. Ils virent le mesme jour M. le Chancelier, quoy qu'il eut pris médecine. Il les receut en son cabinet ou chambre et les conduisit jusques à la porte qui passe de l'antichambre à la sale. Ils luy dirent beaucoup de choses pour luy faire entendre que le Parlement avoit fort bien agy contre les séditieux, dont il monstra n'estre pas persuadé, et entr'autres dict que le Parlement ne se pouvoit excuser d'avoir souffert que le peuple eust impunément traisné une potence par les rues pendant deux nuicts. Ceste objection, quoique frivole, passa sans qu'ils y répliquassent, ne l'ayant pas prévue, et la réplique estoit inutile, puisque la résolution estoit prise de traiter le Parlement comme criminel, et que M. le Chancelier estoit sans pouvoir de rien changer à ce qui avoit esté résolu.

Comme les hostelleries de Gaillon estoient pleines, ils logèrent chez le bailly et revinrent à Rouen le mardy 27 décembre; les conseillers d'Estat et maistres des requestes et autres du Conseil estoient logez à Gaillon. On y attendoit M. de la Vrillière qui estoit encore à Alincourt.

M. de Grémonville partit de Rouen le 26, arriva à Gaillon le 27 matin, avec son second fils, doyen du Chapitre, et les sieurs Caresmel, archidiacre, et Breteville chanoine, que le Chapitre avoit députez pour saluer M. le Chancelier. Ils logèrent chez le bailly de Gaillon et ne purent voir M. le Chancelier que le mercredy, parce que le mardy il avoit pris quelques remèdes. Ainsi il ne fut pas plus avancé que M. de Criqueville et sa trouppe, qui né partit de Rouen que le mardy et alla coucher prez Gaillon, chez le sieur Lefebvre, correcteur en la Chambre des Comptes de Rouen et, le mercredy matin, nous trouvasmes en l'antichambre de M. le Chancelier, M. le P. de Grémonville et les députez du Chapitre qui attendoient leur audience. M. le Chancelier estoit en sa chambre avec le sieur Galand, secrétaire du Conseil, et scellait pour le Roy.

Peu aprez, on fit entrer tout ce qui estoit dans l'antichambre. M. le Chancelier avoit sa robe et soutane de satin noir. M. le P. de Grémonville lui parla fort bas; j'ay sceu qu'aprez son compliment il s'estendit fort sur le soin qu'il avoit pris d'arrester la sédition nouvelle, dont la ville estoit en péril au subject de Madame du Tronc, et comme on l'avoit mise prisonnière. Nous entendismes que M. le Chancelier qui affectionnoit le sieur Rassent, amy de son gendre le marquis de Coeslin, luy demanda si il y avoit eu subject de l'arrester, de quoy M. de Grémonville luy rendit raison et incontinent se retira et fut reconduict par M. le Chancelier jusques à la porte qui va de ce cabinet ou chambre en l'antichambre. Ainsi, n'ayant pas eu lieu de luy parler en secret, il perdit le fruict qu'il espéroit de son voyage. Ensuite les députez du clergé luy firent une assez longue harangue. Il y respondit en peu de mots, car ayant esté advertis par quelques maistres des requestes et conseillers d'Estat que nous estions là, on nous fit venir et, aprez que nous l'eusmes tous salué, M. de Criqueville luy dict, qu'ayans sceu qu'ils s'avançoit à Gaillon, nous avions cru luy debvoir rendre nos respects et l'assurer de nostre très humble service. M. le Chancelier nous dict qu'il nous en remercioit.

Il nous dict qu'il n'avoit envoyé qu'une lettre de cachet pour faire continuer le Parlement, parce que la cessation d'entre Noel et les Rois n'estoit pas fondée en l'ordonnance, comme celle des vacations ordinaires. Nous prismes incontinent congé de luy et ce jour là revinsmes à Rouen.

Incontinent aprez nous, M. le P. de Fumechon et MM. Le Guerchois et de Grainville advocats généraux du Parlement et Cour des Aides le saluèrent et, peu aprez, les députez des élus et des capitaines des bourgeois.

Quoyque tous ceux qui le visitèrent n'eussent que leurs soutanes et longs manteaux (réservé les députez qui avoient leurs robes), néantmoins M. le P. de Criqueville et moy avions nos robes, ayans cru en debvoir user ainsi dans notre ressort.

Ce jour ou peu auparavant, fut donné arrest du Conseil, par lequel il fut ordonné aux officiers du présidial de Coustances de se rendre à Rouen prez M. le Chancelier dans un bref délai et que, faute d'y obéir, M. Aligre, intendant en la généralité de Caen, commettroit des advocats pour faire leurs charges. On leur imputoit comme rebellion d'avoir arresté par escript de ne recevoir en leurs sièges aucun des officiers créez par l'édict de 1637, vérifié lorsque le roi estoit à Dangu.

Allant à Gaillon, nous rencontrasmes près le Pont de l'Arche le sieur de Gueutteville syndic, et Le Jeune sieur Du Rocher, procureur syndic, qui venoient de porter à M. le Chancelier la liste des quartiers et places d'armes de Rouen, suivant qu'il le leur avoit commandé et retournans nous sceumes que les trouppes destinées pour notre ville estoient logées à Oissel, Moulineaux, Franqueville. On avoit laissé quelques trouppes vers Avranches ; aussy le régiment de Champagne estoit venu de Vernon, et celuy de Piémont de Beauvais, et M. Gassion vint plusieurs fois conférer à Gaillon avec M. le Chancelier.

Le jeudy 29 décembre, les Chambres furent assemblées et se trouvèrent sept présidents, cinquante six conseillers et M. Le Guerchois advocat général. M. le P. P. et M. Le Noble firent la relation de leurs députations et M. le P. Bretel dit, qu'ayant visité M. le Chancelier en son particulier, il luy avoit parlé des causes de l'emprisonnement de Madame du Tronc, et qu'il luy avoit tesmoigné trouver bon qu'on fit arrester ses complices.

MM. Baudry et Godart furent députez vers M. le Chancelier pour obtenir l'exemption du logis des gens de guerre aux maisons de MM. du Parlement, sur ce que l'on sceut que MM. du Chapitre l'avoient obtenue. MM. de la Cour des Aides députèrent à mesme fin

MM. de la Turgère¹ et de la Mote Heultes, et MM. de la Chambre des Comptes et thrésoriers de France firent une semblable députation. M. Le Guerchois prit congé pour aller en particulier saluer mondict sieur le Chancelier.

Ce faict, fut le rapport faict en la Grand Chambre par MM. Baudry et Dumoucel de ce qu'ils avoient faict au subject de Madame du Tronc, veu l'information par eux faicte et, après avoir arresté que les parens et alliez ne se récuseroient point, veu qu'on traitoit l'affaire comme générale, prise de corps fut décernée contre les sieurs de Claville, de Saint Ouen, Rassent et de la Ferté, ordonné que la dame du Tronc, sa servante, et la demoiselle d'Ymare presteroient l'interrogatoire. Les sieurs le Testu et de Lalu n'estoient point nommés en l'information, ce qui fut cause qu'on ne put décréter contr'eux :

Le vendredy 30 decembre, M. Dumoucel rapporta les requestes de MM. Fiset, sieur d'Ireville², et de Sainct Georges³, conseiller au Parlement; de Hermival, conseiller en la Cour des Aides, et du Vieilrouen⁴, qui demandoient qu'on mit en leur garde la dame du Tronc,

---

¹ Guillaume Bigot, sieur de la Turgère, mort doyen de la Cour des Aides.

² Jacques Fiset, sieur d'Ireville, reçu conseiller le 7 décembre 1599, sur la résignation de Jacques Fiset, son père, dont la sœur avait épousé Nicolas Rassent, sieur d'Archelles, conseiller au Parlement, aïeul de M<sup>me</sup> du Tronc.

³ Lanfranc de Moges, sieur de Saint-Georges, reçu, le 26 août 1620, conseiller aux requestes, décédé à Rouen le 24 may 1656 et inhumé à Saint-Godard.

⁴ Charles Fiset, sieur du Vieilrouen, frère du Conseiller.

attendu son indisposition attestée par son médecin, a quoy la Cour les déclara non recevables. Et sur la requeste de la demoiselle de Marbeuf, à ce qu'elle fut mise en la garde du sieur de Sainct Gilles Roussel, conseiller, son parent, il fut arresté qu'il seroit faict droict, aprez son interrogatoire. Cette délibération fut faicte par toutte la Grand Chambre assemblée, et on fit abstenir les parens qui volontairement proposèrent leurs récusations.

Le samedy 31 décembre, les chambres assemblées, MM. Baudry et Godart dirent avoir représenté à M. le Chancelier que le Roy, venant à Rouen, avoit tousjours exempté les officiers du Parlement du logement des gens de guerre, et les prioient de les conserver en ceste immunité, à quoy il avoit respondu que ce n'estoit pas icy un exemple pareil aux précédents, les trouppes estant envoyées pour chastier le Parlement. Il ne traicta pas plus favorablement les députez des autres cours souveraines. Le registre porte qu'il dict qu'il ne se mesloit point de la guerre, qu'il faloit s'adresser à M. Gassion qui en donnoit les ordres.

Il y eut néantmoins ordre particulier d'en exempter les présidents des cours souveraines, ce qui fit murmurer contre eux, comme si ils avoient esté à Gaillon demander ceste exemption; mais, comme ils n'avoient parlé qu'en présence des conseillers, on sceut qu'ils n'en avoient rien dict. Peut estre néantmoins que M. le Chancelier considéra la civilité qu'ils luy avoient rendue et que M. de Gassion fit réflexion, sur ce qu'il estoit fils d'un président de Pau.

M. l'Archevesque fit aussy exempter les chanoines et les curez et on murmura contre M. de Braquetuit, comme si il avoit obtenu cette exemption des chanoines, sans se soucier du Parlement, duquel il debvoit tenir à plus grand honneur d'estre du corps. Ainsy il est ordinaire à ceux qui souffrent de se plaindre et blasmer ceux mesmes qui ne sont pas en faute.

On exempta aussi les esleus et les violons, ce qui excita de la risée, autant qu'on en estoit capable dans la consternation publique. Les violons avoient diverty à Gaillon M. le Chancelier; les esleus y avoient envoyé leurs députez. Plusieurs autres corps y avoient aussy envoyé qui ne furent pas traitez si favorablement.

En ceste assemblée des chambres, M. le P. P. et 4 conseillers de la Grand Chambre furent députez pour aller saluer, à Sainct Ouen, M. le Chancelier, sitost qu'il y seroit arrivé. Ce qui fut faict à l'exemple de 1540, auquel temps M. le P. P. de Marsillac avoit esté député à Sainct Georges vers M. le Chancelier Poyet, quoyque d'ailleurs on ne députe le P. P. qu'au Roy seul, et M. le P. P. affecta d'estre député plus tost que M. le P. de Grémonville. On disoit néantmoins qu'en 1540, M. de Marsillac n'alloit pas à Sainct Georges pour une simple députation, mais pour conférer, avec M. le Chancelier, des Grands Jours que l'on debvoit tenir à Bayeux. Mais les esprits, inquiétez de l'arrivée prochaine des trouppes, et qui craignoient de fascher M. le Chancelier sur les choses qu'il considéroit le moins, n'estoient pas en estat de s'opposer à ce que M. le P. P. désiroit.

Cependant M. de Gassion, ayant donné advis à Gaillon à M. le Chancelier de la marche des trouppes, séjourna à Gaillon jusques à ce qu'elles fussent prestes d'entrer à Rouen; les officiers se rendirent près de luy ainsy que les capitaines des bourgeois, lesquels luy ayant baillé une liste de tous les habitans, il mit un A à costé du nom des plus solvables, auxquels on laissa les armes pour servir lorsqu'ils seroient commandez. On désarma les autres. Plusieurs employèrent la recommandation des capitaines pour faire oster ceste lettre A, croyans qu'ils estoient marquez comme aisez pour payer les taxes qu'on mettroit sur eux.

Le colonel Gassion distribua, par l'advis des capitaines, les régimens par quartiers, fit les bulletins pour loger chaque soldat, exempta plusieurs maisons qui luy estoient recommandées et accorda aussy l'exemption à plusieurs autres, à la prière des capitaines.

Enfin, le samedy 31 décembre, il fit, sur les brières de Sainct Julien, à demie lieue de Rouen, la revue de touttes ses trouppes, reservé le régiment de Bretagne, qui n'arriva que le lendemain, et néantmoins, le mesme jour, il fit entrer ses trouppes à Rouen.

On rejeta, comme ridicule et lasche la proposition que firent quelques uns de députer vers luy, pour obtenir l'exemption des officiers du Parlement de loger des soldats.

Les trouppes entrèrent le soir par la porte de Paris, qui est près le pont, et continuèrent de marcher par la rue de Sainct Martin. Le régiment de Champagne estoit à la teste, lequel, ainsy que celuy de Turenne, eurent le quartier de Martainville. Piémont et Melleraye celuy de Sainct Hilaire, Bretagne et Bourdonné celuy de Beauvoisine, la Marine et Bourgongne celuy de Cauchoise. La cavalerie fut logée aux fauxbourgs et au bourg de Darnétal. Le sieur Gassion logea en l'hostellerie de la Ville de Paris, prez les Carmes (qui fut cy devant le logis de M. Volant, conseiller). Ses gardes eurent leur logis prez de cette hostellerie et fit un corps de garde devant sa porte, comme firent chacun des autres capitaines. On continua de se servir de celuy qui estoit au parvis de l'église Cathédrale, quelque plaincte qu'en fit M. l'Archevesque.

Ils s'estonnèrent, entrez dans Rouen qu'ils croyoient dans la rebellion, de ce que les bourgeois les regardoient de leurs boutiques, sans discontinuer leur travail, et furent fort paisibles le jour de leur arrivée, mais peu aprez ils congneurent leur force et changèrent d'humeur.

Peu de jours auparavant, un fourrier marqua pour M. le Chancelier la maison abbatiale de Sainct Ouen, et pour les conseillers d'Estat, maistres des Requestes et autres de sa suite, les maisons qui en estoient plus proches. D'abord on travailloit pour s'en exempter, mais quand on sceut que ces logements exemptoient de celuy des soldats, chacun désiroit que sa maison fut marquée par le fourrier, qui en marqua jusques en la rue aux Ours, et plusieurs de ces maisons n'eurent aucuns hostes [1].

[1] On dit que jusques alors le fourrier n'avoit faict sa charge qu'au lieu où le Roy debvoit aller. (Note de Bigot.)

Au reste, les soldats furent logez mesmes aux maisons des conseillers du Parlement et Cour des Aides et maistres des Comptes, quoyque tous fussent nobles par leurs charges et plusieurs par leurs naissances. Mais peu aprez plusieurs obtinrent leur exemption, et ceux qui ne purent l'obtenir furent traitez civilement par leurs hostes, qui congnoissoient leur mérite et le peu de subject qu'on avoit de les maltraiter.

Le premier jour de l'an, les violons et trompettes ayans esté en la manière ordinaire aux principales maisons de la ville, l'entrée leur en fut refusée, telles resjouissances n'étant pas de saison.

Les présidents du Parlement et autres principaux de la ville visitèrent le mesme jour le colonel Gassion, qui les receut fort civilement, et rendit la visite aux présidents du Parlement, après l'interdiction signifiée. Ce mesme jour, le sieur de Bigars [1] fit publier, par ordre du sieur Gassion, qu'à 9 heures du soir on sonneroit la grosse cloche de chaque paroisse, à ce que chacun se retirast chez soy, ce qui a esté observé tant que les trouppes ont esté à Rouen.

On y joignit des deffenses de marcher, aprez huict heures du soir, sans lumière, ny aprez dix heures avec lumière, à peine de 100 livres d'amende pour la première fois et d'estre punis la 2e fois comme perturbateurs de la tranquillité publique [2].

[1] François de Bigars, marquis de la Londe, dont la fille porta le marquisat de la Londe à Nicolas Le Cordier du Tronc, président en la Chambre des Comptes. Il était alors sergent-major de la ville.
[2] On trouve le texte de cette ordonnance transcrit sur les registres de l'Hôtel-de-Ville, à la date du 31 décembre (p. 346.)

Le lundi 2 janvier, M. Busquet et quelques autres n'osèrent venir au Palais, à cause des soldats qui faisoient du désordre en leurs maisons. On donna arrest en la Grand Chambre, au rapport de M. Baudry, par lequel madame du Tronc et le sieur baron de la Ferté, qui avoient, le samedy précédent, presté l'interrogatoire devant MM. les commissaires, furent élargis à la charge de demeurer en arrest par la ville. On délibéroit ceste affaire à deux ou trois, lorsque M. le P. Bretel y entra, qui en fit difficulté, et voyant que M. le P. P. appuyoit avec chaleur les accusez qui avoient faict leurs sollicitations, il se retira vers la fin ainsy que M. le P. de Lannoy et quelques autres. C'est presque la seule affaire dont le Parlement aye délibéré, depuis la veille de Noël jusques à l'interdiction du Parlement.

Depuis, le Conseil estant à Rouen, il donna arrest au rapport de M. de la Berchère, par lequel ladite dame et ses complices furent élargis de l'arrest auquel ils estoient par la ville, et, par arrest du Parlement de Paris du 17 mars, elle fut déboutée de l'appel de la tutele avec l'amende et les despens; elle fut refusée de la provision qu'elle demandoit et acte de la demande de son douaire; Gautier, son advocat, admonesté à cause des discours qu'il avoit tenus contre feu M. du Tronc.

Au reste, MM. le P. P. et P. Bretel contestèrent prez d'une heure sur cest arrest donné en faveur de madame du Tronc, avec tant d'aigreur, que M. le P. Bretel reprocha à M. le P. P. que, par sa faute, la sédition n'avoit pas esté arrestée dèz ses commencemens, et M. le P. P. luy dict que ses actions estoient sans reproche et qu'il estoit content qu'ils allassent devant M. le Chancelier rendre raison chacun de leur faict, et qu'il ne signeroit cest arrest d'eslargissement que par commandement de M. le Chancelier, et néantmoins il le signa à l'instant, et mesmes signant que M. le P. Bretel luy dict qu'il estoit précipité d'élargir ceux, desquels le décret de prise de corps n'estoit pas encore signé; M. le P. P. signa aussy l'arrest de décret de prise de corps.

On sceut que M. le Chancelier avoit couché le jour précédent au chasteau de Pont de l'Arche et debvoit arriver à Rouen peu aprez midy, et M. de Brinon, l'un des Conseillers députez pour l'aller saluer, s'estant faict excuser pour indisposition, M. Baudry fut délégué en sa place. MM. les députez résolurent d'aller chez madame la Présidente de Bernières, près Sainct Ouen, pour saluer M. le Chancelier aussy tost qu'il seroit arrivé, et les autres présidents choisirent le logis de M. le P. de Franquetot comme celuy d'eux qui estoit logé plus prez de Sainct Ouen pour, tous ensemble, rendre leur visite sitost que les députez du Parlement l'auroient salué.

Le colonel Gassion scachant que M. le Chancelier s'approchoit de Rouen, l'alla recevoir avec touttes ses trouppes au delà de la rivière. Elles estoient de cinq mille hommes effectifs, et néantmoins M. le Chancelier, qui croyoit sa commission fort périlleuse, lui demanda si c'estoit là tout ce qu'il avoit de gens de guerre. En effet, ce nombre estoit trop petit pour réduire la ville, si elle eut esté dans la révolte, mais tous les esprits estoient dans un désir entier d'obéir au Roy.

On dict que le fourrier, qui estoit venu quelques jours auparavant marquer les logis, avant que de partir de Paris, avoit faict son testament. Les officiers des trouppes et ceux de la suite de M. le Chancelier virent avec estonnement les choses dans un estat tout autre qu'il ne leur avoit esté représenté.

Les gens de guerre se rangèrent en haye depuis le lieu où ils rencontrèrent M. le Chancelier jusques en l'abbaye de Sainct Ouen, destinée pour son logement, près de laquelle on fit des corps de garde beaucoup plus fournis de soldats que lorsque le Roy y a logé.

On voulut que M. le Chancelier eut ce logement, affin qu'il représentast plus parfaitement la majesté du Roy auquel il est destiné; car souvent les gouverneurs de Normandie ont logé ailleurs. M. d'Elbeuf, en 1620, logea chez M. de Mathan, près Bouvereul, et M. le prince de Condé, venant pour ses affaires à Rouen, logea chez le sieur Baumer, rue des Faux, et M. de Longueville ayant commencé d'y loger, à cause de son alliance avec M. le comte de Soissons, qui jouissait de cette abbaye, s'y est depuis conservé par le consentement de madame la duchesse d'Aiguillon. Toutesfois, en 1634, M. de Mercœur, venant pour faire registrer des édicts en la Chambre des Comptes et Cour des Aides, eut ce logement ainsy que M. le conte de Harcourt, en 1650.

M. de la Vrillière, secrétaire d'Estat, et M. d'Ormesson, le plus ancien des conseillers d'Estat de la suite de M. le Chancelier, furent logez tous deux prez Sainct Ouen, l'un chez M. le P. des Hameaux, mari de sa cousine germaine ¹, et l'autre chez madame de Bernières. Tous les autres, maistres des Requestes et conseillers d'Estat furent chez leurs alliez ou amis, ou aux maisons que le fourrier leur avoit marquées et y vescurent avec toutte modération et civilité.

M. le Chancelier fut salué, entrant à Rouen, par les canons de la ville et par les salves de tous les soldats, et, sitost qu'il fut à Sainct Ouen, il donna audience aux députez du Parlement.

M. le P. P. luy dit en substance qu'il estoit envoyé par le Parlement pour l'assurer de la fidélité et obéissance de la Compagnie et le supplier, comme chef de la justice, de maintenir l'innocence du Parlement contre les calomnies de ceux qui avoient voulu le mettre en l'indignation du Roy. Que, demandant justice, il parloit de celle qui se rend en connoissance de cause, et non des arrests que l'on apporte tous faits de Paris; qu'il avoit, par ses lettres, donné tesmoignage des services rendus au Roy par le Parlement, lors des séditions dernières, depuis lesquelles il ne pouvoit croire que l'on eut adjousté créance aux calomnies de quelques interessez sans ouir les justes deffenses d'un corps qui a tousjours servy le Roy avec courage et fidélité.

M. le Chancelier respondit qu'il estoit venu en la province à la teste d'un armée pour restablir l'authorité du Roy, laquelle le Parlement avoit laissé perdre, que les tesmoignages qu'il avoit receus de ses services par les lettres du Roy et les siennes estoient fondés sur les

¹ Le P. des Hameaux avait épousé Susanne Ardier.

advis que le Parlement avoit donnez, lesquels le Roy mieux informé avoit trouvé n'estre pas véritables.

Et sans donner lieu à M. le P. P de répliquer; il dict ensuite que le lendemain, sur les sept heures du matin, il fit assembler touttes les chambres du Parlement, qu'il luy feroit entendre les volontez du Roy.

Le soir, M. le P. P. retourna chez M. le Chancelier. Leur conversation fut fort longue, mais on n'en a point seu le détail.

Les députez de la Chambre des Comptes saluèrent M. le Chancelier aprez les députez du Parlement. Il leur fit response plus favorable qu'à aucun des autres corps, aussy n'avoit il aucun ordre du Roy à exécuter contre eux et ils n'avoient point eu commandement d'entrer en la Chambre, pendant l'intervalle d'entre la Noel et les Rois.

Il ordonna aux députez de la Cour des Aides et thrésoriers de France de tenir le lendemain leurs compagnies assemblées, à la mesme heure de sept heures qu'il avoit donnée aux députez du Parlement.

Les députez du Bailliage et Vicomté et des advocats du Parlement saluèrent aussy M. le Chancelier comme firent les présidents du Parlement et plusieurs autres, en particulier M. Bigot, sieur de Sommesnil, doyen de la Cour des Aides et d'autres conseillers furent au sortir de Saint Ouen saluer, de la part de leur corps, M. de la Vrillière. Il ne fut point visité de la part du Parlement. Je ne sais si les autres corps y envoyèrent.

Nous envoyasmes chez M. le Chancelier, si tost que le bruit des canons et les salves des mousquetades nous firent scavoir son arrivée. Il estoit environ deux heures aprez midy lorsque notre carrosse entroit en la cour ; les députez de la Vicomté en sortoient. Nous rencontrasmes en l'escalier le colonel Gassion qui nous fit compagnie et, ayant tardé peu de temps en la galerie, M. le Chancelier y vint, vestu d'une soutane et cimarre de velours noir. M. le P. de Grémonville luy dict que, si tost que nous avions seu son arrivée, nous estions venus luy rendre nos debvoirs et l'assurer de notre très humble service. A peine luy souffrit il de dire ce peu de paroles et respondit qu'il nous remercioit de la peine que nous prenions ; qu'il avoit dict à M. le P. P. qu'il fit le lendemain assembler les chambres et qu'il y feroit savoir les volontez du Roy, et pour nous empescher de nous expliquer, il rentra à l'instant au lieu d'où il estoit sorty.

MM. les Présidents d'Anfreville, Turgot et de Franquetot qui se persuadoient qu'il importoit que nous eussions pleine audience, firent grande instance à ce que nous allassions à l'instant chez M. de Gassion, tant pour le remercier de la civilité que nous avions receue de lui, que pour le prier de nous mesnager cette audience. MM. les Présidents de Grémonville et de Criqueville y répugnèrent et moy autant et plus qu'eux, mais, comme enfin ils se relaschèrent, je ne voulus pas me séparer d'avec eux, mais je les priay d'aller chez M. le P. de Franquetot, pour attendre que M. de Gassion fut de retour chez luy.

Pendant que nous attendions le retour de celuy que nous avions envoyé scavoir si il estoit chez luy, je représentay à MM. les Présidents que j'estimois inutile de haranguer M. le Chancelier ny le presser de nos raisons lesquelles il n'ignoroit pas, mais qu'il venoit avec ordre d'exécuter ce qui avoit esté arresté à Ruel, à quoy il pouvoit rien changer. Que c'estoit beaucoup nous abbaisser de faire voir à M. de Gassion que nous ne pouvions, sans son entremise, avoir audience de M. le Chancelier, lequel, comme il se deschargeoit sur M. Gassion des choses qui concernoient la milice, aussy M. le Chancelier trouveroit à dire qu'on s'adressast à autre qu'à luy pour les affaires du Parlement. Qu'il suffisoit d'avoir rendu au dict sieur Gassion sa première visite, sans le revoir si tost; qu'il faloit monstrer notre vigueur et fermeté, lorsque nous voyons qu'on estoit résolu de nous déprimer.

On nous rapporta que M. Gassion n'estoit pas chez luy, et je pris ce délay pour réitérer les mesmes choses, tant qu'enfin MM. de Grémonville et de Criqueville revinrent à mon advis et ainsy il fut résolu que nous attendrions avec patience l'avènement du mal qu'on nous préparoit.

Le dict sieur Gassion n'avoit pas trouvé commode la maison qui luy avoit esté destinée prez les Carmes et s'estoit logé en celle du sieur d'Infreville [1] prez Saint Eloy en la place du Marché aux Veaux fort commode pour en faire sa place d'armes.

Le sieur d'Infreville estoit absent et employé par M. le Cardinal, en qualité de commissaire général de la

---

[1] Guillaume Le Roux, sieur d'Infreville.

marine, à visiter les ports du royaume. Il avoit envoyé une lettre de cachet pour exempter de tous logemens ses maisons de la ville et des champs, laquelle sa femme et le sieur Danviray[1], son beau-père, présentant au sieur de Gassion, luy dirent que si le propriétaire du logis estoit à Rouen il le luy offriroit, mais luy firent excuse de ce qu'ils ne pouvoient en disposer en son absence. Il s'offensa de ce procédé et leur dict que cette maison luy estoit nécessaire, et qu'il y logeroit malgré ceux qui voudroient l'en empescher, et y vint le dimanche au soir ou lundy matin sans déférer aux prières que plusieurs luy firent de l'exempter. Mais, peu de jours aprez, il vint un ordre si exprez pour ceste exemption qu'il quita ce logis et se mit en celuy du sieur du Renel, nepveu et commis du sieur Rouillé, receveur général des finances, en la mesme place du Marché aux Veaux, où il demeura tant qu'il fut à Rouen.

Le mardy troisième jour de janvier, les chambres du Parlement furent assemblées ; tous les officiers s'y trouvèrent ; réservé MM. Fiset, de Benneville et deux ou trois autres conseillers, de sorte que je n'ay jamais veu la Compagnie si nombreuse. On ne travailla aucune affaire, M. du Vicquet était absent, M. de Quevilly conseiller honoraire s'y trouvait.

Sur les neuf heures et demie, M^es Nicolas Tourte et Claude Le Gay, huissiers du conseil, vinrent en habit court par le grand escalier et prirent leurs robes, toques

---

[1] David Danviray, secrétaire du roi et receveur général des finances de Normandie, mort le 7 octobre 1647; sa fille Marguerite avait épousé M. d'Infreville.

et chaines d'or au parquet des huissiers et, en cet estat, vinrent à la porte de la chambre du conseil et demandèrent d'entrer, dont la Cour, advertie par M. Guillaume Bertout, greffier criminel, les fit à l'intant entrer[1].

Tourte parla en ces termes: Messieurs, est-ce ici le lieu où vous avez accoustumé de vous assembler? M. le P. P. lui dict: ouy. Il ajousta: Estes vous tous assemblez? M. le P. P. dict ouy, et lors ces huissiers, ayans remis leurs toques sur leurs testes dirent: Messieurs, nous avons commandement du Roy, par l'ordre de monseigneur le Chancelier, de vous interdire à tous la fonction de vos charges, suivant les lettres patentes de S. M. dont nous allons vous faire lecture, et lors il fit lecture desdites lettres, données à Saint Germain en Laye le 17 décembre 1639, portant deffenses aux officiers du Parlement de faire aucune fonction de justice, soit en corps ou autrement, jusques à ce que par le Roy autrement en eût esté ordonné, et commandement ausdits officiers de sortir de la ville et se mettre à la suite de S. M., quatre jours après le signification desdits lettres, desquelles les huissiers mirent la coppie sur le bureau.

Tourte dit ensuite: Messieurs, nous vous faisons commandement de par le Roy d'obéir à la déclaration dont nous avons fait lecture, de vous retirer présentement en vos maisons, sans faire aucune délibération, et avons ordre rester dans le Palais jusques à ce que vous soyez tous sortis. Et, après que M. le P. P. suivy de MM. les autres présidents, chacun selon l'ordre de leurs réceptions, et

---

[1] Voir le récit du *Diaire*, p. 78 et suivantes, et les notes de M. Floquet.

de tous MM. les conseillers, fut sorty, les huissiers du Conseil furent au parquet des gens du Roy où ils firent la mesme signification à M. Le Guerchois, advocat général.

Par l'exposé de ces lettres, il est fait mention que le Roy s'estant transporté sur la frontière pour la seureté et grandeur de son estat, les peuples de Normandie et particulièrement se seroient soulevez et trempé leurs mains dans le sang de ses meilleurs serviteurs (on donnoit cet éloge à Jacob Hais et à quelques autres de sa condition), et en conséquence le Roy interdit le Parlement pour négligence, connivence et lascheté. Renaudot, parlant de cette interdiction en sa Gazette du samedy ensuyvant, eut honte d'y insérer ces termes. Mais la Gazette de Hollande les exprima.

Les huissiers du Conseil furent, au sortir du Parlement, en la Cour des Aides et signifièrent les lettres d'interdiction du mesme jour et date que celles du Parlement, causées de ce que la Cour des Aides avoit sursis des levées ordonnées par des arrests du Conseil, ayant deffendu d'en faire, sinon en vertu d'édits deument vérifiez, et ainsy donné lieu au soulèvement des peuples.

Ensuite les mesmes huissiers allèrent au bureau des thésoriers de France, ausquels ils signifièrent les lettres patentes du Roy du 15 décembre 1639, par lesquelles ils estoient interdicts de leurs charges pour avoir négligé de restablir les bureaux des droicts du Roy, et néantmoins on ne leur enjoignoit pas de sortir de Rouen et suivre le Roy.

M. le Chancelier, consulté sur le temps de trois

jours limité aux officiers du Parlement et Cour des Aides pour sortir de la ville, dict que le jour de la signification n'y est point compris ny, le jour qu'ils sortiroient, et qu'il suffiroit qu'ils se missent au chemin de Paris le dimanche. Que Paris estant le séjour ordinaire du Roy, ils seroient réputez estre à la suite du Roy, quand ils seroient à Paris.

Plusieurs firent prier M. le Chancelier de les dispenser de ce voyage, qui leur semblait plus fascheux que l'interdiction, mais il dit qu'il n'en exempteroit personne et, quand on luy représenta que plusieurs à cause de leur aage où indisposition ne pourroient quitter Rouen, il dict que le Roy estoit bon prince et ne vouloit pas les choses impossibles. Toutesfois il retint à Rouen M. de Braquetuit, quoy qu'il se portast bien. Il tomba malade peu aprez et mourut en juillet de cette année.

M. de Bonneval [1] resta à Rouen, tant à cause de son aage que comme capitaine des bourgeois, L'excuse de l'aage y arresta aussy MM. Restaut, sieur de Fomauville, Hue sieur de la Roque, Fiset et Brinon conseillers et M. du Viquet advocat général. M. Beuselin [2] y demeura malade, ainsy que M. Jubert, [3] président

[1] Thomas du Val, sieur de Bonneval, né le 28 janvier 1574, reçu conseiller lay le 27 novembre 1604. Il résigna à Guy du Val, sieur de Lescaude, son fils, en 1644. Il mourut à Bonneval, en avril 1656, et fut inhumé à Rouen, à Saint-Nicolas.

[2] Jean Beuselin, sieur de Bosmellet, né en novembre 1602, reçu conseiller lay en février 1626, décédé le 14 mai 1647; il fut inhumé aux Carmes Deschaussés, à Rouen.

[3] Alphonse Jubert, sieur d'Arquensy, reçu conseiller lay le 17 avril 1602, et second président en la Cour des Aides de Rouen en 1609. Il

en la Cour des Aides, qui mourut de cette maladie le Vendredy Saint. M. de Benneville estoit à la campagne, prez son père aagé de 80 ans et plus, et ne vint à Paris qu'à la fin du Caresme. M. de Brinon y vint au mesme temps, n'ayant osé quitter sa maison pendant l'hiver. M. de Boisivon [1] estoit malade en la Basse Normandie et vint à Paris à la fin des jours gras. Tous les autres officiers du Parlement et Cour des Aides obéirent exactement à l'ordre du Roy de se rendre à Paris.

mourut le Vendredy Saint, 24 avril 1640, et fut inhumé à Rouen, en l'église Saint-Patrice.

[1] Pierre de Boisivon, reçu conseiller clerc en juillet 1621, vicaire général de l'évêque de Coutances, curé de Saint-Victor, près Bernay, et de Moulineaux, décédé en juillet 1651.

# CHAPITRE DIXIÈME.

Tenue adoptée par les officiers interdits. — MM. Talon et Le Telier poursuivent l'instruction de la sédition. — Nouvelles arrestations. — Sévérité de Gassion pour la discipline. — L'Archevêque propose d'intercéder près du Chancelier. — Son entrevue avec les Présidents du Parlement. — Il va trouver le Chancelier. — Celui-ci se plaint que le Parlement ait méprisé ses ordres. — Il tire argument du registre secret. — Réflexions de Bigot sur l'attitude du Chancelier. — 7 janvier. — Demande personnelle du P. Président. — Raisons de la soumission qu'il manifeste. — Le Président Bigot et le Conseiller d'Etat Godart. — Hostilité de ce dernier contre le Parlement. — Le Chancelier fait exécuter Garin et trois autres séditieux sans jugement. — Règlement pour la nourriture des soldats chez les bourgeois. — Excès des soldats. — Les magistrats sortent de la ville. — On s'assure de leur départ. — 9 janvier. — Installation d'une commission pour remplacer le Parlement. — Conditions de préséance entre ses membres. — Ordre tenu en leurs audiences. — Suspension des officiers de l'Hôtel-de-Ville. — Le domaine de la ville réuni au domaine du Roi. — 13 janvier. — Sept avocats du Parlement commis pour tenir les requêtes du Palais. — Pourquoi on ne nomme pas les officiers du Présidial. — Coquerel s'y oppose au nom du Barreau de la Cour. — Récriminations des avocats non désignés. — Réflexions de Bigot sur l'attitude des avocats. — Raisons données par les Procureurs de leur assistance aux audiences de la Commission.

Après l'interdiction signifiée, tous les officiers interdicts quitèrent la robe et prirent le long manteau, réservé M. le P. P. du Parlement, qui porta toujours sa robe, réservé que dans Paris il alla quelquefois en long manteau. Pour moy, je portay ma robe, les premiers jours, estimant qu'elle désigne le titre et non l'exercice de la charge et que les officiers inférieurs que nous interdisons comparoissent devant nous en robe. On disoit au contraire que les maistres des requestes, qui estoient lors à la suite de M. le Chancelier, alloient par la ville en long manteau, et que M. le Chancelier avoit tesmoigné désirer que les officiers interdicts en fissent de mesme. Ainsi je me réduisis à la manière des autres.

Par arrest du conseil d'Estat, daté de Saint Germain en Laye, le Roy y estant, signé Phélippeaux du 4 janvier 1640, la congnoissance de toutes les appellations des juges de Normandie fut attribuée au Conseil. M. de la Vrillière n'estoit pas en ce temps là prez le Roy, mais l'usage est que les secrétaires d'Estat datent tout ce qu'ils expédient du lieu où est le Roy.

Par autre arrest du conseil tenu à Rouen, signé Galand, signifié le jeudy 5 janvier, il fut enjoinct aux conseillers du Parlement et requestes du palais de remettre, dans trois jours au greffe, tous les sacs, productions, informations, enquestes et autres actes à peine de respondre en leur nom privé des despens, dommages et interests des parties. Ensuite duquel arrest, les commis du greffe furent aux maisons de messieurs retirer les sacs et les deschargèrent sur leur registre.

Cependant MM. Talon et Le Telier, continuans

d'instruire le procez des accusez de la sédition, en firent, le 4 de ce mois, arrester plusieurs, dont les uns furent conduicts en la conciergerie du Parlement et les autres au Vieux Palais, où furent entr'autres emprisonnez les sieurs Baillet et Beinières, lieutenant et enseigne des bourgeois de Saint Sauveur et Saint Michel, accusez de n'avoir pas assez rigoureusement résisté aux séditieux. Les autres, que l'on arresta, estoient portefaix et gens de nulle considération, desquels, et de ceux que le Parlement avoit faict arrester, on procéda à l'interrogatoire et instruction des procez.

M. Gassion, continuant ses soins pour la seureté de la ville, fit passer par les armes un soldat qui avoit tué ou griefvement blessé son hoste prez Saint Nicaise. Un autre, pour insolences commises à son hoste prez Martainville, fut mis au carquan, en la place de l'église cathédrale. D'autres furent punis de prison. Enfin, pendant son séjour à Rouen, on fit mourir plus de soldats que de bourgeois.

La veille ny le jour des Rois, les cloches des paroisses ne sonnèrent point le soir les carillons ordinaires, à cause de l'estat où estoit la ville.

M. l'Archevesque de Rouen, qui ne doubtoit pas de son pouvoir, s'imagina que, s'interposant pour la ville en général, il obtiendroit de M. le Chancelier pardon pour le Parlement et ses habitants. Il alléguoit que ses prédécesseurs archevesques avoient réussy en semblables entreprises. Mais, comme il en vouloit auparavant estre requis, il fit le 6 janvier sçavoir son dessein par M. de Braquetuit à MM. les présidens de Grémonville, d'Amfreville et de Franquetot; le premier, par complaisance à M. l'Archevesque, qui avoit nouvellement donné une prébende canoniale à son fils le doyen, et les deux autres, par crédulité et désir de voir les choses terminées, s'imaginèrent que M. de Braquetuit le faisoit avec le gré de M. le Chancelier et qu'au moins on seroit dispensé d'aller à Paris.

Ils furent proposer la chose à M. le P. P. (je crois que M. le P. Turgot y alla avec eux). Il leur représenta ce dessein irréussible; qu'ilz seroient blasmez du corps de l'avoir tenté de leur chef et que, de s'assembler pour en délibérer, seroit contrevenir aux deffenses à nous faites.

Ils allèrent chez M. le P. de Criqueville, lequel n'ayant pas rejeté cette ouverture, plus tost par complaisance que pour l'approuver, MM. de Soquence et Costé s'y trouvèrent, qui appuyèrent fort la proposition, et M. Costé se chargea de m'en venir parler et, ne m'ayant pas trouvé de son advis, il désira que j'allasse chez M. le P. de Criqueville, où estoient MM. les autres présidents, lesquels ne délibéroient plus mais montoient desjà en carrosse, ne croyans pas debvoir perdre un moment de faire cette belle tentative. Je me mis avec eux pour prendre l'occasion, ou de rabattre quelque chose de la bassesse des soumissions ausquelles je les trouvois résolus, et mesmes pour chercher l'occasion de leur faire quicter ce dessein.

M. l'Archevesque nous attendoit avec impatience en la chambre du pavillon qui regarde vers Saint Maclou. M. le P. de Grémonville luy dict qu'il venoit le remercier de la bonne volonté, que M. de Braquetuit l'avoit asseuré qu'il avoit pour le Parlement, et le prioit de la continuer. Il respondit fort au long par des exaggérations de sa bonne volonté et du succès certain de son project, mais qu'il estoit besoin qu'il [fut] authorisé à parler à M. le Chancelier. M. de Braquetuit luy dict qu'il ne pouvoit pas y estre mieux authorisé que par la prière que luy en faisoient les premiers de la compagnie.

M. l'Archevesque voulut ensuite que l'on convint des termes dont il useroit et proposa de luy mesme ce qu'il jugeoit à propos, y meslant les mots de faute et pardon. Mais on luy dist que nous serions blasmez si on scavoit que nous eussions agréé que l'on advouast que nous eussions failly. Il répliqua qu'il falloit parler selon l'estat des affaires et, comme il ne nous persuada pas ce qu'il vouloit, il convint de dire seulement à M. le Chancelier, qu'il estoit envoyé par MM. du Parlement le prier d'estre leur protecteur, et qu'il useroit de termes si pressans qu'il ne croyoit qu'il peut le refuser. Incontinent il monta en son carrosse qui se trouva au pied de son escalier et alla chez M. le Chancelier, avec M. de Braquetuit et le sieur de Roncerolles, qui venoit de survenir chez luy et, malgré de nous se faisoit de feste. Aprez estre demeurez chez M. l'Archevesque environ une heure et demie avec M. Damiens qui y survint, Cogneux [1] et Costé, il revint et nous dict, qu'en présence de ces deux Messieurs, il avoit conjuré M. le Chancelier, et par sa qualité et par

---

[1] René Le Coigneux, reçu conseiller-clerc en mai 1621, doyen d'Avranches puis prieur de Magny, mort le 28 mars 1676. Il était fils de

son mérite particulier, de vouloir estre protecteur de MM. du Parlement, les dispenser d'aller à Paris, et trouver bon qu'ils luy rendissent à Rouen compte de leurs actions.

Que M. le Chancelier avoit respondu qu'il ne faloit point de protecteur prez du Roy, qui rendoit justice à un chacun; qu'il avoit à se plaindre au Roy du Parlement, qu'il voyoit par le registre secret avoir mesprisé ses ordres; qu'il avoit veu ce registre exactement; le sieur Vaignon le luy avoit baillé le mardy au soir ou mercredy matin; qu'il voyoit par le registre que, M. Le Noble ayant rapporté son ordre de restablir les bureaux des droicts du Roy, on avoit arresté, sur la réquisition du procureur général, qu'il n'y avoit rien à délibérer [1]; que c'estoit trop l'offenser de ne vouloir délibérer ce qui estoit proposé de sa part, et que le procureur général, qui avoit pris ces conclusions, estoit bien heureux d'estre mort; que l'on avoit depuis passé plus de trois mois, sans faire justice des coulpables, et souffert qu'une potence fut trainée par les rues.

Qu'ils avoient excusé, comme ils avoient pu, le Parlement et particulièrement M. de Braquetuit, qui avoit dict qu'ils avoient eu plus de soin de bien faire que de bien dresser le registre, que le greffier avoit faict comme il avoit voulu; qu'ils ne debvoient pas respondre de ses faicts, puisqu'ils ne l'avoient pas choisy. A

---

Jacques Le Coigneux, conseiller au Parlement de Paris et de Geneviève de Montholon.

[1] Voir sur ce point le récit de Bigot, p. 115, et son observation de la p. 118.

quoy M. le Chancelier avoit répliqué qu'il s'agissoit de la faute du Parlement et non du greffier qui ne manquoit pas de suffisance.

Que, quoy qu'ils peussent luy représenter, ils ne purent obtenir, ny que MM. du Parlement fussent dispensez d'aller à Paris, ny qu'on traitast à Rouen de leurs affaires, mesmes il leur dict qu'on n'en parleroit point à Paris, jusques à ce qu'il eut achevé sa commission en Normandie et qu'il y seroit environ trois semaines, avant que de retourner à Paris.

M. l'Archevesque dict qu'asssurément il eut obtenu ce qu'on désiroit, sans les défauts remarquez en ce registre ; qu'au moins avions nous l'avantage de savoir ce qu'on nous imputoit, affin de nous préparer à y respondre ; qu'il alloit encore employer l'intercession d'une sainte. Il entendoit parler de la sœur de M. le Chancelier, supérieure des Carmélites de Pontoise.

Ainsy ce chef de justice faisoit une démarche pompeuse avec ordre de condamner et sans pouvoir d'absoudre, et on le prioit comme les idoles qui ne pouvoient exaucer ceux qui imploroient leur secours. Il avoit assez de cognoissance de la pratique judiciaire pour se colorer à propos pour la conservation de sa dignité, et son cher favori, M. de Braquetuit, au lieu de justifier le Parlement qui avoit refusé de délibérer sur un ordre impossible à exécuter et captieux à ceux ausquels on l'envoyoit, donna subject, en rejetant la faute sur le greffier, de louer sa suffisance et faire un crime à une compagnie à laquelle on ne pouvoit avec justice faire aucun reproche.

Le lendemain 7 janvier, je visitay M. le P. P., et estans tombez sur le discours de cette tentative à M. l'Archevesque, il me dict les raisons pour quoy il ne l'avoit pas approuvée, qui me semblèrent fort bonnes. Il estoit aussy en froideur avec M. l'Archevesque pour quelques ponctilles d'honneur et répugnoit à touts les sentimens de M. le P. de Grémonville.

Il me dict que le sieur Galand, secrétaire du Conseil, sortoit d'avec luy et l'avoit asseuré que les affaires du Parlement iroient bien; qu'on désiroit qu'il advouast avoir failly et qu'en suite, aprez une légère réprimande, on renvoyeroit tous les officiers faire leurs charges, qu'il faloit tascher de parler en termes qui fussent agréables à MM. les ministres et qui ne blessassent pas l'honneur de la Compagnie.

Il se laissa persuader à ce discours du sieur Galand qui, soubs prétexte de confidence estant son voisin à Paris, luy donna lieu, à la visite qu'il fit le mesme matin à M. le Chancelier, de luy parler en termes fort soumis. M. Godart [1], conseiller d'Estat, me dict l'aprez midy que M. le P. P. avoit advoué à M. le Chancelier que le Parlement avoit failly.

Je luy dis que la manière dont il avoit parlé à M. le Chancelier, le saluant avec les députez du Parlement, me faisoit croire qu'on luy avoit fait un faux rapport; qu'en tout cas M. le P. P. avoit parlé de son chef et sans l'adveu du corps qui ne s'estoit point assemblé depuis l'interdiction. Il estoit irrité contre le Parlement où Marc Cyrus

---

[1] Jacques Gaudart, sieur de la Tuillerie.

de Brion, son gendre, avoit peu auparavant perdu une mauvaise cause, qui luy estoit de grande conséquence et, en haine de cet arrest, il avoit affecté de venir à Rouen à la suite de M. le Chancelier pour faire tout le mal qu'il pourroit à la Compagnie en général et aux officiers qui la composoient. Il fut un des commissaires que M. le Chancelier establit peu aprez pour exercer nos charges et en usa fort mal. Ce sieur de Brion [1] son gendre prit en 1642 une charge de la création du semestre et, par un juste jugement de Dieu, il trouva plus tost la ruine que l'establissement de ses affaires, comme il sera cy aprez marqué.

Ce mesme matin, M. le Chancelier fit transférer, du Vieux Palais à la Conciergerie du Parlement, Gorin et trois ou quatre autres séditieux, et leur fit dire par le prévost qui le suivit en tout ce voyage de Normandie, qu'ils estoient condamnez à mort, à savoir Gorin à estre rompu vif sur la roue, les autres à estre pendus et tous appliquez à la question. Il donna ce jugement, sans en prendre advis d'aucun des conseillers d'Estat et maistres des requestes qu'il avoit amenez, et sans l'avoir mis par escript; il en donna l'ordre verbal à ce prévost en forme de jugement militaire [2].

---

[1] Marc Cyrus de Brion, reçu commissaire aux Requêtes, charge nouvelle du semestre créée en 1641, à la date du 16 octobre 1641. V. la notice que Bigot lui consacre. (Bibl. Martainville, $\frac{Y}{27}$, t. IV, § XII).

[2] Cette forme étrange de procéder fut, au moment de la Fronde, violemment reprochée au chancelier Séguier. M. Floquet, *Diaire*, p. 112, en a fait l'objet d'une note fort intéressante. Nous rapprocherons de ce fait la proposition que Séguier avait faite au cardinal de Richelieu

Aprez que le prévost eut porté cet ordre aux condamnez, MM. Talon et le Telier les firent appliquer à la question et receurent leur interrogatoire et ensuite ils furent exécutez à mort en la place du Vieil Marché. On dict que Gorin fut estranglé aprez avoir reçu un coup de barre. Toutes les trouppes, qu'on avoit faict venir à Rouen, estoient en armes au lieu de l'exécution et aux environs, comme si on eut eu crainte d'un mouvement, quoy que cette précaution fut fort superflue. Aussy ce jour et le lendemain on en renvoya la moitié aux lieux destinez pour leur quartier d'hiver, ce qui vint fort à propos aux habitans des fauxbourgs et de Darnétal qui ne pouvoient plus subsister soubs le fardeau.

Dez le dernier jour de l'an 1639, le sieur du Becquet, par ordre du sieur Gassion, avoit faict publier un règlement par lequel les bourgeois debvoient donner 6 s. à chaque fantassin, sans les ustensiles, et 20 s. à chaque cavalier et, par un autre publié le 3 janvier, il fut laissé au choix des bourgeois de fournir les ustensiles ou payer à chaque fantassin 18 deniers et 4 s. à chaque cavalier [1] ; mais ces règlements

---

*de raser l'hôtel-de-ville de Rouen, et de mettre à la place une pyramide où serait gravé l'arrêt du conseil* qui l'aurait ordonné. Richelieu eut le mérite de la modération et rejeta une proposition que ne justifiaient guère, il faut le reconnaître, les précédents de la sédition. Les officiers de l'hôtel-de-ville pouvaient avoir fait preuve de faiblesse, mais amais de connivence. (V. *Diaire*, p. 147, note 1.)

[1] M. Floquet, *Diaire*, p. 102, note 1, a publié le premier règlement. oici le second qui se trouve, comme le premier, aux registres de l'hôtel-de-ville :

« De par le roy,

« Sur ce qui a esté représenté à Monsieur de Gassion, mareschal

furent mal observez, encore que par déclaration du Roy, donnée le 5 janvier à Saint Germain, signé Phelipeaux, publiée le mesme jour [1], il fut enjoinct aux officiers des troupes d'y tenir la main, à peine d'en respondre et d'empescher qu'il ne fut faict violence aux bourgeois ny les [paysans] venans en la ville arrestez par les soldats.

On parla de mettre ce que les bourgeois payeroient aux mains des capitaines des trouppes, pour les distribuer à leurs soldats. mais on creut qu'ils mettroient l'argent en leurs posches et laisseroient [vivre les soldats aux dépens des bourgeois. D'ailleurs ils vouloient estre payez, comme si leurs compagnies eussent esté complètes sous prétexte qu'ils estoient tenus de les rendre complètes au printemps. On leur distribua quelque argent au mois de febvrier, lorsqu'ils partirent de Rouen, mais je n'ay point sceu à quoy il fut appliqué.

Par arrest du Conseil, tenu à Rouen, le mesme jour

---

de camp ez armées du roy, par plusieurs des bourgeois et habitans de ceste ville de Rouen, qu'ayant laissé à leur choix de nourrir les gens de cheval et de pied de leurs vivres ordinaires, ou de payer trente sols à chaque cavalier et six sols à chaque soldat à pied avec les ustencilles, il se pourroit commettre beaucoup de désordres contre son intention, s'il ne luy plaisoit déclarer quelle somme payeront lesdits habitants qui ne voudront fournir lesdits ustencilles en essence, mondit sieur de Gassion nous a donné ordre de faire publier que tous bourgeois et habitans estoient deschargez des ustencilles en payant, au lieu d'iceux, à chaque cavalier quatre sols, et à chaque homme de pied dix huit deniers.

« Fait par nous, lieutenant-général au bailliage de Rouen, le troizième jour de janvier 1640. (Signé) : Godart. »

[1] V. *Diaire*, p. 100, note 1.

5 janvier, MM. les maistres des requestes furent commis pour informer des fautes des soldats : à savoir, pour le quartier de Martainville, MM. de Montescot, Daubray et de Hère; pour Cauchoise, MM. de la Berchère et Marescot. Pour Beauvoisine, MM. de la Ferté, Vigner et du Til. Pour Saint Hilaire, MM. de Vertamon et Saint Jouin, et, par autre arrest dudict Conseil du mesme jour, on fit desffenses d'user du mot de *monopolier*, *gabelier*, *maltotier* ou autre tendant à sédition, et enjoinct aux magistrats et officiers de punir les contrevenans.

Nonobstant ces ordres et les soins de M. Gassion, les bourgeois souffrirent beaucoup d'exactions et violences et on voloit les paysans qui apportoient des vivres en la ville, en laquelle on eut cessé d'en apporter, si on n'eut envoyé des trouppes, pour la seureté des chemins.

Presque tous les officiers interdicts, qui avoient ordre de se rendre à Paris, sortirent de Rouen le samedy 7 et le dimanche 8 janvier, y en ayans peu qui se fussent mis en chemin les jours précédens. Ils se joignirent plusieurs ensemble, de crainte des voleurs qui estoient en grand nombre dans les grands chemins, et néantmoins nul des interdicts ne fut volé; mais le 10 quelques officiers de Paris venans à Rouen furent volez prez le bordeau de Vigny.

Je pris congé le samedy de MM. le Chancelier, de la Vrillière et de ceux des conseillers d'Estat et maistres des requestes qui m'avoient prévenu de leurs visites, n'ayant point visité les autres; je partis le dimanche avec MM. de Bonnetot, conseiller au Parlement et de Sommesnil, doyen de la Cour des Aides. Nous couchasmes à Ecouis, le lendemain à Pontoise, et le 10 arrivasmes à Paris ou nous logeasmes ensemble jusques au 25 may. M. de Cambremont [1], qui avoit séjourné en sa terre de Becdal, nous vint joindre à Paris le 20 janvier.

On me dit que, le lundy matin 8 janvier, on fit perquisition aux maisons des interdicts, pour sçavoir si ils y estoient restez. M. le P. de Criqueville creut et publia que, la nuict du dimanche au lundy, on l'avoit faict chercher en la sienne, mais qu'il avoit couché au faubourg Martainville. Il est difficile à croire que M. le Chancelier, proche allié de sa deffuncte femme, eut voulu le mettre en peine et, un autre, à son insceu, n'eut osé faire cette recherche. Il publioit que, l'esté précédent, M. de Bullion l'avoit voulu faire arrester pour une taxe ordonnée sur chacun des officiers du Parlement de Rouen qui n'avoient point peloté, et ce en haine de ce qu'il avoit parlé avec liberté contre les vexations que causoient ces nouvelles impositions. Si M. de Bullion l'avoit dict pour luy faire peur et le faire désister des remontrances qu'il faisoit, au moins est il hors de toutte apparence qu'il aye voulu en venir à l'effect.

On ne fit nulle recherche de ceux qui, au lieu d'aller droict à Paris, se retirèrent en leurs terres, les uns

---

[1] Claude Le Roux, sieur de Cambremont, reçu conseiller lay, le 10 décembre 1636, par la résignation de Robert Le Roux, sieur de Tilly, son père. Il était beau-frère du P. Bigot.

sur le chemin de Paris, d'autres au pays de Caux ou vers la Basse Normandie et ne se rendirent à Paris que lorsque M. le Chancelier y fit son retour, car, outre qu'il faisoient le moindre nombre des interdicts, on se contentoit de les éloigner de Rouen, avant que d'y establir de nouveaux juges et on fit sortir des maisons des interdicts, si tost qu'ils furent hors de Rouen, les soldats qui y avoient esté logez.

La ville de Rouen estoit en cet estat, le lundy 9 janvier 1640, lorsque M. le Chancelier y establit une nouvelle forme de justice souveraine composée de cinq Conseillers d'Estat et huit maistres des requestes, à savoir MM. Le Febvre, sieur d'Ormesson, de Moric, Gaudart de la Thuillerie et Laubardemont, conseillers d'Estat, et MM. de Vertamon, Daubray, Vignier, de Hère, Le Goux, sieur de la Berchère, Jubert, sieur du Til et de Marescot, maistres des requestes, et M. François du Bousquet, au lieu du procureur général du roy, qui avoit esté juge civil et lieutenant criminel en la ville, viguerie, et vicomté de Narbonne [1].

Ils entrèrent, sur les huit heures du matin, en la sale du Palais et, aprez y avoir entendu une messe basse, ils marchèrent précédez de deux huissiers en la chambre du Conseil où M. d'Ormesson mit ez mains du sieur Vaignon, greffier civil, un arrest du Conseil d'Estat signé Phélipeaux, donné à Saint Germain le 7 de ce mois, et leurs commissions. Par cet arrest, attendu les occupations du Conseil privé qui ne pouvoit vaquer à juger les procez de Normandie qui y

---

[1] V. la note que lui consacre M. Floquet, *Diaire*, p. 95, note 1.

avoient esté évoquez, S. M. veut qu'ils soient jugez par les conseillers d'Estat et maistres des requestes estans à Rouen prez M. le Chancelier, suivant les usages et coustumes de la province et qu'à cette fin, ils s'assemblent aux Chambres et lieux accoustumez jusques à ce que, par le Roy, il aye esté faict establissement d'une autre compagnie, pour tenir le Parlement; enjoinct aux greffiers, leurs clercs et commis, advocats, procureurs et huissiers du Parlement, de faire devant les dits commissaires la fonction de leurs charges, et faire tout ce qui sera nécessaire pour l'instruction et jugement des procez, ainsy qu'ilz faisoient au Parlement, à peine d'interdiction et privation de leurs charges et à tous despens dommages et interestz.

Le registre fait mention de deux arrests du 4 et du 7 apportez par M. d'Ormesson; mais néantmoins, ne parlant que d'un arrest, il est indifférent si cet establissement estoit faict par un ou deux arrests.

Par la commission du sieur du Boscquet, il est commis pour faire la charge du parquet aux honneurs, rangs et fonctions qui y appartiennent et aux appointemens qui luy seront ordonnez par le Roy.

Ces Messieurs eurent beaucoup de contestations pour leurs rangs et fonctions. M. le Chancelier les accommoda, avant qu'ils allassent au Parlement; aprez les trois anciens conseillers d'Estat marchoit M. de Montescot maistre des requestes, puis M. de la Thuillerie, conseiller d'Estat et ensuite M. de Vertamont maistre des requestes et Laubardemont, conseiller d'Estat [2].

[2] V. pour les questions de préséance, le *Diaire*, p. 121, 130 et 135.

Ils passèrent de la chambre du Conseil en celle de l'audience où, aprez avoir pris séance aux hauts siéges, ils firent appeler l'audience et fut faict lecture desdits arrests et commission. Le sieur du Bosquet en requist la publication et registrement, que les commissaires ordonnèrent et qu'elles seroient envoyées aux bailliages et vicontez du ressort pour y estre aussy publiées.

Ils prononcèrent « commis par S. M. pour tenir la Cour du Parlement de Rouen, » et usèrent fort modérément de leur authorité.

Après ce registrement, ils firent les appeaux des officiers du bailliage de Caux en la manière accoustumée. A cette première ouverture assista une grande affluence du peuple, désireux de voir cette nouveauté.

Le mardy 10, ils vinrent derechef au Palais et firent publier et registrer en l'audience les lettres patentes données à Saint Germain en Laye le 8, par lesquelles il estoit deffendu aux gentilshommes de faire aucunes assemblées et, aux magistrats et officiers, de souffrir aucunes armes au commun peuple [1].

Le mercredy, ils donnèrent audience en la chambre du Conseil pour les procez de la Tournelle et Edict, et, le jeudy, ils firent publier et registrer un arrest du Conseil du 10, par lequel tous procez, évoquez du Parlement de Rouen pour parentez, estoient renvoyez devant les dicts sieurs commissaires, pour y estre jugez suivant les derniers erremens.

[1] Cet alinéa est bâtonné dans le manuscrit.

Le registre porte que le mardy, en la chambre du Conseil, M. d'Ormesson prit seul sa séance au banc sous le crucifix (comme président); le mercredy, MM. d'Ormesson, Gaudart, Montescot et Vertamont y prirent séance et quatre maistres des requestes, qui restoient, se mirent, deux au banc des conseillers du costé droict, et deux à celuy du costé gauche. Le jeudy, MM. d'Ormesson, de Moric, Gaudart la Tuillerie, Laubardemont, du Til se mirent au banc soubs le crucifix, et MM. de Montescot, Vertamont, Daubray, Vigner, Hère et Marescot au banc du costé droict et arrestèrent à l'advenir leur séance comme aux requestes de l'Hostel.

Le lundy 9 de ce mois, les officiers de l'Hostel de Ville s'y assemblèrent, à huit heures du matin, suivant l'ordre que le soir précédent ils en avoient receu de M. le Chancelier, où deux huissiers du Conseil leur firent lecture d'une déclaration du Roy, donnée à Saint Germain en Laye le 17 décembre 1639 signée Phélypeaux, par laquelle S. M., pour la faute et mauvaise conduite des officiers de la ville sur le faict des rebellions arrivées en icelle, les interdit de tout exercice et fonction de leurs charges, deffend à tous ses subjects de les recongnoistre en cette qualité, ni obéir à leurs ordres à peine de désobéissance, leur enjoinct de sortir de Rouen dans quatre jours, et se rendre à sa Cour et suite, à peine d'estre procédé contre eux comme contrevenans à ses commandemens, la ville déclarée déchue de ses priviléges, tout son domaine, de quelque nature qu'il fut, réuny au domaine du Roy jusques à ce que autrement en ait esté ordonné.¹. Ce faict, un des huissiers ayant demandé si le Lieutenant général estoit présent, il luy signifia une déclaration du Roy, du mesme jour et date, par laquelle, pour ne s'estre pas opposé, selon le deub de sa charge de maire perpétuel, aux séditieux, on luy en interdisoit les fonctions avec injonction de se rendre à la suite de la Cour, à peine d'estre puny comme contrevenant aux commandemens du Roy². Il fit response qu'il estoit prest d'obéir aux volontez de S. M.

...... Ce mesme jour 12 de janvier³ fut délivrée aux sieurs Pouchet, Liesse⁴ et autres, la commission pour administrer le revenu de la ville, de laquelle nous avions parlé cy dessus, aprez que tout ce qui estoit en l'Hostel de Ville a esté mis par inventaire pour en rendre compte au Roy, l'inventaire faict par deux maistres des requestes, ledict jour, tant de l'argent que papiers.

Le vendredy 10ᵐᵉ jour de janvier, MM. les commis-

---

¹ M. Floquet en a publié le texte, *Diaire*, p. 138, note 1.
² *Ibid*. p. 139, note 1.
³ Nous nous trouvons ici en face d'une lacune du manuscrit. Nous n'avons trouvé pour la combler que les deux dernières pages d'un ancien cahier, paginé 41, 42 et 48, chaque feuillet comptant double, et qui a ainsi lui-même une lacune de cinq feuillets ou dix pages; seulement cette lacune (de 42 à 48) se trouve à peu de chose près remplie par les pages 42 à 46 du cahier de nouvelle transcription, marqué en tête par Bigot du chiffre romain *III*, et que nous avons suivi depuis la page 228. Il commence par ces mots : « Le colonel Gassion, sçachant... »
⁴ On trouve aux registres de l'hôtel-de-ville, p. 351 verso, les noms de tous les membres de la commission c'étaient : les sieurs Pouchet, Liesse, de Bouclon, Bulteau, Pavyot et du Hamel, anciens conseillers échevins. Ils prêtèrent serment le 11 janvier devant le chancelier.

saires tindrent la petite audience puis travaillèrent à la visitation et jugement du procez instruict par deux maistres des requestes contre deux soldats des compagnies de chevaux légers logez aux fauxbourgs, lesquels avoient excédé Fosse, huissier aux finances, et violé sa sœur vers le village de Blosseville dict Bonsecours. Celuy qui l'avoit violée fut condamné à estre pendu et l'autre aux galères à perpétuité [1].

Aprez ce procez jugé, encor qu'il fut plus de dix heures, MM. les commissaires firent appeler la grande audience, en laquelle ne fut plaidée aucune cause. mais seulement y fut faict lecture et publication d'une déclaration du Roy par laquelle MM. Anthoine Deschamps, Centurion de Cahaignes, Louis Radulph, Jean Lesdos, Jacques Coquerel, Jean Carue et Jacques Eustache, advocats du Parlement de Rouen, estoient commis à tenir la jurisdiction des requestes du palais,

Dez le lundy précédent, M. le Chancelier avoit arresté d'y commettre les sieurs de Moy, Robert Coquerel, Dumonstier, Fournier, Drouet et Guenet, conseillers au bailliage et siége présidial de Rouen, et de faict, lorsque la Chambre des requestes fut créée par le Roy, plusieurs conseillers du bailliage en furent pourvus des charges, et aprez le Parlement, ils tiennent, entre les juges de l'ordinaire, le premier rang. Aussy le *Committimus*, selon l'ancienne forme, contient l'option aux privilégiez de faire appeler les parties aux Requestes du palais ou devant le bailly de Rouen. Voilà les rai-

---

[1] Voir *Diaire*, p. 166.

sons qui auroient peu porter M. le Chancelier à donner cet employ aux conseillers du bailliage, lesquels il avoit choisi, non selon leur antiquité, mais selon l'estime qu'on luy avoit faicte de leur suffisance et probité, et la commission par luy scellée fut envoyée, à ce que j'ay appris, au Parlement, dont la publication fut remise du mardy au jeudy, et le jeudy empesché par les advocats du Parlement ou aucun d'eulx qui souhaitèrent auparavant en parler à M. le Chancelier.

De sorte que le jeudy Coquerel[1], avocat, fut lui en parler et luy remonstra que de tout temps les advocats postulans au Parlement de Rouen avoient précédé les conseillers du présidial de Rouen (ce point n'est pas hors de dispute), ainsy qu'il leur estoit fascheux de se voir obligez de postuler devant eux, mesmement dans l'enclos du palais; qu'ils énerveroient toutte la jurisdiction des requestes du palais avec laquelle ils avoient beaucoup de contentions de jurisdiction et renvoyeroient la plus grande partie des causes devant le bailly. Ainsi il insista à ce qu'il pleut à M. le Chancelier à révoquer leur commission.

Il obtint d'autant plus aisément ce qu'il demandoit que luy mesmes se submit, pour luy et six autres advocats du Parlement, d'accepter la mesme commission,

---

[1] Jacques Coquerel, né en 1590, mort en 1670, doyen de l'ordre, était fils de Jacques Coquerel, sieur d'Artemare, auditeur en la chambre des Comptes en 1580. Il épousa Charlotte Pineau et en eut deux filles, l'une mariée à Philippe Maignart de Bernières, procureur-général au Parlement, et l'autre à François de Caradas du Héron, conseiller au Parlement. Il fut l'un des plus célèbres avocats du barreau de Rouen au XVIIe siècle.

estant indifférent à M. le Chancelier si elle estoit addressée aux conseillers du bailliage ou aux advocats du Parlement, ne désirant autre chose que de remplir les places des juges interdicts et empescher la cessation de la justice. Aussy il jugea que les advocats exerceroient cette commission d'autant plus assiduement, qu'ils l'avoient désirée, au lieu que les conseillers au bailliage, qui n'ont point paru l'avoir recherchée, n'en eussent tenu que bien peu de comptes, aussy ils n'ont point demandé d'y estre maintenus.

On croit que Coquerel advocat (qui estoit congneu de M. le Chancelier tant pour avoir esté cy devant advocat ordinaire de M. le P. Seguier son cousin, que pour avoir porté la parole lorsque les advocats le furent saluer depuis l'interdiction du Parlement), luy nomma ceux des advocats qu'il estimoit mériter le mieux cet employ, à sçavoir ceux qui sont desnommez en la Commission, qui en effect estoient ceux qui plaidoient avec le plus de réputation. Ce qui attira sur lui les plaintes de plusieurs autres advocats plus anciens et fort estimables, soit pour leur suffisance à consulter et plaider, soit pour leur naissance, y en ayant plusieurs d'entr'eux gentilshommes. Ils le blasmoient de s'en estre meslé sy avant, sans que la chose eut esté délibérée entr'eux, veu mesmes qu'il n'estoit point leur syndic, mais ledict Deschamps, aussy s'estoient ils plaints de ce qu'on luy avoit donné charge de faire la harangue à M. le Chancelier et non audit sieur Deschamps son ancien et leur syndic, mais je crois que les advocats avoient choisy Coquerel comme plus poly et plus éloquent.

Mais cette plainte fut seulement en discours particuliers et n'eut aucun effect, de sorte qu'aussy tost que la commission des advocats eut esté scellée, elle fut apportée au Parlement et publiée et registrée et les advocats y dénommés ont retenu ceste commission, réservé le sieur Carue[1], lequel estant de la religion prétendue réformée et scachant que, pour ce subject, M. le Chancelier estoit résolu de l'oster de ladicte commission, il fut chez M. le Chancelier se plaindre de ce qu'à son inscu on l'y avoit employé et le supplia de l'en descharger, de sorte que M. le Chancelier a depuis commis en son lieu le sieur Chopin advocat, petit fils de René Chopin, autheur assez congneu.

On s'estonna à Rouen et plus encore à Paris de ce procédé des advocats du Parlement de Rouen. On disoit qu'ils avoient deub saluer en corps M. le Chancelier et luy faire harangue, mais que cela avoit deub précéder l'interdiction du Parlement, depuis laquelle, puisqu'ils avoient toujours dict en estre en quelque façon du corps et de la suite, ils debvoient n'avoir plus de voix et, par leur silence, en tesmoigner leur ressentiment, au lieu que, par les louanges qu'ils donnoient à M. le Chancelier d'estre comme les bons anges qui estonnent puis consolent, ils sembloient se resjouir de ce qu'il avoit desjà faict en la ville.

Qu'on n'avoit peu les forcer à plaider devant MM. les commissaires, leur fonction estant volontaire, et ainsy que, si ils se fussent absentez du Palais, ils au-

---

[1] M. Floquet, dans son *Diaire* p. 202, donne sur cet avocat une note intéressante.

roient donné lieu à restablir plus tost le Parlement, au lieu qu'ils avoient plaidé à leur ordinaire, sans se le faire plus expressément enjoindre; que les advocats et procureurs de Paris, lorque la Cour des Aides en fut interdite, ne voulurent plaider aucune cause (ce fut environ l'an 1628), et si on fut obligé de la restablir 15 jours aprez; que ceux de Rouen avoient esté si désireux de continuer le gain qu'ils faisoient au Palais, qu'ils avoient eux mesmes poursuivy instamment le jugement des procez, dont aucuns des commissaires mesmes les blasmoient.

Mais surtout on s'estonnoit de ce qu'ils eussent sollicité et poursuivy la commission des requestes pour tenir la place de ceux devant lesquels ils estoient acoustumez de plaider; qu'aprez une injonction réitérée, ils auroient peu l'accepter, mais qu'ils n'avoient pas deub s'y offrir et la rechercher.

Eux au contraire disoient, pour leur descharge, que les choses n'estoient pas au mesme estat, auquel elles estoient lors de l'interdiction de la Cour des Aides de Paris, l'authorité du Conseil s'estant accreue de jour à autre à la diminution de celle des autres Compagnies souveraines, de sorte que, ce qu'on dissimula pour lors du faict des advocats de Paris, eut esté à présent imputé à crime à ceux de Rouen, lesquels la présence de M. le Chancelier et des trouppes logées dans Rouen obligeoient à faire beaucoup de choses qui leur estoient peu agréables.

Qu'ils avoient creu estre obligez à conserver la dignité de leurs charges et leur préséance, au préjudice des officiers du bailliage et conserver la compétence des requestes du Palais qu'ils eussent tasché de ruiner.

Aucuns d'entr'eux ramenoient en mémoire les subjects qu'ils avoient de se plaindre de MM. du Parlement de Rouen, qui avoient adjugé, à leur préjudice, la préséance aux eschevins de la ville (en 1627) aux cérémonies des processions générales et Te Deum; qui avoient souffert qu'ils fussent compris par les eschevins dans les taxes faictes sur les bourgeois pour les subsistences, comme n'estans de leur corps; qui avoient mesprisé leurs plaintes et remonstrances, lorsque les distributions de vin, accoustumées aux réceptions des officiers et des advocats et procureurs, avoient esté esvaluées en argent, et autres choses semblables.

Pour les procureurs, ils disoient de plus que leur fonction estoit nécessaire et que les parties peuvent leur faire enjoindre de fonder et poursuivre les procez (mais ils n'ont point attendu de telles injonctions); ils alléguoient les mesmes causes de crainte et presque les mesmes plaintes que les advocats; de plus, ils estoient en peine pour les taxes qu'on leur demandoit pour créer leurs fonctions en titre d'offices héréditaires, pour lesquelles ils avoient esté poursuivis par corps et un seul pour le tout. Qu'ils avoient esté contraincts plusieurs fois, avant l'interdiction du Parlement, de s'absenter et de cacher leurs meubles; que ceux restez chez Germont avoient esté vendus à vil prix; que lorsqu'ils avoient, pour la crainte des taxes quité le palais, on les avoit condamnez, par arrest du Parlement, à en continuer l'exercice; que lorsque, pour la crainte des huissiers, ils avoient couché dans le palais, on avoit faict deffenses au concierge de les y souffrir ; qu'on avoit faict croire que leurs absences avoient excité le peuple à sédition l'année précédente, et que, si ils ne postuloient à présent, on les rendroit criminels de lèse majesté [1].

[2] Ici commence une nouvelle lacune qui est d'un cahier tout entier, soit de seize pages de texte qui représentent à peu près deux feuilles d'impression. Le cahier, dont l'impression commence avec le chapitre XI, est paginé 57 par l'auteur.

On peut suppléer à cette lacune en se reportant aux parties correspondantes du *Diaire*, où se trouvent des détails précieux qui confirment ce que pensait Bigot de l'exagération des traitants, et de l'importance intentionnellement donnée aux événements de Rouen, comme moyen de remplir les coffres du roi. V. p. 216 et note 226.

## CHAPITRE ONZIEME.

Les Elus obligés à députer devant le Conseil. — Enregistrement de l'édit du contrôle des teintures. — Arrestation du sieur Du Busc, prévôt-général de Normandie. — 1er février : arrêt du conseil sur l'administration du domaine municipal. — Réunion des bourgeois pour assurer la levée de la taxe frappée sur la ville. — 4 février : Irritation du Chancelier contre le libellé d'une clause insérée dans leur délibération. — 5 février : adoption du tarif des impositions. — Enregistrement poursuivi devant les juridictions inférieures. — Adjudication des octrois. — L'adjudicataire avance 60,000 livres pour le quartier d'hiver des troupes. — 8 et 9 février : les troupes sortent de Rouen. — Enregistrements imposés à la Chambre des Comptes. — Le Chancelier lui promet le droit annuel. — Les commissaires tenant le Parlement sont payés d'un mois de leurs gages. — 9 février : ordre pour la garde de la ville. — 11 février : départ du Chancelier. — Harangue du sieur Pouchet au nom de la ville. — Départ de Gassion. — Congés obtenus par quelques officiers interdits. — Démarches près du comte de Guiche. — Sa visite au Président Bigot. — Difficultés d'évocation devant les commissaires. — Le P. Séguier, qualifié Premier Président, il signe le bail de sa maison. — Le 16 février : les masques sont défendus. — Collations données par mesdames de Mauteville et de la Ferté. — Le chancelier à Caën. — Interdiction de la municipalité. — Taxes sur la ville. — Tragédie dédiée au P. Séguier. — *Rothomagus pœnitens*. — Décès à Paris de M. de Galentine. — 13 mars : service à Saint-Eustache. — Arrestation de Messieurs du Tuit et du Plessis. — Le Chancelier à Coutances. — Le bourg de Cérences rasé : — 19 mars, le Chancelier de retour à Caën. — 25 mars : il arrive à Paris. — La chambre des Comptes obtient le droit annuel. — Assemblée des porteurs de rentes. — Le Parlement députe vers le chancelier. — Visite du P. Bigot. — Son entretien avec le comte de Guiche. — Les gages des officiers réduits à trois quartiers pour l'année 1639. — 4 avril : audience donnée par le Chancelier aux officiers interdits. — Intérêt du Premier Président à traîner les choses en longueur.

J'ay obmis à dire que, dez le 23 de décembre 1639, il fut donné arrest au Conseil par lequel il fut enjoint aux esleus de Normandie de députer, trois jours aprez la signification d'iceluy, deux d'entr'eux pour comparoir au Conseil, lorsqu'il seroit à Rouen, et y rendre compte de l'exercice de leurs charges pendant les années 1635, 36, 37 et 39, et aux receveurs des tailles, taillon et droicts aliénez, d'y apporter leurs registres et acquits, avec l'estat par le menu des restes qu'ils prétendoient estre deubs par les paroisses.

Et parce que la crainte des taxes sur eux décernées, qui estoient par corps, servoit à quelques uns d'excuse de n'y point venir, sauf conduit leur fut donné par arrest du Conseil tenu à Rouen le 14 janvier 1640, et ce pour le temps qu'ils seroient en chemin pour y venir, huit jours de séjour à Rouen et retourner chez eux.

Sur la fin du mois de janvier, M. le Chancelier fist establir à Rouen l'impost du controlle des teinctures, ordonné par un édict que M. de Mercœur avoit faict vérifier en la Court des Aides, et pour l'establissement duquel Jacob Hais fut tué en aoust 1639, ainsi que nous avons dict ; mais à ce coup la ville estoit en tel estat qu'il n'y eut aucune contestation sur l'establissement. Pour régler à quoy debvoit monter l'impost, outre ce qui en est porté sur l'édict, furent donnez deux arrests du Conseil tenu à Rouen les 20 et 28 de janvier 1640. Cet impost continue et, quoy qu'il apporte beaucoup de dommage au commerce, néantmoins on obéit, comme on dict, aux volontez du Roy.

Ce fut environ en ce temps que M. le Chancelier fit arrester le sieur du Busc[1], prevost général de Norman-

---

[1] Ce doit être Jacques Baudry, sieur du Busc, capitaine de chevau-légers au régiment de Longueville.

die. Il fut mis en la conciergerie du Parlement. On lui imputoit de ne s'estre assez opposé aux séditieux qui tenoient la campagne, et n'avoir assez promptement exécuté les ordres de M. de Matignon. Desquelles choses il s'est justifié, mais a esté longtemps retenu prisonnier pour debtes civiles, ausquelles il estoit obligé par corps, et, après avoir satisfaict ses créanciers, il a été retenu pour quelque plainte rendue contre luy.

Le mercredy, premier jour de febvrier 1640, fust donné arrest au Conseil tenu à Rouen, signé Galand, par lequel le Roy, nonobstant la réunion faicte à son domaine du revenu de la ville, veut que la recepte des loyers des maisons, eschoppes, places, halles, moulins et autres revenus domaniaux et patrimoniaux de la ville soit continuée sur les baux qui en ont esté faicts par... lequel Sa Majesté y commet, et qu'à l'advenir les baux en soient faicts par celuy qui fera la charge de lieutenant général du bailly de Rouen, et par les commissaires députez pour l'administration dudict Hostel de Ville, et que les deniers en seront employez pour l'entretenement, réparations des ouvrages et nécessitez publiques et paiement des rentes et charges assignées sur la ville par les ordonnances desdicts commissaires, et, ledit commis prestera à cest effect le serment devant ledict lieutenant général et commissaires, et fournira caution, et, de trois ans à trois ans, comptera par estat au Conseil, et, pour le receveur de la ville, il fera la recepte desdicts deniers jusqu'au premier jour de janvier 1640 seulement et en mettra les deniers ez mains dudict commis.

Pour les deniers d'octroy, le mesme arrest veut que les baux en demeurent nuls, et qu'il en soit faict nouvelle adjudication du 1er jour de janvier 1640, jusques auquel jour la recepte en sera faicte par ledict commis. Nous dirons cy aprez ce qui s'est passé lors de ceste nouvelle adjudication.

Cet arrest donna courage aux habitants d'avancer la levée de la somme à eux demandée, veu qu'ils voyoient qu'on leur rendoit le patrimoine de la ville, quoy qu'on en changeast le commis, et qu'on l'obligeast d'en compter au Conseil.

De sorte que, le mesme jour et le reste de la semaine, on assembla continuellement en l'Hostel de Ville pour aviser sur quelles denrées pourroient estre plus facilement mis les imposts nécessaires pour fournir la somme demandée.

Aussi leur faisait on espérer, qu'aussitost que le tarif en seroit arresté, les soldats sortiroient de la ville qui en avoit grand besoin, estant en un piteux estat par leurs insolences qui augmentoient de jour à autre, quoy que les chefs y missent tout l'ordre possible, mais l'embonpoinct où ils estoient, par la bonne chère que les bourgeois leur avoient faicte, les rendoient insupportables.

Le samedy, 4e jour de febvrier 1640, les commissaires de la ville portèrent à M. le Chancelier l'arresté faict en leur assemblée, le dernier du mois de janvier, dont nous avons parlé. M. le Chancelier le leut et voyant qu'ils y avoient employé que ce qui seroit diminué, sur les 400 mil livres demandez pour interests des maisona de la ville, céderoit à la descharge des habitans, il tesmoigna estre fort irrité et leur dict qu'il feroit bien obéir le roi son maistre et que, s'il n'y avoit assez de soldats dans la ville pour renger les habitans à leur debvoir, il en feroit encore venir dix mil hommes et y resteroit encor six semaines, si il en estoit besoin. Le sieur Galand estoit présent, qui blasmoit fort cette clause de l'arresté, et disoit que c'estoit un prétexte de tenir si longtemps les commis du Roy en procez, qu'ils n'en verroient jamais la fin.

Le sieur Pouchet supplia M. le Chancelier de se souvenir qu'il a trouvé bon, avant que l'assemblée fut faicte, que cette clause eut lieu; qu'il lui avoit faict voir l'arresté mesme qu'il luy présentoit, avant que de le faire signer aux habitans, lequel il avoit trouvé en bonne forme; qu'il estoit bien juste que, sous prétexte d'une perte beaucoup moindre, les interessez n'exigeassent pas une somme si excessive des habitans. Mais, nonobstant ces raisons, il ne peut pour lors obtenir autre chose de M. le Chancelier.

Le dimanche 5 de febvrier au matin, les habitans s'assemblèrent derechef en l'Hostel de Ville où fut enfin arresté le tariffe des impositions nécessaires pour lever en trois ans la somme de unse cens quatre vingts cinq mil livres à eux demandée, dont le mesme jour ils furent donner avis à M. le Chancelier.

Conformément à la résolution de cette assemblée, ce tariffe fut arresté au Conseil d'Estat tenu à Rouen le lundy 6 de janvier 1640, signé Galand, auquel estat sont employées les mesmes clauses de l'arresté de l'assemblée de ville du dernier de janvier 1640, réservé qu'il n'y est rien dit de la diminution des 400 mil livres demandée par les interessez aux maisons pillées, et y est adjousté que les impositions ne pourront estre levées sur les marchandises qui entreront, passeront debout, ou séjourneront dans la ville pour en estre transportées.

A ce tariffe est joinct un arrest du Conseil du mesme jour, signé Galand, par lequel le tariffe est authorisé et y sont les mesmes clauses employées, et outre fut baillée aux commissaires de la ville une déclaration du Roy, du mesme jour et date, donnée par le Roy à Saint Germain en Laye, signée Phelypeaux, par laquelle il est mandé aux commissaires tenant le Parlement de les souffrir jouir desdicts droicts, conformément audit arrest du Conseil. En cas de contredit, la congnoissance en est attribuée, par ledit arrest du Conseil et déclaration du Roy, au bailliage de Rouen et par appel au Parlement. Leur fut aussi délivrée la commission adressée pour cet effect au bailly de Rouen ou son lieutenant, donnée à Saint Germain en Laye le mesme jour, signée Phelypeaux.

Cette déclaration du Roy, arrest du Conseil et tariffe ont esté depuis registrez aux registres du Parlement et Chambre des Comptes, sur la requeste présentée par les commissaires députez pour l'administration de l'Hostel de Ville, à savoir au Parlement le lundy 13 febvrier 1640 sans aucune modification, et à la Chambre des Comptes le jeudi 16 du mesme mois et an, à la charge des comptes à la Chambre trois mois aprez chacune année expirée, et parce que les deniers seront employez aux effects y mentionnez, à peine de répétition sur les ordonnateurs jusques à la 4e génération, et que pour la vérification des effects dans la province, il en seroit usé comme il a été faict cy devant pour les aultres octrois de la ville, sans rien innover, le tout saouf et sans préjudice des priviléges des officiers des compagnies souveraines. Il y avoit commission particulière adressante à MM. des Comptes de Rouen pour y faire l'enregistrement, du mesme jour et date, donnée à Saint Germain en Laye, signée Phelypeaux, comme aussi à MM. de Paris et Coulanges [1] pour faire le registrement de ladite déclaration, arrest du Conseil et tariffe.

MM. de Paris et Coulanges en firent pareillement faire l'enregistrement au Bureau des finances de la généralité de Rouen, le 24 febvrier 1640, à la charge d'en compter audit Bureau six semaines aprez chaque année exercée, comme aussy le bailly de Rouen au greffe du bailliage, le mercredy 29 de febvrier 1640.

Jusques alors les juges n'avoient point prétendu avoir droict de registrer les édits qui n'appartient qu'aux juges souverains, aussi estoit il inutile de registrer des arrests du Conseil, mais seulement des décla-

---

[1] MM. de Paris et Coulanges avaient commission de remplir les charges de président trésoriers de France et généraux des finances en la généralité de Rouen, par lettres données à Saint-Germain, le 11 janvier 1640. Ils sont ainsi désignés : « nos amés et féaux conseillers en nos conseils et maistres ordinaires en nostre Chambre des Comptes, à Paris, les sieurs de Paris et de Collanges. »

rations du Roy, comme on ne registre que ce qui est adressé pour délibérer et modifier, s'il y eschet, ce qui n'a lieu en arrests du Conseil, lesquels il suffit de faire exécuter et les garder au greffe. Mais il estoit mandé par la déclaration du roy d'en user ainsi, outre que l'arrest du Conseil contient des clauses qui ne sont référées au long en la déclaration du roy.

Par cette déclaration du Roy et arrest du Conseil, il est laissé à l'option des commissaires administrateurs de l'Hostel de Ville de faire régir lesdits imposts par leurs préposez ou les faire bailler à ferme au plus offrant et dernier enréchisseur, devant le lieutenant général au bailliage de Rouen et devant eux, en la manière accoustumée. Ils ont jugé plus à propos de les régir par leurs préposez affin d'en congnoistre la valeur, et depuis ils les ont baillez à ferme, ainsi que nous dirons cy aprez.

Nous avons icy employé, tout d'une suite, l'establissement de ces nouvelles impositions, mais reprenons par ordre de temps la suite de ce qui s'est passé.

Moyennant cette levée, les 30 mil livres de rente sur les tailles de l'élection de Rouen, que le Roy destinoit pour estre distribuez aux aisez de la ville de Rouen, demeurent à la ville en commun et en doibvent les arrréages estre touchez par les commissaires administrateurs du revenu d'icelle et employez en despences communes et nécessaires pour la ville, ainsi qu'il est porté par arrest du Conseil, tenu à Rouen le dit jour 6 de febvrier 1640, signé Galand, lequel arrest contient aussy ce qui doibt estre faist de l'arrérage desdictes 30 mil livres de rente, attendant l'entier payement des 600 mil livres du principal d'icelle, qui ne se paye, comme il a esté dict, qu'en trois ans à divers termes, mais on espère si peu de payement de telles rentes qu'il importe fort peu à qui elles estoient laissées et à quelles conditions, veu la nécessité notoire des affaires du Roy.

Par arrest du Conseil, tenu à Rouen le mesme jour 6 de febvrier 1640, le Roy condamna les habitants de Rouen à 30 mil livres, pour les avances qu'il convenoit faire sur la somme d'un million 55 mil livres à eux demandez, le tout fait la somme d'un million 85 mil livres portez par le tariffe, arrest et déclaration cydessus mentionnez.

Le mesme jour les fermes des octrois et aydes de la ville de Rouen, réunis au domaine, furent adjugez au Conseil à Jacques Marie par cent dix mil livres pour dix ans, prix assez modéré. Il a la charge que le prix de son enchère seroit employé en l'acquit des rentes et autres charges, ausquelles les octrois estoient affectez avant la dicte réunion, et d'en compter au Conseil de trois ans en trois ans. Ce Marie estoit à la dévotion desdits commissaires administrateurs qui se servirent de son nom au profit des habitans en général. Par cette adresse, les octrois sont à la ville comme auparavant la réunion, et n'est la ville en pire condition qu'auparavant, sinon à cause de la submission des comptes au Conseil et que, le bail expiré, on aura difficulté à obtenir la mesme chose. M. le chancelier en usa ainsi, pour aucunement soulager les habitants, desquels il congnoissoit la misère et sçavoit combien ils estoient à plaindre.

Par arrest du Conseil, tenu à Rouen le mesme jour, signé Galand, le surnommé Marie fut condamné d'avancer la somme de 60 mil livres au thrésorier général de l'extraordinaire des guerres, sur ce que les habitans doibvent de la subsistance et quartier d'hiver des gens de guerre, saouf à les reprendre sur la somme d'un million 85 mil livres qui se debvoit lever sur les habitans. Cette advance fut faicte aux frais des habitans en général, ausquels, comme nous avons dict, ce surnommé Marie prestoit son nom et aida à faciliter l'adjudication qui luy fut faicte desdits octrois, et à tirer plus promptement les gens de guerre de Rouen.

Car ces deniers, ensemble quelques autres advancez par ceux ausquels sont adjugez les 30 mil livres mentionnez en un arrest du Conseil du 6 de febvrier cy dessus, furent incontinent distribuez aux trouppes d'infanterie qui estoient à Rouen (la cavalerie en estoit desjà sortie comme nous l'avons remarqué).

Ainsi, toute l'infanterie sortit de Rouen le mercredy 8 et jeudy 9 de febvrier 1640 et prirent le chemin de Caen, réservé quelques trouppes qui furent à leur quartier d'hiver (entr'autres la Marine à Caudebec, et le régiment de Champagne qui retourna à Vernon et Andely, et ceux de Bretagne et Piedmont qui restent à Rouen avec M. le Chancelier qui resta encor quelques jours).

Messieurs des Comptes verifièrent (avant que l'infanterie partist de Rouen), trois édicts du nombre des cinq à eux commys: à savoir celuy de la réunion du revenu de la ville de Rouen au domaine du roy, celuy de la vente extraordinaire des bailliveaux et celuy de l'impost sur le fer; mais M. le chancelier leur dict que le Roy vouloit qu'ils vérifiassent encor celuy des procureurs en titre d'office et celuy de création des greffiers alternatifs et triennaux, mesme la commission de M. de Grainville[1], et qu'ils fissent part de leurs espices aux officiers créez en 1637, sans les augmenter. Touttes ces choses leur étaient peu agréables, mais, pour les y faire résoudre, on leur dict, qu'aprez qu'ils y auroient satisfaict, on leur donneroit le droit annuel[2], en payant l'année passée et la courante avec le quart en sus.

---

[1] Les lettres dont il s'agit lui donnent commission de « faire l'exercice et fonctions de procureur pour nous audit bureau des finances en la généralité de Rouen. » Elles sont du 20 janvier, et figurent aux mémoriaux de la Chambre des Comptes, Arch. de la Seine-Inférieure (B. 59), p. 44.

[2] Cette question du droit annuel et des quarante jours, qui se présente dans les mémoires de Bigot à la mort de chaque officier, se rattache à la législation spéciale qui réglait à cette époque la transmission des offices.

Par l'édit de Paulet (Déclaration du 12 décembre 1604), les officiers, soit de finance soit de justice, qui payaient au roi, au commencement de chaque année, la soixantième partie du prix ou de la taxe de leur office, obtenaient pendant l'année le droit de survivance, et la modération à moitié de la taxe de leur résignation. C'était là ce qu'on appelait le *droit annuel*.

Seulement tous les offices n'y étaient pas admis. On distinguait les offices sujets à suppression, à l'égard desquels l'édit ne concédait que *la dispense des quarante jours*, et les offices non sujets à suppression dont il assurait la libre disposition aux héritiers.

La règle des *quarante jours* se rattachait à la clause de chancellerie toujours insérée dans les provisions d'office sur résignation,

De sorte que le jeudy 9 febvrier 1640, MM. des Comptes vérifièrent, à cinq heures du soir, la commission de M. de Grainville pour faire fonction d'advocat du Roy au Bureau des Finances, avec MM. de Paris et Coulanges seulement, mais non comme officier en titre, et autres modifications qui, le rendant comme inutile, on fit depuis derechef instances vers eux, à ce qu'ils eussent à lever ces modifications et vérifier deux autres édicts et satisfaire aux autres choses qu'on avait désirées d'eux. Nous dirons cy aprez comme ils s'y sont comportez ; je crois que dez lors ils vérifièrent aussy l'édict des greffiers alternatifs et triennaux.

Pour MM. les commissaires tenans le Parlement [1],

« pourvu *que le résignant vive quarante jours après la date des présentes.* »

En fait, du temps de Loyseau (*Droit des offices*, t. XII), les titres n'étaient scellés que quarante jours après la provision, à condition de justifier de la vie du résignant.

Dans la pratique, le propriétaire d'un office sujet à suppression passait, au moment du payement du droit annuel, une procuration en blanc *ad resignandum*.

Il faut d'ailleurs observer que le partisan qui avoit affermé le droit annuel, n'ayant aucun intérêt à la suppression de l'office, qui ne profitait qu'au roi et même pouvait empêcher la réception du pourvu par mort, s'entendoit facilement avec les héritiers pour antidater sa quittance et la faire remonter avant le décès du titulaire, c'est ce qui explique que quelques officiers de cours souveraines n'ayant pas payé le droit annuel, étant, suivant l'expression technique, *en perte d'office*, les héritiers parvenaient néantmoins à sauver, par cette composition, partie de la valeur de l'office.

[1] Les commissaires dont il est ici question, avaient pris leur première séance le 31 janvier 1640. C'étaient, comme l'indique Bigot dans un de ses manuscrits :

M. Tanneguy Séguier, *président. Conseillers*, MM. Hierosme Crespin, Jacques Viole, clerc, Claude Menardeau, sieur de Champré, Henry Feydeau, Henry du Bouchet, Denis Palluau, Vincent Nivelet, Pierre ils mirent pareillement en délibération tous les édicts à eux envoyez. On dict qu'avant cette délibération, un des anciens demanda à M. le Chancelier si il trouvoit bon qu'on mit sur ces édicts les mesmes modifications que MM. du Parlement de Paris y avoient mises. M. le Chancelier dict que le Roy vouloit qu'ils fussent vérifiez purement et simplement. On ne debvoit pas attendre autre response à une telle demande.

Le mercredy 8 de febvrier 1640, ils vérifièrent l'édict portant création des commissaires aux saisies réelles qu'ils modifièrent, comme aussi l'édict des greffiers alternatifs et triennaux, parce que le Roy seroit très humblement supplié d'en exempter les greffes du Parlement et requestes du Palais.

Le jeudy 9 febvrier 1640, ils délibérèrent l'édict du controlle des greffes, lequel ils vérifièrent parce qu'il n'auroit lieu pour les jugements définitifs et autres portans exécution; mais le lendemain le commis du greffe leur fit voir sur le registre les motifs sur lesquels le Parlement s'étoit fondé, lorsque cy devant il avoit refusé cet édict qu'ils trouvèrent si considérables qu'ils refusèrent l'édict et ordonnèrent que très humbles remontrances en seroient faictes au Roy. L'arresté du jour précédent n'estoit point escrit sur le registre.

Ils délibérèrent aussy les autres édicts à eux envoyez,

Janvier sieur de Maineblanc, Hierosme Du Four, François Biet, Edme Renault, Claude Sarrau, François Hierosme Tambonneau, sieur de Roquemont, Nicolas Bourlon, Claude Le Clerc de Courselles, — François du Fossé, sieur de la Fosse, *procureur-général*, René Chopin, *substitut*. (Bibl. Martainville, Y 25, t. IV.)

entr'autres ils refusèrent celuy portant création de plusieurs officiers au Pont Levesque et à Mortaing, duquel le Parlement avoit plusieurs fois différé les occasions de la délibération, comme préjudiciable aux droicts d'une mineure de laquelle on aliène le bien, à la foule des subjects du Roy, et sans qu'il en revienne chose aucune à sa Majesté.

Ils refusèrent également l'édict de création des procureurs en titre d'office. Pour celui qui porte vente extraordinaire des bailliveaux des bois de Normandie, ils le vérifièrent.

Quoy qu'ils eussent refusé quelques édicts et modifié les autres, néantmoins ils furent incontinent aprez payez des deniers de l'espargne d'un mois de leurs gages, à sçavoir : M. le P. Séguier à raison de 2,000 livres, et MM. les conseillers à raison de 600 livres par mois, et leur furent envoyées des jussions pour vérifier les autres édicts et lever les modifications par eux apportées à ceux qu'ils avoient vérifiez, et nous dirons ensuite comme ils se sont comportez.

Le mesme jour de jeudy 9 de febvrier 1640, M: le Chancelier bailla au sieur Pouchet un ordre que le Roy veut estre gardé pour la seureté de la ville, principalement en cas qu'il survint nouvelle esmotion du peuple. Cet ordre a été depuis imprimé. Il fait mention de la fonction du sergent major qui depuis y a été envoyé, comme nous remarquerons en son lieu.

Le vendredy 10e jour de febvrier 1640, les régimens de Bretagne et de Piedmont sortirent de Rouen, à sçavoir : Bretagne pour aller en sa garnison et Piedmont pour accompagner M. le Chancelier en Basse Normandie. M. de la Vrillière, secrétaire d'Estat, (qui jusqu'alors avoit séjourné à Rouen et signé toutes les déclarations et ordres du Roy que nous avons remarquées), en partit aussy sur les dix heures du matin, et prit le chemin de Caen, et plusieurs de MM. du Conseil, M. d'Ormesson et de Moric furent dispensez de ce voyage et revinrent à Paris. Les gardes de M. de Gassion partirent aussy et furent luy marquer son logis pour le lendemain à la Mailleraye.

Le samedy 11 de febvrier 1640, sur les dix heures du matin, M. le Chancelier partit de Rouen et fut coucher aux Roques chez le sieur Bertout[1]. M. le Prince de Henrichemont, et ce qui restoit à Rouen de MM. les maistres des requestes et conseillers d'Estat, en partit pareillement pour l'accompagner en ce voyage, réservez quelques uns des plus anciens que le Roy en dispensa. Ils furent tous payez chacun de la somme de 800 livres des deniers de l'espargne, pour un mois de leurs appointements. Du reste du séjour et voyage par eux faict, ils n'en ont rien receu, réservé les plus considérables et qui y avoient l'employ principal.

M. le Chancelier, avant que de partir de Rouen, fit prester à M. de la Barre, président en la Chambre des Comptes, le serment de conseiller d'Estat. Ce fut la recongnoissance des peines qu'il avoit eues pour pro-

---

[1] Jacques Bertout, sieur des Roques, fils de Jean Bertout conseiller en la Cour des aides, et frère de Claude, mort doyen de la même Cour. Il avait épousé Françoise de la Rue de Saint-Martin, et était de la même famille que les Bertout d'Heudreville.

mouvoir la vérification des édicts présentez en sa compagnie, qui en a depuis eu quelque mescontentement contre luy, veu mesme que le sieur Galand, s'en allant le mesme jour au Havre, emporta la déclaration du droit annuel qui leur avoit été promise et dit qn'ils ne l'auroient qu'aprez qu'ils auroient satisfaict à ce que le Roy attendait d'eux. Il repassa le 14 de febvrier la rivière à Jumiéges et se rendit à Caen prez de M. le Chancelier.

M. le Chancelier, avant que de partir de Rouen, fit savoir à ceux de la Cinquantaine et des harquebusiers que le Roy les maintenait en leurs priviléges, lesquels l'accompagnèrent jusqu'aux Rocques.

Les commissaires administrateurs de l'Hostel de Ville furent aussi saluer M. le Chancelier. Le sieur Pouchet fit une harangue de demi quart d'heure, et, sur le rapport de ses armes avec celles de la ville (y ayant un mouton aux uns et aux autres), il le pria d'en considérer les misères et qu'elle avoit toutte espérance de sortir de ses misères par son pouvoir et par sa protection. La ville porte un agneau paschal chargé d'une croix, marque des misères présentes, mais il y a un guidon pour dire que c'est un agneau paschal qui nous fait espérer une résurrection.

M. le Chancelier l'embrassa, et leur faisant bon visage leur dit qu'il feroit tout son pouvoir à ce que la ville ne fut pas frustrée de son espérance. Ils le furent conduire en carrosse avec les compagnies de la ville jusques à Saint Julien.

Ce mesme jour, le sieur Gassion partit de Rouen e

fut coucher à la Mailleraye et ainsy la ville se trouva n'avoir plus que ses habitants ordinaires, mais elle se trouva bien changée de son ancien estat par les despenses extraordinaires que les gens de guerre y avoient causées, par l'enchère des vivres et denrées à cause des imposts nouveaux et par l'absence des principaux de la ville.

Environ le 10 de febvrier, le sieur de la Grise, lieutenant des gardes du corps, fut envoyé avec 50 archers de Paris en Basse Normandie.

Mais pendant que d'un costé ceux qui estoient à Rouen se plaignoient de leurs misères, les officiers interdits, s'ennuyant de la durée du séjour qu'on leur faisait faire, cherchèrent les moyens de s'en soulager; les uns, en petit nombre, obtenans congé pour retourner pour peu de jours en Normandie, sous prétexte d'affaires urgentes, lequel congé ne s'est donné à aucun président, et aux conseillers se donnoit seulement verbal et comme chose fort difficile à obtenir. Les autres, voyant M. le Chancelier aller en Basse Normandie et qu'il ne seroit pas de si tost de retour à Paris, taschoient d'obtenir permission pour toutte la compagnie de se retirer, pour se rendre à Paris lorsque M. le Chancelier reviendroit. Ce qu'ils faisoient d'autant plus instamment qu'on faisoit courir des bruits que M. le Chancelier iroit de Basse Normandie en Bretagne, et de là en Poitou, et que peut estre le Roy seroit parti pour Lyon et Tarbes, avant que M. le Chancelier fut de retour, et ainsi que nous demeurerions à Paris jusques à l'hiver.

Cela fut cause que MM. les présidents de Grémonville et d'Amfreville et plusieurs autres de Messieurs se rendoient plusieurs fois par semaine chez M. de Guiche pour le prier d'agir pour le Parlement, encore qu'il leur eut dit qu'il faloit attendre le retour de M. le Chancelier. Pour moy, je creus qu'il avoit tant de bonne volonté pour nous qu'il suffisoit de l'en avoir prié une fois, que le reste ne serviroit qu'à l'importuner et que, lorsqu'il verroit jour de faire quelque chose pour nous, il le feroit comme il nous l'avoit promis.

Cela fut cause que, depuis ma première visite, je ne retournay point chez luy, jusques au vendredy 3 de febvrier et, en cette visite, et en toutes les autres que je luy ay depuis faites, je ne luy parlai nullement de nos affaires, sinon lorsque le premier il m'en parla, et le visitay commune fois chaque mois seulement.

Ce mesme jour, le sieur de Franquetot Carquebu me manda par un mot de lettre que le C. de Guiche viendroit chez moy le lendemain matin. Il escrivit aussy à MM. les autres présidents qu'il avoit le mesme dessein d'aller chez eux. Je croyois que ce fut pour conférer d'affaires car, pour une visite, il n'est pas usité de faire advertir ceux, chez lesquels on veut aller, de garder le logis, mais le sieur de Carquebu, ayant ouy dire le dessein qu'il avoit de nous visiter, nous escrivit ces billets, dont M. le C. de Guiche ne l'avoit pas chargé.

Le samedy 4 de febvrier, M. le C. de Guiche vint chez moy sur les onze heures du matin. Il estoit accompagné du conte de Toulongeon [1], son frère, du sieur de Carquebu et de quelques autres gentilshommes. La visite ne procédoit que de sa courtoisie qui le portoit à me rendre cette visite. Il fut le reste du matin et l'aprez midy chez MM. les autres présidents du Parlement et chez M. le P. des Hameaux, sans leur parler d'affaires. Quelque temps après, je rendis la visite au conte de Toulongeon.

Cependant [2]... les commissaires qui tenoient le Parlement de Rouen, faisoient tout leur possible à mettre en état les procez et se servoient de la passion de ceux qui avoient soupçon contre quelques uns des officiers du Parlement de Rouen pour avancer leurs affaires.

Il s'escheut que MM. Crespin et Menardeau estans commissaires du procez d'entre la dame de Bouteville, les sieurs de Camzillon, de Crapado et autres, ladite dame, qui ne désiroit point estre jugée devant MM. les commissaires, fit présenter requeste par Le Minier de récusation tant contre MM. Byet et Tambonneau, qu'elle prétendoit y avoir intérest que contre quelques uns de MM. les autres commissaires, qu'elle disoit estre leurs parens et en conséquence contre toutte la Compagnie, en conséquence des articles des ordonnances d'Orléans et Blois qui veulent, quand un des juges d'une chambre

---

[1] Henri de Gramont, comte de Toulongeon, lieutenant au gouvernement de la Basse-Navarre, fils d'Antoine de Gramont comte de Guiche, et de Claude de Montmorency-Boutteville, sa seconde femme. Il mourut en 1679.

[2] Nous avons cru devoir supprimer un passage relatif aux affaires des parlements de Provence et de Paris, qui occupe les pages 59 et 60 du manuscrit et fait hors-d'œuvre dans le récit.

du Parlement est partie, que l'instance en puisse estre évocquée, et ainsi elle demandoit renvoy au Conseil.

MM. les commissaires, avant que de respondre cette requeste, en donnèrent advis à M. le Chancelier, lequel leur envoya une déclaration du Roy, signée Phelypeaux, donnée à Saint Germain en Laye le 10ᵉ jour de mars 1640, par laquelle le Roy tesmoigne le contentement qu'il reçoit d'entendre la bonne et briefve justice qu'ils rendent à ses subjects, mais d'autant que quelques plaideurs mal intentionnez et artificieux prennent subject de leur petit nombre pour les récuser, pour causes légères et importunes, et ainsy empescher le jugement des procez, le Roy veut que, s'il arrive que si aprez les parties recusent légèrement, et sans causes raisonnables, tel nombre d'entre eux qu'il n'en reste pas nombre suffisant, selon les ordonnances, pour juger les causes de récusation, en ce cas le P. P. commis en ladicte cour choisira et appellera, d'entre ceux qui auront esté récusez, jusques au nombre requis par les ordonnances pour, avec les non récusez, juger les récusations, et que ceux desdits commissaires, qui auront interest au procez, s'abstiennent d'en congnoistre, et les mesmes procez soient jugez par les autres commissaires en nombre suffisant, nonobstant les ordonnances au contraire, ausquelles est dérogé par celle cy, de laquelle l'adresse est faicte aux commissaires tenans le Parlement de Rouen. Cette déclaration fut leue en l'audience, le mardy 14ᵉ jour de febvrier 1640, et ordonné qu'elle seroit registrée et envoyée par les bailliages et vicomtez pour estre leue, et ainsi on passa outre à l'instruction du procez de la dame de Bouteville, laquelle néantmoins a obtenu commission pour l'évocquer, en juillet ensuivant, sur les mesmes causes, dont l'instance est encore indécise au Conseil.

M. le Chancelier a toujours favorisé la juridiction desdits sieurs commissaires, comme par luy installée et présidée par son cousin germain, et n'a donné aucune commission pour en évocquer les procez, jusques à celle obtenue en juillet 1640 par la dame de Bouteville, non pas mesmes au procez de MM. de Maupeou qui avoit esté évocqué de Paris pour parentelles, qu'on disoit se rencontrer èsdicts sieurs commissaires, entr'autres M. Feideau estoit frère de la dame Maupeou et estoit venu à Rouen solliciter le procez, lorsque nous estions juges. Aussy, depuis ce dernier establissement, ladicte dame de Maupeou a eu quelque arrest à son avantage. De mesmes la dame de la Rivière Chamlemy avoit faict évocquer son procez de Paris sur parentelles et disoit que aucuns desdits sieurs commissaires estoient ceux à causes desquels elle avoit évocqué, et néantmoins M. le Chancelier voulut qu'ils demeurassent juges.

Pour ce qui est de la qualité de P. Président attribuée à M. le P. Séguier par cette déclaration, elle luy a pareillement esté attribuée par touttes les depesches qui luy ont esté envoyées de la court et mesmes en une petite tragédie, qui luy fut dédiée par les escoliers des Jésuites, environ ce temps icy, il est nommé *Senatus princeps*, qualité qui, dans l'esprit du peuple, a quelque esclat, mais en effet n'adjouste rien au rang qu'il a comme président au Parlement de Paris, veu que, comme il a esté jugé aux Estats de l'an 1596, les présidents de Paris précèdent les premiers présidents des Provinces. Aussy ses gens et tout le peuple de Rouen l'a nommé P. Président, et ses gens disoient hautement que, lorsque le Parlement seroit restably, il demeureroit P. Président, soit par commission ou en titre, dont le temps fera voir l'événement.

Ce fut environ en ce temps qu'il loua la maison de M. Osmont, thrésorier de France, pour trois ans à commencer à Pasques 1640, par mil livres par an, avec pouvoir de résoudre le bail, en avertissant trois mois auparavant, ce qui fit congnoistre qu'il s'attendoit d'estre longtemps à Rouen. On disoit aussy à Paris qu'il mettoit en vente sa charge de Président au Parlement de Paris et on nommoit ceux qui s'offroient d'en traiter, avec les circonstances de leurs offres, et les discours, qu'il tenoit à Rouen, aidoient à confirmer la créance de tous ces bruits, ausquels il sembloit qu'il désirast qu'on adjoustast foy.

Aussy il se fit délivrer le chauffage qui avoit été adjugé à M. de Frainville P. Président, lequel s'en plaignoit d'autant plus que ce chauffage estoit le service par luy rendu en 1639, et non pour l'advenir. Mais cette plainte a esté absorbée dans une plus grande, lorsque tous les gages des officiers interdits, pour le service de 1639, ont esté par arrest du Conseil portez à l'Espargne ; ces choses ont donné lieu à M. de Frainville P. P. de parler en termes fascheux dudict sieur Seguier et de ceux qui l'appuyoient.

Le jeudy 16 de febvrier 1640, le sieur Boullays (1), lieutenant du bailly, fit publier des deffenses à toutes personnes d'aller en masque, sous peine de grosses amendes. On a dit qu'il en avoit conféré avec M. le P. Seguier. Ces défenses eurent lieu et furent jugées fort convenables à l'estat de la ville, en laquelle cependant mesdames de Mauteville (2) et de la Ferté (3) ne laissèrent de donner des collations magnifiques à MM. du Conseil, avant que M. le Chancelier en partist, et les dames de la Pierre, de Saint Jean et autres à faire en leur hostellerie force danses et assemblées de resjouissance.

Cependant M. le Chancelier, continuant son voyage de Basse Normendie, partit des Roques le dimanche 12 de febvrier; il séjourna quelque temps chez le sieur d'Escoville le Valois (4), où il donna le nom à un des petits enfants dudict sieur d'Escoville, et n'arriva à Caen que le jeudi 16 de febvrier, à deux heures aprez midy.

Pendant tout ce voyage, il escouta les plaintes que les plaideurs malcontents (dont il y en a toujours bon nombre), faisoient du Parlement de Rouen, ce qu'il oyoit volontiers comme relevant la justice de MM. les commissaires par luy establis. Sur ce subject, on fai-

---

1 Charles Boulays, lieutenant particulier du bailly, inhumé à S. Cande le Jeune le 29 sept. 1660. Farin, II, 238.

2 Madame de Mauteville, troisième femme du P. P. de la Chambre des Comptes, était alors la célèbre Françoise Bertaut, nièce de l'évêque de Séez, que la postérité connaît sous le nom de $M^{me}$ *de Motleville*.

3 Madame de la Ferté étoit la fille du P. P. (V. note p. 59.)

4 Robert le Valois, seigneur d'Escoville. Il était de la région R. P. R. et avait épousé Madeleine Boyvin, en 1612.

soit dire merveilles audict sieur d'Escoville, qui avoit perdu quelques procez à Rouen, et, à Paris, on faisoit croire que, sur ces prétextes, on différeroit nostre restablissement.

Le régiment de Piedmont accompagna M. le Chancelier en tout ce voyage et fut logé dans les fauxbourgs et aux environs de Caen ; mais le vendredy 17 febvrier 1640, il logea dans la ville.

Environ le 17 febvrier, la compagnie de chevaux légers de M. le conte de Guiche estant en garnison vers Mortain, quelques uns des chevaux légers s'estans escartés pour picorer à la campagne, furent tuez par les paysans et le bagage du baron de Viteaux qui les commandoit pillé, ce qui fit à Paris quelque esclat, et néantmoins M. le comte de Guiche ne nous en témoigna rien et au contraire témoigna de s'employer, avec la mesme affection, pour nos interests, aussy n'en estions nous pas blasmables.

Monsieur le Chancelier séjourna plusieurs jours à Caen, avant que d'y faire savoir ses ordres. Enfin il fit signifier l'interdiction des officiers de la ville et la réunion du revenu d'icelle au domaine du Roy. Le sieur du Quesné Blais (1) fut aussy interdit, mais restably dez le lendemain, aussy s'estoit il opposé fort généreusement aux séditieux et y avoit esté blessé ainsy que nous avons remarqué. Il ne fut point commandé aux officiers in-

---

1 Jean Le Blais, sieur du Quesnay et de la Chapelle, lieutenant général du bailly de Caen et président au présidial dudit lieu. Il était fils et petit-fils de trésoriers de France à Caen, et neveu d'un conseiller au Parlement de Rouen, plus tard conseiller d'Etat.

terdits de se rendre à Paris. Les armes, qui avoient esté ostées aux bourgeois, leur furent rendues, ainsy ils furent traitez plus favorablement que ceux de Rouen, encore qu'à Caen les séditieux eussent fait leurs violences avec des armes et à Rouen sans armes. Le régiment de Piedmont, aprez ces choses exécutées, fut renvoyé par Monsieur le Chancelier à Beauvais, lieu de sa garnison, sur la fin de ce mois ; il coucha le 7 de mars au Petit et grand Couronne.

On fit à Caen plusieurs harengues à Monsieur le Chancelier, entr'autres les écoliers des jésuites remarquèrent pour anagramme de Pierre Séguier : J'espères guérir.

On demanda à la ville de Caen de grandes sommes et entr'autres on signifia des taxes à plusieurs bourgeois comme aisez, au commencement du mois de mars 1640. Mais le tout s'est réduit en imposts sur les denrées comme à Rouen, mesmes les habitans de Caen, ayans députés à Paris, ont obtenu quelque modération des sommes qu'on leur avoit demandées, mais ç'a esté aprez plusieurs mois de poursuites.

Environ le samedy 18 de febvrier 1640, MM. du Tuit Romé et du Plessis Puchot, thrésoriers de France, arrivèrent à Paris. Ils estoient envoyez par leurs confrères pour solliciter les affaires de leur compagnie, mais ils eurent peu de contentement de ce voyage, ainsi que nous dirons cy aprez.

Aussy en ce même temps, Mad. Seguier partit de Paris et fut à Rouen trouver M. son mary, ce que firent aussy les femmes de plusieurs autres de MM. les commissaires ce qui fit croire qu'ils pensoient y faire long séjour.

Les Jésuites dédièrent une petite tragédie à M. le P. Seguier (qu'ils appeloient prince du sénat, nom qui ne convient qu'au premier président). Le sujet estoit Remus et Romulus fondateurs de Rome, qui tuèrent Amulius, fondateur du royaume d'Albe, et y rétablirent Numitor leur ayeul. Ils les comparoient à MM. les chancelier et président Seguier, restaurateurs de la justice en Normandie. Cette pièce fut trouvée peu judicieuse et hors de saison.

M. l'archevesque de Rouen fit imprimer une ode latine, en vers saphiques, intitulée *Rothomagus pœnitens*, composée par le Roux, curé de Vely, où il descrivait les misères de la ville, qu'il disoit justement punie, mais maintenant repentante d'avoir mesprisé son archevesque et manqué au respect qu'elle luy debvoit, comme si c'eust esté la seule cause de nos maux. Il fit aussy plusieurs discours en ses prédications du caresme qui firent congnoistre qu'il n'estoit pas marry que le Parlement fut longtemps interdit. Il croyoit lors triompher dans la désolation publique, mais son procédé luy suscita bien tost des différens avec les moines [1],

---

[1] « Le mardy 22 may arrest, sur les conclusions de M. de la Fosse, sur ce que le curé de S. Michel faisoit informer en l'officialité des sermons de quelques religieux, la Cour renvoya les parties présenter leurs requestes au Conseil du Roy, et cependant fait defenses aux curez et religieux de mesler en leurs sermons aucunes paroles de chaleur et invectives les uns contre les autres, ni d'agiter publiquement les questions qui ont donné lieu à leurs plaintes, comme aussy d'en faire imprimer aucun traité; et à touttes personnes de les

dans lesquelles il trouva les commissaires tenans le parlement plus contraires à ses intentions que n'avoit esté le parlement de Rouen, ce qui l'obligea après Pasques de se retirer à Gaillon et Pontoise (1).

Au commencement du mois de mars M. le P. P. du Parlement de Rouen eut une grosse heure de conférence avec M. de Bullion, surintendant des finances, qui, en particulier, luy tesmoigna beaucoup de bonne volonté. Il vit aussy M. de Noyers, secrétaire d'Etat qui le reçut fort civilement. Il faisoit ainsy sa cour en particulier et dissuadoit MM. du Parlement de leur rendre compliment, lesquels attendoient d'agir jusqu'au retour de M. le Chancelier, duquel retour on parloit diversement dans Paris; cependant un chacun s'entretenoit des propositions qu'on disoit estre faites à M. le P. P de céder sa charge à M. le P. Seguier par cent mil livres, et que l'on offroit de l'office de M. Seguier 550 mil livres. On nommoit entre les prétendants MM. de Maisons et le Lièvre; mais de tous ces bruits, on n'a point encore vu d'effects, et M. le P. P. a tousjours dit qu'il n'en apprenoit rien que par les bruits courans

imprimer, et cependant surseoit à continuer les informations dudit official et les décrets obtenus en conséquence d'icelles, et sera procédé contre les contrevenants comme perturbateurs du repos public. »

¹ « Le dimanche 20 de febvrier fut dansé à Paris le grand balet de Mademoiselle, en l'hostel de Richelieu. Le mardy 22, en l'Arsenal, où estoient MM. d'A. et de F. qui y receurent quelque disgrace et le dimanche 27 à S. Germain en Laye, en la présence du Roy. Il estoit principalement considérable pour la qualité des filles qui y dansoient et pour la grande quantité et richesse de leurs pierreries. »

et que M. le Chancelier, ny M. le P. Seguier, ne luy en avoient jamais faict parler. Il se monstroit fort esloigné de ce traité et parloit comme assuré de triompher de ceux qui le traversoient.

M. de la Valée Galentine, conseiller au Parlement de Rouen, doyen des Enquêtes, tomba malade d'une fiebvre interne, peu aprez le premier dimanche de caresme et, encore que d'abord il semblast que sa maladie fust peu de chose et nullement périlleuse, si estce qu'il décéda le dimanche 11 de febvrier 1640. Il n'avoit point asseuré sa charge, n'ayant point payé le droict annuel, mais la perte de sa personne fut beaucoup plus considérée, ayant trez utilement servy le Parlement, en plusieurs députations. Il estoit porté à faire recherche de ce qui concernoit le général du Parlement dont avoit faict de fort bons mémoires, et en ce rencontre de notre interdiction, il eust esté sans doute prié de se charger de la suite de nos affaires. Il n'a point laissé d'enfans et sa succession s'est trouvée fort peu considérable à ses héritiers, mais il a laissé une fort bonne mémoire de sa vertu, ayant toute sa vie recherché de faire plaisir à ceux qui l'employoient.

Le mardy 13 de mars, à 8 heures du matin, il luy fut faict un service à Saint Eustache, paroisse en la quelle il estoit décédé (chez le sieur de la Lane cousin de sa femme). A ce service nul ne fut invité, mais il y a assisté plus de 60 officiers du Parlement de Rouen, qui occupèrent les chaires hautes du chœur. Tous les présidents du Parlement y estoient, comme aussy M. des Hameaux et plusieurs conseillers de la court des Aides de Rouen, et quelques uns de ses amis de Paris. M. le P. P. avoit sa robe, le reste estoit en soutane et long manteau, réservé que quelques conseillers qui estoient en court habit, dont quelques uns se mirent dans les chappelles. On s'assembla à l'église et non en la maison où il estoit décédé.

Aprez le service achevé, le corps du deffunct fut porté à Poissy et de là par eau au Pont de l'Arche, et du Pont de l'Arche en carrosse à Rouen et à la fin de la semaine, fut inhumé à Saint Éloy avec son père, où assistèrent plusieurs de MM. des Comptes, secrétaires, advocats et procureurs et quantité de personnes de toutes conditions qui tesmoignèrent le regret de sa perte. MM. les commissaires tenans le Parlement n'y assistèrent point, aussy ils n'en avoient pas esté priez.

En ce mesme temps M. de Pinterville, procureur général de la Cour des aides estoit fort malade, mais il a depuis recouvré la santé, non sans affaiblissement des forces de son esprit. Et pour ce qui est de MM. les thrésoriers de France, outre que MM. du Tuit et du Plessis ne peurent rien obtenir pour leur compagnie, le samedy 10 de febvrier, ils fnrent arrestez par des archers, pour le payement d'une taxe d'environ trois mil livres décernée sur chaque thrésorier de France, nonseulement de Rouen, mais de tous les autres bureaux de France, pour droictz à eux de nouveau attribuez. Et quoy que M. de Cormollins [1],

---

[1] Nicolas Langlois, seigneur de Colmoulins, sous doyen des con-

conseiller d'Estat, beau frère dudit sieur du Plessis, tachast de les faire mettre en liberté, si est ce qu'ils ne peurent l'obtenir, qu'en se submettant de payer dans un mois la somme à eux demandée, dont le sieur Bonneau intervint plége et payant 80 livres pour le salaire des huissiers, quoy qu'ils les eussent seulement arrestez en la rue.

Lorsqu'ils estoient en la garde des huissiers, lesdits huissiers envoyèrent chez M. de Gueutteville, aussy thrésorier de France audict bureau, et luy firent dire que MM. du Plessis et du Thuit luy désiroient parler, qui estoit un piège pour l'arrester comme eux, mais luy qui ne vit aucun de leurs gens ny escript de leur main, en entra en deffiance et se retira de Paris, comme firent aussy MM. du Tuit et du Plessis, craignant qu'on ne les rendit responsables solidairement des taxes de leurs confrères. Mais M. de Giverville, sieur d'Argence, aussy thrésorier de France, n'ayant voulu sortir de Paris, fut peu aprez arresté et contrainct de bailler la mesme submission que MM. du Tuit et du Plessis avoient baillée.

Aussy en ce temps vint nouvelles d'Allemagne que M. le duc de Longueville, gouverneur de Normandie, estoit malade à l'extrémité en Allemagne, où il commandoit les armées du Roy. Mais peu

---

seils d'Estat et direction des Finances, mort le 23 aout 1650, à l'age de 76 ans.

Pierre Puchot du Plessis avoit épousé Angelique Romé de Berville.

aprez on eut advis de sa convalescence, au grand contentement de toute la province, qui se trouve fort heureuse de l'avoir pour gouverneur.

Cependant, M. le Chancelier, continuant son voyage de Basse Normandie, fut suivy des conseillers d'Estat et maistres des Requestes, qui estoient avec lui à Caen (réservé de M. de la Berchère qui fut de Caen au Maine et de là à Saumur où il visita M. son frère, P. P. au Parlement de Bourgogne). Il alla de Caen à Falaise, Bayeux et Vire ausquels lieux il fit peu de séjour, et de là vint à Coustances où il avoit envoyé M. de La Poterie, conseiller d'Estat, et où il resta plus long temps.

A Coustances, quelques habitants (au nombre ce me semble de quatre) furent pendus comme complices de la sédition. Ils chargèrent le sieur de Saint Simon, lieutenant général du bailly de Costentin à Coustances, mais on dict que, lors de l'exécution, ils le déchargèrent, et dirent avoir esté subornez par le Vicomte à charger ledict Saint Simon, auquel néantmoins on fit le procez par contumace. Il s'absenta, ne désirant estre jugé par ledict sieur de La Poterie, mais depuis il s'est présenté au conseil. Sa femme est sœur du baron de Heuqueville Roncherolles et parente par sa mère de madame de Pontcourlay.

Par ordonnance de M. le chancelier, le dict sieur de La Poterie fit brusler et raser le bourg de Cerences qui avoit favorisé les Nu Pieds et leur avoit servy de retraite principale. M. de La Poterie en excepta quelques maisons qui appartenoient à des veuves et orphelins.

Ce jour, M. le chancelier revint à Caen et en partit le 29 de mars.

Pour M. de La Vrillière, et MM. les conseillers d'Estat et maistres des Requestes, ils revindrent droit à Paris. M. de La Vrillière y arriva le lundy 10 de mars. Il fut visité en particulier par MM. les présidents et par quelques autres officiers des compagnies interdites, qu'il receut avec grande civilité et protestation de bonne volonté. Pour M. le chancelier, il vint de Caen aux Rocques, où il séjourna quelque peu de temps et il fut visité par M. le P. Seguier et par les commissaires administrateurs de l'Hostel de Ville. De là il vint à Rosny et arriva, le samedy 24 de mars, à Pontoise et, le dimanche 25 aprez midy, à Paris.

Environ ce temps là, M. Damiens, conseiller au Parlement de Rouen fut malade à Paris à l'extrémité, mais Dieu luy a depuis rendu la santé, au contentement de tous les gens de bien qui connoissent sa vertu.

Aussy MM. des Comptes de Rouen, ayant vérifié tous les édictz à eux envoyez, on leur envoya deux déclarations, l'une par laquelle le Roy leur accordoit le droict annuel en payant le quart en sus, et à la charge que ceux qui l'auroient payé seroient exempts des taxes des aides. On rendoit aussy le prest à ceux qui l'avoient avancé, ce qui a esté faict de bonne foy.

L'autre déclaration leur attribuoit la congnoissance des comptes, des gages et des amendes de la court des Aides de Caen, qui estoit indirectement leur faire vérifier la création de cette nouvelle court des Aides. Néanmoins, ils vérifièrent ces deux déclarations sans y faire difficulté, comme si touttes deux eussent esté à leur avantage.

Mais comme ils commençoient à s'esjouir de la première, et qu'un ou deux de leur compagnie eut payé à Rouen le droit annuel, le commis dict avoir receu des deffenses de recevoir l'argent des autres, jusques à ce que la Chambre eut admis les officiers créez en icelle en 1637 à participer aux espices et sans qu'ils les peussent augmenter, dont il leur fut envoyé une déclaration du Roy, ce qu'on creut avoir esté mesnagé par M. de Cric, maistre des comptes de nouvelle création, estant lors à Paris.

MM. des Comptes hésitèrent long temps sur cette difficulté, mais enfin ayans vérifié cette déclaration, le bureau du droict annuel leur a esté ouvert.

En ce temps, les rentes deues par le Roy en Normandie estant reculées, plusieurs de ceux ausquels elles estoient deues désirèrent assembler pour adviser aux moyens d'en poursuivre le payement.

Aucuns d'entre eux furent chez M. le P. Seguier le supplier de trouver bon qu'ils présentassent requeste pour estre permis par arrest de faire ceste assemblée, soit en l'hostel de ville ou ailleurs. M. le P. Seguier leur dict que, si telle assemblée leur estoit permise, il n'estoit pas besoin qu'elle fut authorisée par arrest ; si elle estoit deffendue, il n'estoit pas au pouvoir du Parlement de la permettre.

Cette response les obligea à chercher un autre expédient. Ils se rencontrèrent en la court du palais, au nombre de 100 ou environ des plus interressez, qui donnèrent plein pouvoir à 12 des principaux d'adviser et résoudre aux moyens de faire cette poursuite, lesquels 12 nommèrent les sieurs Eschart, cy devant receveur de l'hostel commun de la ville, et Druel[1], avocat postulant en la court des Aides à Rouen, à condition qu'ils seroient payez des frais qu'ils feroient, dont ils seroient creus à leur serment, sur les premiers deniers qui seroient payez desdites rentes, et cependant que chaque personne, ayant 100 livres de rente, avanceroit 20 livres une fois payé. Plusieurs payèrent cette advance, d'autres firent la sourde oreille. Néantmoins les sieurs Druel et Eschart sont venus à Paris et y sont restez jusques au dimanche 13 de May, avec peu d'effect.

Au reste, sur l'advis que nous eusmes à Paris que M. le Chancelier debvoit dans peu de jours y faire son retour, nous assemblasmes le samedy 24 de Mars chez M. le P. P., où il fut arresté qu'aussy tost qu'il seroit à Paris, MM. les Présidents premier et de Grémonville et MM. Brinon (nouvellement arrivé à

---

[1] André Druel, avocat au Parlement, plaidant en la cour des Aides et marié à Marguerite Bigot, fille d'André Bigot, écuyer.

Paris, mandé par M. le P. de Grémonville, sur l'advis du retour de M. le Chancelier) et Lebrun, anciens conseillers de ceux qui estoient à Paris, l'iroient saluer chez luy au nom du Parlement.

Ils y furent le dimanche au soir et ne le peurent voir. Mais ils le virent le lundy 26 de Mars, ce que firent aussy le mesme jour sur le midy, au nom de la cour des Aides, M. le P. des Hameaux et MM. Bigot, leur doyen, de Hermival et d'Orgeville [1], comme pareillement le sieur du Becquet, lieutenant général, et les eschevins qui faisoient et ont continué de faire leurs sollicitations séparées d'avec le lieutenant général, soit que le lieutenant général creut avoir plus de faveur qu'eux, et pouvoir mieux desmesler ses affaires en se séparant, ou qu'estans interdits séparément, ils creussent debvoir poursuivre séparément, ou que les eschevins demandans seulement leur renvoy et le lieutenant général demandant en entier son restablissement, cette différence de conclusions requist qu'ils feissent séparément leurs poursuites. M. le Chancelier leur fit à tous une response générale et semblable, qu'il verroit le Roy et M. le Cardinal, et leur feroit ensuite savoir les intentions de Sa Majesté. Tous les députez furent ensuite chez M. de la Vrillière.

Ils virent aussy M. le C. de Guiche et le prièrent de continuer ses soings pour leur restablissement, ce qu'il promit faire et tesmoigna tousjours depuis y prendre grand interest. Plusieurs du Parlement le visitèrent

---

[1] Jean Hallé, sieur d'Orgeville, né vers 1600, inhumé le 31 janvier 1670. Son fils, Gilles, fut président à mortier.

aussi en particulier, à mesme fin. J'y avais fait ma troisième visite le 13 de mars et n'y retournay que le 16 d'avril, lorsqu'il fut prest à partir de Paris pour aller à l'armée[1].

Le lundy 26 de mars, M. le Chancelier fut à Ruel ou le mardy 27, et ledict jour de mardy il fut avec M. le Cardinal de Ruel à Saint Germain, d'où ils revindrent ensemble à Paris le mesme jour aprez midy. Le mercredy 27, M. le Chancelier disna chez M. le Cardinal qui retourna sur le soir à Ruel.

Dez le mercredy aprez midy, M. le Chancelier restant en sa maison, plusieurs de MM. les présidents du parlement le saluèrent chez luy comme aussi les eschevins de Rouen, mais à peine eurent ils loisir de luy dire chacun 3 paroles. M le P. de Criqueville y fut et (comme je crois) se contenta de le saluer et se

[1] (Ecrit. plus récente.) « Le lundy 16 avril, MM. les commissaires tenant le Parlement de Rouen firent lecture des ordonnances, ainsy qu'il est accoustumé, le Parlement seant.
Le 4 may, registrement des lettres patentes du Roy du 3 mars 1638, par lesquelles furent establies à l'hospital de Caen les religieuses hospitalières.
Le lundy 8 dudit mois ayant aucunement égard aux lettres de jussion obtenues par M. le C. de Guiche, on luy accorda l'entière délivrance de son chauffage qui avoit esté réduit à moitié par arrests des 15 avril et 20 décembre 1639, les quels arrests les commissaires ordonnèrent estre exécutez au surplus de leur contenu.
Le vendredy 11 may, sur les lettres de jussion des Carmes deschaussez furent registrées leurs lettres du mois d'aoust 1637, attributives du droit de *committimus*.
Le mesme jour, vérification de l'édit de création des procureurs en titre d'office du mois d'avril 1640, à la charge que les veuves et héritiers commettront personne capable, attendant l'obtention des provisions. »

faire voir à luy et remit à un autre jour à lui parler, le voyant trop accablé de monde. M. le P. Turgot luy parla et, n'ayant eu response, le suivit jusques en sa sale où il luy parla de rechef, sans en avoir que peu ou point de response. Je crois que M. le P. P. et MM. les présidents d'Amfreville et de Franquetot l'avoient desjà veu, ou le mardy au soir lorsqu'il revint de Ruel, ou le mercredy au matin.

Le jeudy 29, nous assemblasmes de rechef et priasmes les mesmes qui avoient salué M. le Chancelier à son retour de Pontoise, d'y retourner de rechef pour tascher d'apprendre de luy les volontez du Roy, mais il s'estoit fait purger et saigner.

Le samedi 31, M. le Chancelier tint conseil des parties chez luy et à l'issue, comme ung chacun entre chez luy sans difficulté et sans dire son nom, estant l'heure à laquelle il donne audience à tous ceux qui la désirent de luy, MM. les députez du Parlement y furent, espérans d'avoir audience. Ils firent dire, avant que d'entrer, à M. le Chancelier qu'ilz estoient venus pour avoir audience de luy. Il leur promit de la leur donner le lundy en suivant, à onze heures du matin. MM. les députez de la Cour des Aides se présentèrent aussy et eurent mesme response. C'estoit d'autres conseillers que la première fois.

Je rencontrai MM. nos députez qui en sortoient, comme j'allois faire une visite en particulier, et continuay néanmoins mon dessein. Estant entré en la sale où estoit M. le Chancelier, j'y trouvay les eschevins de la ville qui attendoient qu'il les appelast. M. le

Lieutenant général de Rouen y survint peu aprez. Plusieurs conseillers d'Estat et maistres des Requestes et personnes de diverses conditions y estoient.

M. le Chancelier entretenoit M. le C. de Guiche avec lequel il parla assez longtemps et ensuite, M. le C. de Guiche ayant pris congé de luy, comme il l'accompagnoit vers la porte de la sale, M. de Matignon, lieutenant de Roy et M. l'évesque de Coustances [1], son fils, entrèrent et parlèrent peu de temps à M. le Chancelier, qui les conduisit comme il avoit fait M. le C. de Guiche.

Comme il les eut conduits, je m'avancay pour saluer M. le Chancelier et à mesme temps parut M. le C. de Guiche, qui estoit rentré et dit mon nom à M. le Chancelier qui le pouvoit desjà scavoir. Je dis à M. le Chancelier que j'avois desjà recherché plusieurs fois, depuis son retour, l'occasion de l'assurer de mon trez humble service; que je m'estois rendu à Paris et y avois toujours resté, suivant le commandement qu'il en avoit fait aux officiers du Parlement de Rouen; que je venois derechef l'asseurer que j'étois prest d'obéir à tout ce qu'il plairoit au Roy et à luy de me commander. Il me dit qu'il ne doubtoit point que je n'eusse bonne intention de servir le Roy et m'adjousta de luy mesmes qu'il n'avoit point encores receu les ordres du Roy; qu'aussy tost qu'il les auroit receus, il les feroit scavoir à MM. du Parlement de Rouen;

---

[1] Léonor de Matignon, abbé de Lessay et de Thorigny, évêque de Coutances en 1622, évêque et comte de Lisieux en 1646, commandeur des ordres du roi, mort le 14 février 1680.

aprez qu'il m'eust ainsy parlé, M. le C. de Guiche resta avec M. le Chancelier et moy je m'arrestay à parler à MM. de Colmollins, de Marescot, de la Turgère, et du Becquet qui estoient à l'entrée de la sale.

Peu aprez M. le C. de Guiche revint vers moy et, me tirant à quartier vers une fenestre de la sale, et me dict qu'il estoit marry du train que prenoient nos affaires, qu'il faisoit tous ses efforts pour nous servir, mais qu'il voyoit peu de disposition pour ce que nous désirions et qu'il voudroit bien savoir ce que nous proposerions lundy à M. le Chancelier. Je luy dis que je croyois que nos deputez viendroient seulement prendre de la bouche de M. le Chancelier les volontez du Roy et le priay de me dire si, avant le lundy, M. le Chancelier verroit le Roy et le Cardinal. Il me dict qu'il croyoit que non. Je répliquay que je ne comprenois point ce que nos députez pouvoient le lundy obtenir de luy, puisqu'il venoit d'entendre comme M. le Chancelier m'avoit dict, en sa présence, qu'il n'avait point receu les ordres du Roy et que si, avant le jour qu'il leur avoit limité, il ne voyoit ny le Roy ny M. le Cardinal, il ne les auroit non plus receus. Il me dict qu'il entendroit seulement ce que nos deputez luy diroient pour le faire entendre au Roy et à M. le Cardinal. Je dis de rechef que je pensois que nos députez le prieroient seulement de les informer des volontez du Roy, n'ayans autre chose à dire. Il me dict qu'il seroit besoin qu'ils fissent quelque chose de plus, dont je ne pus tirer de luy autre explication et je me retiray chez moy.

Pour ce qui est des eschevins de Rouen, quelque temps aprez que je fus sorty de chez M. le Chancelier, il leur dict que, pour les affaires générales de la ville, il y avoit peu d'apparence de leur pouvoir donner contentement, et que, pour eux en particulier, on verroit ce qu'on pourroit faire. Pour le lieutenant général, il parla en particulier à M. le Chancelier aprez qu'un chacun fut retiré.

Je dis à MM. de Bonnetot et de Cambremont ce que MM. le Chancelier et C. de Guiche m'avoient dict, ils trouvèrent à propos que nous allassions l'aprez midy chez M. le P. de Grémonville pour luy en donner advis, afin qu'il jugeast si il seroit besoin d'aller chez M. le C. de Guiche scavoir ce qu'il jugeoit propre qu'on dict, lorsqu'on salueroit M. le Chancelier. Nous fusmes chez M. de Grémonville, mais il jugea plus à propos de n'y point aller pour ce subject, et depuis nous sceusmes qu'il nous eut esté impossible de voir ce jour là M. le C. de Guiche, qui estoit allé le soir à Ruel, et le lendemain revint à Paris et alla à Pontoise dans son carrosse, et de là en poste à Rouen et revint le jeudy au soir à Paris.

Le mesme jour de samedy ou le précédent, M. Jubert, sieur de Bouville, et du Val, sieur de Lescaude, eurent congé de M. le Chancelier, d'aller à Rouen, à cause de la maladie de M. Jubert [1], président en la Court des aides de Rouen, lequel décéda le vendredy sainct. M. de Moges, sieur de Sainct Georges, eut aussy

---

[1] V. la note p. 70.

congé peu aprez de retourner à Rouen, à cause de la maladie de Madame de la Cauvinière, sa mère, qui depuis est revenue en santé.

Le dimanche 1ᵉʳ avril, M. de Noyers, secrétaire d'Estat, vint à Paris et ne vit que M. le Chancelier et M. de Bullion, et le lundy 2 d'avril il retourna à Ruel.

Quant au voyage de M. le C. de Guiche en Normandie, il fut pour lors diversement expliqué, mais depuis on a sceu qu'estant destiné à commander, comme mareschal de camp, l'avant garde de l'armée de M. de la Meilleraye, il vouloit auparavant aller à Rouen, tant pour y donner ordre aux affaires publiques, que pour prescrire ce qu'il vouloit estre faict de fortifications nouvelles au chasteau du Vieil Palais, ensemble pour estre payé par le receveur de la ville de 12 mil livres, tant pour les frais de ces fortifications, que pour 200 hommes de garnison qu'il avoit charge d'y mettre, ce qu'ayant faict, il revint à Paris le jeudy 4 d'avril.

MM. les Commissaires tenans le Parlement de Rouen cessèrent, selon l'ordonnance, de travailler le vendredy 30 de mars, jour des arrests. Le lendemain (ou mesmes le vendredy), ils firent la visite des prisonniers dans la chambre de l'audience (ou du conseil), et non en la Tournelle, soit parceque jusques alors ils n'avoient point encore travaillé en la chambre de la Tournelle, ou parce que on doubtoit qu'un des prisonniers de la conciergerie, qui est prez de la Tournelle, ne fut malade de peste.

Et parce qu'on sceut qu'ils se disposoient de revenir à Paris pendant la 15ⁿᵉ de Pasques, il leur fut envoyé lettres de cachet par lesquelles il leur estoit mandé de rester à Rouen, mais il n'y déférèrent point et ne resta à Rouen que le P. Seguier ; les autres estoient partis, avant que la lettre de cachet leur fut monstrée, ou mesmes crurent qu'elle n'estoit pas en termes sy exprez qu'il ne leur fut loisible d'aller pour ce peu de temps vaquer à leurs affaires domestiques. On dict que M. Menardeau fut chez M. le Chancelier le supplier de le dispenser pour quelque temps de retourner en Normandie, et que M. le Chancelier l'en refusa et le blasma d'avoir osé se présenter à luy, estant à Paris contre les deffenses portées par les lettres du Roy.

Environ ce temps ou peu auparavant, l'Estat du roy pour l'année 1639 fut envoyé à Rouen, où les gages des officiers estoient seulement employez pour trois quartiers. On en a faict de mesme pour MM. du Parlement de Paris et du grand Conseil, et pour tous les officiers de France.

On dict que MM. du grand Conseil, ayant député pour ce subject vers M. de Bullion, il leur dict qu'il honoroit et estimoit fort leur compagnie (en laquelle il a un fils et deux au Parlement), mais que leurs gages estoient sur le fonds destiné pour le payement des rentes deues à plusieurs veuves et orphelins qui n'estoient pas moins favorables qu'eux, et qu'il faudroit, si on les vouloit entièrement payer, retrancher ces rentes. Les secrétaires furent aussy chez luy se plaindre du retranchement d'un quartier de leurs gages, mais il leur dict qu'ils n'estoient pas de meilleure maison que les officiers des compagnies souveraines.

Le lundy 2 avril 1640, M. le Chancelier envoya un de ses secrétaires chez M. le P. P. du Parlement de Rouen, l'advertir que ce jour là il avoit pris médecine, et que le lendemain à onze heures il auroit audience. Ce qui fut cause que les députez du Parlement et ceux des Aides ne furent point ce jour là chez M. le Chancelier.

Le mardy 3 d'avril, ils y allèrent, à l'heure qui leur avoit esté donnée, et ne le purent voir, ce qu'ayant sceu les députez de la Cour des Aides, qui estoient en chemin pour y aller, ils retournèrent sur leurs pas.

Le mercredy 4 d'avril, sur les dix à onze heures du du matin, entrèrent en mesme temps en la chambre de M. le Chancelier, MM. du Parlement, court des Aides et Eschevins de Rouen. Le Lieutenant général y a esté à autre heure. Du Parlement, il y avoit les quatre anciens présidents et les deux anciens conseillers de la Grand Chambre, des Enquestes MM. Puchot et de la Champaigne, et M. Le Guerchois, advocat général.

M. le P. P. parla peu et si bas qu'on ne m'a peu dire ce qu'il dict d'abord. M. le Chancelier luy respondit que le Roy n'avoit point encore tenu le conseil touchant les affaires de Normandie et qu'il leur feroit scavoir les ordres du Roy, aussy tost qu'il les auroit receus. M. le P. P. répliqua que, pendant ces remises, les officiers du Parlement souffroient beaucoup et représenta la pauvreté de quelques conseillers. M. le Chancelier dict qu'il faloit se donner encor un peu de patience.

M. le P. des Hameaux estoit assisté de plusieurs conseillers de la court des Aides. Il fit une assez longue harengue et s'estendit fort à deffendre l'arrest énoncé dans la déclaration du Roy, portant interdiction de la court des Aides. M. le Chancelier fit response qu'il ne leur pouvoit dire autre chose que ce qu'il venoit de dire à MM. du Parlement; qu'il n'avoit point encore receu les ordres du Roy, et qu'ils lui baillassent les motifs de l'arrest dont ils avoient parlé [1].

Aux Eschevins, il dict qu'il n'avoit point encore receu les ordres du Roy, et que dans peu de temps on verroit ce qu'on pourroit faire pour leur regard.

Ces remises et délais firent voir qu'on ne pouvoit tirer aucun éclaircissement de nos affaires qu'aprez la feste de Pasques, estant lors la semaine sainte, ce qui fit croire à plusieurs officiers du Parlement, et particulièrement à M. le P. de Grémonville, qu'il pouvoit sans blasme tenter les moyens d'obtenir la permission de se retirer en Normandie; il en fit parler à M. le Chancelier, cousin du 2 au 3 de sa belle fille. Il y employa M. le C. de Guiche, qui luy a tesmoigné toujours de la bonne volonté. Il en fit aussi parler à M. le Cardinal par le sieur de Boisrobert le Métel [2], le-

---

[1] Bigot a ajouté en marge : « Dez lors M. des Hameaux s'estoit saisy des motifs par escript qu'il avoit dressez seul et les avoit faict voir à peu de personnes de sa Compagnie, et les porta seul à M. le chancelier, qui fust cause de quelques contestations entre les officiers de la court des Aides. Mais depuis on n'a pas pensé à considérer ces motifs, desquels on jugea qu'il n'auroit pas esté besoin de parler, moins encor de les bailler. »

[2] François le Métel, sieur de Boisrobert, membre de l'Académie Française, né à Caen vers 1592, mort à Paris le 30 mars 1662. Il fut chanoine de l'église Cathédrale.

quel estant venu le mardy ou mercredy d'après Pasques, luy [fit] dire qu'il n'avoit pu obtenir ce congé, et qu'aucun de MM. les présidents du Parlement ne le debvoit espérer qu'avec le général de la Compagnie, de laquelle mesmes il lui fit croire que M. le cardinal estoit fort mal satisfaict. Cela toucha de sorte le P. de Grémonville, déjà fatigué d'un si long séjour, qu'il fust à mesme temps saisy de fiebvre et contrainct de se mettre au lict et, la nuict et tout le lendemain, il se porta fort mal, mais, peu de jours aprez, il recouvra la santé. M. le P. de Criqueville demanda aussi le mesme congé à M. le Chancelier, pour lui et pour M. de Couronne, lequel les en refusa, et néantmoins M. de Couronne fut à Rouen.

Ce qui faisoit encor davantage congnoistre le peu de contentement que nous debvions espérer de nos affaires, outre ce que M. le Chancelier et le sr de Boisrobert en disoient, estoit qu'on pressoit MM. du Parlement de Paris, qui estoient revenus de Rouen, d'y retourner pour travailler le lendemain de Quasimodo, à quoi ils obéirent tous. Néanmoins, M. Dufour en fut dispensé, à cause de son indisposition, ayant esté griefvement malade à Rouen, et M. Feydeau, eut permission de rester un mois à Paris, pour rapporter un procez de longue haleine de madame la princesse Marie.

Le mardy 10 avril aprez midy, M. le Chancelier ayant veu chez luy les eschevins de Rouen, il prévint leurs discours et leur dit que M. le Cardinal viendroit le lendemain à Paris et que, lorsqu'il y seroit, on pourroit parler de leurs affaires. Aussy, MM. du Parlement prièrent M. le P. P. de sçavoir quand on pourroit avoir audience de M. le Chancelier. M. le P. P. tiroit, comme il a toujours faict depuis, les choses en longueur, le croyant utile à ses affaires particulières, et disant qu'il estoit aussy expédient pour notre intérest général d'en user ainsi, et pour lors on ne le pressoit point, tant à cause de l'indisposition de M. de Grémonville qu'à cause qu'on sçavoit que M. le Chancelier, n'ayant veu ny le Roy ny M. le Cardinal depuis la dernière audience qu'il nous avoit donnée il n'avoit rien à nous dire de nouveau.

## CHAPITRE DOUZIÈME.

12 avril : Le Cardinal de Richelieu vient à Paris. — Condition mise au retour des membres du Parlement, en leurs maisons des champs. — Motifs de cette rigueur. — 16 avril : Réception par le Chancelier des membres du Parlement. — La permission leur est accordée. — Elle est étendue aux officiers de la Cour des Aides et de l'Hôtel-de-Ville. — Ceux-ci peuvent rentrer à Rouen. — Visites à M. de la Vrillière, à Monsieur et au prince de Condé. — Objections contre ces deux visites. — 17 avril : Le Chancelier refuse à M. de Grémonville la permission de partir immédiatement. 19 avril : Les Echevins de Rouen quittent Paris. — La plupart des membres du Parlement partent sans congé. — Accident arrivé à M. de Martigny. — Le Chancelier persiste dans ses refus. — 27 avril : Il donne ordre au P. P. de réunir les officiers retirés en Normandie. — 28 avril : Réunion chez le P. P. — Le P. P. propose de remettre au Chancelier les noms des présents. — Le P. Bigot s'y oppose. — Son avis est adopté. — Députation envoyée au Chancelier. — Résultat de l'entretien. — 30 avril : Le Roi part de Paris. — MM. de Matignon et de Canisy renvoyés en leurs charges. — Pouvoirs extraordinaires accordés au C. de Saligny. — Paroles du Roi à M. de Matignon. — Le sieur d'Avaugour sergent-major à Rouen. — Détails sur ses fonctions et ses prédécesseurs. — Les Commissaires tenans le Parlements de Rouen obtiennent trois mois de leurs gages. — Les gages des officiers interdits pour l'année 1639, sont portés à l'épargne. — 2 mai : Visite du P. P. au Chancelier pour demander les ordres du Roi. — Sa réponse. — Les députés du Parlement vont chez M. de la Vrillière. — Il dit n'avoir les ordres du Roi. — Départ des officiers de la Court des Aides sans attendre les lettres. — Quelques conseillers quittent Paris sans permissions verbales. — La Chambre des Comptes de Rouen et le Chapitre ne font festin le jour de l'Ascension. — Visite du P. Bigot à M. de la Vrillière. — 9- 14 mai : Le Chancelier autorise le départ des PP. de Grémonville et de Criqueville. — 19 mai : Arrivée des lettres de congé. — Elles sont égarées chez le P. P. — Difficultés qui en résultent. — Elles sont retrouvées le 20 au soir. — Leur texte. — Délibération à cet égard. — Députation pour remercier le Chancelier. — Récit de l'entrevue. — Les questions de M. de Martigny. — 22 et 23 mai. Départ général des officiers du Parlement. — Manière dont l'interdiction de rentrer à Rouen est observée.

Le mercredy 10 d'avril 1640, M. de Noyers vint de Ruel à Paris, et le jeudy 12, M. le Cardinal y vint. Aucuns ont creu que, pendant il y fut, il donna la résolution de la response qu'on nous debvoit faire. Il retourna le samedy à Ruel. Le vendredy 13 d'avril, M. le C. de Guiche fut à Ruel et à Sainct Germain, et, le samedy 14, il envoya chez M. le P. d'Amfreville le prier qu'il vint chez luy et qu'il avoit à luy parler des affaires du Parlement. Il s'adressoit à M. d'Amfreville, parce que M. de Grémonville gardoit encore la chambre et que M. le P. P. ne monstroit pas se soucier beaucoup des affaires du général du Parlement, les sollicitant fort négligemment.

Aussy tost, M. le P. d'Amfreville, accompagné de M. le P. de Franquetot et de MM. de Bonissent et du Fay[1], conseillers, fut chez M. le C. de Guiche (il estoit environ onze heures du matin), lequel leur dict que tout ce qu'il avoit peu obtenir, en faveur de MM. du Parlement, estoit qu'ils eussent liberté, aprez que le Roy seroy party pour aller à ses armées, de se retirer en leurs maisons des champs et non dans Rouen, et qu'il faloit en aller prendre le congé de M. le Chancelier.

MM. les officiers du Parlement luy posèrent, sur ce subject, plusieurs difficultez : premièrement, sur ce qu'on les renvoyoit en leurs maisons, sans pourvoir à leur restablissement, à quoy on ne penseroit plus lorsqu'ils seroient une fois espars çà et là et hors d'estat de s'assembler. Que le différement de leur congé jusques

---

[1] Georges du Fay, sieur de la Haye au Vidame, prieur du Plessis-Grimoult, reçu conseiller clerc en 1625, mort à Rouen en juillet 1651 et inhumé aux Minimes.

au partement du Roy estoit un temps incertain, pendant lequel ce leur seroit chose bien fascheuse de rester à Paris, où on ne prétend plus leur rien dire ; qu'aussy, il estoit rigoureux de leur exclure l'entrée de la ville.

M. le C. de Guiche leur dict qu'on se souviendroit en temps et lieu de les restablir en leurs charges et qu'on les en advertiroit lorsqu'il en seroit temps ; que le temps limité de ne s'en retourner qu'aprez le partement du Roy estoit affin que tous ne se retirassent point en mesme temps, et qu'on ne refuseroit point le congé à ceux qui le demanderoient, mesmes qu'il ne croyoit pas qu'on prit garde à ceux qui se retireroient sans congé, pressez de leurs affaires ; que, pour n'aller point à Rouen, on l'avoit ainsy désiré, et que, si il avoit peu, il auroit obtenu quelque chose de plus agréable au Parlement et avoit eu beaucoup de peine à obtenir ce que dessus. MM. le remercièrent et le prièrent de conserver cette bonne volonté au Parlement De là, MM. les PP. d'Amfreville et de Franquetot vindrent chez le P. Turgot, puis chez moy et nous donnèrent advis de ce que M. le C. de Guiche leur venoit de dire et m'asseurèrent qu'il partoit le lendemain ou le lundy pour aller à Retel, lieu où s'assembloient les trouppes qu'il debvoit commander. Ils furent ensuite chez le P. de Grémonville et le firent aussy sçavoir à M. le P. de Criqueville, et incontinent cela fut sceu dans Paris. Dez les jours précédents, M. de la Vrillière l'avoit dict à une personne du Parlement, qui ne le publia que depuis que M. le C. de Guiche l'eut dict. Toutes fois, M. le P. P. n'en sçavoit encore rien à deux heures aprez midy, à laquelle heure il vint chez M. le P. de Grémonville et luy dict qu'on l'avoit asseuré que M. le C. de Guiche estoit chargé de dire aux officiers du Parlement les intentions du Roy et qu'il jugeoit par là que ce debvoit estre quelque chose à nostre avantage, sur quoy M. le P. de Grémonville luy dict que desjà M. le C. de Guiche s'en estoit expliqué et luy dict ce qu'il en avoit appris.

M. le C. de Guiche a depuis dict la mesme chose à MM. de la court des Aides qu'il avoit dicte à MM. du Parlement.

J'eus peine à persuader à quelques uns de MM. du Parlement qu'il ne suffisoit d'avoir ceste response de M. le C. de Guiche; qu'il faloit l'entendre de la bouche de M. le Chancelier, tant parce qu'il estoit nostre chef, que parce que M. le C. de Guiche nous avoit renvoyez par devers luy. Aussy on a creu que M. le Chancelier a eu jalousie de ce qu'on s'estoit davantage confié en la protection de M. le C. de Guiche qu'en la sienne. Enfin, il fut résolu qu'on iroit chez M. le Chancelier. J'estois à ce dessein allé chez M. le P. de Grémonville pour le porter à cette résolution, ce qu'enfin j'obtins.

Le dimanche matin, plusieurs de MM. du Parlement furent dire adieu à M. le C. de Guiche et le remercier. J'y fus le lundy au matin et rencontray M. le P. Turgot et M. le P. des Hameaux et y survindrent les députez du Parlement, à sçavoir: M. le P. P., M. le P. d'Amfreville, MM. Le Brun et de Mathan, conseillers. (MM. de Brinon et de Benneville estoient desjà retournez en

Normandie, sans avoir pris aucun congé). Cette visite se passa en remerciemens de la part de MM. les députez et témoignages de bienveillance de la part de M. le C. de Guiche, lequel dict n'avoir peu obtenir qu'on vit le Roy, et qu'il ne falloit point l'espérer, jusques à l'entier restablissement en la fonction des charges, et que M. le Cardinal avoit dict qu'il n'estoit pas juste que MM. du Parlement le vissent, puisqu'ils n'avoient pas veu le Roy.

Le mesme jour de lundy sur les dix heures, M. le Chancelier donna en mesme temps et en mesme lieu audience aux députez du Parlement et court des Aides et aux eschevins de Rouen. Il leur parla à tous séparément, mais en la présence les uns des autres et de mesme suite. Pour le Parlement y estoient les mesmes qui avoient été le matin chez M. le C. de Guiche. Pour le lieutenant général, il faisoit sa court séparée et secrettement.

M. le Chancelier dict à MM. du Parlement que le Roy leur permettoit de se retirer en leurs maisons des champs et non de la ville et ce, aprez que le Roy seroit party seulement. M. le P. P. luy dict que le Parlement luy estoit obligé de cette grâce, qu'il obtenoit par son moyen et le supplia de luy continuer sa protection pour son entier restablissement. M. le Chancelier répliqua que vers le Roy il ne faloit point de protection et qu'on ne luy avoit aucune obligation, mais à M. le C. de Guiche, parole qui fut diversement interprétée.

Il dict aussy à MM. de la court des Aides que le Roy leur donnoit la mesme liberté de se retirer qu'à MM. du

Parlement et aux mesmes conditions. M. le P. du Hameaux répliqua sur l'exclusion des maisons de la ville, mais M. le Chancelier luy dict : Je vous dis les ordres du Roy, vous en userez selon vos prudences.

Aux eschevins il dit : le Roy vous donne liberté de vous retirer en vos maisons de Rouen, servez bien le Roy.

Pour le lieutenant général, il faisoit ses sollicitations séparément et en particulier, de sorte qu'il n'a point esté sceu quelle response luy fut faiste. Plusieurs ont creu qu'il a peu obtenir un semblable congé de se retirer en Normandie, mais que, ses amis luy faisant espérer un restablissement en sa charge, il aima mieux rester à Paris pour en faire suites veu mesmes que le séjour de Paris ne luy estoit pas moins agréable que celuy de Normendie, tant qu'il n'y exerceroit point sa charge, mais jusques à présent il n'a peu obtenir d'y estre restabli [1].

Du logis de M. le Chancelier, MM. les Députez furent chez M. de la Vrillière qui leur tesmoigna un grand désir de servir la compagnie et leur dict qu'ils devoient se resjouir du congé qui leur estoit donné de se retirer chez eux et que le Roy ne fait ses graces que par degrez, que bientost celle cy seroit suivye d'une autre plus grande.

De là ils furent chez Monsieur, frère du Roy, lequel

---

[1] Ce passage indique l'époque à laquelle Bigot rédigeait ces mémoires, et prouve que leur transcription suivait d'assez près les événements qu'il racontait. En effet, le lieutenant général Godard du Becquet reprit l'exercice de sa charge le 11 mai 1641.

estoit party nouvellement pour Orléans. Ils furent ensuite chez M. le Prince, qui estoit prest à se mettre à table, et néantmoins les vint incontinent trouver et entretemps M. le duc d'Anguien resta avec eux. M. le Prince les asseura qu'il avoit toujours eu les Parlements en grande estime et particulièrement celuy de Rouen ; qu'encore qu'il y eut perdu un procez, il savoit bien néantmoins que la compagnie ne luy estoit point mal affectionnée, et qu'il se plaignoit seulement de M. Baudry et d'un autre qu'il nomma, qui avoient esté cause par leurs cabales de la perte de ce procez. (Il avoit receu de grands honneurs du Parlement de Rouen, et tels qu'il avoit désiré, ce qui luy estoit plus en considération que l'issue de son procez).

Il dict ensuite que peu s'en estoit falu que le Parlement n'eut esté restably, mais que M. le Chancelier avoit dict qu'il faloit donner temps à ceux qui estoient à Rouen de vider leurs procez. Il fit une sommaire déduction de tout ce qu'on objectoit au Parlement de Rouen, ce qu'ensuite il réfuta et dict que le Roy et M. le Cardinal en estoient très bien informez ; enfin il les traita avec tout l'honneur et la démonstration de bonne volonté possible, s'estant tousjours tenu descouvert et les ayant conduits jusques au bas de son escalier.

Plusieurs trouvèrent à dire à cette visite rendue à Monsieur et à M. le Prince de Condé. Les uns disoient qu'on s'en estoit advisé bien tard aprez plus de trois mois de séjour à Paris ; les autres qu'on n'y debvoit point du tout aller, et que jamais les députez du Parlement ne visitent les princes, que premièrement ils n'aient esté receus à saluer le Roy. Que telle visite ne pourroit produire aucun effect au bénéfice du Parlement, pour l'intérest duquel il estoit sans doubte que M. le Prince ne s'eschaufferoit point beaucoup et ne prendroit querelle à personne. Aussy MM. les députez firent d'eux mesmes cette visite et ne la proposèrent en aucune assemblée des officiers de la compagnie. Ils creurent ne pouvoir estre blasmez de rendre cet honneur à des personnes d'une si haute naissance, desquelles la bienveillance pouvoit estre fort utile au Parlement, soit pour ce rencontre, soit pour plusieurs autres qui peuvent survenir. Que le favorable accueil qu'ils avoient reçeu de M. le Prince faisoit voir qu'ils n'avoient en cela nullement ravily l'honneur du Parlement.

Outre ce que M. le Prince et M. de la Vrillière disoient des causes du diffèrement du restablissement du Parlement, on discouroit encor diversement du subject pour lequel on défendoit l'entrée de la ville aux officiers du Parlement et cour des Aides.

Aucuns disoient que MM. du Parlement de Paris tenant le Parlement de Rouen l'avoient ainsi désiré; qu'ils craignoient que le retour et présence des officiers interdits en la ville de Rouen ne renouvelast la douleur du peuple et ne le portast à sédition contre lesdits commissaires. Que les interdits ne fussent plus honorez par le peuple qu'eux, quoiqu'en fonction, et que l'authorité et présence desdits interdits ne les fit davantage mespriser. Qu'ils craignoient d'autant plus la sédition que le Roy et M. le Cardinal debvoient s'esloigner et aller à la frontière du royaume; mais d'autres disoient que le Roy, quoique bien informé du debvoir que le parlement avoit rendu lors de la sédition, vouloit néantmoins, pour l'exemple, que peu à peu la peine, que dans son courroux il avoit ordonnée contre les officiers interdits, leur fut relaschée, les dispensant d'abord du séjour de Paris mais leur ostant encor la commodité de leurs maisons de la ville et la fonction de leurs charges. Pour la deffense de désemparer jusques à ce que le Roy fut party, la suite de ce que nous dirons en fera voir suffisamment la cause.

Le mardy matin, 17 d'avril 1640, M. le Chancelier tint chez luy le conseil. A l'issue, MM. les présidents de Grémonville et de Franquetot et MM. de Frenelles et Sonin [1] et quelques autres conseillers furent le saluer. M. le P. de Grémonville luy dict qu'ils venoient prendre congé de luy pour s'en retourner en Normandie. M. le Chancelier respondit qu'ils debvoient attendre que le Roy fut party. M. de Grémonville le supplia de leur permettre de se retirer dans à présent et qu'il leur estoit survenu des affaires fort pressantes; que luy en particulier estoit indisposé et croyoit que l'air de Normendie serviroit beaucoup à restablir sa santé. Mais M. le Chancelier répliqua qu'il ne donnoit congé à personne, et qu'il en falloit parler au Roy, de sorte qu'ils se retirèrent sans avoir peu obtenir autre chose. M. le Chancelier leur ayant

[1] Jean Sonnin, reçu conseiller lay le 30 mars 1637. Il paya sa charge 97,000 livres, et la résigna en 1646.

dict qu'il falloit recevoir les ordres du Roy. On avoit dict à M. de Grémonville qu'il feroit mieux de garder le logis et d'envoyer par quelqu'un de ses amis, sur l'occasion de son indisposition, demander congé ; que plus facilement on le croiroit malade lorsqu'il agiroit par autruy que par soy mesme, que peut estre luy feroit il faveur en particulier (Il dit la mesme chose à M. le P. de Criqueville le mesme jour aprez midy ou le lendemain); que le refus en seroit moins honteux, la demande de congé estant faicte en particulier. Aussy estoit il peu probable que publiquement M. le Chancelier, issue du conseil, présence de grand nombre de personnes, allast contrevenir à l'ordre qu'il avoit le jour précédent [donné] de la part du Roy, non seulement en faveur de M. de Grémonville son allié, mais de quelques autres que luy estoient presque incongneus.

On croyoit que ce refus empescheroit MM. du parlement de Rouen de partir de Paris, avant que le Roy s'en fut esloigné, néantmoins il y en eut presque la moitié qui se retirèrent, avant la fin de la semaine, dont nous dirons cy aprez la suite.

Le jeudy 19 d'avril, les eschevins de Rouen se retirèrent de Paris suivant la permission qu'ils en avoient eue.

Cependant [1],.... MM. du parlement de Rouen continuoient de se retirer la pluspart sans demander congé, croyant qu'il ne fut nécessaire, expliquant à leur avan-

---

[1] Nous avons ici supprimé un passage relatif aux affaires des parlements de Paris et de Provence.

tage la response faicte le 14 de ce mois par M. le C. de Guiche, aucuns demandèrent congé, qui eurent des responses ambigues, qu'ils prenoient pour congé. Entre autres M. de S. Jouin disoit que M. le Chancelier lui avoit accordé le congé de MM. de Bonissent et du Fay dont ils s'esjouirent. M. Baudry m'a dit, qu'ayant esté chez M. le Chancelier le supplier de trouver bon qu'il se retirast en Normandie, M. le Chancelier luy dict : vous pouvez y aller et néantmoins il resta à Paris.

Environ le lundy 23 d'avril, M. de Martigny [1], président aux Requestes, fut chez M. le Chancelier et le supplia de luy permettre d'aller à Rouen pour solliciter un procez, duquel sa partie poursuivoit le jugement en son absence. M. le Chancelier luy dict qu'il ne donnoit congé à personne et qu'il l'allast demander au Roy. Il répliqua que le renvoyer au Roy, c'estoit le réduire à l'impossible et cependant que son procez lui estoit de trez grande importance et qu'il pleust donc à M. le Chancelier luy donner lettres d'Estat pour ce procez, dont M. le Chancelier le refusa. Il le pria de rechef d'escrire au moins à M. le P. Seguier à ce qu'il fît surceoir à ce procez. M. le Chancelier dict qu'il pourroit luy en escrire.

Nonobstant ces refus, le mardy 24 d'avril, il partit de Paris monté sur sa haquenée, accompagné d'un valet monté sur un de ses chevaux de carrosse, et estant

---

[1] Guillaume de Morchesne, sieur de Martigny, lieutenant du bailly de Caën au siége de Falaise pendant 15 ou 16 ans, reçu président aux Requestes en 1617.

à une lieue et demye de Paris, il fut volé de ses chevaux et valisse et contrainct de revenir à Paris à pied. On ne luy demanda point son argent, ce qui fit penser à quelques uns que ceux, contre lesquels il plaidoit, eussent joué cette pièce et qu'ils eussent eu plus de dessein à ses papiers qu'à sa bourse. Cette adventure fit grand esclat et fut racontée au Roy à son petit coucher. M. de Martigny, sans quitter son dessein, se remit dez le jeudy dans le coche ordinaire et alla à Rouen où il visita tous ses juges, dont M. le Chancelier fut adverty.

Il sceut aussy que deux ou trois des conseillers, qui y estoient retournez, alloient librement par les rues, aux places publiques, aux cours, aux jeus de paulmes.

Le jeudy 26 d'avril. M. d'Ormesson, conseiller d'Estat, pria M. le Chancelier de permettre à MM. de Malaunay et de Torcy [3] de retourner en Normandie, dont il le refusa, et luy dict qu'il n'avoit donné et ne donneroit de congé à personne et qu'il faloit venir recevoir les ordres du Roy, aprez qu'il seroit party.

Le mesme jour, le duc d'Angoulesme fit la mesme demande à M. le Chancelier pour M. de Courvaudon, dont il fut refusé, et ayant allégué que plusieurs disoient qu'il leur avoit donné congé, il dict que cela n'étoit point et que ceux qui s'estoient retirez pourroient bien s'en trouver mal.

---

[1] Claude Groulart, sieur de Torcy, reçu le 22 août 1637, à l'office de conseiller d'Alexandre Bigot de Monville, auteur de ces mémoires. Il le paya 88,000 livres, outre les frais de marc d'or et ceux des lettres. Il résigna en 1646. Il étoit petit-fils du P. P. Claude Groulart.

Il fit mesme response le mesme jour à M. l'Evesque de Chartres, qui luy demandoit la mesme permission pour M. de Fresquiennes, et adjousta qu'on pourroit bien recevoir du Roy, lorsqu'il partiroit, des ordres plus fascheux qu'on ne pensoit.

Touttes ces responses furent incontinent sceues par tous les officiers du Parlement de Rouen estant à Paris, et leur donnèrent de la crainte, mais plus encor ce qui se passa l'aprez midy.

Car le vendredy aprez midy 27 d'avril, M. le Chancelier envoya un exempt des gardes chez M. le P. P. du Parlement de Rouen luy dire qu'il eut à mander à ceux qui s'estoient retirez en Normandie qu'ils revinsent, autrement qu'il y pourvoirroit. On s'estonna de ce qu'il se servoit pour ce message plus tost d'un exempt que d'un de ses secrétaires. M. le P. P. dict à l'exempt qu'il luy estoit bien difficile de donner cet advis aux officiers qui s'estoient retirez en Normandie, veu que n'ayant pas permission d'estre à Rouen, ils seroient en leurs terres des champs, espars en divers lieux.

M. le P. de Grémonville et plusieurs autres, ayant eu advis de cet ordre receu par M. le P. P., furent chez luy le samedy au matin et le trouvèrent disposé à s'en tenir à la response qu'il avoit faicte à l'exempt, sans se mesler d'autre chose. Ils lui représentèrent que ce procédé obligeroit M. le Chancelier à faire quelque chose contre ceux qui s'estoient retirez, et enfin luy firent trouver bon que, l'aprez midy du mesme jour, MM. du Parlement de Rouen, qui estoient encore à Paris, s'assemblassent chez luy pour adviser ce qu'on debvoit faire en ce rencontre, cependant qu'il escriroit au premier huissier du Parlement de Rouen d'advertir ceux qui estoient à Rouen de revenir à Paris, et donner pareil advis aux maisons de Rouen de ceux qui s'estoient retirez en leurs terres des champs; si chez eux ils n'avoient laissé personne, de le dire à leurs voisins, ce qu'il fit. De plus, ceux qui estoient parents ou amis particuliers des officiers qui s'estoient retirez, leur en donnèrent advis, ce qui servit beaucoup plus que la lettre escrite au premier huissier, qui s'acquitta assez négligemment de cette commission.

L'aprez midy dudit jour samedy 28 d'avril 1640, se trouvèrent en la maison de M. le P. P. tous MM. les présidents au mortier, nul desquels n'estoit party de Paris, et outre MM. Le Brun, Baudry, de Caradas [1], Busquet, Hallé, Romé, des Hommets [2], de Grouchet, Dery [3], Dumoucel, Auber, Asselin, Lamy [4], Desmarets [5], Guerart [6], le Coigneux, de Boisivon,

---

[1] Antoine de Caradas, sieur du Héron, reçu conseiller lay le 2 décembre 1609. Son fils, François, lui succéda en 1644.

[2] Jérémie Deshommets, reçu conseiller lay le 26 mars 1612, décédé en 1648 et inhumé à S. Etienne des Tonneliers.

[3] Pierre Dery, reçu conseiller aux Requêtes, puis conseiller lay le 18 novembre 1614. Il mourut en 1650.

[4] Adrien Lamy, sieur de Tubeuf, reçu conseiller lay en décembre 1618, mort le 15 mars 1653 et enterré à S. Godard.

[5] Alexandre des Marets, abbé de Mortemer, reçu conseiller clerc en avril ou mai 1619, mort le 30 mars 1659 au bureau des Pauvres de Rouen.

[6] René Guérard, sieur de Belmesnil, reçu conseiller aux Requêtes, le 12 juillet 1619. Il résigna en mai 1654 et mourut le 4 avril 1659.

Puchot, de Bonshoms, Voisin du Neufbosc, Payen [1], de Vigneral, Ribaut [2], le Noble, Boivin sieur de Vaurouy, de Montenay, Toustain de Frontebosc [3], Le Sueur, Le Roux sieur de Tilly, Roque, Sonnin, Groulart, Voisin sieur de la Haye des Mares [4], Guerout [5], et Michel [6], président aux requestes, faisant en tout 35 conseillers, et M. Le Guerchois, advocat général, et outre il fust attesté que MM. de Courvaudon estoient encor à Paris et n'advoient esté advertis de l'Assemblée; que M. Damiens estoit à Paris et n'avoit pu sortir du logis à cause de son indisposition; que M. de Bonnetot y estoit aussy et n'y estoit venu, à cause des procez qu'il avoit contre M. le P. P., ce qui faisoit en tout 47 officiers restez à Paris, à savoir, 7 présidents, 37 conseillers et 3 advocats généraux.

---

[1] Jacques Payen, sieur de S. Sauveur, reçu conseiller lay le 3 décembre 1629. Il avoit payé son office 60,000 livres, et 1,000 livres de vin. Il résigna en 1646.

[2] Charles Ribaut, sieur du Mesnil, reçu conseiller aux Requêtes le 3 février 1631, résigna sa charge en 1654 et mourut le 12 septembre 1661.

[3] Charles Toustain, sieur de la Neuvecourt, fils de Robert, sieur de Honguemare et de Neuvecourt, reçu conseiller lay le 3 mars 1636, par le décès de son père. Sa charge fut estimée 87,000 livres. Il mourut sans enfans en septembre 1652 et fut inhumé à S. Godart.

[4] François Voisin, sieur de la Haye des Mares, reçu le 13 décembre 1637 à un office de conseiller aux Requêtes de nouvelle création, que M. Lebrun, conseiller, son beau-père, paya 54,000 livres, en plus le marc d'or et frais des lettres. Il mourut en 1650.

[5] Guillaume Guerout, reçu à un office de conseiller lay de nouvelle création le 15 décembre 1637. Il mourut le 4 septembre 1682.

[6] Alexandre Michel, sieur de Montchaton, reçu président aux Requêtes le 28 juin 1638, au lieu d'Anne de Tournebu, sieur de Livet. Il traita avec ses héritiers par le prix de 80,000 livres.

Jamais, depuis nostre interdiction, nous ne nous estions assemblez, pour délibérer de nos affaires, en si grand nombre, de sorte que les siéges de la salle de M. le P. P. ne nous suffisoient point.

M. le P. P. proposa qu'il seroit bon de faire une liste de MM. du Parlement présens, ensemble des autres que nous attestions estre à Paris, pour estre portée à M. le Chancelier, tant pour luy montrer qu'il en restoit un grand nombre à Paris que pour empescher que ceux qui estoient restez souffrissent pour ceux qui estoient retirez. M. le P. de Grémonville, que le séjour de Paris ennuyoit, qui, depuis le refus qu'il avoit eu de M. le Chancelier, avait tenté en vain son congé par toutes sortes de moyens, ne s'esloignoit point de cet advis, proposé par M. le P. P., croyant qu'on permettroit à ceux qui seroient employez en cette liste de se retirer.

Mais je contredis cet avis et représentay qu'il nous serait honteux d'abandonner ainsi nos confrères; que bailler les noms des présens serait désigner les absens; que quand on désireroit de nous telles choses, encore faudroit il nous la faire commander deux fois et, au premier commandement, faire nos efforts pour en estre dispensez. Qu'à présent qu'on ne nous le demandoit point, il seroit honteux d'établir entre nous cette différence, nous diviser d'avec nos confrères, attirer sur nous leurs plaintes, et le blasme et mespris de tout ce qu'il y a de monde dans Paris, qui avoit les yeux sur nous, pour juger par notre constance ou lascheté si nous méritons ce que nous souffrons. Que, quoyque j'eusse l'honneur d'estre parent ou allié d'un grand nombre de Messieurs, néantmoins je n'estois ni frère, ni beau frère, ny parent dans le degré de germain d'aucuns de ceux qui s'estoient retirez, et néantmoins que je choisirois plus tost de rester toute l'année, voir encore plus longtemps à Paris, que de donner lieu de traverser et de faire de la peine à aucun de MM. les absents.

Au contraire, M. le P. P. disoit que, pensant descharger nos compagnons, nous nous chargerions nous mesmes, ainsi que lors de la sédition de Rouen, pour avoir voulu descharger les habitants et n'avoir dressé procez verbal du refus par eux faict de prendre les armes. Aucuns mesmes vouloient que tous les présens signassent la liste de leurs noms, ou qu'on fit venir des notaires pour dresser un acte de nos présences.

Mais on leur répliqua que nos présences estoient assez attestées, veu que nul de nous n'estoit party qu'aussy tost il eut été sceu d'un chacun. Que ceux qui voudroient en avoir une plus complète attestation pourroient passer quelque contract de leurs affaires devant notaires. Que nous ne nous chargions point du fait des absens, puisque nous n'estions point en refus de bailler leurs noms, n'en ayant point eu de commandement, mais seulement de les mander, ce qu'on avoit faict.

Enfin cet advis, appuyé par le P. de Criqueville, M. Baudry et plusieurs autres, fut suivy et, encor qu'on n'eut point pris de séance certaine ny opéré *per vota*, mais que chacun parlast sans tour ny ordre, néantmoins M. le P. P. voyant que presque toutte la compagnie estoit de cet advis, il s'y rangea enfin. Toutefois il proposa d'abord qu'on lui souffrit de dresser une liste des présens pour estre plus certain du nombre et pouvoir parler à M. le Chancelier avec plus d'assurance, et qu'il ne bailleroit cette liste à personne, néantmoins voyant que MM. ne désiroient point qu'il en fit la liste, il se contenta de conter MM. qui estoient là, qu'il creut estre 50, et ainsy il se résolut de dire qu'il y en avoit encor en tout 55 à Paris.

Il fut donc arresté que présentement M. le P P., assisté de MM. les présidents de Grémonville et d'Amfreville et de MM. Lebrun et Romé conseillers, iroit chez M. le Chancelier l'asseurer du grand nombre de MM. qui estoient à Paris, ce qu'ils firent à l'instant. On joignit M. le P. d'Amfreville avec le M. le P. de Grémonville, à cause de la surdité de M. de Grémonville.

Il estoit environ 5 heures et 1|2, lorsqu'ils arrivèrent chez M. le Chancelier, lequel ils saluèrent dans son jardin. M. le P. P. luy dict, qu'aussi tost qu'il avoit receu ses ordres, il les avoit exécutez et escript à Rouen qu'on escrivit à ceux qui estoient retournez en Normendie, qu'il avoit aussy mandé à MM. en sa maison, où il s'en estoit rendu près de 50, sans les malades et autres qui n'avoient peu assister à l'assemblée, en sorte qu'il le pouvoit asseurer qu'il en restoit à Paris plus de 55. Que le Parlement n'estoit que d'environ 80 officiers; qu'il y en avoir 4 décédez à scavoir MM. le Doux, de Manneville, de Galentine et Salet, procureur général; que M. le Chancelier en avoit dispensé plusieurs d'estre à Paris. A ce mot, M. le Chancelier l'interrompit, qu'il n'avoit donné congé à personne. M. le P. P. continua et dict qu'il avoit dispensé MM. de Formauville, Hue, Fiset, Beuselin et du Viquet à cause de leur aage et maladie, comme aussy M. de Braquetuit; M. le Chancelier dict qu'il ne vouloit point parler de ceux qui n'estoient point venus à Paris, mais de ceux qui s'estoient retirez. M. le P. P. dict que, ceux là tirez du nombre des officiers du Parlement, il en restoit environ 70 : dont il y avoit 55 présents, restoit 15 seulement absents, dont plusieurs avoient creu avoir congé ou de luy ou de M. le Cardinal; d'autres, fondez sur l'opinion qu'il fust libre de se retirer, et pressez de leurs affaires domestiques, s'estoient retirez, comme M. de Bouville' et M. de Lescaude pour la maladie de M. le P. Jubert qui, peu de jours aprez leur arrivée, estoit décédé; M. de Saint Georges, à cause que madame sa mère estoit malade à l'extrémité.

M. le Chancelier dict que pour ceux qui avoient congé de M. le Cardinal, il n'avoit rien à dire ; que pour luy il n'avoit [donné] congé à personne; que toutesfois, pour ceux qui se seroient retirez pour des raisons si considérables comme celles qu'on luy avoit représentées, ils seroient excusables, mais pour ceux, qui s'estoient retirez sans cause trez urgente et sans congé, ils devoient revenir.

' Jacques Jubert, sieur de Bouville, reçu le 7 décembre 1637. Il paya sa charge 85,000 livres et la résigna en 1640 à Claude de la Vache, sieur du Saussay, par le prix de 67,000 livres.
Il acquit, en 1641, une charge de conseiller au Parlement de Paris, et en 1647, fut reçu maître des Requêtes de l'hostel du Roy.

M. le P. P. luy dict que desjà on les avoit mandez et qu'ils seroient dez le lendemain tous à Paris. M. le Chancelier dict ensuite que le Roy partoit le lundy en suivant et que, lorsqu'il seroit party, il nous feroit sçavoir les volontez de S. M.

En tout ce discours, M. le Chancelier ne monstra ni colère ni aigreur, et receut fort humainement nos députez qui attendoient de luy un autre visage. Il y avoit en effet 34 officiers du Parlement, à scavoir MM. de Brinon, de Benneville, Blondel, de Moges, Dandasne [1], de Morchesne, de Mathan, Costé, Pigny [2], Paumier, de Bonissent, de Roussel, de la Champagne, Dambray [3], Labé, du Fay, Cornier, Bouchart, Le Roux sieur de Touffreville [4], de Bethencourt [5], Secart [6], Danviray, Toustain sieur de Paleusemare [7], Brice, du

---

[1] Adrian Dandasne, sieur de Tourville, reçu conseiller aux Requestes en 1618, mort le 20 février 1646 et enterré à Saint Pierre du Chastel.

[2] Israel Peigny, sieur de Lardenière, reçu conseiller de la R. P. R. le 10 février 1620, au lieu de Nicolas Grimoult, son beau père.

[3] Henry Dambray, sieur de Montigny, reçu conseiller lay en janvier 1623, décédé en décembre 1658 et inhumé à Saint Maclou.

[4] Robert le Roux, sieur de Néville et de Touffreville, reçu conseiller lay le 1er décembre 1629 par le décès de Jacob, sieur de Touffreville son père. Il mourut le 3 avril 1658.

[5] Galien de Bethencourt, sieur du lieu et de Mauquenchy, reçu conseiller lay le 3 décembre 1629, à la résignation de Galien, son père; il résigna en 1647 avec lettres de conseiller honoraire, bien qu'il n'eut pas servi vingt ans.

[6] Adrien Secart, sieur d'Ausouville et de Saint Arnoult, reçu conseiller lay le 30 juillet 1630, mort le 12 mai 1664.

[7] Jean Toustain, sieur d'Anglesqueville et de Palleusemare, reçu conseiller aux Requêtes le 14 janvier 1630. Il avait traité par le prix de 48,000 livres.

Houlley¹, de Becdelièvre², de la Place, de la Basoge³, de Brévedent⁴, de Montaigu⁵, Fermanel⁶, Jubert sieur de Bouville, Jubert sieur de Canteleu, Du Val, sieur de Lescaude, de tous lesquels il n'y avoit que huit ou dix qui eussent ou creussent avoir cause ou excuse considérable.

M. le Chancelier ne se plaignit point de ceux de la court des Aides qui estoient retirez, soit parce qu'il n'y en avoit que deux qui se fussent retirez, ou parce qu'on les consideroit moins que le Parlement, et cessant que M. de Martigny, refusé de congé, se retira avec trop d'esclat on n'eut peut estre point parlé de ceux qui estoient partis⁷.

¹ Nicolas du Houlley, chanoine de Lysieux, reçu conseiller clerc le 14 juillet 1631. Il mourut le 3 avril 1683.

² Pierre de Becdelièvre, sieur de Hocqueville, reçu le 1ᵉʳ août 1633, conseiller lay. Il paya sa charge 82,000 livres. Il fut reçu en 1643 P. P. en la cour des Aides.

³ Guillaume de la Basoge, sieur du lieu, de la R. P. R., reçu à un office de conseiller de la religion, le 3 mars 1636. Il le paya 78,000 livres.

⁴ Marc Anthoine de Brévedent, sieur de la Houssaye, Mᵉ des Comptes en 1630, conseiller lay le 27 février 1637, au lieu de son père, résigna en 1651, pour devenir lieutenant général et président au présidial de Rouen. Il mourut en 1679.

⁵ Pierre de Montaigu, sieur des Planches, reçu conseiller lay le 23 novembre 1637, au lieu de son père.

⁶ Gilles Fermanel, reçu le 22 août 1637 à un office de conseiller clerc, mort le 30 juillet 1672.

⁷ Bigot ajoute en note :

« M. le Guerchois fut ce mesme jour ou le lendemain le matin chez M. le chancelier accompagné de M. de Boucqueval, conseiller au grand conseil, son beau père, et luy fit excuses de ce qu'il estoit sorty, et l'asseura qu'il n'avoit point esté en Normandie, mais seulement visiter Fontainebleau et les autres maisons royales des environs de Paris. M. le chancelier luy dict qu'il n'en avoit rien sceu, et ainsy ce compliment se trouva inutile. »

Le mesme jour, M. le Cardinal disna à Paris chez le sieur Desroches où estoit aussy M. le Chancelier. Les gardes du Roy partirent de Paris pour Chantilly. Le lundy 30, le Roy partit à 4 heures du matin de Saint Germain, disna à Ecouan et coucha à Chantilly.

Avant que de partir, MM. de Matignon et de Canisy eurent permission de se retirer en leurs gouvernemens et faire leurs charges, mais en mesme temps on envoya le comte de Saligny [1], mareschal de camp, puisné de la maison du mareschal de Chastillon avec un pouvoir si ample qu'il anéantit celuy desdits sieurs de Matignon et Canisy. On lui donna le mesme pouvoir en haute Normendie, mais cela n'offensa point M. le C. de Guiche qui n'y réside point à présent, et d'ailleurs M. le C. de Saligny n'a eu aucun subject d'y faire séjour, mais seulement en basse Normandie, et la haute n'a senty les effects de ce pouvoir qu'en l'incommodité du passage des trouppes qu'on a baillées au sieur de Saligny, en ce qu'elle a contribué à la levée d'aides pour leur subsistance.

Lesdits sieurs de Matignon et de Canisy, avant que de partir de Paris, saluèrent le Roy et M. le Cardinal. On dict que lorsque M. de Matignon prit congé du Roy, Sa Majesté luy dict qu'il allast faire sa charge et qu'il oublioit le passé. Que M. de Matignon répliqua qu'il supplioit trez humblement Sa Majesté de ne pas l'oublier, et qu'il l'avoit tousjours très fidèlement servy. Il

---

[1] Gaspard de Coligny, IIe du nom, comte de Saligny. On peut voir dans les mémoires de son fils, publiés par la Société de l'Histoire de France en 1864, comment il s'acquitta de sa mission. P. 9 et suivantes.

avait espousé la tante de M. le duc de Longueville¹, lequel en sa faveur avait escript au Roy et à M. le Cardinal.

Environ ce mesme temps, le sieur d'Avaugour, sieur du Bois, fut à Rouen prendre possession de la charge de sergent major dont il avait été pourveu un mois auparavant, mais comme il voulut estre payé de 2,400 fr. de gages et du logement attribué à sa charge, les commissaires administrateurs de l'Hostel de Ville en firent refus parce qu'il n'estoit porteur que d'une lettre de cachet. Il revint donc à Paris pour en prendre attribution en meilleure forme.

On dit que M. de Boesle, maître des comptes, l'un des capitaines des bourgeois de Rouen, lorsque ledict sieur d'Avaugour prit possession de sa charge, luy représenta que jamais le Roy n'avoit establie de sergent major dans Rouen. Qu'il y en avoit un, lorsque ceux de la religion P. R. s'emparèrent de la ville, et un autre lorsque la Ligue s'en saisit contre le service du Roy, toutesfois qu'ils estoient prests d'obéir au service du Roy.

Le sieur de Bigars, sieur de la Londe², en estoit

---

¹ Cette observation de Bigot nous permet de rectifier notre note de la page 10, en ce sens que nous avons attribué à François de Matignon, ce qui s'appliquait à son père, Jacques de Matignon, qui en effet, marié en 1596, à Eléonore d'Orléans, fille de Leonor d'Orléans, duc de Longueville et de Marie de Bourbon-Estouteville, ne mourut que le 8 juin 1648.

² Antoine de Bigars, seigneur de la Londe. Il a laissé des mémoires manuscrits actuellement déposés à la Bibliothèque Nationale. Fonds S. Magloire, manuscrits, vol. 10, p. 511. Nous avons eu l'occasion d'y faire quelques emprunts dans notre *Histoire de la Ligue en Normandie*.

sergent major; mais le Roy, ayant remis la ville en son obéissance, supprima cette charge et dit on que, s'il y en establissoit un de haute condition, il anéantiroit l'authorité du Parlement et d'ailleurs qu'un homme de cette qualité ne voudroit pas, en temps de paix, s'arrester en la ville; qu'un de moindre qualité seroit mesprisé du peuple et n'auroit pas assez d'authorité pour le retenir en l'obéissance du Roy.

Environ l'an 1620, M. de Longueville fit faire le serment de sergent major au sieur de Bauquemare [1], capitaine du Vieil Palais, mais les capitaines des Bourgeois ne voulurent pas le recongnoistre et supplièrent M. de Longueville, en cas qu'il voulut l'establir en cette qualité, de les dispenser de continuer la fonction de leurs charges, de sorte que le sieur de Bauquemare n'en a fait aucune fonction. Il décéda environ au mois de novembre 1639.

Depuis l'interdiction du Parlement, on trouva à propos d'y envoyer le sieur d'Avaugour, gentilhomme breton, tant pour contenir la ville au service du Roy pendant l'intervalle de nostre interdiction, que pour aucunement punir le Parlement et lui éclipser cette portion de son authorité. Il visita tous MM. les présidents du Parlement de Rouen, dez qu'il fut pourveu de cette charge et jusques à présent s'est comporté fort civilement envers les personnes de condition.

[1] Ce doit être Jean de Bauquemare, sieur de Vitot, marié à Barbe le Roux du Bourgtheroulde, second fils de Jacques de Bauquemare, sieur du Mesnil, président aux Requêtes et gouverneur du Vieil-Palais. Il fut inhumé aux Cordeliers, avec Marie Goupil, sa femme. (V. Farin.)

Incontinent aprez Quasimodo, MM. les commissaires tenans le Parlement de Rouen, se plaignans de ce qu'ils n'avoient receu qu'un mois de leurs gages, M. le P. Seguier envoya pour cet effet à Paris le Lombard, son secrétaire, lequel, aprez quelques semaines, obtint arrest du Conseil par lequel il fut dict que le fonds des gages des officiers du Parlement, court des Aides et thrésoriers de France à Rouen, laissé en l'estat du Roy de l'an 1639, seroit porté à l'espargne, et incontinent fut donné un autre arrest du Conseil par lequel il fut dict que, des services de l'espargne, il leur seroit payé 3 mois de leurs gages, ce qui a été faict. Il est aisé à juger ce qu'on en a dict et pensé.

Un peu aprez, M. d'Argence, trésorier de France, ayant esté arresté, ainsi que nous l'avons dict, il demanda qu'on eut à prendre les gages de l'an 1639 en payement, mais M. de Tubeuf, intendant des finances, luy dict qu'il ne debvoit point l'espérer.

Dez que le Roy fut party, on creut qu'il estoit à propos d'aller recevoir des ordres de M. le Chancelier. MM. les présidents de Grémonville, d'Amfreville, de Franquetot, furent, dèz le lundy après midy, avec plusieurs de MM. les conseillers pour le prier d'aller pour cet effet, mais il n'y voulut point aller et dict qu'il falloit attendre que M. le Chancelier nous les envoyat, et qu'on guastoit nos affaires pour les trop presser.

Le mardy 1er jour de may, plusieurs d'entr'eux retournèrent chez luy, mais ils ne le trouvèrent non plus disposé, mesme, sur ce que quelqu'un d'entr'eux l'en pria plus qu'il ne vouloit, ils eurent quelques paroles ensemble.

L'aprez midy, je fus chez M. de Grémonville où plusieurs de MM. du Parlement de Rouen se rencontrèrent. Là il fut arresté que le lendemain, à 8 heures du matin, nous irions derechef chez M. le P. P. pour le prier d'aller chez M. le Chancelier et que, s'il refusoit d'y aller, nous députerions deux autres présidents et quelques conseillers pour cet effet.

Le mercredy 2 de may, estant allez en bon nombre chez M. le P. P., il nous allégua les mesmes difficultez sur lesquelles il s'estoit fondé les jours précédents, pour n'y point aller ; mais enfin voyans que, s'il refusoit d'y aller, d'autres de la compagnie iroient au nom du corps, il se résolut d'y aller. Il fut donc chez M. le Chancelier sur les 10 heures et demie avec M. le P. de Grémonville et MM. Le Brun, de Benneville et M. de Fresnelles et un autre de messieurs. Ils estoient résolus de l'asseurer que tous MM., aussitost qu'ils avoient eu advis de sa volonté, estoient revenus à Paris, mais M. le Chancelier estoit avec le sieur de Bautru et les remit à l'issue de son disner.

Y estans donc retournez le mesme jour, sur les deux heures aprez midy, avant que M. le P. P. eut loisir de leur parler, il le prévint et luy dit ces mots : Vous sçavez que par lettres patentes, vous avez esté mis à la suite de la Court, on a jugé à propos de faire expédier des lettres de cachet adressantes à vous, Monsieur (parlant à M. le P. P.); vous irez chez M. de la Vrillière qui vous les baillera pour les communiquer à vostre Compagnie. Et à l'instant, M. le Chancelier s'avança et les conduisit jusqu'à la porte donnant à son escalier. Il leur a tousjours (ou presque toujours) rendu le mesme honneur, lorsqu'ils ont esté chez luy, les ayant conduits jusques à la porte du dernier des appartements estans du plein pied du lieu où il les avoit receus.

De là MM. nos députez furent chez M. de la Vrillière qu'ils ne trouvèrent point chez luy, non plus le soir. Le lendemain, 3 de may, à son lever ils le saluèrent, et il leur dict qu'il n'avoit point encore receu les ordres du Roy, touchant la lettre de cachet qu'il nous debvoit bailler et qu'il nous l'envoyeroit, aussitost qu'il les auroit receus. On dict dès lors que le soir précédent son secrétaire avoit faict voir cette lettre expédiée et qu'elle ne contenoit autre chose qu'une permission de se retirer aux maisons des champs. M. de la Vrillière dict à nos députez qu'il iroit en Court recevoir les ordres du Roy dans trois ou quatre jours.

Pour MM. de la court des Aides, n'ayant point eu commandement de M. le Chancelier d'attendre aucune lettre de cachet, ils creurent dez lors pouvoir se retirer de Paris et M. le P. des Hameaux les asseuroit qu'ils le pouvoient faire et qu'il ne leur seroit baillé aucune lettre de cachet et qu'ils n'avoient point besoin d'en attendre. Mesmes on dict que M. le Chancelier, sur ce qu'il luy demanda permission pour quelqu'un de la court des Aides de se retirer en Normandie, dict qu'il n'estoit point besoin de permission. Ainsi presque tous les officiers de la court des Aides se retirèrent à la fin de cette semaine ou au commencement de la suivante.

Aussy M. de la Vrillière, sur la fin de cette semaine, dict à M. Bouchart et à quelques autres qu'ils pouvoient se retirer sur sa parole. M. Lamy obtint congé de M. le Chancelier par une lettre de M. de Noyers qu'il en fit prier par le sieur de Rames Martel[1]. Quelques autres eurent semblables permissions verbales.

Environ ce temps mourut à Rouen le sieur Arondel, avocat, de regret du procez[2] faict au sieur de Mouy sieur de Richebourg, son présomptif héritier, dont nous avons cy dessus parlé.

MM. de la Chambre des comptes de Rouen, veu l'estat de la ville, arrestèrent de ne point faire de festin ni d'assemblée le jour de l'Ascension. Ceux du Chapitre n'en firent pas de mesme.

Au reste, M. de la Vrillière estant encore à Paris aprez le temps qu'il avoit dict à nos députez qu'il iroit en Court, il fut souvent visité par MM. les présidents de Grémonville, de Franquetot et Turgot et autres du Parlement pour le prier de partir et mettre fin à nos affaires. Ils parloient en général au nom du Parlement, et luy s'excusoit d'avoir affaires importantes qui le retenoient à Paris pour peu de temps.

J'avais visité M. de la Vrillière lorsqu'il fut de retour

---

[1] Ce doit être Henry Martel, sieur de Rames, puis de Basqueville, conseiller du roi en ses conseils, maître de la garde-robe et premier chambellan de Monsieur, frère du roi Louis XIII.

[2] V. à cet égard Floquet, *Hist. du Parlement de Normandie*, t. V, p. 21.

à Paris, de son voyage de Normandie, j'y retournay le mardy 8 de may, sçachant qu'il estoit prest d'aller en Court. Il estoit en la chambre ou cabinet qui est au bout de sa grande sale basse, chez M. d'Emery son beau père. Je luy dis seulement que, sçachant qu'il estoit prest de partir de Paris, j'estois venu l'asseurer de mon trez humble service et le supplier de m'honorer de ses commandemens. Il me dict qu'il s'en iroit en Court le plus tost qu'il lui seroit possible et que la première affaire qu'il y feroit seroit celle du Parlement de Rouen, aux officiers duquel il souhaitoit avec passion de rendre service, et en général et en particulier. Je le suppliay de continuer cette bonne volonté qu'il nous avoit tousjours tesmoignée pour nostre Compagnie et de me croire son trez humble serviteur et je me retiray. Il me suivit jusques à la porte de la rue, comme il a tousjours faict lorsque je l'ai visité.

Proche de laquelle porte nous rencontrasmes en sa court M. le P. de Grémonville avec MM. de Fresquiennes et de Fresnelles, qui venoient presser M. de la Vrillière d'avancer nostre congé. M. de Grémonville luy dict qu'il le supplioit de nous faire délivrer les ordres du Roy. M. de la Vrillière luy dict qu'il seroit le plus tost qu'il luy seroit possible et que, cessant des affaires trez importantes, il seroit desjà allé en Court pour recevoir les ordres du Roy, touchant la lettre qu'il nous debvoit délivrer et que peu de jours ne nous estoient pas fort considérables. M. de Grémonville luy répliqua, qu'aprez quatre mois qu'il y avoit que nous estions à Paris, toute remise nous estoit difficile à souffrir et au reste qu'il ne s'agissoit que d'une formalité de nous délivrer une lettre pour nostre congé, qui estoit desjà arresté. M. de la Vrillière luy dict que ceux qui l'avoient asseuré qu'il fut arresté n'en estoient pas bien informez et qu'il y avoit une grande disposition, mais qu'il n'estoit pas encore arresté; qu'il iroit le plus tost possible pour en recevoir les ordres dont M. de Grémonville le pria derechef.

L'aprez midy du mesme jour, M. de la Vrillière se donna la peine de me visiter en la maison où j'estois logé. Je pense qu'il fit la mesme chose à tous MM. les autres présidens du Parlement.

Il estoit advenu que quelques jours auparavant, M. le P. de Criqueville l'ayant visité, il luy dict qu'aussytost qu'il seroit en Court il feroit expédier la lettre de cachet et l'envoyeroit chez nostre P. P., ce que M. le P. de Criqueville dict chez M. le Chancelier, où il fut au sortir du logis de M. de la Vrillière. M. le Chancelier dict que la lettre luy seroit envoyée et non à M. le P. P., ce que nous craignions qui ne donnast lieu à quelque nouvelle remise. Mais il en arriva autrement.

Au reste, jusques à ce jour 8e de may, M. le Chancelier refusa le congé de se retirer à MM. les présidents de Grémonville et de Criqueville et à plusieurs autres.

Mais, le mercredy 9 de may, M. de Grémonville, maistre des requestes et intendant de la Justice en l'armée de M. de Chastillon, disnant chez M. le Chancelier, il luy demanda si M. son père s'estoit pas retiré en Normandie, lequel lui dict que non et qu'il n'avoit voulu se retirer que avec son congé. M. le Chancelier répliqua qu'il pouvoit se retirer quand il voudroit, et le lendemain ou le vendredy 11 de may, M. le Chancelier luy demanda derechef si M. son père s'estoit pas retiré, et luy dict qu'il pouvoit, sur sa parole, s'en aller quand il voudroit.

Le lundy 14 de may, M. le P. de Criqueville fut chez M. le Chancelier avec MM. Dery, de Couronne et de Sainte Hélène pour obtenir pour luy et pour eux permission de se retirer. M. le Chancelier luy dict que pour luy il pourroit se retirer mais non les autres et qu'il ne donnoit cette permission qu'à ses alliez. Duquel refus M. de Criqueville fut plus mescontent que de ce qu'on luy accordoit, d'autant qu'il souhaitoit plus tost ce congé pour les autres que pour luy, que ses affaires retenaient encor pour quelque temps à Paris.

Le samedy 12 (ou environ), MM. les présidents d'Amfreville et de Franquetot, M. Le Brun et plusieurs autres de MM. du Parlement, prièrent M. le P. de Grémonville de rester encore quelque temps à Paris pour l'intérest général de la Compagnie, veu la difficulté qu'il y avoit de faire avec M. le P. P., qui augmenteroit aprez que M. le P. de Grémonville, auquel il déféroit plus qu'aux autres, seroit en Normandie. Ce qu'il leur promit d'autant plus facilement qu'il luy restoit encore à Paris quelques affaires domestiques.

Enfin le mardy 15e jour de may M. de la Vrillière

partit de Paris et alla coucher à Nanteuil et de là en court, à Soissons ; il alloit avec le sieur d'Emery son beau père et le sieur Mazarin.

M. Bigot de Sommesnil partit de Paris le mercredy 16 de may et arriva le lendemain à Mouflaines et le vendredy prez Rouen. Il ne restoit plus presque aucun conseiller de la Court des Aides à Paris, mais M. le P. des Hameaux y a encore esté quelque temps, et de là a esté à Villette et a séjourné fort peu en ses terres de Caux.

Cependant plusieurs du Parlement, auquel il ennuyoit de ce que M. de la Vrillière n'envoyoit point la lettre de cachet qu'il avoit promis, employoient leurs amis pour, en particulier, obtenir congé, ce que peu obtindrent. Pour moy je ne l'ay jamais demandé n'y faict demander, quoyqu'on m'eut offert de me le faire obtenir.

Le vendredy 18 may (ou le lendemain), M. le P. de Grémonville et M. de Frenelles et Sonin partirent de Paris et s'en allèrent en Normandie.

Le samedy matin, 19 de may, arriva à Paris le courrier qui apportoit les lettres pour le congé du parlement et Court des Aides de Rouen ; le paquet du Parlement fut porté chez M. le P. P. et celuy de la court des Aides à M. le P. des Hameaux qui le mesme jour en donna advis à si peu qu'il restoit à Paris de conseillers de la court des Aides.

Mais pour celui du Parlement, un laquais de M. de Ris, maistre des requestes fils de M. le P. P. le mit sur un buffet, où il demeura oublié jusques au lendemain au soir, ce qui donna beaucoup de diverses pensées et inquiétudes aux officiers du Parlement.

Le dimanche au matin, 20 de may, se trouvèrent chez M. le P. P. MM. les Présidens d'Amfreville, Turgot, de Franquetot et moy et presque tout ce qu'il y avoit de conseillers, pour adviser ce qu'on feroit pour avoir permission de se retirer. M. le P. P. ne pouvoit se résoudre qu'avec peine d'aller chez M. le Chancelier, luy estant indifférent de se retirer de Paris. Toutefois il envoya Portanier, son secrétaire, pour savoir à quelle heure on pourroit voir M. le Chancelier.

Cependant quelques uns disoient avoir ouy dire à M. des Hameaux qu'il y avoit eu pareille expédition pour MM. du Parlement que pour MM. de la court des Aides. Mais on s'imaginoit que M. de la Vrillière, pour gratifier M. des Hameaux, mary de sa cousine germaine [1], auroit plus promptement expédié ou envoyé le paquet de la cour des Aides, ou que M. le Chancelier se seroit fait expédier le paquet du Parlement et différeroit encore quelque temps à l'envoyer. Mais tous ces doutes furent dissipez, le mesme matin, car Portanier en fit plus qu'on ne l'avoit chargé. Il parla à M. le Chancelier et le supplia au nom de M. le P. P. de luy dire si il avoit quelque paquet du Roy pour MM. du Parlement, lequel luy dist que non, mais qu'il croyoit qu'il avoit esté envoyé, et qu'il faloit que le courier l'eut esgaré et ajouta en riant que M. de la

---

[1] Susanne Ardier, sa femme, était fille de N. Ardier, sieur de Beauregard, trésorier de l'Épargne, et de N. Phelypeaux.

Vrillière luy mandoit qu'il avoit faict expédier et envoyé la lettre par laquelle il leur estoit permis de se retirer en Normandie. Le sieur Rouillé, receveur général des tailles, estoit lors présent à ce discours, lequel revint chez M. le P. P. avec Portanier et nous dict que nous ne debvions nullement doubter que nous n'eussions liberté de nous retirer, ce qui fut dit au sieur de Meullers, qui estoit venu faire les excuses de l'indisposition de son père, lequel s'en retourna dez le mesme jour où le lendemain au matin en Normandie.

Le dimanche au soir fut retrouvé le paquet du Roy qui avoit esté porté chez M. le P. P., dont il donna advis à plusieurs de MM. du Parlement, lesquels se trouvèrent chez luy le lendemain à sept heures et demie.

Il avoit esté arresté dez le dimanche au matin que, le lendemain 21 de may, nos députez iroient chez M. le Chancelier pour le remercier et entendre plus précisément de sa bouche la volonté du Roy.

De sorte que le lundy, 21 de may, j'allay sur les 9 heures du matin chez M. le P. P., ne sachant point encore que ce paquet eut esté trouvé, à dessein seulement de sçavoir ce qu'on avoit appris de la bouche de M. le Chancelier. Mais je trouvay MM. les présidents et conseillers assemblez au nombre de 30 ou environ, lesquelz, après avoir faict lecture du paquet des lettres du Roy et de celle de M. de la Vrillière adressées à M. le P. P. délibéroient *per vota* ce qu'ils avoient à faire.

L'inscription du paquet dans lequel estoit la lettre

du Roy et celle de M. de la Vrillière, estoit à M. de Frainville, conseiller en mes conseils et premier président en ma court du Parlement de Rouen, et d'une main, en escriture plus menue, on avoit adjousté ces mots (de présent interdit).

L'inscription de la lettre du Roy et de celle de M. de la Vrillière estoient semblables et ces mots (de présent interdit) n'y estoient point, ce qui monstre qu'ils avoient esté adjoustez à l'enveloppe depuis le paquet baillé par M. de la Vrillière.

La lettre du Roy estoit en ces termes : Nostre amé et féal, ayant par nos lettres patentes interdit nostre court de parlement de Rouen et faict commandement aux officiers d'icelle de se rendre à notre suite, à quoy ils ont obéy, nous vous faisons celle cy pour vous dire que nous consentons qu'ils se retirent en leurs maisons des champs, sans qu'ils puissent entrer en ladicte ville de Rouen sans nostre permission, ce que vous leur ferez scavoir. Donné à Soissons, le 16ᵉ jour de may 1640. Signé : Louis, [et plus bas] Phelypeaux.

Celle de M. de la Vrillière portoit qu'aussy tost qu'il estoit arrivé prez de Sa Majesté, il avoit faict expédier cette lettre. Le reste estoient paroles de civilité.

Les lettres portées à M. le P. des Hameaux estoient semblables en substance et ainsi on voit combien peu de fondement il y avoit en l'opinion de ceux qui croyoient qu'on deust traiter diversement le Parlement et la court des Aides.

M. le P. P. disoit que, puisque par ces lettres on continuoit de luy donner la qualité de P. P. du Parlement de Rouen, cela ostoit tout subject de croire qu'on eût dessein de le despouiller de sa charge.

Aprez la lecture de ces lettres, tous MM. furent d'advis qu'on allast présentement chez M. le Chancelier, pour le remercier, prendre congé de luy et le supplier de continuer sa protection à la compagnie.

Au surplus, on délibéra *per vota* si on chargeroit quelques uns de MM. les présidents et conseillers de solliciter le restablissement du Parlement. Tous MM. les conseillers avoient desjà opiné, lorsque j'entray, réservé un ou deux des anciens, ce qui fit que je ne voulus opiner et dis que je suivrais la résolution de la Compagnie.

On trouva que, n'ayant plus de pouvoir d'assembler en corps, nous ne pouvions faire des députez, mais bien prier quelques uns de la Compagnie, que leurs affaires particulières obligeroient d'estre à Paris, de prendre soin de celle du Parlement, non pas à présent, mais aprez que le Roy et Mgr le cardinal seroient de retour à Paris ou aux environs.

M. le P. de Criqueville dict que volontiers il s'y employeroit avec M. le P. P., au refus de M. le P. de Grémonville qu'il dict qu'on en debvoit prier. Il pria aussy M. le P. d'Amfreville de s'y employer, lequel s'en excusa. On asseura que M. de Fresquiennes (qui n'estoit point lors chez M. le P. P.) accepteroit volontiers cette commission. M. de Bonissent dit aussy qu'il y serviroit volontiers la Compagnie.

Ce faict, M. le P. P. et MM. les présidents d'Amfreville, Turgot et de Franquetot, MM. Le Brun, de

Benneville, de Martigny, président aux requestes, et de Bonissent, conseiller, furent chez M. le Chancelier. Le reste de MM. se retira chacun chez soy.

M. le Chancelier leur fit meilleur visage qu'il n'avait encore faict, depuis son retour à Paris, et leur dict qu'aprez cette grâce qu'ils recevoient, ils en debvoient espérer une autre. M. le P. P. luy demanda si il auroit pas agréable que MM. en particulier vinsent prendre congé de luy. Il dict que ceux qui avoient voulu venir chez luy y avoient toujours esté les bien venus et le seroient toujours.

M. de Martigny, selon son humeur ordinaire, luy fit plusieurs questions; il luy demanda s'il luy seroit permis d'aller à Rouen solliciter son procez. M. le Chancelier respondit qu'il debvoit en demander la permission au Roy. Il répliqua qu'il représentoit le Roy et lui en pouvoit donner la permission. M. le Chancelier respondit qu'il n'en donnoit point et qu'il falloit s'adresser à M. de la Vrillière. M. de Martigny continua de lui demander si au moins on pouvoit pas aller dans les fauxbourgs. M. le Chancelier lui dict en souriant : Vous en userez comme vous le jugerez à propos. M. le Chancelier ne luy parla point de ce qu'il s'estoit retiré à Rouen sans congé et nonobstant le refus qui lui en avoit été faict.

Le mesme jour, plusieurs de MM. du Parlement de Rouen se retirèrent de Paris en Normandie, mais plus grand nombre le mardy 22 et presque tout le monde le mercredy 23 de may. Tous les présidents prirent congé de M. le Chancelier avant que de partir; mais peu de conseillers le visitèrent. J'y fus le mercredy au matin, avant le conseil, et partis de Paris l'aprez midy, et vins coucher à Poissy, le lendemain à Ecouis, et le vendredy 25 de may, je disnai prez Rouen, où je fus jusques au lundy 28 de mai, auquel jour j'allai coucher en ma maison d'Arques, d'où je partis le mardy 4e jour de juin et vins coucher au Petit Quevilly, où j'ai depuis presque toujours resté.

MM. de Courvaudon furent à Soissons, où ils eurent permission verbale de rester dans Rouen pour poursuivre un procez qu'ils ont aux requestes du palais contre M. le président de Franquetot, leur beaufrère, de laquelle permission ils ont pleinement usé. M. Desmarest y a séjourné librement aussy bien que M. de la Mote-Labé. Je ne scais quelle permission ils en ont eue. Plusieurs autres y ont esté, la pluspart dans un carosse, un rideau devant eux. M. Damiens y a aussy esté quelquefois, en ayant eu permission pendant sa maladie.

M. le P. de Grémonville estant revenu de Paris devant les autres fut quelque temps aux Marettes prez Rouen et, ayant envoyé ses excuses à M. le P. Séguier (parent de sa belle fille) de ce qu'il ne le visitoit, à cause des deffenses du Roy, M. le P. Séguier lui fit dire qu'il ne debvoit faire difficulté d'entrer à Rouen quand il le voudroit; en suite de quoy il fut chez M. le P. Séguier, qui le revisita. Il est depuis allé à la Cour.

M. le P. de Criqueville revint de Paris environ la Saint Barnabé et eut permission d'entrer à Rouen 8 ou 15 jours pour vaquer à ses affaires domestiques, pendant lequel temps il allait par les rues en court habit et quelquefois à pied. Il est depuis allé en ses terres de Basse Normendie et loue maison à Paris.

MM. les présidents d'Amfreville et Turgot n'ont point, comme je crois, esté à Rouen, non plus que M. le président de Franquetot, qui a esté quelque temps au Petit Quevilly, chez le sieur de la Rivière Lesdo, avocat. Tous trois sont incontinent passez en leur terre de Basse Normendie.

Pour ceux qui estoient restez à Rouen, à cause de leur indisposition, ils alloient par les rues, les uns en soutane et long manteau et les autres en court habit.

# APPENDICE

AU

## CHAPITRE DERNIER[1].

---

MM. les Commissaires tenans le Parlement travailloient à vider les affaires des parties, ne manquans point d'employ, aussy 15 conseillers estoient chargez de ce que plus de 60 debvoient faire.

Ce fut aussy en ce temps qu'on délibéra en l'hostel de ville des moyens de fournir la somme de 36 mil livres demandée pour la subsistance des troupes du comte de Saligny. On avoit desjà mis tous les imposts imaginables sur ce qui se consomme dans la ville, et les marchans empeschèrent qu'on ne mit impost sur les toiles ou autres denrées qui ne se consumoient pas dans Rouen.

Aucuns proposèrent qu'on envoyast à Paris pour obtenir descharge ou diminution de cette somme; que ceux de Caen avoient obtenu modération de pareille demande à eux faicte, mais cet advis ne fut pas suivy. Les bourgeois craignoient que, pendant ce délay, les trouppes du

---

[1] L'obligation où nous nous sommes trouvé de maintenir la publication dans les limites fixées par la Société de l'Histoire de Normandie, nous a contraint à arrêter le récit sur l'indication d'un fait qui parût servir d'épilogue, et le seul qui présentât ici ce caractère était le retour en Normandie des officiers exilés à Paris. Toutefois, la II⁰ partie du manuscrit de Bigot contenait encore quelques pages à la suite de celles qui forment la matière du dernier chapitre; elles offraient de l'intérêt, nous avons cru devoir les ajouter ici sous forme d'appendice.

C. de Saligny ne vinsent loger en leur ville et aussy ne vouloient faire la despense de la députation qu'ils croyoient ne debvoir rien produire à leur avantage.

Ainsy on proposa et fut trouvé à propos de faire payer ce qui restoit deub des capitations de l'année précédente, qui montoit un peu plus que la somme demandée. De ce nombre estoient les paroisses de S. Vivien et S. Nicaise, les advocats et procureurs et quoy [que] ces derniers eussent voulu l'année précédente se dire exempts et que celle cy ils alléguassent les taxes que le Roy leur avoit faict payer, et voulussent faire pitié par la représentation de leur misère, néantmoins ils furent obligez de payer.

Un peu avant nostre retour en Normendie, les imposts de nouveau establis furent adjugez, à scavoir ceux du pied fourché à 92 mil livres, et celuy de l'entrée des boissons à 110 mil livres ; je n'ay point sceu le prix des autres adjudications.

Aussy, peu aprez notre retour, le sieur Pouchet fut député pour aller à Paris conférer avec le sieur Galand, secrétaire du conseil, touchant l'estat envoyé pour le payement des rentes passans par les mains de la ville. Il croyoit avoir obtenu quelque chose pour en avancer le payement, mais, aussi tost qu'il fut revenu en Normendie, les ordres furent changez.

Quelque temps avant nostre retour en Normendie on fit commandement aux bourgeois désarmez d'acheter des armes à peine d'amende. On congneut bien que, s'il survenoit une sédition, ce désarmement seroit cause que les capitaines seroient peu accompagnez. Les bourgeois, faschez de la honte et perte receue au désarmement, se portèrent un peu pesamment à obéir à cet ordre, mais enfin, leurs capitaines ayant eu commandement de faire la liste de ceux qui n'y auroient obéy, l'ordre a esté exécuté.

Sur la fin du mois de juin, le sieur du Bois d'Avaugour,

sergent major, commencea à faire la reveue des bourgeois. Il les faisoit passer devant le logis de M. le P. Seguier où ils faisoient une descharge de leurs mousquets, ce qui se continue encor. Il a aussy tasché de leur faire apprendre à faire des armes gratuitement, mais cela a eu peu de suite.

Aussy un peu avant nostre retour, il y eut lettres du Roy aux Commissaires tenans le Parlement, Chambre des Comptes et autres Compagnies pour chanter un Te Deum à cause de la victoire de Casal.

MM. des Comptes firent demander à MM. les Commissaires tenans le Parlement comme ils se comporteroient ensemble en ce rencontre, lesquels dirent qu'ils en useroient, comme le Parlement de Rouen avoit accoustumé à en user, ce que MM. des Comptes accordèrent. De sorte que, aprez que MM. les Commissaires allèrent à Notre Dame, messieurs des Comptes les suivirent. MM. les Commissaires prirent les chaires hautes des deux costés du cœur et laissèrent seulement les dix des mesmes chaires du costé gauche à MM. des Comptes, qui firent leur protestation à M. Crespin en la façon ordinaire. Il occupoit la première place du costé gauche[1].

---

[1] A la p. 68 de son manuscrit, Bigot a inséré une note ainsi conçue :
Le lundy 21. de may, lecture des lettres de cachet sur la victoire de Casal données à Soissons le 16 dudict mois.

Le lendemain ledict sieur de Grainville (?) fut présent au bureau et exposa les prétentions de MM. des Comptes demandant, veu le petit nombre de MM. les commissaires, qu'ils se contentassent du costé droict au cœur de Notre Dame. A quoy fut dict par M. le P. Seguier que, pour la suspension de MM. du Parlement de Rouen, ils sont obligez de maintenir leurs possessions et prioit MM. des Comptes de ne rien exiger d'eux au préjudice des absens.

Et néantmoins l'aprez midy il demeura à MM. des Comptes 16 chaires du costé gauche, MM. les commissaires n'ayant pu en remplir davantage.

M. le P. Seguier n'avoit ny marteau ny mortier.

Est à noter que tous MM. les Commissaires se firent porter leurs queues par les rues, ce qu'ils ne font pas à Paris.

Le mesme ordre a esté gardé au Te Deum pour la prise d'Arras ainsy que nous dirons cy aprez.

Dez le mois de febvrier, M. Godard, sieur de Braquetuit, conseiller clerc au Parlement, tomba malade d'une débilité d'estomac et mourut en juillet 1640, sans avoir asseuré son office, ny payé le droict annuel, ny aussy disposé de ses bénéfices. Il estoit trésorier et chanoine de Notre Dame de Rouen. Il fut inhumé aux Pénitens de Rouen. Jusques à présent on n'a pu faire taxer son office aux parties casuelles, non plus que ceux de MM. Le Doux et de Galentine, aussi morts en perte d'office. MM. les Surintendans ayant tesmoigné en vouloir remettre la taxe, aprez que le Parlement seroit restably, à dessein de trouver qui en offre davantage.

Ce deceds a obligé le sieur du Becquet, lieutenant général, son frère, à prendre congé de venir en Normendie pour vaquer aux affaires de la succession et y est venu au commencement du mois d'aoust, ayant séjourné dans Rouen, sans néantmoins s'y faire voir que par nécessité. Il avoit resté quelque temps aprez nous, espérant obtenir son restablissement en l'exercice de sa charge, mais enfin on luy a mandé que cela ne pouvoit estre ; qu'on traiteroit des affaires des autres Compagnies remises à délibérer aprez la prise d'Arras ou plus tost aprez la campagne.

Ce siége donna lieu de faire dans Rouen des prières publiques de 40 heures, desquelles M. l'Archevesque ne donna les stations que aux paroisses, estant desjà un différent entre luy et les religieux, à cause d'un nouveau manuel, auquel ayant excommunié ceux qui manqueroient d'aller par trois Dimanches continuels à leurs messes paroissiales sans excuse légitime et ceux qui les dissuaderoient d'y aller, il se fit par les Jésuites, dans Notre Dame, divers sermons pleins d'aigreur dont l'official informa contre le P. Pannier qui avoit presché à Saint Ouen, lequel se pourveut devant les Commissaires tenans le Parlement, qui renvoyèrent les parties au Conseil et leur firent deffenses de prescher ny escrire les uns contre les autres. Le P. Castillon aussy fit un sermon sur ce subject dans les Jésuites.

Aussy le 12 d'aoust la procession générale, qu'on a accoustumé de faire pour la réduction de Normendie, ne fut pas faicte de Notre Dame à Saint Ouen selon l'ordinaire mais à Saint Eloy, dont les religieux de Saint Ouen monstrèrent de ne se point soucier.

Aprez la prise d'Arras qui fut le 10 d'aoust, on fut quelques jours sans chanter le Te Deum. On dict que les lettres du Roy en estoient desjà venues à MM. des Compagnies, mais non encor à M. l'Archevesque, ce qui fut cause qu'il fut seulement chanté quelques jours aprez la feste de l'Assumption, quoique desjà il eut esté chanté à Dieppe et autres villes de la province.

A ce Te Deum MM. les Commissaires tenans le Parlement et MM. de la Chambre des Comptes assistèrent en la mesme forme, qu'ils avoient faict à celuy chanté pour le secours de Casal. Lesdits sieurs Commissaires furent aussy en robes rouges à la procession générale du jour de l'Assumption, mais MM. des Comptes ne s'y trouvèrent.

A touttes ces cérémonies le sergeant major n'assista, comme n'y ayant aucun rang certain, mais seulement pouvoir de commander les bourgeois estans en armes. Il leur a jusques à présent faict faire l'exercice tous les dimanches.

A la feste de la Pentecoste, M. le P. Seguier estant allé à Paris (il avoit feint d'aller au Havre et dit on qu'à

Paris qu'il conféra du traité de l'office de P. P.), pendant son absence, le sergeant major donna l'ordre en la ville, MM. les autres commissaires estant peu instruits de la conséquence de telles choses, et peu envieux d'en conserver les possessions, ne pensant à la mode de Paris qu'à vider leur procez.

Il s'est logé d'abord au Vieil Palais, mais depuis il s'est logé en maison bourgeoise prez le quay. Un jour il manda Osmont, capitaine des harquebusiers, pour l'appointer avec Daubin, autre officier des dites trouppes. Osmont refusa d'y aller et respondit arrogamment. Le sergeant major luy donna quelque coup de canne dont les bourgeois murmurèrent.

D'ailleurs le 23 de juillet, le feu ayant pris en deux maisons du quartier de Saint Martin du Pont, le sergent major y assista et y passa la nuit d'entre le 23 et le 24 dudit mois, et y donna si bon ordre que cela le mit en estime d'homme de commandement et de probité. Ainsi peu de chose establit ou ruine la réputation.

Les sieurs Druel et Eschart ont fait un second voyage à Paris pour l'interest de ceux qui ont des rentes sur le Roy, et en sont revenus au commencement de septembre et peu aprez y sont retournez. Jusques à présent ils ont peu avancé.

Le vendredy 22 juin, au rapport de M. ...... fut vérifié, tant par les commissaires tenans le Parlement que la Chambre des Comptes, le don faict par le Roy à M. le Chancelier des terres vaines et vagues des bailliages de Caen, Costentin et Mortain, dépendant du domaine du Roy, par lettres données à Chantilly au mois de mai, dans les vicomtés de Caen, Bayeux, Falaise, Coustances et Avranches.

Le 25 juin, ordonné de venir plaider sur les oppositions mises à l'édict attributif de touttes ventes et inventaires aux sergents priseurs vendeurs du bailliage de Rouen. M. le Président Seguier s'en excusa et M. Crespin y présida et fut vérifié par lesdits sieurs commissaires sans modification, et peu de jours aprez par MM. des Comptes, au rapport de M. de Boesle, sauf le droit d'autruy et à la charge d'en payer au Roy 6 deniers de rente pour acre.

Environ la mi aoust le sieur du Becquet, Lieutenant général, vint à Rouen et y est encore de présent (17 septembre). Il alla le samedy 15 de septembre à Grémonville.

A son induction, je fus à Grémonville le dimanche 26 d'aoust 1640, et conféray avec M. le P. de Grémonville des affaires de nostre Compagnie, qui me fit voir lettres de M. son fils qui en avoit parlé à M. le C. de Guiche aprez la prise d'Arras, qui lui avoit dit qu'il falloit attendre la fin de la campagne.

Le 15 aoust, MM. les Commissaires furent à Notre Dame en procession en robes rouges, MM. des Comptes n'y furent pas.

Le 18, lettres de cachet pour la prise d'Arras, dont le Te Deum fut chanté le lendemain.

Le jeudy 23 d'aoust, MM. les Commissaires tenans le Parlement finirent la séance ordinaire de leur Compagnie et arrestèrent de tenir Chambre des vacations, et ils résolurent néantmoins de ne se point rassembler jusqu'à ce jour de lundy 17 de septembre 1640, et quittèrent tous la ville où le sergent major est resté.

Le sieur de la Vigerie, lieutenant soubs M. le C. de Guiche au chasteau du Viel Palais, est mort de fiebvre à Amiens au commencement du mois de septembre.

Dès le mois d'aoust, plusieurs taxes d'aisez furent signifiées aux villes du pays de Caux, comme Dieppe. Eu, Caudebec, mesmes aux laboureurs de la campagne.

Les significations portent terme de trois mois pour en payer la moitié. On assigne rentes sur les tailles de la province au prix du denier 14 de la somme demandée ; lesdites taxes sont en suite d'un arrest du Conseil et déclaration du Roy des mois de janvier et febvrier 1640.

Le lundy 24 septembre fut faicte l'ouverture de la Chambre des vacations et la lecture de l'édict d'establissement d'icelle.

Ce jour furent vérifiées les lettres du six dudit mois, par lesquelles M. Jean Baptiste Augustin Buhot estoit commis pour tenir les requestes du Palais au lieu de M. René Chopin.

Environ le mesme temps a esté signifié une autre déclaration du Roy, par laquelle tous possédans fiefs sont taxés au 12e de la vraye valeur d'iceux si ils ne sont nobles de race. Cette déclaration a esté signifiée à M. de Mautheville, P. P. en la Chambre des Comptes, MM. de Fresquiennes, Dery, de Malaunay, conseillers au Parlement, et plusieurs autres, avec assignation de porter dans la quinzaine à Paris la déclaration de la valeur de leurs fiefs à MM. Bruslart, abbé de Lion, Le Febvre, sieur d'Ormesson, et un autre.

Cette mesme déclaration a esté signifiée en Basse Normandie un mois ou six semaines auparavant, en suite de laquelle on ne fait encor aucune exécution.

Il y a eu depuis, environ le temps de la Toussaint, commission adressée aux sieurs de Paris et Paschal, conseillers d'Estat, pour exécuter cette commission et plusieurs gentilhommes, mesmes plusieurs officiers des compagnies souveraines, leur ont présenté leurs généalogies, et les ayant suffisamment justifiées, à sçavoir trois degrez au dessus de l'inquiété, ils ont eu jugement de descharge.

(D'une écriture plus récente) :

Le mardy 25 septembre, lettres de cachet sur la naissance du 2ᵉ fils du Roy et Te Deum le lendemain. MM. des Comptes y remplirent 14 chaires qui restoient vacants du coste gauche.

Le 10 octobre ont esté registrées les lettres patentes du 18 aoust pour la confirmation du chauffage accordé a M. Seguier, commis par le Roy pour exercer la charge de P.P. au Parlement de Rouen. En la requeste qu'il presenta pour les faire registrer, il prend qualité de chevalier de l'ordre du Roy, président au Parlement de Paris et commis pour exercer la charge de P.P. au Parlement de Rouen.

Par arrest de la Chambre des vacations du jeudy 11 octobre, il fut enjoint aux officiers du grenier à sel de délivrer auxdicts conseillers le sel, en payant le prix de marchand pour l'an 1641, ainsy qu'on avoit accoustumé de le délivrer aux officiers du Parlement de Rouen.

Par lettres patentes du 28 septembre, enregistrées le mardy 16 octobre, sont validez tous jugemens rendus par ladicte Chambre pour tenir lieu d'arrests en matières criminelles et en civiles jusques à 125 livres de rente et 1200 livres en principal et en matières bénéficiales jusques à 250 livres de rente et ce attendu qu'il n'y auroit nombre suffisant pour juger les appellations.

Le mercredy 24 dudict mois registrement de la Commission de M. Godefroy et Nicolas Maury substituts, du 10 dudict mois.

Le 25 Mʳˢ Crespin et Viole députez, sur la proposition de M. le P. Seguier, pour aller au Vieil Palais saluer M. le C. de Guiche.

La veille de Saint Simon, fin de la Chambre des vacations.

# SOMMAIRE

DE LA

PARTIE NON IMPRIMÉE DU MANUSCRIT

DE

BIGOT DE MONVILLE.

### III

[P. 73]. Efforts de M. du Becquet pour se faire rétablir. M. de la Vrillière ne lui donne d'espoir qu'après la paix. Il retourne à Rouen. Sa visite au P. Bigot au Petit-Quevilly. Celui-ci se rend à Grémonville. Démarches du P. de Grémonville pour hater le rétablissement du Parlement. Insistance de M. du Becquet. — 21. Septembre. Lettres du P.P. Il est contraire à l'idée d'une députation. L'Intendant de Grémonville conseille la patience. Le Cardinal de Richelieu et le C. de Guiche à Ruel. — 11 octobre. M. du Becquet part pour Paris. Le Cardinal se montre adouci. Le P. Bigot accepte d'accompagner le P. de Grémonville à Paris. Entrevue projetée au château de Canteleu entre le C. de Guiche et les officiers du Parlement. Plaisir qu'en ressent le peuple de Rouen. — 22. octobre. Réunion à Quevilly, chez le P. Bigot, de plusieurs officiers du Parlement. Le C. de Guiche est d'avis d'une députation. MM. Lebrun et Costé s'en excusent. Le P. Bigot se rend en sa maison d'Arques en passant par Bonnetot. — 5 novembre. Départ des PP. de Grémonville et Bigot pour Paris avec MM. de Frenelles, de Cambremont, Damiens, de Brévedent et de Gueutteville. Le P.P. est toujours hostile à la députation. — 8 novembre. Les deux présidents font visite au Chancelier. Le C. de Guiche est satisfait de leur arrivée. Le P. P. s'informe de leurs projets.

[P. 81]. M. Damiens craint de le mécontenter. Visite au C. de Guiche. Il leur conseille de se présenter au Cardinal. Le P.P. paraît peu satisfait de l'espoir donné par le C. de Guiche. On convient d'une nouvelle visite au Chancelier. Le P. P. est mis à la tête de la députation. Le Chancelier accueille la députation avec une grande froideur. Visite à M. de Noyers. Le C. de Guiche prévient le Parlement que le Cardinal les recevra le 14 novembre.

Costume adopté pour se rendre chez le Cardinal. Les officiers du Parlement vont prendre le C. de Guiche. Ils vont ensemble au palais Cardinal. Le P. P. se plaint du peu de profit de sa charge. Ils sont reçus par le Cardinal. Sa réponse favorable.

16 novembre. Le P. Bigot et quelques autres vont chez M. de la Vrillière. — 18 novembre. On agite la question de la visite au C. de Guiche. Le P. P. voudrait s'en abstenir Il finit par s'y rendre. Echange de propos entre luy et le C. de Guiche. Extrême politesse de celui-ci. Le P. des Hameaux postule pour la cour des Aides. Quelques membres du Parlement commencent à désespérer. Ils veulent faire expliquer le C. de Guiche sur les obstacles qui s'opposent au rétablissement du Parlement. Le P. Bigot craint que le P. P. ne compromette la Cour. Sa visite au P. de Grémonville et au P. P. — 22. M. des Hameaux ne croit pas au rétablissement avant le mois de janvier ou de février. — 25 novembre. Le P. Bigot rend visite au P. P. à l'occasion de la mort de son second fils. — 26 novembre. Nouvelle visite au C. de Guiche. Le P. Bigot regette d'y voir M. de Grémonville. Il cherche tous les moyens de retenir à Paris M. de Grémonville et MM Damiens et de Frenelles. Longue discussion à cet égard. Le P. de Grémonville fait intervenir l'évêque de Lysieux près du Cardinal. — 26 novembre. Vérification par la Cour des Aides de Paris des nouveaux édits s'appliquant également à la Normandie. Le P. de Grémonville se décide à rester, sur un avis du P.P. — 1er décembre. Le C. de Guiche donne de mauvaises nouvelles de l'état des affaires. — 8 décembre. Le P. de Grémonville et M. Damiens se décident à quitter Paris. — 11 décembre. Le P.P. fait part au P. Bigot que le Roy ne veut rétablir le Parlement que semestre. Le P.P. ne veut rien faire. Le P. Bigot se décide à quitter Paris. Sa visite au C. de Guiche. — 16 décembre. Son départ de Paris. — 25 décembre. Décès de M. de Bullion. Correspondance du P.P. et de M. de Grémonville. On parle de l'union du Parlement et de la Cour des Aides. [P. 89]. — 4 janvier 1641. Arrivée à Rouen du sieur de la Fosse, procureur général. On le dit porteur de l'édit de rétablissement du Parlement semestre. — 7 janvier. Réunion aux Marettes de 24 membres de la Compagnie. — 8 janvier. M. de Grémonville envoie au P.P. le résultat de la conférence. Le P.P. n'est pas contraire à l'établissement du semestre. — 15 janvier. Réception de M. de la Fosse comme procureur général. Seconde réunion de

24 officiers du Parlement. Le Chancelier annonce au P.P. que l'édit est scellé. Propositions relatives à la cour des Aides du 19 et 20 janvier. Réunions chez M. de Sommesnil, doyen de la cour des Aides. — 20 janvier. Troisième réunion des membres du Parlement chez M. de Grémonville. On décide que M. de Grémonville se rendra près du Cardinal. — 24 janvier. Le P. de Grémonville part pour Paris. Le C. de Guiche lui dit que le seul moyen d'empêcher le semestre est de faire des offres proportionnées à celles des traitants. — 30 janvier. Quatrième réunion des officiers du Parlement. On approuve ce qui a été fait par M. de Grémonville. — 1er février. Départ de MM. de Fresquiennes, Damiens et de Frenelles. Visites de MM. de Grémonville, au Chancelier et au surintendant. Visites des nouveaux députés au Chancelier. La proposition de création d'officiers n'est pas agréée par le Roi. Il a donné ordre de sceller l'édit de semestre. Conversation de M. de S. Jouin et du C. de Guiche. Le Roi espère 900,000 écus du semestre. — 9 février. Cinquième réunion de la Compagnie. On prie M. de Grémonville de s'en remettre à la bonté du Roi et protection de Son Eminence. M. de Grémonville, Me des requêtes, apprend du Chancelier que la proposition de création de 16 nouveaux officiers n'empêcherait l'édit de semestre. — Combinaison proposée par M. Du Fay. Le P. de Grémonville en parle au C. de Guiche. Réjouissances à Paris à l'occasion du mariage du D. de Bourbon. L'établissement du semestre parait assuré. — 21 février. Enregistrement au Parlement de Paris de la déclaration du Roi, sur les entreprises du Parlement. [P. 95.] — 2 mars. Sixième réunion de la Compagnie pour délibérer sur la communication de M. de Bonissent. Observations orales de ce dernier. Edit qu'il proposerait pour empêcher le semestre dont le party s'élève à 2,100,000 livres.

Résistances de plusieurs membres et du P. Bigot. L'avis contraire passe à la majorité. Correspondance entre les PP. de Grémonville et d'Amfreville. On espère en l'intervention du D. de Longueville. — 9 mars. L'Edit arrive à Rouen. — 20 mars. Les commissaires en délibèrent et l'arrêt renvoyé après Quasimodo. Le D. de Guise est reçu opposant à l'enregistrement en ce qui concerne le ressort du comté d'Eu. — 23 mars. Visites des députés du Parlement au Cardinal de Richelieu. Son refus énergique à leurs propositions. Ils reviennent à Rouen. Délibération à Saint-Germain-en-Laye sur le procès du duc de Vendosme. — 6 avril. Arrêt au conseil à la requête du procureur des Etats sur la preuve en matière de noblesse. — 10 avril. Appeaux du baillage de Caen. Forme tenue par les commissaires. — 11 avril. Réception par iceux de M. Hue à la charge de conseiller au Parlement de Rouen dont il était résignataire. Observations que soulève le procédé de M. Hue. — 13 avril. Vérification par les commissaires de l'Edit de semestre. — 18 avril. Rétablissement de la Cour des Aides, des Trésoriers de France et du corps de ville. Les deux derniers édits sont purs et simples. — Les trésoriers de France rentrent dans l'exercice de leurs charges. — 25 avril. La C. des Aides rentre en fonctions et vérifie l'Edit de son rétablissement. Détails sur cet édit.

L'archevêque revient à Rouen et reprend ses sermons. Les 100,000 livres de subsistance sont levées par forme de taxe sur les plus aisés. — 9 may. Election du prisonnier à délivrer en vertu du privilège de la Fierte. — 11 may. M. du Becquet reprend l'exercice de sa charge de lieutenant général. — 17 juin. Procès du comte de Soissons. — 6 juillet. Défaite de l'armée du maréchal de Chatillon. — Déclaration relative à la réception des nouveaux officiers du Parlement et de la C. des aides. — MM. de Manneville et du Saussay, conseillers au Parlement, prennent le party de hâter leur réception. Formalités qu'ils remplissent. — 29 juillet. Ils sont reçus par les commissaires tenans le Parlement. — 51 juillet. Audience de la C. des aides. Incident provoqué par l'entrée en séance comme président du sieur du Gripon; l'audience est levée malgré P. P. des Hameaux. Suites de cet incident. Le sieur du Gripon est maintenu au Conseil comme ayant prise de possession régulière. Attitude adoptée par les membres de la C. des aides vis-à-vis de ce président. — 9 août. Réception par les commissaires des conseillers nouvellement pourvus. Ils exercent avec les commissaires. — Ils accompagnent le Parlement à la procession générale du 15 août. — 16 août. Les commissaires entrent en vacances et se retirent à Paris. — Septembre, répartition entre les marchands de Rouen d'une taxe de 600,000 livres pour le sol pour livre, réduite à 150,000 livres. Levée de 110,000 livres pour la subsistance des troupes, pendant l'hiver. — 9 octobre. Te Deum pour la prise de Bapaume et de Cony. — Réception de 8 nouveaux conseillers. Mort de le Tellier de Tourneville. Réflexions sur les restitutions qu'il obtient. — 26 octobre. Enregistrement de la déclaration du roy pour le fonctionnement des semestres. Observations sur le classement adopté pour les anciens conseillers. — Les commissaires remettent au greffe tous les procès qu'ils ont aux mains (100). Les officiers du parquet sont immédiatement rétablis. — Motifs qui en avaient fait douter. Les traitants voudraient déterminer les anciens officiers à une nouvelle démarche près du ministre. Leurs motifs. M. Baudry voudrait se faire dispenser du premier semestre. Conseil que lui donne le P. Séguier. Opinion de ce dernier sur les nouveaux reçus. Arrrivée des conseillers désignés pour le premier semestre. Visite du P. Bigot au P. P.

IV

[P. 105.] 11 novembre. Délibération chez le P.P. relativement aux formalités à suivre le lendemain. — 12 novembre. Messe et audience de rentrée. Harangue du procureur général. Discours du P.P. Séance en Chambre du conseil. Les conseillers de nouvelle création n'ont rang que de conseillers aux requêtes. Incident relatif à Samson Vaignon.— A-t-il rang de greffier en chef ? —'Difficultés soulevées par le P. de Grémonville à l'occasion de la division en deux Chambres. Il finit par y renoncer. Répartition des conseillers entre les deux Chambres. Nouvelle déclaration classant MM. Dufay et Lesueur dans le premier semestre. Les procureurs *jusqu'à ce jour* 29 *novembre*, ne présentent aucune requête aux nouveaux pourvus. On propose une nouvelle démarche en cour. — 30 novembre. Réunion pour en délibérer chez le P. Bigot. On décide qu'il est préférable d'attendre. — 2 Décembre. Remontrances adressées à propos de la déclaration portant évocation au Parlement de Paris des instances de requêtes civiles et causes d'appel des commissaires ayant tenu le Parlement. — Procédé de la seconde Chambre du semestre relativement aux instructions criminelles suivies par les commissaires. La déclaration d'évocation est abandonnée. Détails sur la contribution réclamée par les échevins aux membres des compagnies souveraines dans le payement de l'impôt sur les boissons, levé pour le payement de la subsistance de 1641. Les échevins prennent le parti de faire enregistrer au parlement la déclaration du roi. — 16 décembre. Arrêt d'enregistrement qui n'excepte de la levée de l'impôt que les officiers du Parlement. 7 janvier 1642. Le Parlement est prié par les échevins d'en délibérer à nouveau. Les officiers des Cours souveraines, trésoriers de France, secrétaires et Chapitre sont compris dans l'exemption. Le sel n'est délivré qu'aux anciens officiers. Raison de l'exclusion des nouveaux. Incident relatif à la garde noble des enfans de Le Tellier de Tourneville. Nouveaux officiers de la Cour des aides (110). *Jusqu'à ce jour (1ᵉʳ janvier)* il ne s'en produit aucun pour le parlement. Incident relatif à une charge de président achetée par M. du Gripon Ouvertures de M. de Martigny vis-à-vis des traitants. Les conseillers aux requêtes refusant de séparer leur cause de celles du Parlement. Affaire *des chevaliers de la correction*.— Plusieurs fils d'officiers de Cour souveraine y sont compromis. Insultes adressées au procureur général par quelques personnes de condition après un trop bon souper. Réquisitions du procureur général aux deux Chambres du Parlement. L'information n'a pas de suites à cause de la qualité des personnes.

Difficultés entre M. Le Guerchois et le procureur général. — 13 janvier. Réception à la cour des aides de MM. Marette et de Montholon. Nouvelle réunion concertée avec M. de Grémonville pour calmer l'impatience des magistrats non rétablis. — 17 janvier. M. de Fresquiennes est prié de se rendre à Paris. — 20 janvier. Nouvelle réunion plus considérable. On prélève 500 livres pour les frais du voyage sur la moitié des rapports de la seconde chambre. — 21 janvier. Remontrances du parlement sur la déclaration du roi, attribuant la plume aux procureurs du roi des juridictions inférieures. — Vérification par la Chambre des comptes de la garde noble des enfans du sieur de Tourneville, en faveur de Le Normand de Beaumont. Lettres formelles du roi. — Inquiétudes du P. P. au sujet de la mission donnée à M. de Fresquiennes. Sa visite à M. Lebrun. — Lettres des compagnies souveraines au duc de Longueville pour le féliciter de son mariage. — Ouverture du semestre de février. La Cour des aides l'ouvre en robes rouges, comme le Parlement.

[P.115.] 1 février. Décès de M. Restaut de Fortmauville, doyen. Le roi ordonne la réitération du serment à l'ouverture du semestre. Registrement de la déclaration relative aux procureurs du roi. — 4 février. Audience solennelle d'ouverture du semestre. Maladresse de la harangue de M. Le Guerchois. — 4 février. Lettres de M. de Fresquiennes. Engagements de M. de Martigny avec le traitant. Il est poussé par M. de Belmesnil. — 7 février. M. des Hameaux annonce à la Cour des Aides son départ pour son ambassade à Venise. Entrevue de M. de Fresquiennes et de M. Courtin. Moyens tentés pour agir sur MM. de Belmesnil et de Martigny. — 10 février. L'avocat-général Le Guerchois reçoit lettres de cachet pour se rendre auprès du chancelier. Délibérations de la cour à ce sujet. Sa querelle avec le procureur-général. Suite de l'affaire des *Chevaliers de la correction* et des insolences commises contre le procureur-général. — 18 février. Arrivée à Rouen du maréchal de Guiche. M. Le Guerchois à Paris. M. le Prince parle en plein conseil contre M. de Martigny. Son affaire renvoyée au Parlement de Dijon. MM. de Belmesnil et de Montchaton. Les espérances de M. de Fresquiennes sont déçues. Trois charges nouvelles vendues par les traitants. Motifs qui poussent le sieur de Hatreaumont à cette acquisition. — 5 avril. Présentation de ses lettres. M. de Fresquiennes obligé de quitter Paris. M. Costé menacé de comparoître au conseil. Moyens employés pour faire recevoir le sieur de Hatreaumont. Nouvelle charge vendue au sieur d'Espesses. — 15 avril. Querelle au Cours sur le quay entre les laquais des nouveaux conseillers et ceux du chevalier de Courvaudon et autres. Ajournement en comparence personnelle décernée contre luy. L'affaire

s'arrange chez le P. P. — 19 mai. Réception du sieur de Hatreaumont.
— 21 mai. Le sieur de Martigny récuse en une affaire les anciens officiers du Parlement. Accueil fait à cette réception. M. de Martigny traite par 100,000 livres d'une charge de président à mortier. Accueil qui lui est fait à Rouen. Nouvelle charge de président vendue au sieur Fardoil. — Juin. Publication de lettres-patentes obligeant le tiers des huissiers et sergents de Normandie à servir personnellement dans les armées du roy. Charges de présidents aux Aides achetées par MM. Morin d'Escajeu et Hellouin de Mesnibus. La moralité des présidents de cette Cour. Comment M. de Martigny prend possession de sa charge. — 14 juillet. Réception de M. Fardoil. — 18 juillet. Difficulté en la première Chambre pour la présidence de M. de Martigny. M. Sallet proteste ne vouloir acquérir aucune charge sans l'agrément des anciens. — 19 juillet. Réception à la Cour des Aides de M. Hellouin de Saint-Michel, comme président. Incidents de sa réception. — 28 juillet. — 11 août Réception de quatre nouveaux conseillers au Parlement. — Août. Répartition de la taxe de 600,000 livres sur les francs-alleux dans les trois généralités de Rouen (120). Comment l'élection de Rouen supporte 250,000 livres. Le P. Bigot traite d'une office de conseiller ancien, pour le fils aîné de M. de Sommesnil.

V

[P. 121.] Septembre. Le P. Bigot croit utile de remettre les fers au feu. Correspondance avec M. de Grémonville. — 8 octobre. Réunion chez lui à Rouen. On apprend l'achat de 4 nouvelles charges. — 15 octobre. Départ de M. de Saint Supplis et de la Bucaille comme députés du Parlement. — 24 octobre. Ils sont reçus par le Cardinal. — 5 novembre. Lettres de M. Costé apprenant le résultat de leur réception par le Chancelier.
Réception du sieur Le Cauchois et du sieur du Mareuil, fils du P.P., à deux offices de nouvelle création. On parle de l'acquisition de nouvelles charges. — 28 novembre. Réunion chez le P. de Criqueville. On le choisit pour député. — 4 décembre. Réception du sieur Favier à un nouvel office de président. Provisions de président accordées au sieur de Langrie. Mort du cardinal de Richelieu. Décisions arrêtées par le roi. — 17 décembre. Le sieur de Langrie poursuit sa réception comme président. Mémoires rédigés pour s'opposer à sa réception. Visite faite dans le même but au P.P. — 20 décembre. Mort de M. du Vicquet, avocat général. Payement aux anciens conseillers des gages de 1641. On délivre le sel pour 1642 aux officiers anciens du Parle-

ment. La réception du sieur Touroude à la cour des Aides. Suspension de plusieurs magistrats. Comment M. Paris procédait au règlement des tailles. Il y comprend dans certains cas les nobles et les officiers de cours souveraines. Gens de guerre logés au faubourg de Rouen. La taxe du franc alleu sur les maisons des officiers du Parlement. Le P. de Criqueville à Paris. Sa visite au prince de Condé. Le P. Bigot dresse des mémoires contre la réception du sieur de Langrie. Comment ce dernier est reçu par le Procureur général. M. de Criqueville chez le Chancelier. Le P. Bigot à Paris. Sa visite au D. de Longueville. M. de Criqueville va à Saint-Germain. Le P. Bigot et le sieur Rouillé, receveur général des finances. Requête du sieur de Langrie pour faire faire ses informations par l'intendant de justice. Elle est refusée. Détails que le P. Bigot obtient à cet égard. [P. 129.] Sa visite au Chancelier. M. de Criqueville voit M. de Noyers et le Chancelier (130). Le P. Bigot est reçu par le D. de Longueville. Entrevue de M. de Longueville et du Chancelier. Projet du dernier par la répartition des anciens et des nouveaux officiers entre les deux semestres. M. de Ris, me des Requestes, en parle à M. de Criqueville. Le P. Bigot dresse un mémoire destiné aux ministres. Il le présente avec M. de Criqueville au cardinal Mazarin et à M. de Noyers. — 27 janvier 1643. Ils rendent visite au Chancelier. Insistance du P. Bigot. M. de Longueville obtient du Chancelier l'égale distribution des anciens et des nouveaux entre les deux semestres. Brigues particulières pour faire modifier l'ordre du tableau. Raisons qui déterminent le Chancelier à placer M. de Brinon au semestre de janvier. Le P. Bigot fait maintenir son droit comme président de succéder d'un semestre à l'autre. Il obtient la levée de l'interdiction prononcée contre M. Bigot conseiller aux Aides. — 5 février. Le P. Bigot se fait remettre par écrit les propositions des traitants pour la révocation du semestre. M. de Ris obtient la survivance de la charge de son père. — 12 février. Le P. Bigot et le P. de Criqueville voient successivement le Chancelier. Explications qu'obtient M. de Criqueville. — 16 février. Le Chancelier scelle l'édit portant règlement des semestres. — 25 février. Registrement de l'édit de rétablissement de tous les officiers du Parlement pour servir en deux semestres. Comment cet édit est apprécié diversement par le conseil du Roi et par le Parlement. Omissions commises dans l'édit. Organisation des Chambres dans chaque semestre. On suit les projets envoyés par P. Bigot. Les nouveaux ne sont en majorité nulle part. — 28 février. Réception de M. de Ris comme P.P. en survivance; les usages y sont mal observés. Les PP. de Criqueville et Bigot obtiennent du chancelier la promesse de réparer les omissions signalées. Les avocats continuent à tenir les Requêtes. — Moyens employés pour retarder la réception des nouveaux pourvus. On détermine les conseillers nouveaux déjà reçus à s'y opposer jusqu'à ce qu'ils soient payés de leurs gages. Le sieur Petit se voit arrêté par un appel du procureur général. Le sieur du Hallé est cité en comparence personnelle. Ils font évoquer leurs affaires au conseil. Dispute de laquais dans la cour du palais. Deux nouveaux conseillers font arrêter par huissiers le laquais du P. d'Aufreville. [P. 143.] Dispute entre ce président et le conseiller Le Ragois. Ce dernier est obligé de faire des excuses. Comment le procureur général l'avait reçu la veille. La nouvelle déclaration est scellée. Précautions prises par le P. Bigot pour qu'elle soit enregistrée sans opposition. Moyens employés par le chancelier pour vaincre la résistance des nouveaux reçus. — 28 juin. Arrêt du Conseil à propos du défaut de réception du sieur Touroude par la Cour des Aides. Touroude est refusé comme incapable. Difficultés à l'occasion de la clause d'option des semestres. Les PP. de Criqueville et Bigot en réfèrent au chancelier. Ce qui en résulte. Exil de M. de Laffemas à Issoudun. Articles arrêtés pour l'exécution de la clause d'option. Négociations pour la révocation des semestres. Nouvelles de la Cour. — 18 février. Réponse donnée par le P. Bigot au sujet des traitans. Le marquis de Beuvron, lieutenant du Roi en haute Normandie. Le P.P. se prononce contre la révocation de semestre. Le P. Bigot dresse un mémoire destiné à M. de Noyers sur la révocation du semestre. Considérations qu'il invoque. — 28 mars. Ce mémoire est remis à Saint-Germain à M. de Noyers. — 17 avril. Le P. Bigot retourne à Rouen. Il fait délibérer les remonstrances à l'occasion de l'enregistrement de l'édit sur le contrôle des greffes Il présente M. de Sommesnil pourvu d'un office de conseiller ancien. [P. 161.] Nouvelles démarches pour éviter la réception du sieur de Longrie. On procède à Rouen au rapport sur les promotions des nouveaux conseillers. M. de Criqueville retourne à Saint-Germain.

## VI

[P. 169.] 20 avril. Le P. Bigot repart pour Paris. Baptême du Dauphin. Le Roi est à l'extrémité. Déclaration du Roi touchant la régence et le conseil de Régence. Ordre donné au Parlement de Paris pour l'enregistrement de cette déclaration. Les marquis de Bassompierre et d'Estrées rentrent en grâce. Nouvelles déclarations enregistrées pour satisfaire Monsieur. Craintes d'une tentative contre le Dauphin et ses frères. Nouveaux délais apportés à l'enregistrement de l'édit des contrôles. — 27 avril. La question du payement des gages fait différer la réception de cinq nouveaux récipiendaires. Rétablissement au Parlement de Paris des officiers supprimés. Le P. Bigot tâche d'accommoder avec le sieur Rose pour l'édit du contrôle des greffes. Moyen employé par le président d'Amfreville pour rétablir le Parlement. Le P. Ragou et le P. Dinet confesseurs du Roi. Le P.P. veut passer outre aux réceptions. — 4 mai. Il réunit les Chambres dans cette intention. Le registre du 27 avril est falsifié. Le P P. va ouvrir lui même la porte aux récipiendaires. Ils sont rejetés violemment au dehors ; l'un d'eux, Petit, ensanglanté. Le P.P. se retire en son hôtel suivi des officiers de nouvelle création. Les anciens envoient une députation l'engager à revenir. Chaque parti fait dresser des procès-verbaux. M. de Brévedent part en poste pour avertir le P. Bigot. Il arrive à 9 heures et demie à Paris. Le P. Bigot et M. de Criqueville se rendent chez M. le Prince et chez le D. de Longueville. Ils vont ensuite chez le chancelier. Ils y sont rejoints par M. de Ris et les députés des nouveaux. Le D. de Longueville en confère avec le chancelier. Le P. Bigot et M. de Criqueville se rendent chez le surintendant Bouthilier, puis chez le D. de Longueville. Ils y sont rejoints par les députés des nouveaux. M. de Ris signale MM. de Criqueville et Bigot comme ennemis personnels de son père. Fondement de cette imputation. Noms des conseillers anciens incriminés par les nouveaux. Raisons qui motivent certaines désignations. M. Costé se trouve avec M. de Ris chez le chancelier. L'affaire vient au Conseil. Mesures prises par le P. Bigot pour soutenir les anciens. Comment l'affaire est renvoyée à Saint-Germain par le chancelier. MM. de Criqueville et Bigot se rendent à Saint-Germain. Froid accueil de M. le Prince. Le cardinal Mazarin donne meilleure espérance. Leur visite à M. de Chavigny et au surintendant Bouthilier. Le conseil décrète comparence personnelle contre le P. de Grémonville et six anciens conseillers. Raisons qui font croire au P. Bigot que cette décision ne sera pas suivie d'effet.

[P.177.] M. de Ris tâche de ramener M. de Longueville. Nouvelle visite à M. de Longueville. — 9 may. M. de la Morandière donne à entendre que l'engagement pris par les anciens de recevoir les sieurs Petit et Cavelier, pacifierait l'affaire. Le P. de Criqueville ne veut prendre d'engagement. Le P. Bigot doute de M. de Longueville. Ses objections contre le procès-verbal des anciens conseillers. Le P. Bigot rend à Rose ses lettres de jussion. Mécontentement de ce dernier. — Attitude des anciens conseillers vis à vis du P.P. en apprenant la décison du conseil à Saint Germain. — 12 may. Entretien du P. Bigot avec le Procureur du Roi, envoyé par M. de Ris. Les propositions des nouveaux sont rejetées. — 14 may. Décès du Roi. Précautions prises à Saint-Germain et à Paris. Assemblées du Parlement de Paris. Lettres de cachet au Parlement de Paris pour ne continuer l'exercice de leurs charges avant d'avoir obtenu lettres de confirmation. Elle est désavouée par la Reine. Incertitude si elle acceptera le Conseil de Régence établi par le Roi. — 16 may. Députation du Parlement de Paris au Louvre pour saluer la Reine. Le D. de Longueville est chargé d'informer du changement de règne les Compagnies souveraines de son gouvernement. Ses dépêches ne sont point envoyées. Service à Notre-Dame en la mémoire du feu Roi. Ordre tenu à Rouen par le P.P. Les Compagnies souveraines admises à saluer la Reine. La Reine donne l'ordre d'assembler le Parlement de Paris en robes rouges. Le Chancelier offre d'assister à la réunion. Les PP. de Criqueville et Bigot font parler à la Reine par le P. de Bailleul. Inquiétudes des ministres et du Chancelier. Il déménage ses hardes à Rosny. — 18 may. Lit de justice tenu au Parlement. Le Conseil de Régence institué par le feu Roy est abandonné. La Reine est proclamée seule régente. MM. de Criqueville et Bigot s'adressent au P. de Bailleul pour être admis à saluer la Reine. — 14 mai. Réception par le Parlement de Rouen de lettres officielles annonçant le changement de règne. M. le prince favorise la rentrée des ministres en faveur près de la Reine. Comment l'évêque de Beauvais est gagné à la cause du cardinal Mazarin. Compétition pour les sceaux. Motifs qui font maintenir le chancelier. — 21 mai. Les PP. de Criqueville et Bigot sont admis à saluer la Reine. Compliment que lui adresse M. de Criqueville. Victoire de Rocroy. — 21 mai. On délibère au Conseil l'arrêt relatif au Parlement de Rouen. Six conseillers décrétés de comparence personnelle et interdits. MM. de Criqueville et Bigot vont saluer le D. d'Orléans. Leur entretien avec M. du Fargis au sujet de l'affaire du Parlement. Leur entrevue avec M. le prince. Explications assez vives au sujet de l'affaire du Parlement. Démarches des deux présidents pour empêcher la signification de l'arrêt du Conseil. Le P. Bigot charge le P. de Novion d'en parler à son frère, l'évêque de Beauvais. Preuves du mauvais vouloir du D. de Longueville. [P. 185.] Explications données par le P. Bigot sur l'état des affaires. Arrivée à Paris des députés du Parlement de Rouen. Visite de la députation. Le D. de Longueville se réserve de la présenter à la Reine. Défense faite par les députés au président de parler des choses en litige. La députation se rend chez la Reine. Souvenir de la harangue du P.P. à Forges. La harangue du P. P. obtient un succès d'hilarité. M. de Longueville se moque de lui. Réception des autres députés de Rouen. Incidents qui s'y remarquent. Visites au D. d'Orléans et à M. le prince. La députation visite le Cardinal Mazarin. Les deux présidents présentent au D. de Longueville les conseillers ajournés. Le P. P. et quelques conseillers font leurs visites au Cardinal Mazarin, au surintendant et à M. de Chavigny, sans les PP. de Criqueville et Bigot. Le P. Bigot s'en explique avec quelques-uns des députés. — 5 juin. On décide de présenter les conseillers ajournés au Chancelier. Le Chancelier prétend leur imposer d'aller auparavant saluer le P. P. Altercation entre le Chancelier et le P. de Criqueville. Celui-ci ne s'en émeut point. — 1er juin. Délibération en forme du Parlement de Rouen donnant à MM. de Criqueville et Bigot la qualité de députés pour les affaires du Parlement, avec pouvoir de s'adjoindre tels conseillers qu'ils aviseraient. Plaintes de M. de Saint-Supplix qu'on se cache de lui. Visite à M. de Longueville. Ses conseils. Accueil que lui font le P. Bigot et le P. de Criqueville. Obstacles que rencontrent les députés des Anciens. Hostilité du Procureur des Etats, du lieutenant-général Du Becquet et du Procureur syndic de la ville. Leur influence auprès de M. de Longueville. Comment on a agit auprès d'eux pour les ramener aux intérêts du Parlement. Le P. Bigot réussit à effrayer M. Du Becquet. Le retour de M. de Chasteauneuf et de M. de Beaufort favorise leur attitude. [P. 193.] — 7 juin. Arrêt du Parlement de Paris touchant la réception d'un nouveau conseiller au Parlement de Rouen. Cet arrêt favorable à la révocation du semestre. Visite de l'évêque de Lisieux au nom de la Reine. Réponse du P. Bigot. — 5 juin. Visite à M. de Longueville. Il accommode le P. de Criqueville avec le Chancelier. Nouvelle visite des députés du Parlement au chancelier et au D. de Longueville. Celui-ci fait un appel direct à l'union entre le Parlement et le P.P. Il les invite à dîner pour le lendemain, et croit avoir reconcilié les officiers interdits, avec le P.P. Délibération au logis de P. Bigot. On décide de ne pas rendre visite au P. P. avant d'avoir eu l'avis du Parlement. Lettres écrites à ce sujet. Comment le D. de Longueville apprend cette résolution. — 16 juin. Dîner chez M. de Longueville. Le P. P. s'en fait excuser. On aborde avec M. de Longueville la question de révocation du semestre. Conditions de révocation indiquées par le P. Bigot. Il est invité par le prince a les rédiger par écrit. Visite au D. d'Orléans et à M. le prince. Le P.P. se plaint de n'être point visité. Visite à l'hôtel de Vendome. Rencontre de l'évêque de Lisieux. Délibération du Parlement. Il s'en remet aux officiers interdits de la visite au P.P. [P. 201.] Visite des députés au D. de Longueville. Ils s'en remettent à lui de décider la question. Le prince demande à réfléchir. Les P.P. de Criqueville et Bigot refusent l'arbitrage proposé par de la Morandière. Raison de leur refus. Sollicitations des officiers nouveaux reçus contre la révocation du semestre. Factum imprimé publié par eux. Démarche de M. de Ris près du D. de Beaufort. Nouvelle visite à M. de Longueville. Les deux présidents ne veulent pas que les officiers interdits fassent leur comparution au greffe du conseil. Changemens à la cour. M. de Bailleul nommé surintendant. M. de Chavigny se démet de sa charge de secrétaire d'Etat. M. de Chasteauneuf espère les sceaux. Le D. d'Orléans s'y oppose. — 16 juin. Le D. de Longueville émet l'avis de la visite au P. P. On délibère sur les termes dans lesquels se fera la visite. — 17 juin. Visite au P.P. M. Danviray lui reproche d'avoir fait le métier d'un huissier. On obtient le renvoi des officiers ajournés au conseil. Difficultés soulevées par le chancelier. Visite de remerciement à M. de Longueville et au chancelier. Départ des conseillers ajournés. On renoue les affaires de révocation du semestre. Ouverture du sieur de Langrie. Ses conditions. Le D. de Longueville en obtient promesse de la reine et du chancelier. L'affaire doit être traitée au conseil d'en bas. Comment MM. de Criqueville et de Bailleul obtiennent de traiter l'affaire avec les intendants. M. d'Avaux est très favorable. [P. 209.] Une conférence avec les traitans est arrêtée chez M. Charron, intendant des finances pour la Normandie. — 5 juillet. Réunion chez M. Charron. Conditions des traitants. Offre des députés du Parlement. On croit tout manqué. — 21 juillet. Nouvelle entrevue chez M. Tubeuf. Bases d'arrangement adoptées. Le D. de Beaufort ne peut faire enregister au parlement des lettres de don des palus et marais de Normandie. — 27 juillet. Arrêt des chambres assemblées donnant plein pouvoir aux PP. de Criqueville et Bigot pour terminer et conclure les conditions de la révocation du semestre. — 1er aout. Ouverture à Rouen du semestre d'août. L'édit de vendeur de poisson permet de combler le déficit. Bruits de Cour. Lettres de M. Le Guerchois au P. Bigot. Il voudrait que la plume fut commune aux trois gens du Roi.—11 aout. Grande assemblée chez M. Tubeuf. Le D. de Longueville s'y rend. Le P. Bigot discute avec les traitants. Discussion sur la valeur des offices vendus. Réflexion du surintendant à propos de celui de M. de Mareuil. Prix définitivement admis. Solution donnée à la question des gages arriérés. Le D. de Longueville félicite le P. Bigot. D'autres partisans essaient de rompre l'accord. M. de la Morandière et Daugis. — 15 aout. Le P. P. quitte Paris.— 19 aout. L'affaire passe au Conseil des Finances. Raisons pour lesquelles il n'y fut donné suite. Nouvelles manœuvres du sieur de la Morandière. On rompt définitivement avec lui. — 28 aout. Explication fort vive entre lui et le P. Bigot chez le surintendant. Les nouveaux traitants se désistent. On en est réduit à prendre 650,000 livres sur les tailles. Comment on fait accepter ce changement à M. de Longueville. Intrigues du D. de Beaufort contre le cardinal Mazarin. Celui-ci demande protection à la Reine. — 2 septembre. Le D. de Beaufort arrêté et conduit à Vincennes. Le D. de Longueville s'engage à faire accepter cette surimposition.

Lacune de la p. 216 à la p. 233.

— 12 novembre 1643. Ouverture du Parlement. Discours de M. Le Guerchois. Il attaque la disposition de l'édit qui maintient la plume au Procureur général et vante la doctrine de Jansenius. Protestation du Procureur général. La Cour n'en tient nul compte. Il réitère ses protestations le lendemain. La Cour renvoie le Procureur général se pourvoir ainsi qu'il avisera bien. Mécontentement du sieur Le Guerchois. Son hostilité contre les édits destinés au remboursement des traitants du semestre. Répartition des conseillers entre les Chambres. Avantage qui en résulte pour les anciens. Mécanisme du roulement des Chambres : Grande Chambre, Edit, Tournelle et Enquêtes. Distribution des présidents. Annulation du rôle des nouveaux. Paroles vives du P. de Criqueville au P. de Martigny. Attitude résolue conservée vis à vis des nouveaux. Comment on en use aux requêtes avec M. de Mareuil. Celui-ci est prié de ne plus venir au palais. Etats de Normandie. Leur déchéance. Modification de ceux de 1643. Les commissaires. Question de préséance entre les conseillers d'Etat et les présidents à mortier. Incident relatif au sieur de Bois Olivier, président à la Cour des Aides. Discours du curé de Saint-Maclou. Demande de révocation des édits provoqués par la révocation du semestre formulée par Baudry, procureur des états. Les présidents de nouvelle création se plaignent à M. de Longueville. Mesures prises pour faciliter l'exécution des édits fiscaux relatifs au semestre. Incidents relatifs au prix de vente par le sieur de la Fosse de sa charge de Procureur général au sieur Harouis. Les traitants se plaignent du Parlement.—10 aout. Le P. Bigot prend le parti de se rendre à Paris. Incidents divers qui signalent sa présence. — 27 aout. Réunion chez M. Tubeuf.

# INDEX

### DES

### NOMS D'HOMMES ET DE LIEUX[1].

Aiguillon (duchesse d'), 229.
Aligre (d'), 4, 219.
Alleurs (le sieur des), 50.
Amelot, 159.
Amfreville (le P. d'), 21, 32, 44, 72, 73, 78, 101, 103, 192, 193, 208, 216, 217, 232, 242, 281, 300, 311, 312, 313, 327, 334, 340, 342, 345, 348.
Angoulesme (le duc d'), 321.
Anglesqueville (le sieur d'), 329.
Anguien (le duc d'), 316.
Anzeray, 66, 73.
Archelles (le sieur d'), 206, 221.
Ardier, 230, 342.
Argences (le sieur d'), 43, 293. 334.
Arnoult (le sieur de Saint-), 329.
Arondel, 53, 75, 76, 77, 82, 83, 99, 104, 107, 337.
Arquensy (le sieur d'), 237.
Artemare (le sieur d'), 258.
Asselin, 209, 323.
Auber, 18, 21, 33, 63, 95, 105, 171, 210, 323.
Auberville (le sieur d'), 20.
Auhourg, 186.
Auzouville (le sieur de), 329.
Autigny (le sieur d'), 36.
Avaugour (d'), 322, 350, 354.

Alincourt, 195, 217.

Andely, 163, 273.
André-en-Gouffern (St-), 128.
Ardenne, 37.
Auffay, 48.
Avranches, 9, 10, 21, 112, 149, 165, 167, 243.

Baillart, 53.
Baillet, 54, 241.
Bapaulme (le sieur de), 206.
Baron (le), 47.
Barre (de la), 200, 298.
Basoge (de la), 330.
Basqueville (marquis de), 206.
Baudouin, 19.
Baudry, 25, 26, 30, 36, 47, 60, 64, 67, 73, 78, 79, 101, 102, 103, 108, 205, 209, 210, 213, 220, 221, 222, 227, 228, 265, 323, 326.
Baumer, 229.
Bauquemare (de), 333.
Beauvoir (le sieur de), 201.
Becdal (le sieur de), 251.
Becdelièvre (de), 34, 330.
Becquet (sieur du), 6, 7, 12, 13, 19, 27, 40, 45, 47, 58, 77, 84, 90, 100, 145, 156, 160, 161, 173, 201, 202, 248, 298, 302, 315, 352, 355.
Beinières, 54, 241.
Belmesnil (le sieur de), 323.
Benardière (le sieur de la), 9.

[1] Cet Index ne comprend les noms cités ni dans l'introduction, ni dans le sommaire de la partie non imprimée du manuscrit.

Benneville (de), 25, 28, 63, 94, 234, 238, 313, 339, 346.
Berchère (le sieur de la), 227, 250, 252, 294.
Bernières (le sieur de), 48, 159, 228, 230, 258.
Bertaut, 286.
Bertout, 278.
Berville (le sieur de), 293.
Béthencourt (de), 329.
Béthune (de), 194.
Beuselin, 16, 48, 237, 329.
Beuvron (marquis de), 80.
Biet, 276, 282.
Bigars (de), 226, 332.
Bigot (le P.), 71, 101, 123, 126, 133, 134, 137, 144, 149, 208, 216, 219, 232, 233, 240, 242, 246, 250, 301, 302, 312, 321, 325, 337, 342, 343, 347.
— 16, 46, 221, 231, 297, 298.
Bimorel (le sieur de), 52.
Biville (le sieur de), 25, 44, 72, 73, 93.
Blais, 287.
Blondel, 54, 60, 64, 67, 107, 116, 329.
Blosseville (le sieur de), 107.
Bochart, 156.
Bois (le sieur du), 332.
Bois (le sieur du), 232, 350.
Boisgueroult (le sieur de), 5.
Boisguilbert (le sieur de), 34.
Boisguillaume (le sieur de), 198.
Boisivon (de), 99, 218, 323.
Boisrobert (le sieur de), 307.
Boivin, 21, 116, 193, 206, 209, 210.
Bonissent (de), 45, 311, 320, 329, 345, 346.
Bonnemare (le sieur de), 46, 87.
Bonnetot (le sieur de), 206, 209, 216, 251, 303, 324.
Bonneval (le sieur de), 173, 198, 237.
Bonneville (le sieur de), 200.
Bonshoms (de), 209, 324.
Bosc (du), 5.
Bosmelet (le sieur de), 16, 237.
Bouchart, 107, 237.
Bouclon, 256.
Boucherat, 216.
Bouchet (du), 275.
Bouqueval (le sieur de), 330.
Boullays, 286.
Bourgtheroulde (le sieur de), 333.
Bourlon, 276.
Bourrèche, 47.
Bousquet (du), 252, 253, 254.
Boutteville (dame de), 282, 283.
Bouthilier (le), 160.

Boutren, 19, 35, 93, 207.
Bouville (le sieur de), 70, 303, 328, 330.
Braquetuit (le sieur de), 94, 185, 195, 205, 216, 223, 237, 242, 243, 244, 245, 329, 352.
Bras-Nuds, 11, 111, 164.
Brécy (le sieur de), 180.
Bretel (voir Grémonville), 20, 209.
Bretignières (de), 37.
Breton, 47.
Bretteville (le sieur de), 20, 218.
Brèvedent (de), 33, 36, 63, 156, 171, 199, 330.
Brice, 19, 21, 322.
Briffault, 180.
Brinon (de), 61, 123, 198, 199, 228, 237, 238, 297, 329.
Brion (de), 247.
Brun (le), 43, 95, 105, 173, 198, 299, 208, 313, 323, 324, 327, 335, 340, 345.
Bucaille (le sieur de la), 49.
Buchy (le sieur de), 45, 191.
Buhot, 356.
Bullion (de), 3, 4, 115, 127, 159, 160, 161, 178, 251, 290, 304, 305.
Bulteau, 256.
Burin, 154.
Burville (le sieur de), 75, 81.
Busc (le sieur du), 265.
Busquet, 47, 227, 323.

Barre (la), 195.
Bayeux, 11, 112, 165, 294.
Bellétoile, 22.
Blosseville-Bonsecours, 257.
Boisguillaume (le), 38.
Bourgachard, 63.
Bourgtheroulde, 162.

Cahaignes (de), 257.
Cambout (du), 166.
Cambremont (le sieur de), 251, 303.
Campheroult (le sieur de), 43.
Camzillon (le sieur de), 282.
Canisy (le sieur de), 10.
Canouville (le sieur de), 206.
Canteleu (le sieur de), 46.
Cantelou (le sieur de), 21.
Canu, 107.
Caradas (de), 258, 323.
Carbonnel (de), 10.
Caresmel, 218.
Carquebu (le sieur de), 281.
Carue, 257, 260.
Castel (du), 37.
Castillon (le père), 353.
Caumont (le sieur de), 53.

Cauvinière (le sieur de la), 304.
Cécile, 187.
Cérisy (le sieur de), 194.
Champagne (de la), 20, 45, 329.
Champigny (le sieur de), 156.
Champré, 275.
Champs (des), 257, 259.
Chapelle du bois des Faulx (le sieur de la), 200.
Charleval (marquis de), 137.
Chastillon (le maréchal de), 339.
Chasteauneuf (marquis de), 185.
Chopin, 260, 276, 356.
Civille (de), 70.
Claville (le sieur de), 206, 208, 210, 211, 221.
Clerc (le), 111, 276.
Cocherel (le sieur de), 14.
Coigneux (le), 243, 323.
Coislin (marquis de), 166, 194, 218.
Coligny (de), 371.
Collemoulins (le sieur de), 210, 292, 302.
Colleville (le sieur de), 138.
Colombel, 38, 39, 47.
Condé (le Prince de), 229, 316.
Congny (le sieur de), 21, 45.
Coquerel, 257, 258.
Cordier (le), 205, 226
Cornier (le), 20, 33, 173, 329.
Cornu (le), 52.
Costé, 198, 242, 329, 359.
Coulanges (de), 270, 275.
Couronne (le sieur de), 16, 48, 49, 308, 340.
Courselles (le sieur de), 276.
Courtomer (marquis de), 166.
Courvaudon (le sieur de), 18, 73, 78, 137, 214, 217, 321, 324, 347.
Coutelier, 49.
Crapado (le sieur de), 282.
Crespin, 275, 282, 351, 355, 357.
Cric (de), 296.
Criqueville (le P. de), 4, 137, 152, 173, 186, 216, 218, 219, 227, 232, 242, 251, 259, 308, 319, 326, 339, 345, 347.
Croy (duchesse de), 14.

Caen, 110, 103, 165, 273, 286, 295, 296.
Carentan, 21.
Caudebec, 273.
Cérences, 294.
Charleval, 163.
Cherbourg, 10.
Cisay, 21.
Cormeilles, 128.
Coutances, 9, 21, 294, 219.

Dambray, 329.

Dambry, 16, 17, 19.
Damiens, 46, 72, 95, 100, 101, 108, 139, 205, 295, 324.
Danviray, 16, 19, 234, 329.
Daubray, 250, 252, 255.
Denis (le sieur de S.), 206, 207, 208.
Drodati, 186.
Derv, 323, 340, 356.
Diacre (le), 40, 48.
Doux (le), 21, 95, 118, 121, 138, 327, 352.
Drouet, 257.
Druel, 297, 354.
Dumontier, 35.
Dyel, 48, 198.
Dangu (le sieur de), 156.

Darnétal, 225, 248.
Deux-Amants (les), 25.

Ectot (Marquis d'), 50.
Elbeuf (duc d'), 89, 229.
Emery (d'), 338, 341.
Eschart, 297, 354.
Escoville (le sieur d'), 286.
Essars (le sieur des), 48.
Esterville (le sieur d'), 113.
Estouteville (le sieur d'), 209.
Eustache, 257.

Ecouis, 251.
Envermeu, 16.

Faucon, 6, 39, 137.
Favre, 159.
Fay (du), 14, 88, 311, 320, 329.
Febvre (le), 24, 97, 218, 252.
Ferey, 89, 101.
Fermanel, 7, 8, 19, 330.
Ferté (le sieur de la), 50, 59, 62, 105, 106, 250, 286.
— Pont-Saint-Pierre (le baron de la), 206, 208, 210, 221, 227.
Fervacques (le sieur de), 128, 131.
Feydeau, 275, 308.
Fiset, 221, 234, 237, 328.
Fleury, 13, 24.
Forconal, 116.
Fortmoville (le sieur de), 116, 181, 237, 328.
Fosse, 257.
Fosse (le sieur de la), 276, 289.
Fossé (du), 276.
Four (du), 122, 276, 308.
Fournier, 257.
Frainville (le P. P. Faucon, sieur de), 6, 12, 13, 15, 16, 18, 22, 26, 30, 33, 35, 43, 52, 55, 58, 61, 69, 77, 84, 90, 91, 97, 102, 118, 119, 120, 124, 134, 140, 145, 146,

151, 152, 154, 172, 175, 182, 187, 190, 198, 199, 203, 215, 220, 223, 227, 230, 231, 239, 242, 246, 275, 290, 291, 306, 309, 312, 314, 322, 325, 327, 334, 335, 342, 344.
Franquetot (le P. de), 21, 45, 49, 100, 128, 191, 193, 216, 217, 228, 232, 242, 281, 300, 311, 312, 318, 334, 337, 342, 345, 347, 348.
Frenelles (le sieur de), 209, 318, 338, 341, 346.
Fresquiennes (le sieur de), 49, 96, 122, 322, 338, 345, 356.
Fret (le), 15.
Frontebosc (le sieur de), 324.
Fry (de), 173.
Fumechon (le sieur de), 206, 208, 210, 211, 219.

Falaise, 112, 165, 294.
Franqueville, 220.
Fontenay (abbé de), 21.

Galand, 195, 204, 246, 268, 279.
Galentine (de), 119, 185, 195, 198, 199, 291, 327, 352.
Galleville (le sieur de), 145.
Garenne (le sieur de la), 10.
Gassion (de), 162, 165, 220, 222, 224, 226, 228, 232, 241, 248, 250, 278, 279.
Gaudart, 246, 252, 255.
Gautier, 227.
Gendre (Le), 108.
Georges (le sieur de S.), 121, 303.
Germont, 188.
Gilles (le sieur de S.), 22, 221.
Girard, 193.
Giverville (de), 43, 293.
Godart, 94, 185, 195, 199, 220, 227, 352.
Godefroy, 357.
Gomon, 69.
Gonzague (Princesse de), 89.
Gorin, 36, 37, 96, 103, 108, 118, 123, 138, 145, 247, 248.
Goupil, 333.
Gouville (le sieur de), 210.
Gramont (de), 2, 282.
Grainville (le sieur de), 173, 219, 274.
Grancey (le comte de), 131.
Grandhamel (le sieur de), 47.
Grange (de la), 130.
Grémonville (P. de), 20, 22, 25, 27, 45, 69, 90, 94, 120, 173, 192, 204, 205, 207, 211, 213, 216, 217, 218, 220, 227, 232, 242, 243, 281, 298, 303, 307, 308, 311, 318, 319, 322, 325, 327, 334, 335, 337, 338, 339, 340, 341, 347, 355.

Grémonville (le sieur de), maitre de requêtes, 339.
Grenet, 257.
Grimoult, 339.
Grise (le sieur de la), 280.
Grouchet (de), 701 323.
Groulart, 321, 324.
Gruchy (de), 7.
Guenouville (le sieur de), 33, 63.
Guerard, 323.
Guerchois (le), 8, 96, 104, 119, 135, 170, 179, 187, 191, 198, 200, 205, 210, 212, 219, 220, 221 236, 324, 330.
Gueuteville (de), 33, 63, 156, 201, 211, 220, 293 359.
Guiche (le comte de), 2, 134, 160, 192, 194, 281, 287, 298, 302, 303, 304, 307, 311, 312, 313, 314, 351, 356, 360.
Guinet, 75.

Gacé, 10.
Gaillon, 195, 199, 201, 215, 217.
Georges (de Boscherville Saint-), 198, 223.
Grandcouronne, 162.

Habert, 194.
Haguais (le), 111, 164.
Hallé, 21, 95, 201, 210, 298, 323.
Hameaux (le P. des), 48, 229, 265, 282, 291, 299, 306, 313, 315, 336, 341, 344.
Hamel (du), 256.
Harcourt (d'), 50.
Harcourt (comte de), 89, 229.
Hardeley, 190.
Harlay (Mgr. de), 134, 180, 196, 195, 197, 223, 241, 242, 244, 245, 289, 352.
Hastingues (le sieur d'), 19.
Hautemer (de) 128.
Haye (de la), 18.
Haye des Mares (le sieur de la), 324.
Haye au Vidame (sieur de la), 311.
Hébert, 38, 171, 199, 201.
Hélène (le sieur de Saint-), 20 211, 217 340.
Henrichemont (le prince de), 194, 221, 278.
Hermival (le sieur de), 5, 173, 221, 298.
Hère (de), 220, 252, 255.
Héron (le sieur du), 208, 352.
Heudebouville (le sieur de), 63, 171.
Heult, 43, 81.
Heultes, 221.
Heuqueville (le baron de), 294.
Henqueville du Fay (le sieur de), 14.
Hocqueville (le sieur de), 330.

Hommets (des), 323.
Honguemarc (le sieur de), 324.
Hue, 198, 237, 328.
Hugo, 14, 17, 88.

Infreville (le sieur d'), 253.
Ireville (le sieur d'), 221.

Imbleville, 25.

Janvier, 276.
Jay (le), 185.
Jeune (le), 220.
Jongleur (le), 47, 72.
Jouenne, 193.
Jouin (le sieur de Saint-), 250, 320.
Jubert, 46, 70, 87, 237, 252, 303, 328, 330.
Just (le sieur de Saint-), 39, 102.

Jumiéges, 10.

Labbé, 25, 30, 329, 347.
Lagnel, 111.
Laleu (de), 206, 208.
Lamy, 323, 537.
Langey (marquis de), 166.
Langlois, 173, 201, 209.
Lannoy (le P. de), 25, 173. (V$^r$ Criqueville).
Lanteuil (le P. de), 25. (V$^r$ Turgot.)
Lardenière (le sieur de), 329.
Laubardemont (le sieur de), 252, 253, 255.
Laube (le sieur de), 73.
Laubespine (de), 185.
Legay, 234.
Legoux, 252.
Lemeau, 187.
Lermite, 206.
Lescaude (le sieur de), 66, 70, 237, 303, 328, 330.
Lesdo, 257. 318.
Liesse, 256.
Lièvre (le), 290.
Lillebonne (le comte de), 89.
Limoges (de), 39, 102.
Lestoile, 37.
Lisle (le sieur de), 210.
Livet (le sieur de), 324.
Lombard, 324.
Loménie (de), 206.
Londe (le marquis de la), 226. 332.
Longueville (le duc de), 2, 35, 229, 293, 332.
Lorraine (de), 89.
Louvel, 176.

Lo (Saint-), 10, 20, 112.

Louviers, 201.

Lubin (Saint-), 94.
Lysieux, 163.

Maignart, 48, 159, 258.
Mailleraie (le sieur de la), 116, 193, 207.
Mailleraie (le maréchal de la), 3, 160, 162.
Maineblanc (le sieur de), 276.
Maisons (le sieur de), 290.
Malaunay (le sieur de), 49, 325, 356.
Manneville (le sieur de), 22, 36, 46, 95, 108, 197, 327.
Marbeuf (de), 212, 222.
Marc, 50, 59, 182.
Maré (sieur de), 121.
Marescot (de), 250, 252, 255, 302.
Marets (des), 323, 347.
Marie, 272, 273.
Marsillac (de), 198, 223.
Martel, 337.
Martigny (le sieur de), 320, 321, 346.
Martin (le sieur de S.), 278.
Mathan (de), 63, 73, 179, 229, 313, 329.
Matignon (de), 10, 111, 266, 301, 330.
Mauduit, 86.
Maupeou (de), 284.
Mauquenchy (le sieur de), 329.
Maury, 357.
Mautheville (le P. P. de), 173, 286, 356.
Mazarin, 341.
Médavy (l'abbé de), 128, 133, 135.
Menardeau, 275, 282, 305.
Mercœur (le duc de), 5, 89, 229, 265.
Mesanguemare (le sieur de), 19.
Mesnil (du), 24, 36, 150.
Mesnil (le sieur du), 198, 324, 333.
Mesnil-Esnard (le sieur du), 76.
Mesnil-Pavyot (le sieur du), 14.
Métel (le), 307.
Meullers (le sieur de), 61, 343.
Michel, 324.
Minier (le sieur), 282.
Miromesnil (le sieur de), 198.
Moges (de), 206, 221, 303, 329.
Molan, 16, 17, 19, 24, 33, 49, 154.
Monceaux (le sieur de), 25.
Montagne (le sieur de la), 17.
Montaigu (de), 330.
Montchaton (le sieur de), 324.
Montenay (de), 25, 30, 217, 324.
Montescot (de), 250, 253, 255.
Montholon (de), 244.
Montigny (le sieur de), 130, 329.

Morant, 113.
Morchesne (de), 320, 329.
Morel, 10, 164.
Moric (de), 252, 255, 278.
Mote (le sieur de la), 25, 221, 347.
Moncel (du), 210, 221, 323.
Moustier (du), 287.
Moy ou Mouy (de), 38, 51, 76, 104, 116, 207, 257, 337.

Magny, 243.
Mailleraie (la), 278, 280.
Manerbe-en-Auge, 38.
Mesnil-Garnier, 113.
Montmorel, 21, 193.
Mortaing, 277.
Mortemer, 323.
Mouflaines, 341.
Moulineaux, 162, 220, 286.

Neufbosc (le sieur de), 43, 324.
Neufvecourt (le sieur de la), 324.
Neufville (le sieur de la), 47.
Néville (le sieur de), 329.
Nicole, 9.
Nivelet, 275.
Noble (le), 20, 38, 42, 92, 93, 99, 113, 121, 196, 209, 214, 220, 244, 324.
Nogent (le sieur de), 21, 138.
Noyers (le sieur de), 156, 160, 183, 190, 290, 310, 337, 360.

Neufchâtel, 162.

Orgeville (le sieur d'), 298.
Orléans-Longueville (d'), 10.
Ormesson (le sieur d'), 229, 252, 253, 255, 278, 321.
Osmont, 15, 49, 285, 354.
Ouen (le sieur de Saint), 63, 220.

Oissel, 220.

Palleusemare (le sieur de), 329.
Palluau (de), 275.
Paige (le), 201.
Pannier (le père), 353.
Paris, 4, 12, 13, 14, 15, 48, 112, 188, 270, 275, 356.
Pascal, 4, 356.
Paulmier, 49, 329.
Pavyot, 256.
Payen, 324.
Peigny, 329.
Pelletier (le), 173.
Péricart, 21, 181.
Perier, 37.
Pesant (le), 24, 93.
Petit, 35, 37, 138, 145.
Petitville (le sieur de), 138.

Petouf, 11.
Phelippeaux, 195, 342.
Pigny, 329.
Pinterville (le sieur de), 201, 292.
Place (de la), 193, 206, 330.
Pleinbosc (le sieur de), 209, 210.
Plessis (le sieur du), 48, 49, 288, 292.
Plessis-Bouquelon (le sieur du), 200.
Poerier, 21.
Pontchasteau (le baron de), 166, 194.
Pontcourlay (md. de), 294.
Ponthebert (le sieur de), 11.
Portanier, 342.
Poterie (le sieur de la), 164, 294.
Pouchet, 256, 268, 277, 279, 350.
Poupinel, 9, 223, 197.
Poyet, 197, 223.
Prevost (le), 14.
Puchot, 48, 49, 173, 288, 293, 324.

Plessis-Grimoult (le) 311.
Pontautou, 162.
Pontdel'Arche, 199, 201, 228.
Pontlevesque, 277.
Pontoise, 251, 295.

Quesnay (le sieur du), 287.
Quétil, 11.
Quevilly (le sieur de), 34, 92, 234.
Quilly (le sieur de), 37.

Rabelais, 154.
Radulph. 257.
Rames (le sieur de), 337.
Rassent (de), 206, 210, 218, 221.
Renault, 276.
Renfeugères (le sieur de), 193.
Resnel (le sieur de), 234.
Restant. 116, 198, 209, 237.
Reuville (le sieur de), 209.
Ribaut, 324.
Richebourg (le sieur de), 76, 81, 337.
Richelieu (le cardinal de), 2, 160, 183.
Richemont (le sieur de), 210.
Ris (le sieur de), 6, 137, 158, 170, 178, 341.
Rivière (le sieur de la), 348.
Rivière-Chanlemy (md. de la), 284.
Robin, 151.
Rocher (le sieur du), 220.
Rombosc (le sieur du), 70.
Romé, 49, 96, 121, 122, 173, 166, 199, 288, 293, 323, 327.
Roncerolles (de), 39, 77, 102, 203, 243, 294.

Roque, 145.
Roque (le sieur de la), 198, 237.
Roquemont (le sieur de), 276.
Rosière (le sieur de la), 86.
Rouillé, 234, 343.
Roussel, 22, 221, 329.
Roux (le), 233, 251, 289, 324.
Rouxel, 128.
Roy (le), 164.
Rue (de la), 278.

—

Les Rocques, 278, 286, 295.
Rosny, 194, 195, 295.
Rouen.
  S.-Amand, 119.
  Augustins (les), 16.
  Capucins (les), 6.
  Carmes (les), 10, 19, 73, 137.
  Cordeliers (les), 25, 179.
  Croix-Saint-Ouen (S.), 48.
  Eloy (S.), 210, 292, 353.
  Etienne-la-Grande-Eglise (S.), 25.
  Feuillans (les), 4, 21.
  Godard (S.), 26.
  Geneviève (Ste), 179.
  Hôtel-de-Ville, 266, 303.
  Jacobins (les), 134.
  Jésuites (les), 21.
  Laurent (S.), 46, 209.
  Lô (S.), 198 bis.
  Marie-la-Petite (S.), 138.
  Martin-sur-Renelle (S.), 20.
  Michel (S.), 289.
  Nicolas (S.), 237.
  Notre-Dame. 21, 54.
  Ouen (S.), 223, 225, 229, 353.
  Patrice (S.), 238.
  Pénitents, 206, 352.
  Vieux-Palais, 148.
Sahurs (le sieur de), 33, 36, 63.
Saligny (le comte de), 331, 349.
Sallet, 37, 40, 43, 90, 112, 115, 119, 138, 327.
Sanson, 37.
Sarrau, 276.
Sassetot (le sieur de), 210.
Saussay (le sieur de), 328.
Sauveur (le sieur de St-), 324, 210.
Savoie (la duchesse de), 3.
Secard, 329.
Seguier, 194, 195.
Seguier (le chancelier), 3, 4, 9, 94, 114, 159, 162, 182, 183, 185, 190, 192, 194, 201, 204, 217 218, 219, 222, 228, 230, 237, 244, 246, 250, 259, 278, 279, 286, 287, 294, 295, 298, 299, 300, 301, 306, 313, 314, 318, 320, 322, 327, 335, 339, 340, 344, 346, 354.

Seguier (le P.), 259, 275, 276, 284, 286, 288, 289, 290, 295, 305, 334, 347, 350, 351, 353, 355, 357.
Seigneur (Le), 209.
Senneville (le sieur de), 145.
Servien, 156.
Simon (de Saint), 166.
Simon (le sieur de Saint) 294.
Soissons (le comte de), 229.
Sommesnil (le sieur de), 46, 231, 251, 341.
Sonin, 318, 324, 341.
Soquence (le sieur de), 76, 242.
Sublet, 156.
Sueur (le), 324.
Supplis (le sieur de Saint), 198.

Sahurs, 76.
Saturnin (Saint), 27.
Sotteville, 81.

—

Talon, 169, 240, 248.
Tambonneau, 276, 282.
Tellier (Le), 50, 53, 64, 67, 69, 71, 74, 81, 96, 104, 114, 169, 240, 248.
Testu (Le), 206.
Thomas, 48, 119.
Thorigny (le comte de), 10.
Til (le sieur du), 250, 252, 255.
Tilly (le sieur de) 251, 324.
Torcy (le sieur de) 321.
Touffreville (le sieur de), 329.
Toulongeon (le comte de), 282.
Tournebu (de), 324.
Tourneville (le sieur de), 50.
Tourte, 234.
Tourville (le sieur de), 206, 329.
Toustain, 324, 329.
Tronc (le sieur du), 205, 213, 218, 226, 227.
Tubeuf (le sieur de), 323, 334.
Tuilerie (le sieur de la), 246, 252, 253.
Tuit (le sieur du), 122, 288, 292.
Turgère (le sieur de la) 220, 302.
Turgot (le P.), 25, 32, 49, 54, 96, 136, 213, 216, 217, 222, 242, 312, 313, 337, 342, 345, 348.

Vache (de la), 328.
Vaignon, 244, 252.
Val (du), 22, 46, 66, 70, 95, 108, 197, 198, 207, 303, 330.
— (le sieur du), 20, 21.
Vallée (le sieur de la), 49, 185, 195, 291.
Valmesnil (le sieur de), 34.
Valois (le), 286.

Varengeville (le sieur de), 145.
Vasseur (le). 35.
Vaudichon (le sieur de), 61.
Vaurouy (le sieur de), 20, 116, 193, 206, 324.
Vendome (le duc de), 89.
Veneur (le sieur du), 206.
Verdun (le sieur de), 119.
Verthamont (le sieur de), 250, 252, 253, 255.
Viarderie (le sieur de la), 39, 102.
Videbien, 179.
Vicquet (du) 119, 151, 170, 200, 234, 237, 328.
Viel, 111, 121.
Vielrouen (le sieur de), 321.
Vigerie (le sieur de la), 102, 139, 148, 355.
Vigner, 250, 252, 255.

Vigneral (de), 21, 209, 324.
Viole, 275, 337.
Vireville (le sieur de), 14.
Viteaux (le baron de), 287.
Vitot (le sieur de). 333.
Volant, 225.
Voisin, 33, 43, 48, 63, 156, 324.
Vrillière (le sieur de la), 195, 217, 229, 231, 240, 250, 278, 295, 312, 315, 317, 336, 337, 339, 342.

—

Vély, 289.
Victor près Bernay (Saint-), 238.
Villette, 341.
Vernon, 163, 273.
Vire, 11, 94.

Ymare (sieur d'), 212, 213.

# TABLE DES MATIÈRES

|  |  | Pages. |
|---|---|---|
| INTRODUCTION | | I |
| CHAPITRE I. | Août 1639. | 1 |
| CHAPITRE II. | 21-22 août. | 18 |
| CHAPITRE III. | 23 août. | 41 |
| CHAPITRE IV. | 24-26 août. | 80 |
| CHAPITRE V. | 27 août — 2 octobre. | 110 |
| CHAPITRE VI. | 5 octobre — 16 novembre. | 145 |
| CHAPITRE VII | 17 novembre — 14 décembre. | 168 |
| CHAPITRE VIII. | 17-24 décembre. | 189 |
| CHAPITRE IX. | 25 décembre — 3 janvier 1640. | 215 |
| CHAPITRE X. | 3-13 janvier. | 239 |
| CHAPITRE XI. | 1er février — 4 avril. | 264 |
| CHAPITRE XII. | 12 avril — 23 mai. | 311 |
| APPENDICE au dernier chapitre | | 349 |
| SOMMAIRE de la partie non imprimée du manuscrit de Bigot de Monville. | | 357 |
| INDEX des noms d'hommes et de lieux | | 373 |

www.ingramcontent.com/pod-product-compliance
Lightning Source LLC
Chambersburg PA
CBHW051831230426
43671CB00008B/919